THE ORIGINS OF PSYCHOLOGY

A Collection of Early Writings

THE ORIGINS OF PSYCHOLOGY

A Collection of Early Writings

Volume III

Advisory Editor
WOLFGANG G. BRINGMANN
Professor of Psychology
University of Windsor
Windsor, Ontario

ALAN R. LISS, INC. • NEW YORK AND AMSTERDAM • 1976

Library of Congress Catalog Card Number 75-10739
ISBN 0-8451-1000-4

© 1976 Alan R. Liss, Inc.
150 Fifth Avenue, New York, N.Y. 10011

Printed in the Netherlands

TABLE OF CONTENTS

Introduction vii

Adolf Kussmaul, M.D.: Untersuchungen Über
   das Seelenleben des Neugeborenen Menschen. ... 3

v. Krafft-Ebing, M.D.: Beiträge zur Erkennung
   und richtigen forensischen Beurtheilung
   krankhafter Gemüthszustände für Aerzte,
   Richter und Vertheidiger 59

E. Kraepelin: Der psychologische Versuch in der
   Psychiatrie 141

G. Th. Fechner: Ueber die psychischen
   Massprincipien und das Weber'sche Gesetz 233

J.-M. Charcot et A. Pitres: Étude Critique et
   Clinique de la Doctrine des Localisations Motrices
   dans L'Écorce des Hémisphères Cérébraux
   de L'Homme 301

INTRODUCTION

Up to now, far too many authors of recent popular histories of psychology have primarily relied on a few classical textbooks for the major source of their content. Such extreme dependence on secondary sources is especially lamentable since even such widely read works as Boring's "A History of Experimental Psychology" (1950) and Roback's "History of American Psychology" (1952) are being increasingly challenged with regard to their factual accuracy as well as their interpretations of the lives and contributions of eminent psychologists.

A partial solution to this problem has been the publication of source books in the history of psychology, which typically contain a series of brief selections from important original works. Thus, students do not have to depend entirely on the views and commentaries of others but can draw their own conclusions. Unfortunately, collections of readings usually suffer from their brevity, their authors, of course, never having intended them to serve as independent works.

A better alternative, in our opinion, is the publication of facsimile reproductions of significant early writings, the original editions of which even major libraries are unable to obtain, because of their fragility, scarcity and high cost. Facsimile editions would help evoke "Zeitgeist" — the spirit of the times — with their woodcuts and old-fashioned prints. We think many would agree with us that the leisurely and involved writing style, so characteristic of nineteenth century literature, is more at home in such physical surroundings.

The present volume of THE ORIGINS OF PSYCHOLOGY: A COLLECTION OF EARLY WRITINGS is the third in a continuing series of facsimile reproductions of classical works in psychology and related subjects. The five selections by Kussmaul, Krafft-Ebing, Kraepelin, Fechner, and Charcot and Pitres span much of the nineteenth century and reflect major philosophical, scientific, and professional traditions. These works are fascinating reading as well as of historic importance. General background information about the authors and the circumstances under which each work was developed is included, along with a list of important references.

I

Adolf Kussmaul (1822–1902), the author of our first selection, has traced the origin of his interest in psychology and psychiatry to the few months which he spent as a resident at the famous psychiatric hospital at Illenau in Baden, during the fall of 1854. His "Untersuchungen über das Seelenleben des neugeborenen Menschen," which was written soon afterwards, is the earliest of his significant contributions to psychology. This work was first presented by him in 1859 on the occasion of his appointment to the medical faculty of Erlangen University and was published as a book in that same year. Our selection was reproduced from the third and final edition (1896), which was, in fact, published after his retirement.

Kussmaul's "Investigations of the Mental Life of the Newborn Child" (1859) is written in the picturesque yet lucid style so characteristic of his "Jugenderinnerungen" (1899), which has been regarded as one of the very best medical autobiographies. Like the good scholar he was, Kussmaul began by defining his subject matter as the psychological processes of "sensation, imagination, reasoning and motivation" in the newborn child. It is very clear that he was fully aware of the difficulties associated with studying these processes, since one must infer them from the motor behavior of very young children. Although he relied on behavior as the major source of his data, Kussmaul differed radically from early behaviorists by insisting that mechanical causation of movement must be ruled out before behavior can be interpreted as evidence of psychological processes.

About half of the book is devoted to a scholarly review of classical and modern writings concerning the behavioral repertoire of the human neonate. In general, it was Kussmaul's conclusion that the views of eminent scholars in this field were "full of contradiction and upon close examination revealed themselves to be, for the most part, incorrect." Interestingly, he found the developmental position of Aristotle more compatible with his experimental findings than those of the British Associationists, like *John Locke* (1632–1704), who held that the mind of the newborn child is, in effect, a *tabula rasa*.

The balance of the book richly describes how Kussmaul studied a larger number of full-term and premature babies through a series of most original experiments. Specifically, he addressed himself to the empirical investigations of their reactions to various gustatory, tactile, olfactory, visual, and auditory stimuli. He also studied the consequences of basic needs like oxygen, hunger, and thirst, and he closes with a discussion of how individual differences in basic neonatal function can be used to assess the potential intelligence of very young children.

Despite its methodological and theoretical significance, Kussmaul's little gem was to remain relatively inknown until long after he had achieved eminence as a researcher, practitioner, and teacher of internal medicine. A major reason for this neglect may have been that his method of behavioral inference was so very far ahead of his time, which still viewed introspection as the method of choice for the study of psychological events.

II

Like Kussmaul, *Baron Richard von Krafft-Ebing* (1840–1902), the famous sexologist, received his early practical training in the diagnosis, treatment and prevention of mental disorders from *Christian Friedrich Roller* (1802–1878) at Illenau. Roller was one of the most outstanding reformers of German institutional psychiatry, who employed such innovative practices as milieu therapy and after-care treatment, and his emphasis on the need to educate the public about the nature of mental illness was probably his most important influence on Krafft-Ebing.

Krafft-Ebing has candidly acknowledged his indebtedness to Roller by dedicating his "Beitr¨age zur Erkennung und richtigen forensischen Beurtheilung krankhafter Gemüthszustände für Aerzte, Richter und Vertheidiger" to his great mentor. This guide to the "identification and forensic evaluation" of mental disorders, written near the end of his Illenau period, was specifically addressed to "physicians, judges and defense attorneys."

He pointedly criticized the legal practice of his day for its sole reliance on impairments of intellect and sense perception as legal basis for pleas of insanity. Krafft-Ebing believed that this limited view led to the conviction and often the execution of seriously disturbed individuals who, in fact, had little ability to control their behavior. Moreover, he was convinced that affective disturbances were often basic to impairment of sense perception and intelligence. Therefore, he has concentrated in this book on the role of depression, anxiety and extreme feelings of worthlessness in the commission of violent crimes.

According to Krafft-Ebing, severely depressed individuals can only perceive those features of themselves in the world about them which are consonant with their own feelings of despair and dejection. Because they feel so bad themselves, the world around them appears to be a terrible place. This process of "transferred feelings" is classically illustrated with examples from celebrated cases of child murder, in which the parents, who suffered from intense depression, had attempted to protect their children from a "bad, immoral" and "unfeeling" world by killing them. At other times, depression was presented as playing a more direct role in the commission of such violent crimes as murder, suicide and fire setting. Here the individual could no longer endure the intensity of stressful feelings and became violent in an effort to find release. For those who are interested in the deterrent effect of capital punishment, Krafft-Ebing presents several case illustrations in which persons too cowardly to commit suicide killed someone else instead, hoping that their problems would be solved by their own execution by society! These motives are even more evident in individuals who confess to capital crimes which they did not commit.

Krafft-Ebing's arguments include a wealth of dramatic and occasionally bizarre case illustrations, which force the reader to concede his point that many of the individuals described by him should not really be held accountable for their crimes despite their ability to feel remorse and otherwise to indicate that they know the difference between right and wrong. The really serious weakness of this work is the author's failure to note that depressives as a group are not particularly violent, when compared to people in general. Undoubtedly, if one studies individuals who have committed violent actions, one will find much evidence of depression. However, it is not true that depression alone potentiates the probability of violence.

III

Our third selection was written by the psychiatrist, *Emil Kraepelin* (1856–1925), one of the earliest students in Wundt's Psychological Laboratory at Leipzig. Kraepelin achieved eminence by founding experimental psychiatry and developing a comprehensive diagnostic classification system for mental disorders which remains a dominant influence even today.

Kraepelin's paper "Der psychologische Versuch in der Psychiatrie" begins with a brief history of experimental psychology, with particular attention to the contribution of his famous teacher *Wilhelm Wundt* (1832–1920). He decries the neglect of experimentation in psychiatry, which he ascribes to a lack of knowledge of the methods and potential value of experimental psychology in the clinical understanding of mental disorders. He cautions, however, that experimental procedures developed at university laboratories must be adapted to the special characteristics of psychiatric patients, who are rarely able to follow complicated instructions and cannot concentrate for long periods of time. According to Kraepelin the new methods should be based, insofar as possible, on everyday activities, and should require a minimum of equipment. Within these guidelines he believed that almost every psychiatric hospital should make some space available for research, since great benefits would be derived from such laboratory facilities.

Kraepelin presents a concise summary of the basic methods of experimental psychology and how these can be related to the description of psychiatric patients. In particular, he was convinced that laboratory investigations of time perception, learning, memory, and both the form and content aspects of word association would be invaluable in the objective differential diagnosis of psychiatric patients.

The closing section of his essay briefly deals with the prevention and treatment of mental disorders. On the basis of his research on the performance of simple mental tasks under stress, Kraepelin had demonstrated the importance of interpolated rest periods, and he advocated similar schedules in public schools to reduce "nervousness" in children. Kraepelin also recommended a balanced diet, exercise, and, above all, a total abstinence from alcohol in either treatment or prevention of mental disorders. Although his remarks on psychotherapy may seem rather naive to the modern reader, it is important to note that Kraepelin was outstandingly successful in his treatment of alcoholics and, as a matter of principle, eschewed all punitive therapeutic procedures in psychiatry.

IV

The satirist, physicist, philosopher, psychologist and art critic *Gustav Theodor Fechner* (1801–1887) proposed as early as 1823, in his inaugural address at Leipzig University, that "a strict parallelism exists between soul and body in such a way that from one, properly understood, the other can be known." In the second volume of his philosophical treatise "Zend-Avesta" (1851) he explicitly stated his ideas on psychological measurement (pp. 375–386).

All these efforts came to fruition chiefly during the period from 1850–1865, in which Fechner created the "Elements of Psychophysics (1860). Upon this monumental work and its sequels "In Defense of Psychophysics (1877) and "Revision of the Major Points of Psychophysics," (1882) rests Fechner's major claim to fame. Our selection, "On the Principles of Psychic Measurement and Weber's Law," was published posthumously in the *Philosophische Studien* (1888, *4,* 161–230). Wundt himself, who knew Fechner and his work rather well, has considered this final paper as perhaps the best exposition of Fechner's own thinking about this field of psychology founded by him.

Fechner divided the new field of study into two subdisciplines. "Inner Psychophysics," which dealt with the relationship between sensation and neural excitation, was in his view, not accessible to scientific investigation. "Outer Psychophysics," on the other hand, which was his own area of research, involved an examination of the relation between various physical stimuli and sensation. In general, Fechner viewed sensations much like atoms, and for him the strength or intensity of these sensations becomes an ordinary physical variable. Hence, mental and physical events are commensurable. Of special value are the following empirical methods, which Fechner developed, refined, and demonstrated while researching his major psychophysical writings: method of just noticeable differences; method of right and wrong cases: and method of average error.

It is interesting that Fechner did not set out to originate the new science of psychophysics, which was soon taken up by some of the greatest scientists of his time. Quite to the contrary, he was seeking ways to demonstrate the unity of body and mind.

Today Fechner's methods are acknowledged as sound and lasting contributions to experimental psychology. His theoretical formulations, however, almost immediately led to controversies, which have not yet been resolved.

V

Jean Martin Charcot (1825–1893) is chiefly remembered among contemporary psychologists for his complex and highly controversial views regarding the nature of hypnosis and hysterical disorders, which have not stood the test of time, and it is generally forgotten that he was the "father of neurology." He deserves this latter accolade. His researches on cerebral localization were substantially responsible for the establishment of neurology as a separate discipline.

Charcot had always fully realized the limitations of animal experimentation for the study of human neurology. Since direct experimental investigations of the effects of ablation and excision of neurological tissue on human subjects are, of course, impossible, Charcot developed an analogous procedure which he called the "clinico-anatomical method." Proceeding in a thoroughly inductive manner, he and his associates at the Salpêtrière Hospital in Paris would first systematically study and record the symptoms of patients who displayed an impairment of motor function thought to be of neurological origin. After the death of a patient, a post mortem examination was performed to determine the presence and exact location of any lesions which might be present. It was then necessary to replicate these observations with a large number of cases before the locus of lesions, associated with specific syndromes of motor impairment, was considered to be clearly demonstrated. Utilizing his clinico-anatomical method, Charcot and his followers were able to support empirically the doctrine of cerebral localization of a large number of motor functions. The majority of these investigations were conducted during the 1870's.

Our fifth selection "Étude Critique et Clinique de la Doctrine des Localisations Motrices dans l'Écorse des Hémisphères Cérébreaux de l'Homme" represents the culmination of Charcot's research and scholarship in this area. The junior author, *Albert Pitres* (1848–1928), had been one of Charcot's earliest students and was, at the time of publication, a professor of medicine at the University of Bordeaux. This treatise on the "doctrine of cortical localization of movement in the cerebral hemispheres of man" was first published in a series of articles in the *Revue de Médecine.* Our selection, however, is a facsimile reproduction of the one-volume Alcan edition, published later in the same year.

Charcot and Pitres summarize and analyze many case histories both from their own direct observation and those gleaned from neurological literature of the preceding five years. On the basis of their data, the authors were able to conclude that specific lesions, occurring in most of the cerebral cortex, do not lead to specific motor dysfunctions in man; however, simple lesions occurring in the relatively restricted bilateral areas, designated as "motor areas," result in permanent and specific syndromes of motor impairment.

Charcot's pioneering contributions have been of such crucial and enduring importance that, if they were excised from our body of knowledge, they would have to be rediscovered or else modern neurology would be so enfeebled as to be barely recognizable.

In conclusion, these facsimile reproductions of seminal works from nineteenth century philosophy, developmental psychology, neurology, as well as forensic and experimental psychiatry dramatize the broad historical base from which contemporary psychology has evolved. Hopefully further study and research in the history of behavioral sciences will be its most important result.

Wolfgang G. Bringmann
William D. G. Balance
Windsor, Ontario
July, 1976

REFERENCES

Bast, T. "The Life and Time of Adolf Kussmaul." New York: Hoeber, 1926.
Boring, E. G. "A History of Experimental Psychology." (2nd Edition). New York: Appleton-Century-Crofts, 1950.
Bringmann, W. G., Balance, W. D. G., and Evans, R. B. Wilhelm Wundt 1832–1920: a brief biographical sketch. *Journal of the History of Behavioral Sciences,* 11:287–297 (1975).
Charcot, J. M. "Oeuvres Complètes." Paris: Delahaye and Lecrosnier, 1880–1893 (13 vols.).
Ellenberger, H. "The Discovery of the Unconscious." New York: Basic Books, 1970.
Fechner, G. T. "Zend-Avesta" (3 vols.). Leipzig Voss, 1851.
Fechner, G. T. "Elemente der Psychophysik" (2 vols.). Leipzig: Breitkopf & Härtel, 1960.
Guillain, G. "J.-M. Charcot 1825–1893." New York: Hoeber, 1959.
Kolle, K. "Kraepelin und Freud." Stuttgart: Thieme, 1957.
Kraepelin, E. Zur Kenntnis der psychophysischen Methoden. *Philosophische Studien,* 6:493–513 (1891).
Kraepelin, E. "Einführung in die psychiatrische Klinik." Leipzig: Barth, 1901.
Krafft-Ebing, von, R. "Die Melancholie." Erlangen: Enke, 1874.
Krafft-Ebing, von, R. "Lehrbuch der gerichtlichen Psychopathologie mit Berücksichtigung der Gesetzgebung von Österreich, Deutschland und Frankreich." Stuttgart: Enke, 1881.
Krafft-Ebing, von, R. "Psychopathia Sexualis." Stuttgart: Enke, 1886.
Kuntze, J. "Gustav Theodor Fechner (Dr. Mises)." Leipzig: Breitkopf and Härtel, 1892.
Kussmaul, A. "Die Störungen der Sprache." Leipzig: Vogel, 1877.
Kussmaul, A. Über die Regulierung der Lautsprache durch den Tastsinn. *Archiv für Psychiatrie,* 13:712/(1882).
Kussmaul, A. "Jugenderinnerungen eines alten Arztes." Stuttgart: Bonz, 1899.
Kussmaul, A. "Aus meiner Dozentenzeit in Heidelberg." Stuttgart: Bonz, 1903.
Lowrie, W. "Religion of a Scientist." New York: Pantheon, 1946.
Marshal, M. : G. T. Fechner: Premises toward a general theory of organisms. *Journal of the History of Behavioral Sciences,* 5:39–59 (1969).
Roback, A. A. "A History of American Psychology." New York: Library Publishers, 1952.
Robinson, D. N. "An Intellectual History of Psychology." New York: Macmillan, 1976.
Schwinge, E. "Welt and Werkstatt des Forschers." Wiesbaden: Steiner, 1957.
Watson, R. "Eminent Contributors to Psychology." (Vol. 1.) New York: Springer, 1974.
Wundt, W. "Gustav Theodor Fechner: Rede zur Feier seines hundertjährigen Geburtstages." Leipzig: Engelmann, 1901.

UNTERSUCHUNGEN

ÜBER DAS

SEELENLEBEN

DES

NEUGEBORENEN MENSCHEN

VON

Dr ADOLF KUSSMAUL

GEHEIMRAT IN HEIDELBERG.

DRITTE AUFLAGE.

TÜBINGEN
VERLAG VON FRANZ PIETZCKER
1896.

Noch heutzutage sind scharfe Merkmale des Beseeltseins nicht allgemein festgestellt und anerkannt. Wer, wie ich, die Aufgabe sich setzt, seelischen Erscheinungen auf zweifelhaften Gebieten nachzugehen, muss darum vor allen Dingen bestimmt sich aussprechen, welche Thätigkeiten er für seelische ansieht. Ich betrachte als solche das Empfinden, Vorstellen, Denken und Begehren, während ich das Ernähren, Gestalten und Erzeugen der organisierten Materie ausscheide; das Bewegen bezeichne ich nur dann als seelisch, wenn es aus dem Empfinden, Vorstellen, Denken und Begehren hervorgeht.

Die Erkenntnis unserer eigenen seelischen Thätigkeiten wird unmittelbar durch's Bewusstsein vermittelt. Schwieriger ist es, die Seele andrer Naturwesen zu erkennen, da wir sie nur mittelbar aus ihren Bewegungen erschliessen können, ein und dieselbe Bewegung aber häufig ebenso gut seelisch, als mechanisch bedingt sein kann. Der einfache Schluss aus der Ähnlichkeit, die eine Bewegung mit einer gewöhnlich seelisch vermittelten in der Form gemein hat, genügt nicht, um daraus die Gegenwart einer bewegenden Seele abzuleiten. Es muss vielmehr nachge-

— 4 —

wiesen sein, dass eine Bewegung oder eine Reihe von Bewegungen vorliegt, welche ihrer Form oder ihrer Zusammenordnung nach aus mechanischen Bedingungen erfahrungsgemäss nicht hervorgehen können. Selbst wenn wir zur Ähnlichkeit der Form noch die Ähnlichkeit des äusseren Bewegungsanlasses zu fügen im Stande sind, erhalten wir jene Gewissheit nicht. Derselbe äussere Anlass kann ja häufig bald unmittelbar die mechanischen Apparate des Körpers in Bewegung setzen, bald erst durch Vermittlung der Seele wirksam werden. Es muss also noch festgestellt sein, dass der äussere Anlass überhaupt oder doch im gegebenen Falle nur durch die Seele zur Wirksamkeit gelangen kann. Endlich ist auch die anscheinend überlegte Zweckmässigkeit einer Bewegung kein unbedingtes Merkmal ihres seelischen Ursprunges. Die Bewegungsapparate beseelter und unbeseelter Körper können höchst zweckmässig, kunstreich und verwickelt zusammengesetzt sein, und je nach Umständen mit derselben Leichtigkeit von einer mechanischen, wie von einer seelischen Feder in Thätigkeit gesetzt werden. In beiden Fällen kann somit die Bewegung den Anschein einer überlegten Zweckmässigkeit gewinnen. Will man sich vor groben Täuschungen wahren, so muss man nachweisen, dass die »überlegte« Zweckmässigkeit nicht in dem Mechanismus der Bewegungsapparate selbst liegt, wie die Automaten von Droz und Vaucanson schrieben, zeichneten, musizierten und schwammen, sondern dass die Maschinen in überlegter Weise als Mittel, gewisse Zwecke zu erreichen, benützt werden. Der Irrtum bei der Wahl der Mittel kann mehr für die Thätigkeit einer seelischen Kraft beweisen, als die anscheinend überlegteste Zweckmässigkeit, womit die kunstreichste Maschine arbeitet.

Aus solchen Schwierigkeiten, mit welchen der Nachweis des seelischen Ursprungs der Bewegungen zu kämpfen hat, Schwierigkeiten, die häufig nicht zu überwinden sind, erklärt sich die Ungewissheit, welche noch heute bei den Physiologen über die seelische Natur zahlreicher Thätigkeitsäusserungen herrscht, nicht blos von niederen Tieren, sondern vom Menschen selbst, wenn sein Bewusstsein zu schwach oder getrübt ist. Nur so erklären sich zugleich die widersprechenden Ansichten berühmter Forscher über die wahre Quelle selbst der kunstreichsten und anscheinend überlegtesten Thätigkeiten auch der höher entwickelten Tiere.[1] Freilich kann bei dem Studium dieser Streitigkeiten dem Unbefangenen nicht entgehen, wie sogar die besten Köpfe vielfach das Auge den überzeugendsten Thatsachen geradezu verschlossen, und die Dinge nach vorgefassten dogmatischen Anschauungen metaphysischer oder theologischer Art, zuweilen auch nach unbewiesenen physiologischen Hypothesen sich zurecht legten.

---

[1] Vgl. die Geschichte dieser Controversen bei: Scheitlin, Versuch einer Tierseelenkunde. Stuttgart und Tübingen 1840. Bd. I.

—✂ 6 ✂—

Trotz dieser Schwierigkeiten gelingt es uns in zahlreichen Fällen, sichere Ergebnisse zu gewinnen und die seelische oder mechanische Natur einer Bewegung nachzuweisen. Was die kritische Analyse der Beobachtungen und umsichtige Versuche auf diesem Gebiete zu leisten vermögen, das haben uns die vortrefflichen Arbeiten so mancher verdienstvollen Philosophen und Physiologen gezeigt. Es braucht nur an die älteren Leistungen eines REIMARUS [1]), PROCHASKA, FLOURENS u. A., sowie an die jüngste, Epoche machende Abhandlung PFLÜGERS [2]) über die sensorischen Funktionen des Rückenmarks erinnert zu werden Je kräftiger die induktive Methode sich auch im Gebiete der Seelenlehre Bahn bricht, je klarer die Gesetze der Nervenphysik ins Licht treten, je unbefangener und um spekulative Voraussetzungen unbekümmerter die Geister an die Untersuchung der Wirklichkeit gehen, desto mehr werden auch die Nebel schwinden, welche uns die Ein-

---

[1]) Ich habe hier jenes ausgezeichnete Werk im Auge, das für alle Zeiten als ein Muster kritischer Untersuchung auf diesem Gebiete dastehen wird: H. S. REIMARUS, Allgemeine Betrachtungen über die Triebe der Tiere, hauptsächlich über ihre Kunsttriebe. Hamburg 1760. — Ferner: H. S. REIMARUS, Angefangene Betrachtungen über die besonderen Arten der tierischen Kunsttriebe, herausgeg. von J. A. H. REIMARUS, Hamburg 1773.

[2]) EDUARD PFLÜGER, Die sensorischen Funktionen des Rückenmarks der Wirbeltiere, nebst einer neuen Lehre über die Leitungsgesetze der Reflexionen. Berlin 1853. — Damit ist zu vergleichen: LEOPOLD AUERBACH, über psychische Thätigkeiten des Rückenmarks. GÜNSBURG, Zeitschrift für klinische Medizin. Breslau 1853. S. 452—496.

sicht in den Zusammenhang und die Gesetze unserer höchsten, unserer seelischen Kräfte zur Stunde noch verdecken.

Ich erlaube mir im Nachfolgenden einige Beiträge zur empirischen Psychologie und zwar im Besonderen zur Entwicklungsgeschichte der menschlichen Seele mitzuteilen. Sie betreffen eine ihrer dunkelsten und frühsten Perioden, die der Neugeborenheit oder der ersten Tage nach der Geburt. Wer immer sich mit Psychiatrie beschäftigt hat, wird bald zu der Einsicht gekommen sein, welche schon HASLAM mit den Worten aussprach, es sei ein Verständnis der Krankheiten der Seele unmöglich ohne genaue Kenntnisse ihrer Fähigkeiten und Thätigkeiten im gesunden Zustande.[1] Als Lehrer der Psychiatrie pflegte ich meinen Vorträgen eine Entwicklungsgeschichte der menschlichen Seele vorauszuschicken, weil ich bemerkte, dass sich auf diese Weise dem Schüler am anschaulichsten und raschesten ein Bild von den Elementen des seelischen Geschehens, ihres stufenweisen Auftretens, ihrer wechselseitigen Abhängigkeit und einheitlichen Verknüpfung im Bewusstsein, sowie endlich den Erfolgen ihres vereinten Zusammenwirkens geben lasse. Bei dieser Gelegenheit gewahrte ich aber auch die grossen

---

[1] JOHN HASLAM, Sound mind, or contributions to the natural history and physiology of the human intellect. London 1819. Preface, V.

—≼ 8 ≽—

Lücken, welche die empirische Seelenforschung noch auszufüllen hat, und es war namentlich die erste Lebenszeit, über welche ich meinen Schülern wenig Bestimmtes auszusagen vermochte. Dies ist der Grund, weshalb ich einige Beobachtungen und Versuche an Neugeborenen anstellte, die freilich nicht zum Abschlusse gekommen sind, deren Ergebnisse mir jedoch hinreichend anziehend zu sein scheinen, um sie einer öffentlichen Mitteilung wert zu halten.

Als den Vater der empirischen Psychologie müssen wir ARISTOTELES bezeichnen. Er ist zugleich der Begründer der vergleichenden Seelenlehre. Mit dem Genie, das ihm den Rang eines der ersten Naturforscher aller Völker und Zeiten sicherte, erkannte er richtig, dass die Seelenlehre nur dann erfolgreich betrieben werden könne, wenn die Gesamtheit der in der belebten Welt sich kundgebenden seelischen Erscheinungen der wissenschaftlichen Betrachtung unterworfen werde. Indem er seine Untersuchungen nicht auf den Menschen allein beschränkte, sondern alle lebendigen Wesen in ihren Kreis hereinzog, erhob sich sein Verständnis der seelischen Thätigkeiten zu einer Höhe, welche nach ihm nur selten überschritten wurde. Er unterschied schon ganz vortrefflich die Hauptqualitäten des seelischen Geschehens, verfolgte ihr stufenweises Auftreten in der Reihenfolge der Organismen, zeigte ihre

— 9 —

gesetzmässige Verknüpfung mit bestimmten körperlichen Einrichtungen, und die unlösliche und einheitliche Verbindung der verschiedenen seelischen Vermögen in demselben Individuum. Während die griechische Philosophie vor ihm und selbst noch der göttliche PLATO [1]) in rohster Weise die menschliche Seele in mehrere Seelen oder Teile zerrissen, sah ARISTOTELES, durch die Beobachtung geleitet, mit hellerem Blicke in all den verschiedenen seelischen Thätigkeiten der gesamten Natur nur gradweise Entwicklungen, Bildungsstufen, oder wenn man will, Potenzierungen der seelischen Grundkraft.

Der Denker und Arzt LOCKE hat das Verdienst, die ersten Linien zu einer Entwicklungsgeschichte der menschlichen Seele gezogen zu haben. Seine berühmte Erkenntnistheorie fusst wesentlich auf den gemeinen Erfahrungen, die uns über die Entwicklung unserer eigenen Seele im Laufe des Lebens zu Teil werden. Eingehendere Studien über den Gang der seelischen Bildung hat er freilich nicht gemacht, ihm

---

[1]) In den Sphären der höchsten Ideen mit Vorliebe sich bewegend und der sinnlichen Erkenntnis misstrauend, wandte PLATO den niederen seelischen Thätigkeiten geringe Aufmerksamkeit zu. Doch erkannte er, dass sinnliche Begierde und Affekt zweierlei sei, da es auch einen sittlichen Zorn gebe. Er nahm deshalb drei Seelen an: eine unsterbliche, die Vernunft ($\dot{o}$ νοῦς), die im Kopfe weile; das Gemüt ($\dot{o}$ θυμός) in der Brust; und die tierische Begierde ($\dot{\eta}$ ἐπιθυμία) im Unterleibe zwischen Zwerchfell und Nabel. Letztere diene zur Erhaltung des Individuums und der Gattung. (Vgl. dessen »Staat«, und den »Timaeos« Cap. 31 u. 33.)

genügten zu seinen Zwecken die gewöhnlichen Beobachtungen, die Jedermann zu Gebote stehen. [1]) Immerhin ist es erlaubt, ihn dem ARISTOTELES beizugesellen als Mitbegründer jener genetischen Methode der Seelenforschung, welche unzweifelhaft bis jetzt mehr, denn jede andere, von dauernden Erfolgen gekrönt war. [2])

Ein umfassender und selbständiger Versuch einer Geschichte- der menschlichen Seele ist meines Wissens bis jetzt nicht gemacht worden. Über die Geschichte der kindlichen Seele hat uns kürzlich

---

1) Schon im Altertume machten GALENUS und PLUTARCH einige Bemerkungen über die seelischen Thätigkeiten des Kindes (PLUTARCHI operum Vol. V. Fragmenta et spuria. ED. FR. DÜBNER. Paris 1855. S. 12. Fragm. de anima, No. XIII). Von GALENUS werde ich später eine geistreiche Betrachtung mitteilen. Vor LOCKE hat jedoch Niemand die Entwicklungsgeschichte der Seele in dieser Bedeutung begriffen und für so umfassende Untersuchungen benützt.

2) Ausser der Tierseelenforschung und der Entwicklungsgeschichte der menschlichen Seele, welche durch die verschiedenen Lebensalter der Individuen verfolgt wird, benützt die genetische Methode noch die Völkerkunde und vergleicht die Seelenerscheinungen auf den verschiedenen Entwicklungsstufen der Natur- und Kulturvölker. In dieser Beziehung ist wichtig: THEODOR WAITZ, Anthropologie der Naturvölker. Thl. I. 1859. — Unbegreiflich ist es, wie ein Denker von der Schärfe eines HUME die Behauptung aufstellen mochte, es verlohne sich nicht der Mühe, zu untersuchen, zu welcher Zeit das Denken beginne, ob vor, bei oder nach der Geburt. (DAVID HUME, Über die menschliche Natur, aus dem Engl. v. LUDW. HEINR. JAKOB, 1790. Bd. I, S. 30, Note).

II

BERTHOLD SIGISMUND[1]) mit einem kleinen Werke beschenkt, das eine schätzbare Sammlung eigener Beobachtungen enthält und zugleich höchst liebenswürdig geschrieben ist. Minder einverstanden kann man sich mit der Deutung mancher Thatsachen von Seiten dieses Schriftstellers erklären. Was die seelischen Thätigkeiten des N e u g e b o r e n e n betrifft, so haben zwar viele Ärzte und Philosophen denselben ihre Aufmerksamkeit geschenkt, doch ist kein einziger mir bekannt, der sie einem genaueren Studium unterworfen oder gar des Versuchs sich dabei bedient hätte. Die Angaben der Schriftsteller sind voller Widersprüche und erweisen sich bei einer sorgfältigen Prüfung zum grossen Teile als unrichtig. Ich erlaube mir, einige derselben aufzuzählen, bevor ich zu den Ergebnissen meiner eigenen Untersuchungen übergehe. —

Bei LOCKE[2]) finden sich folgende hierher gehörende Bemerkungen:

»Ausser einer matten Vorstellung — Eindruck von Hunger und Durst und Wärme, und einiger schmerzhaften Empfindung, (die es etwa schon im Mutterleibe gehabt), dürfte bei einem neugeborenen Kinde sich auch die mindeste Spur von einem festen Begriffe nicht finden«.

»Einigen Begriff bringen wahrscheinlich Kinder schon

---

[1]) BERTHOLD SIGISMUND, Kind und Welt. I. Die fünf ersten Perioden des Kindesalters. Braunschweig 1856.
[2]) LOCKE, Vom menschlichen Verstande, übers. v. TITTEL. Mannheim 1791. S. 56 und Seite 110.

aus dem Mutterleibe. Hunger und Wärme erregen wohl die ersten Gefühle in ihm. Aber das sind darum keine angeborenen Begriffe, in dem gewöhnlichen Sinne, als ursprünglich der Seele eingezeichnete Charaktere. Auch sie, wie alle anderen Begriffe, waren in ihrem ersten Ursprung von der Empfindung und den äusseren umgebenden Gegenständen abhängig, gingen aber der Zeit nach vielleicht allen anderen voran. Unter den folgenden Begriffen, wie sie der Mensch von Geburt an erlangt, scheint der Begriff von Licht der nächste zu sein. Zu einem Beweis, wie der menschliche Geist gleichsam nach Ideen dürste, kehrt sich das Kind, wohin man es legen mag, immer nach der helleren Seite. Doch bei der Verschiedenheit der Umstände und der Behandlungsart dürfte eine bestimmte und allgemeine Ordnung, wonach die späteren Begriffe der Seele zugeführt werden, wohl schwer zu bestimmen sein«. —

CABANIS [1]) hat das Verdienst, ausführlich nachgewiesen zu haben, dass im Augenblicke, wo das Kind zur Welt kömmt, sein »centrum cerebrale« nichts weniger, als eine »tabula rasa« ist. Er lehrt, dass schon der Foetus Empfindungen von aussen her (z. B. wenn er bei seinen Bewegungen an die Wände der Gebärmutter stosse), und noch mehr von innen her empfange, da die Entwicklung und das Wachstum der Organe nicht

---

[1]) CABANIS, Rapports du physique et du moral de l'homme 2me mém. »Histoire physiologique des sensations«. Ferner: 10me mém. 2e section. »Des premières déterminations de la sensibilité.«

ohne Sensationen abgehen könne. Daraus flössen zahlreiche Triebe, deren Gesamtheit den ursprünglichen Instinkt ausmachten. Auf Einzelheiten geht er wenig ein. Doch findet sich folgende Stelle: »On sait, que l'odorat n'existe point, à proprement parler, chez les enfants qui viennent de naître; que leur gôut, quoique un peu plus développé, distingue à peine les saveurs; que leur oreille n'entend presque rien; que leur vue est incertaine et sans la moindre justesse. Il est prouvé, par des faits certains qu'ils sent plusieurs mois sans avoir d'idée précise des distances; le tact est le seul de leurs sens qui leur fournisse des perceptions distinctes; vraisemblablement parceque c'est le seul qui dans le ventre de la mère ait déja reçu quelque exercice«. In Bezug auf das Saugen der Kinder bemerkt er, dass schon HIPPOCRATES, von der verwickelten Natur der Saugbewegungen betroffen, geschlossen habe, die Frucht müsse schon im Mutterleibe amniotische Flüssigkeiten gesaugt haben. Mit dieser Erklärung aber habe der grosse Mann die Schwierigkeiten nur zurückgeschoben. —

BICHAT[1]) meinte: »Les sensations, d'abord confuses ne tracent à l'enfant que des images générales; l'oeil n'a que le sentiment de lumière, l'oreille que celui du son, le gôut que celui de saveur, le nez que celui d'odeur; rien encore n'est distinct dans ces affections générales

---

1) M. F. X. BICHAT, Recherches physiologiques sur la vie et la mort. P. I. Art. VIII. § 3.

des sens. Mais l'habitude émousse insensiblement ces premières impressions; alors naissent les sensations particulières; les grandes différences des couleurs, des sens, des odeurs, des saveurs sont perçus; peu à peu les différences secondaires le sont aussi; enfin, au bout d'un certain temps, l'enfant a appris par l'exercice à voir, à entendre, à gouter, à sentir et à toucher«. Dem Foetus gesteht BICHAT nur ein Pflanzenleben zu. — Wir werden finden, dass diese Behauptungen des genialen Franzosen den Thatsachen grossenteils widersprechen. —

Mit grosser Aufmerksamkeit behandelte ERASMUS DARWIN [1]) den Gegenstand, der uns beschäftigt.

Er weist mit Recht darauf hin, dass viele Handlungen der jungen Tiere, welche beim ersten Anblick sich auf einen unerklärbaren Instinkt zu beziehen scheinen, wie alle übrigen tierischen Handlungen, welche von Bewusstsein begleitet sind, durch wiederholte Anstrengungen unserer Muskeln unter der Leitung unserer Empfindungen und Triebe erworben seien. Die Fertigkeit werde oft schon im Ei oder Mutterleib erlernt.

Das Küchlein im Ei fängt am sechsten oder siebenten Tage des Bebrütens an, seine Füsse und Schenkel zu bewegen; nachher sieht man, dass es sich in der umgebenden Flüssigkeit sanft bewegt, den Schnabel öffnet

---

[1]) ERASMUS DARWIN, Zoonomie oder Gesetze des organischen Lebens. Übers. v. J. D. BRANDIS, Pesth 1801. Bd. I. S. 219 u. folg.

und wieder verschliesst (HARVEY de Gener. p. 62 u. 197). Junge Hunde sah man, ehe die Häute, worin sie eingeschlossen sind, zerrissen, sich bewegen, die Zunge herausstrecken, das Maul öffnen und wieder schliessen. Kälber leckten sich selbst und schluckten viele ihrer Haare vor der Geburt hinunter, was junge Hunde nicht thaten (SWAMMERDAM, p. 319. FLEMMING, philos. Transact. Ann. 1755. p. 42). Die Früchte aller Tiere und des Menschen trinken gegen das Ende der Schwangerschaft einen Teil der Flüssigkeit, worin sie schwimmen (HALLER, Phys. T. 8. p. 204).

So erlerne die Frucht das Hinunterschlucken vor der Geburt, man habe gesehen, dass sie den Mund öffnete, und den Magen habe man mit der umgebenden Flüssigkeit angefüllt gefunden. Sie öffne den Mund entweder durch Hunger getrieben oder durch den Überdruss der fortdauernden Lage ihrer Gesichtsmuskeln. Der Liquor amnii, worin sie schwimme, sei ihrem Gaumen angenehm, da er ein nährendes Material sei. Der Foetus werde veranlasst, den Geschmack öfter zu versuchen und durch wenige Anstrengung lerne er diese Flüssigkeit hinabschlucken, auf eben die Art, wie wir alle anderen tierischen Handlungen erlernen, welche mit Bewusstsein verbunden sind, nämlich durch die wiederholte Anstrengung unserer Muskeln unter der Anleitung unserer Empfindungen und unseres Willens.

Das neugeborene Junge nähere sich, durch die lieb-

—≼ 16 ≽—

reiche Sorge der Mutter oder durch seinen Geruchsinn geleitet, dem wohlriechenden Bache seiner künftigen Nahrung; beim Schlucken sei es aber nötig, dass es seinen Mund beinahe ganz verschliesse; wenn das Kind daher zuerst versuche, zu saugen, so drücke es die Warze nicht sanft zwischen seinen Lippen zusammen, wie es ein Erwachsener machen würde, wenn er die Milch einschlürfte, sondern es nehme die ganze Warze in den Mund, presse sie zwischen dem Zahnfleisch zusammen, und indem es so an der Warze gleichsam wiederholt kaue, drücke es die Milch hervor, völlig auf dieselbe Art, wie das Milchmädchen mit den Fingern die Milch aus dem Euter der Kuh hervorziehe. Der berühmte HARVEY habe schon bemerkt, dass der Foetus in der Mutter einen Teil seiner Nahrung müsste eingesogen haben, weil er sogleich nach der Geburt saugen könne, und weil das neugeborene Kind diese Kunst, wenn sie nicht geübt werde, in wenigen Tagen wieder vergesse, und sie nicht ohne Schwierigkeit wieder erlangen könne. (Exerc. de gener. Anim. p. 48). Dieselbe Bemerkung habe HIPPOCRATES gemacht.

DARWIN behauptet, die ersten Eindrücke kämen uns von dem Sinne des Gefühls zu; denn die Frucht müsse schon im Mutterleibe über einige Veränderungen der Bewegung Erfahrung machen und einige Muskelbewegungen ausüben. Sie erhalte dadurch wahrscheinlich schon einige Ideen (Vorstellungen) von ihrer eigenen Figur, wie von der Figur des Uterus, und von der Zähigkeit der Flüssigkeit, welche sie umgebe. — Andere Empfindungen, ausser Hunger, Geschmack und Gefühl, namentlich Gerüche, Licht und Schall seien der Frucht unbekannt; wenn aber das Kind geboren sei, so werde der erste lebhafte Eindruck des Vergnügens, den es empfinde, durch den Geruch der Muttermilch erweckt, am Busen seiner Mutter der Sinn für Wärme angenehm geschmeichelt, der Geschmack durch den Wohlgeschmack der Milch gekitzelt, die Appetite von Hunger und Durst machten ihm Vergnügen, da es im Besitze ihrer Gegenstände sei und seine Nahrung verdaue, und der Gefühlssinn werde angenehm gereizt durch die Sanftheit und Glätte des Milchquells, aus dem es eine solche Mannigfaltigkeit von Glückseligkeit schöpfe. Ja DARWIN meint schliesslich, die Wellenlinie gelte uns deshalb als die Linie der Schönheit, weil alle diese verschiedenen Freuden nach und nach mit der Form der Mutterbrust associiert würden. — Wir werden sehen, dass DARWIN trotz mancher Übertreibungen viele Dinge richtig aufgefasst hat. —

FRIEDRICH AUGUST CARUS [1] glaubte, die Entwicklung der Sinne schreite von den unmittelbarsten zu den mittelbaren, oder von den niederen zu den höheren, nach dem Gange der Natur im Grossen auf. Die ersten unmittelbaren Sinne erschienen ziemlich zugleich, analog

---

[1] FRIEDRICH AUGUST CARUS, Psychologie, II, 1808. Im Abschnitte »von der Charakteristik der Seelenart der Alter«.

der niederen Natur, wo oft ein Organ selbst die Stelle mehrerer vertrete. Betastung und Geruch teilten sich allmählich in spezifisch verschiedene Empfindungen. Ihnen folge der Geschmack, der in der Folge ohne den Geruch nicht zu befriedigen sei. Darauf (ungefähr nach 3 Wochen des Alters) entfalte sich die Empfindung des Hörens, welches erst nur dumpfe Laute das Kind vernehmen lasse, und ihm dann das Nachtönen möglich mache. Endlich (ungefähr in der fünften oder sechsten Woche) trete das Sehen ein, als der feinste Sinn, u. s. w.

Ganz anders, aber nicht weniger willkürlich, lehrte BURDACH [1]: zuerst erwachten im Säuglingsalter die beiden Endglieder des Sinnensystems, das aktivste und passivste: Gesichtssinn und Fühlsinn; hierauf folgten Gehör und Geschmack, endlich Geruch und Getast. Die Augen öffneten sich beim ersten Atmen und Schreien, sie sähen noch nicht, würden noch nicht auf einen Gegenstand gerichtet, schlössen sich nicht bei der Annäherung eines fremden Körpers, verrieten noch keine Regsamkeit der Seele, suchten das Licht, würden von ihm nur angenehm erregt, nicht geblendet, und nach wenigen Wochen fingen sie an, auf hellleuchtende bunte Gegenstände sich zu richten. Durch das Gemeingefühl des Fühlsinnes entstehe das Wohlbehagen des Säuglings auf dem warmen weichen Lager an der Mutterbrust und im

---

[1] CARL FRIEDRICH BURDACH, Der Mensch nach den verschiedenen Seiten seiner Natur, oder Anthropologie für das gebildete Publikum. Stuttgart 1854. S. 541—551.

lauen Bade, späterhin werde er durch seine Verunreinigung gestört. Übrigens dienten ihm dann besonders auch die Lippen als Fühlorgane. Wiewohl die Trommelhöhle schon bei dem begonnenen Atmen durch die Eustachische Röhre sich von dem Schleime gereinigt habe, so höre doch der Säugling in den ersten Wochen noch nicht, und werde daher auch durch starkes Geräusch nicht aus dem Schlafe geweckt; erst im zweiten Monate machten sanfte Töne einen Eindruck auf ihn, so dass er durch einen einfachen Gesang sich beruhigen und einschläfern lasse. Sein Geschmack sei im Anfang ebenfalls stumpf, so dass jede milde, warme Feuchtigkeit ohne Unterschied ihm zusage. Eine Spur von Geruch erkenne man zum Teil darin, dass er im Dunstkreise der Mutter sich wohler befinde und beruhige, auch ohne sie mit anderen Sinnen wahrzunehmen. —

FRIEDRICH NASSE[1]) verfocht noch in den zwanziger Jahren die Ansicht, die Seele gelange erst unter der Geburt in das Kind. Der erste Atemzug ist nach ihm das erste Merkmal der Beseelung. —

RUDOLPHI[2]) macht in seinem Lehrbuche der Physiologie mehrere Bemerkungen über die Sinne des Kindes. Der Geschmack entwickele sich früher als der Geruch. Wenn man auch dem Kinde die ersten Wochen leicht

---

1) FR. NASSE; Von der Beseelung des Kindes, in der Zeitschr. f. d. Anthropologie von FR. NASSE, 1824. Heft 1, S. 1.

2) K. A. RUDOLPHI, Grundriss d. Physiologie. Bd. II. 1. Berlin 1823. S. 129 u. 230.

eine beliebige Arznei eingeben könne, ohne dass es den üblen Geschmack zu empfinden scheine, so höre dies doch bald auf, und wenn etwas bitteres an der Warze der Mutterbrust befindlich sei, oder ihm die Milch nicht schmecke, so wende es sich unwillig weg. Die Äusserungen des Geruchs erfolgten weit später. — Die Zeit, in der die Kinder nach leuchtenden oder glänzenden Gegenständen zu sehen anfangen, fand RUDOLPHI verschieden. Er citirt DESMONCEAUX [1]), welcher behaupte, dass nach seiner Erfahrung einige Kinder mit einem Monate, andere mit 5, mit 6 Wochen und darüber die Gegenstände sähen. Unglaublich, jedoch wohl mit Unrecht, erscheint RUDOLPHI, was DESMONCEAUX von ein paar (angeblich viel zu spät geborenen) Kindern erzählt, welche gleich nach der Geburt das Licht mit ihren Augen begierig aufgesucht hätten. —

Wie BAUTAIN [2]) behauptet, ist nach der Geburt zuerst der Gesichtssinn und dann der Geschmack thätig. Geruchsempfindungen könnten die Kinder in der ersten Zeit nach der Geburt nicht haben, indem der überreiche Schleim, der dieses Organ verstopfe (!), dasselbe unfähig machen müsste, sie aufzunehmen. Das Gehör trete erst einige Monate nach der Geburt in Thätigkeit. —

Nach SIGISMUND [1]) empfangen schon am ersten

---

[1]) DESMONCEAUX, Lettres et observations sur la vue des enfants naissants. 1775. 9. p. 48. — Ich selbst kenne diese Schrift nicht

[2]) L. E. BAUTAIN, Experimentalphysiologie. Übers. v. DALHOF, 1853.

[3]) SIGISMUND, a. a. O.

Lebenstage drei Sinne die ersten Eindrücke von der Aussenwelt: Getast (dahin rechnet S. auch den Temperatursinn), Gesicht und Geschmack. Der Geschmackssinn scheine unter allen Sinnen die ersten deutlichen Wahrnehmungen zu liefern, welche einigermassen verinnerlicht und erinnert würden. Er werde bei Deutschen Kindern unnötigerweise gewöhnlich zuerst durch eine Arznei in Thätigkeit gesetzt. Auf schwachen Kamillenthee, welcher nach alter Erbweisheit das Eingangsgericht zu allen Erdenmahlzeiten bilden müsse, — bekanntlich einen den meisten Menschen unangenehmen Trank —, zeige das Kind keine Äusserung des Gefallens oder Missfallens; es verschlucke ihn wie automatisch. Rhabarberpulver (nicht das gang und gäbe Rhabarbersäftchen) scheine jedoch schon eine unangenehme Empfindung zu verursachen. Manche Kinder weigerten sich gar früh, etwas anderes zu geniessen, als die Milch ihrer Mutter. Es müsse also der Geschmackseindruck des ungewohnten Trankes mit dem des öfter genossenen verglichen werden, folglich von letzterem Spuren im Sinnesgedächtnis geblieben sein. Später werde jener Sinn von den anderen weit überholt. —

Die Bemerkungen, welche O. HEYFELDER[1]) über die psychischen Thätigkeiten des Neugeborenen macht,

---

1) OSKAR HEYFELDER, Die Kindheit des Menschen. Deutsche Zeitschr. für die Staatsarzneikunde, von SCHNEIDER u. s. w. 1857 u. 1858. Bd. X, Heft 2 u. Bd. XI, Heft 1. — Die Abhandlung ist auch selbständig erschienen.

gehen nicht über das allgemein Bekannte hinaus. Er lässt mit der Geburt die ersten, traumhaften Regungen des Seelenlebens beginnen und betrachtet den ersten Schrei als das erste Zeichen der erwachenden Seele.

Nach diesem Rückblick schreite ich nunmehr zu den Ergebnissen meiner eigenen Untersuchungen, und beginne mit denjenigen über den Geschmackssinn der Neugeborenen.

Vom Geschmackssinne und dem Ekelgefühle des Neugeborenen.

Zwanzig und einige Neugeborene wurden auf ihre Geschmacksempfindungen geprüft.

Ich brachte süsse und bittere Flüssigkeiten erwärmt mittelst eines Haarpinsels in den Mund der Kinder und notierte die Erfolge. Diese Flüssigkeiten bestanden in gesättigter Zuckerlösung und einer Lösung von 10 Gran schwefelsaurem Chinin in $^1/_2$ Unze Wasser, welch letztere stark bitter schmeckte, und in dieser Konzentration zu allen Versuchen ohne Ausnahme gedient hat. Die Anwendung einer solchen Vorsicht schien mir durchaus geboten, wenn vergleichende Versuche an verschiedenen Individuen zu richtigen Schlüssen führen sollten.

Die Zucker- und Chininlösung riefen bei den Neugeborenen dieselben mimischen Bewegungen hervor, welche wir bei Erwach-

—⊰ 23 ⊱—

senen als den Gesichtsausdruck der süssen und bitteren Geschmacksempfindungen bezeichnen. Wurde Zucker in den Mund gebracht, so wölbten die Kinder die Lippen schnauzenförmig hervor, pressten die Zunge zwischen die Lippen und begannen behaglich zu saugen und zu schlucken. Auf Chininlösung dagegen wurde das Gesicht verzogen. Bei leichteren Graden der Einwirkung contrahierten sich nur die Heber der Nasenflügel und der Oberlippe, bei stärkeren auch die Runzler der Augenbrauen und die Schliessmuskeln der Augenlider, letztere wurden zusammengekniffen und selbst einige Zeit geschlossen gehalten. Der Schlund geriet hiebei in krampfhafte Zusammenziehung, die Kinder würgten, der Mund öffnete sich weit, die Zunge wurde selbst bis zur Länge von einem Zoll daraus hervorgestreckt, und die eingebrachte Flüssigkeit öfter samt dem reichlich ergossenen Speichel wieder teilweise ausgestossen. Zuweilen wurde der Kopf lebhaft geschüttelt, wie es Erwachsene thun, wenn sie von Ekel heimgesucht werden.

Diese mimischen Bewegungen traten bei Neugeborenen ein, welche den Schoss der Mutter kaum verlassen und noch keine Milch zu sich genommen hatten, bei vollkommen ausgetragenen und kräftigen Kindern männlichen und weiblichen Geschlechts, aber auch bei einigen, welche vor der Zeit im siebenten und achten Fruchtmonate geboren worden waren. Namentlich erschienen sie sehr lebhaft bei einem Knaben, der schon im siebenten Monate zur Welt gekommen war, nur vier Pfund wog, dessen rote Haut mit Wollhaaren bedeckt und dessen Hände blau und kalt waren.

Die Kinder boten sehr beträchtliche individuelle Verschiedenheiten. Die Einen genossen z. B. den Zucker mit dem Ausdrucke grösseren Behagens und unter lebhafteren Saugbewegungen, als die andern. Bei einem setzte ein einziger Tropfen der Chininlösung mehr Muskeln in Bewegung, als beim andern drei bis vier Tropfen. Sehr auffallend benahm sich vor allen ein sehr kräftiger Knabe, der 7 Pfund wog und vier Tage alt war. Als ich ihm Zuckerlösung darreichte, begann er sogleich zu saugen und zu schlucken, wurde unruhig, während er bisher ruhig gelegen hatte, und suchte mit dem Kopfe, bald nach rechts, bald nach links sich drehend, die Mutterbrust. Offenbar hatte die Empfindung des Süssen die Erinnerung an einen früheren Genuss und die Begierde nach Nahrung wachgerufen. Dann führte er den Daumen in den Mund und sog daran. Ich gab ihm nach einiger Zeit Chininlösung, aber obwohl ich ihm fünf Tropfen hintereinander einflösste, eine Menge, die niemals einem anderen Kinde gereicht wurde, so verzog der Kleine doch sein Gesicht nicht im Mindesten, sondern machte nur gewöhnliche Saugbewegungen, kaum dass sein Schlund sich etwas stärker zusammenzuziehen schien. Als ich nun, erstaunt über diese geringe Reaktion, die Zungenränder zuerst mit der Spitze eines Weinsäurekrystalls und dann mit einer ausgesprochen sauren Lösung der Weinsäure berührte, so erschienen auch jetzt verhältnismässig geringe Zeichen des Missbehagens. Bei einigen andern Kindern hatte ich durch solche Eingriffe sehr bedeutende Grimassen veranlasst, war aber von weiteren Versuchen abgestanden, weil die Säure auch sehr verdünnt die Schleimhaut etwas maceriert hatte und die Kinder in der folgenden Nacht unruhig geworden waren und geschrieen hatten, ohne indes weiteren Schaden zu erleiden. Die Chininlösung dagegen hatte keines Kindes Wohlbefinden auch nur im Geringsten gestört.

Zuweilen antworteten Kinder auf Zucker mit dem mimischen Ausdrucke des Bitteren. Dies geschah unter zweierlei Umständen. Einige verzogen beim erstmaligen Einbringen der Zuckerlösung das Gesicht, während sie die folgenden Portionen mit Wohlbehagen zu sich nahmen. Es schien nicht die Geschmacksempfindung an sich, sondern ein anderes psychisches Moment: Die Überraschung durch die plötzliche Einwirkung auf den empfindenden Nerven, Schuld daran zu tragen. Eines der Kinder fuhr sogar geradezu erschreckt zusammen, als es die ungewohnte Flüssigkeit (die, wie gesagt, erwärmt war) so plötzlich zu verkosten bekam. — Hatten Kinder auf Chinin stark reagiert, so verzogen sie gewöhnlich noch ein oder mehrere Male hintereinander das Gesicht, wenn man nun Zuckerlösung einbrachte, jedoch mit abnehmender Lebhaftigkeit, bis endlich wieder ein behagliches

Saugen und Schlucken an die Stelle trat. Dies stimmt mit den Erfahrungen überein, die jeder Erwachsene an sich selbst macht, dass nämlich ein sehr bitterer oder ekelhafter Geschmack sich nicht sofort durch einen süssen verdrängen lässt, sondern bei jeder neuen Erregung des Geschmackssinnes durch differente Schmeckstoffe mit abnehmender Lebhaftigkeit wiederkehrt.

Auf einen Tropfen einer stark salzig schmeckenden wässerigen Lösung von Chlornatrium verzogen zwei Neugeborene das Gesicht mit dem Ausdrucke des Missbehagens.

Aus diesen Versuchen geht erstlich hervor, dass der Geschmackssinn Neugeborener bereits in seinen wesentlichsten Empfindungsformen thätig zu sein vermag, und nicht, wie BICHAT meinte, in ganz unbestimmter Weise empfindet. — Was den Zucker und das Chinin anlangt, so wird Niemand daran zweifeln, dass die Bewegungen, welche sie beim Verbringen auf die Zunge in verschiedenen Muskeln auslösen, durch Einwirkung auf die Geschmacksnerven hervorgebracht werden. Hinsichtlich der Weinsäure und des Kochsalzes aber liesse sich der Einwurf machen, diese Stoffe wirkten, ersterer mazerierend, letzterer Wasser entziehend, auf die Nerven der Zunge überhaupt, und die Mimik im Gefolge derselben sei nur der Ausdruck des Schmerzes. Abgesehen aber davon, dass die Kinder niemals schrieen, so liess sich dieser

—※ 27 ※—

Einwurf durch folgenden Versuch vortrefflich beseitigen. Wie STICH [1]) ermittelt hat, stellen am vorderen Teil der Zunge die Ränder den schmeckenden Bezirk dar, während die Mitte des Rückens keine Geschmacksempfindung vermittelt. Als ich bei zwei Neugeborenen den Zungenrand mit der Spitze eines Weinsäurekrystalls betupfte, so machten sie augenblicklich Grimassen, während der Krystall auf die Mitte des Zungenrückens gesetzt geraume Zeit keinen Erfolg ausübte, bis allmählich die Lösung zu den schmeckfähigen Zungenrändern vorgedrungen war.

Ein zweites Ergebnis liegt in dem Nachweise, der frühzeitigen Verknüpfung bestimmter mimischer Bewegungen, des »süssen« und »bitteren Gesichtes«, mit bestimmten Geschmacksempfindungen. Dieses Mienenspiel erscheint bei dem Neugeborenen in überraschend scharfer Ausprägung, und kann zugleich nur hier in seiner ganzen Reinheit studiert werden, da es in späteren Lebensepochen durch den Willen, bald in Form der Selbstbeherrschung, bald in Form der Übertreibung, vielfach gefälscht wird. Schon lange vor dem gewöhnlichen Geburtstermin bestehen diese reflektorischen Beziehungen zwischen den Geschmacksnerven und den bewegenden Nerven der Gesichts-, Zungen-, Schlund- und Kiefermuskeln, obwohl zuweilen lange Zeit verfliessen kann, bis der neue Welt-

---

1) VIRCHOW's Archiv, 1858. Bd. XIV. S. 225.

bürger Gelegenheit erhält, Bitteres oder Saueres zu verkosten und die entsprechende Mimik auszuüben. — Dass diese reflektorischen Bewegungen nicht aus rein mechanischen Vorgängen innerhalb der Nervenbahnen abgeleitet werden dürfen, sondern mit seelischen Vorgängen auf's innigste verbunden sind, ergiebt sich aus den oben mitgeteilten Erfahrungen über die Modifikationen, welche sie je nach der Stimmung der Kinder erfahren.

Drittens erhellt, dass die höchsten Grade der bitteren Geschmacksempfindung dieselben Bewegungen: Schlundkrampf, Würgen, weites Öffnen des Mundes, Hervorstrecken der Zunge und Ausstossen des Mundinhaltes, sowie Schütteln des Kopfes hervorbringen, welche bei älteren Personen der Ekel erzeugt. Wir dürfen somit annehmen, **dass diese Bewegungen beim Neugeborenen gleichfalls durch Ekelgefühl bedingt werden**, welches sich zu der Empfindung intensiver Bitterkeit gesellt. Nach STICH [1]) ist das Ekelgefühl ein **Muskelgefühl**, veranlasst durch die Kontraktion der Schlundverengerer. **Die Neugeborenen sind somit bereits im Besitze wenigstens eines sog. Muskelgefühls**, was wahrscheinlich macht, dass ihnen auch andere ähnliche Empfindungen nicht fehlen.

---

[1]) Annalen der Berliner Charité. Bd. VIII. 2. S. 22. 1858.

—≾ 29 ≿—

Vom Tastgefühl des Neugeborenen.

Neben dem Geschmackssinne ist das Tastgefühl des Neugeborenen schon sehr entwickelt.

I. Vom Tastgefühl der Zunge.

Ich führte einen federkieldicken, etliche Zoll langen, glatten, an beiden Enden abgerundeten Glasstab in den Mund der Kinder ein, und kitzelte damit den Zungenrücken. Je nach der Gegend, welche gekitzelt wurde, ergaben sich verschiedene Reflexbewegungen. Beschränkte sich die Einwirkung auf den Rücken der Zungenspitze, so erfolgte dasselbe mimische Spiel, das beim Genusse von Zuckerlösung eintrat. Die Zunge legte sich von beiden Seiten um das Stäbchen aufwärts, die Lippen formten sich rüsselförmig, und Saugbewegungen wurden gemacht. Bei Kitzel des Zungenrückens in der Gegend der vorderen Papillae circumvallatae kniffen die Kinder die Augenlider zusammen und hoben die Nasenflügel und Mundwinkel, ohne zu saugen. Beim Kitzel der Zungenwurzel und des Gaumens traten Würgbewegungen mit Aufsperren des Mundes und Hervorstrecken der Zunge ein.

Die mechanische, kitzelnde Reizung des Zungenrückens ruft somit je nach der Gegend, welche gekitzelt wird, die Mimik des Süssen oder der verschiedenen Intensitätsgrade des Bitteren hervor. Es ist aber nicht wahrscheinlich, dass diese Mimik durch Kitzel von der Empfindung des Süssen oder Bitteren begleitet sei, da, wie ich oben auch für's Kind nachwies, der Rücken der Zungenspitze keine Geschmacksempfindung zu vermitteln pflegt, und beim Erwachsenen das Kitzeln der Zunge nur Tastgefühle, oder, wenn die Zungenwurzel in Angriff genommen wird, auch Ekel bedingt. Der Versuch giebt somit nur ein Beispiel für den Lehrsatz, dass die nämlichen Muskelgruppen von verschiedenen Punkten des empfindenden und reflektierenden Centrums aus in Bewegung gesetzt werden können.

II. Vom Tastgefühl der Lippen.

Das Gefühl der Lippen ist bei Neugeborenen sehr fein. Erregung ihrer Tastnerven wird ungemein leicht mit Saugbewegungen beantwortet, namentlich wenn das Kind nicht ganz satt ist. Aber nicht jede Erregungsweise der Lippen ist gleich geeignet, Saugbewegungen zu veranlassen. Ein hübsches Mädchen von fünf Tagen zuckte auf Kitzeln der Lippe mit einem Federbarte nur zusammen, während es bei sanftem Streicheln mit dem Finger sofort saugte.

Bekanntlich benutzen Kinder in den ersten Lebensjahren mit Vorliebe Lippen und Zunge als Werkzeuge zur Prüfung und Unterscheidung der Aussenwelt. Anfangs werden die Finger, später alle Dinge, die sie mit den Fingern fassen und halten können, an die Lippen und in den Mund geführt. Schon am ersten Lebenstage sieht man sie zuweilen die Finger in den Mund führen und daran saugen.

III. Vom Tastgefühl der Nasenschleimhaut.

Bekannt ist die grosse Empfindlichkeit der Nasenschleimhaut des Erwachsenen, insbesondere der Nasenflügel an der Übergangsstelle in die Gesichtshaut für leisen Kitzel, und der Schleimhaut überhaupt für gewisse reizende Dämpfe. Dieses Verhalten zeigt schon die Nase des Neugeborenen. Dämpfe von Essigsäure oder Ammoniak machen entweder heftiges Niesen, oder zum wenigsten blinzeln die Kinder, runzeln den Corrugator superciliorum, wischen auch wohl mit den Händen im Gesichte. Kitzeln der innern Fläche des Nasenflügels mit dem Barte einer Federfahne ruft bei ausgetragenen Kindern zunächst Zwinkern der Augenlider hervor, **stärker und früher auf der gekitzelten Seite, als auf der andern**; ist die Einwirkung heftiger, so kneift das Kind nicht nur die Augen zusammen, sondern bewegt auch den Kopf und die Hände, **mit denen es nach dem Gesichte fährt**. Einige Tage alte Kinder wischen am Gesichte. Bei drei Kindern, welche schon im siebenten Schwangerschafts-Monate geboren worden waren, erzeugte der Kitzel, selbst nachdem sie mehrere Lebenstage zurückgelegt, nur zweifelhafte Spuren von Reflexbewegungen, obwohl dieselben zum Teile schon lebhafte Geschmacksempfindungen geoffenbart hatten. Die grosse Empfindlichkeit der Schleimhaut der Nasenflügel für leichten Kitzel scheint somit erst gegen Ende des normalen Schwangerschafts-Termines sich heranzubilden.

IV. Die Bedeutung der Wimperhaare als Tastorgane zum Schutze der Sehwerkzeuge.

Die Wimperhaare der Augenlider sind gegen die leiseste Berührung ausserordentlich empfindlich. Hat das wachende Kind die Augen offen, so kann man mit einem Glasstäbchen bis an die Cornea vordringen, bevor es das Auge schliesst. Sobald aber nur eines der Wimperhärchen auf das leiseste berührt wird, so geschieht dies unverweilt. Die Berührung der Augenlider ist bei Weitem nicht so wirksam; sie wird durchaus nicht jedesmal mit Augenzwinkern beantwortet, wie die Berührung der Cilien.

Die ungemeine Empfindlichkeit der Cilien lässt sich sehr schön durch folgenden Versuch nachweisen. Bläst man die Wangen oder die Stirne eines Neugebornen an, so zwinkert es mit den Augen, was ich zuerst fälschlich auf Rechnung des Temperatursinns der Haut schob. Bläst man aber die Luft durch ein, etwa aus einem Papierstreifen gedrehtes schmales Rohr abwechselnd auf die verschiedenen Teile des Gesichtes, so überzeugt man sich, dass jedesmal nur dann gezwinkert wird, wenn der Luftstrom eines der Wimper-

—⊰ 33 ⊱—

haare berührt hat. Das Auge der angehauchten Seite blinzt stärker und früher als das der anderen Seite.

Der grosse Nutzen dieser reflektorischen Einrichtung ist leicht einzusehen. Das des Schutzes vor äusseren Einwirkungen so sehr bedürftige Auge wird dadurch zu einer Zeit, wo die Erfahrung die Augenlider noch nicht in Bewegung setzen kann, mit wunderbarer Sorglichkeit gehütet. SIGISMUND (a. a. O.) bemerkt ausdrücklich, dass der Säugling bis zur vierzehnten, selbst sechzehnten Woche nicht blinzele, wenn man ihm mit dem Finger auf das Auge losfahre, als wolle man hineinstossen. Das Auge starre dabei ganz ruhig vor sich hin.

Es wäre von Interesse zu ermitteln, ob an den Wurzeln der Wimperhaare sich anatomisch ausgezeichnete Endigungen der Tastnerven vorfinden.

V. Vom Tastgefühl der übrigen Körperteile.

Über die Empfindung der äusseren Haut an den übrigen Körperteilen weiss ich nur folgendes anzugeben.

Kitzelt man die Innenfläche der Hand bei Neugeborenen, so contrahiert sie sich und fasst die Federfahne, womit man gekitzelt hat. Auf Kitzel der Fusssohle werden die Beine meist sehr lebhaft bewegt, im Knie- und Hüftgelenke gebeugt und gestreckt, und die Zehen gespreizt. Ob sich Siebenmonatkinder schon ebenso verhalten, habe ich leider nicht untersucht. Von Achtmonatkindern kann ich es behaupten.

—≪ 34 ≫—

Vom Wärme- und Kältegefühl des Neugeborenen.

Hierüber vermag ich nichts anzuführen, als die bekannte Erfahrung, dass Neugeborene nach der Geburt schreien, zittern, blass werden, während sie im warmen Bade sich wieder zu beruhigen pflegen, neuerdings sich röten und zu zittern aufhören. Diese Erscheinungen weisen auf **eine sehr lebhafte Empfindung für Kälte und Wärme** hin.

Vom Geruche des Neugeborenen.

Ich habe Versuche an etwa zwanzig Neugeborenen angestellt, um zu ermitteln, ob sie schon Gerüche empfinden. — An wachen Kindern konnte ich keine entschiedenen Ergebnisse gewinnen. Da sich keine charakteristischen Gruppen von Reflexbewegungen mit den verschiedenen Gerüchen verbinden, und wache Kinder, zumal lebhafte und sinnenthätige, die gegen Sinnenreize am schnellsten und kräftigsten reagieren, auch schon spontan vielfach unruhige Bewegungen vollführen, so ist es nicht leicht zu bestimmen, ob Bewegungen, die beim Vorhalten von Asa foetida oder Oleum Dippelii an die Nase entstehen, wirklich auf diese Reizmittel zurückbezogen werden dürfen oder nicht. — Dagegen haben mir Versuche an einigen **schlafenden** Kindern die bestimmte Überzeugung verschafft, **dass Neugeborene starke Gerüche bereits unangenehm empfinden.** Die Angaben, wonach ihnen der Geruch abgehe, sind somit unrichtig. — Lässt man ruhig schlafenden Neugeborenen die Düfte der Asa foetida oder des Oleum Dippelii in die Nase aufsteigen, so sieht man sie häufig sofort die Augenlider fester zusammenkneifen, das Gesicht verziehen, unruhiger werden, sich mit Kopf und Armen bewegen und erwachen. Nach Entfernung des Riechmittels schlafen sie wieder ein. Ich fand jedoch, dass man den Versuch bei demselben Kinde nicht mehr, als ein- bis zweimal hintereinander mit Erfolg machen kann; die Neugeborenen scheinen sehr rasch für die starken Gerüche abgestumpft zu werden, und verhalten sich dann, wie wenn sie keinen Geruch hätten. — Achtmonatliche Früchte empfanden schon Gerüche. Bei Früchten aus dem siebenten Monate konnte ich nichts Bestimmtes ermitteln. (Vergl. dazu die Versuche von BIFFI an neugeborenen Tieren. SCHIFF'S Lehrb. d. Physiol. Bd. I. S. 373.)

Vom Gesichtssinne des Neugeborenen.

Ausgetragene Kinder, welche eben zur Welt gekommen und ruhig geworden sind, versuchen öfter das Auge wiederholt zu öffnen, sind aber immer wieder gezwungen, es rasch und krampfhaft vor dem einfallenden, hellen Lichte zu schliessen.

Schon in den ersten Stunden nach der Geburt spielt die Pupille lebhaft und wird eng oder weit je nach der Stärke des einfallenden Lichtes. Auch der Versuch von WEBER gelingt schon. Schliesst man ein Auge des Kindes, während man das andere offen hält, so erweitert sich die Pupille des letzteren.

Ein männliches, im siebenten Schwangerschafts-Monate geborenes Kind, von dem ich schon oben S. 24 berichtete, sah ich an seinem zweiten Lebenstage spät abends in der Dämmerung den vom Fenster abgewendeten Kopf auch bei veränderter Lage wiederholt dem Fenster und Lichte zuwenden. Es suchte zweifelsohne das Licht. Also schon zwei Monate vor dem gewöhnlichen Geburtstermine war das Sehorgan nicht nur geeignet, Licht zu empfinden, sondern es erweckte auch mässiges Licht, wenigstens 24 Stunden nach der Geburt, ein Gefühl der Lust und veranlasste das Kind, ihm nachzugehen. Bei anderen Siebenmonatkindern konnte ich diese Erscheinung nicht konstatieren. Solche kleine Wesen zeigen sich nicht nur in Bezug auf's Licht, sondern auch in Bezug auf Temperament und seelische Entwicklung überhaupt schon verschieden. Die meisten halten die Augen fast immer schläfrig geschlossen, es giebt aber welche, die sie häufig öffnen und lebhafter sind.

Im dunkeln Zimmer schlafende Kinder von 2—4 Tagen sah ich die Lider stark zusammenkneifen, zusammenfahren und erwachen, wenn man ein helles Kerzenlicht den geschlossenen Augen zu nahe brachte.

Bei zahlreichen Versuchen ist es mir nicht gelungen,

wachende Kinder aus den ersten acht Lebenstagen zu bewegen, im dunkeln Zimmer den Bewegungen einer vor ihren Augen hin und her geführten leuchtenden Kerze zu folgen, oder im mässigen Tageslichte einen glänzenden Gegenstand zu fixieren. Sie halten wohl nach Ablauf der ersten acht Tage öfter die Augen bei mässigem Lichte längere Zeit offen und starren vor sich hin, aber man kann sich leicht überzeugen, dass sie dabei nichts fixieren. Dies scheinen vielmehr nur die ersten Übungsversuche, die Augen längere Zeit dem Lichte auszusetzen. Erst später lernen die Kinder Gegenstände fixieren, vielleicht von der dritten bis sechsten Woche an. Kinder von sechs Wochen sah ich mit Bestimmtheit Gegenstände fixieren, wahrscheinlich geschieht dies schon früher, aber ich habe keine Gelegenheit gehabt, Kinder zwischen der dritten und sechsten Woche auf dieses Verhalten zu untersuchen.

Es wäre äusserst interessant, dem Gange jener Übungen nachzugehen, durch welche der Mensch allmählich lernt, die Bewegungen des Augapfels und der Accomodationsmuskeln zu regieren. Freilich werden Versuche in dieser Richtung mit den grössten Schwierigkeiten zu kämpfen haben, aber es scheint mir auch eine der wichtigsten und dringendsten Aufgaben der physiologischen Psychologie, die Wege zu ermitteln, auf welchen wir zu jenen zahlreichen Urteilen kommen, die sich namentlich mit unseren Lichtempfindungen so innig verbinden, dass wir sie später nicht mehr davon zu trennen im Stande sind. Nachdem so viele dicke Bücher über Psychologie geschrieben wurden, ist es wahrhaft niederschlagend, noch solchen grossen Lücken in der Bildungsgeschichte der Seele begegnen zu müssen.

Vom Gehörsinne des Neugeborenen.

Von allen Sinnen schlummert das Gehör am tiefsten. Man kann vor den Ohren wachender Neugeborener in den ersten Tagen die stärksten disharmonischen Geräusche machen, ohne dass sie davon berührt werden. Zahlreiche Versuche, die ich in dieser Richtung anstellte, hatten keinen Erfolg. Herr FELDBAUSCH, Assistent der geburtshilflichen Klinik dahier, versichert mich jedoch, sich einigemale mit Bestimmtheit überzeugt zu haben, dass schlafende Kinder in den Betten zusammenfuhren, wenn er unter dem Bette plötzlich und bei tiefer Stille des Zimmers stark in die Hände klatschte. Das jüngste der Kinder, bei dem dieser Erfolg eintrat, war drei Tage alt. Herr FELDBAUSCH ist ein zu vorsichtiger Beobachter, als dass ich an der Richtigkeit seiner Angaben zu zweifeln Ursache hätte. Es kann den Neugeborenen somit nicht alle Gehörempfindung abgestritten werden.

Vom Schmerzgefühle des Neugeborenen.

Unzweifelhaft geht das Geschrei der Neugeborenen, welches sie gleich nach der Geburt ausstossen, aus Empfindungen schmerzhafter Art hervor, und wahrscheinlich ist es der ungewohnte plötzliche Eindruck der äusseren kalten Luft, der dazu Veranlassung giebt. Die Einwirkung grellen Lichtes, starker Gerüche, schlechter Geschmäcke und lauter Geräusche sah ich wenigstens bei Neugeborenen kein Geschrei veranlassen, von diesen Sinnen aus kann es somit nicht erregt werden. Dagegen will ich nicht entscheiden, ob nicht auch das Gefühl des Lufthungers, das mit der Geburt und der Unterbrechung des Placentarkreislaufes eintritt, einigen Anteil an dem Zustandekommen des Schreiens haben möge.

So einfach scheint oder schien nun die Sache vielen Philosophen nicht zu sein. HEGEL [1]) z. B. sah in dem Schreien des neugeborenen Menschen eine Offenbarung seiner höheren Natur. Durch diese ideelle Thätigkeit zeige sich das Kind sogleich von der Gewissheit durchdrungen, dass es von der Aussenwelt die Befriedigung seiner Bedürfnisse zu fordern ein Recht habe, — dass die Selbständigkeit der Aussenwelt gegen den Menschen eine nichtige sei. Daher das ungebärdige, gebieterische Toben! — Der Hegelianer MICHELET [2]) dagegen nennt den Schrei des Neugeborenen das Entsetzen des Geistes über das Unterworfensein unter die Natur. — Sogar der grosse KANT liess den Neugeborenen Betrachtungen über seine Hilflosigkeit und Unfreiheit anstellen, und vor ge-

---

1) G. W. FR. HEGEL's sämtliche Werke. «Die Philosophie des Geistes.» Bd. VII. Abt. 2. Berlin 1845. S. 93.

2) MICHELET, Anthropologie und Psychologie. Berlin 1840. S. 151.

rechtem Unmut in Entrüstung geraten. Er sagt [1]: »Das Geschrei, welches ein kaum geborenes Kind hören lässt, hat nicht den Ton des Jammers, sondern der Entrüstung und des aufgebrachten Zorns an sich; nicht weil ihm etwas schmerzt, sondern weil ihm etwas verdriesst; vermutlich darum, weil es sich bewegen will und sein Unvermögen dazu gleich als eine Fesselung fühlt, wodurch ihm die Freiheit genommen wird.« KANT beruft sich dabei auf die Thatsache, dass kein Tier ausser dem Menschen beim Geborenwerden seine Existenz laut ankündige, und vermutet, dass im Naturzustande der neugeborene Mensch noch nicht geschrieen habe. Allein Sachverständige, Tierärzte und Landwirte, haben mich versichert, dass auch das Kalb gleich nach der Geburt, und manchmal schon unter der Geburt, sehr laut zu schreien anhebe.

Die Entleerung der Harnblase scheint, ausser durch kräftiges Atmen und Schreien, durch unangenehme Empfindungen infolge zu starker Belastung der Blasenwände veranlasst zu werden.

Von den zahlreichen pathologischen Ursachen des Schmerzes, Leibweh infolge von Säure im Magen und dergl. mehr, habe ich hier nicht die Absicht zu handeln. Ich erinnere nur noch an das heftige Geschrei, welches Neugeborene ausstossen, wenn man ihnen das allzu kurze Zungenbändchen durchschneidet, und füge eine Erfahr-

---

[1] KANT, Anthropologie. 2. Aufl. 1800. S. 323. Note.

ung bei, die ich an Impflingen gemacht habe. Impflinge aus den drei ersten Monaten des Lebens weinen viel seltener, als ältere Kinder, wenn man die kleinen Stiche oder Schnitte in den Oberarm macht. Ist es geringere Empfindlichkeit oder geringere Aufmerksamkeit und Mangel an Furcht, weshalb die jüngeren Impflinge ruhiger bleiben?

Von den Muskelgefühlen des Neugeborenen.

Von dem Vorkommen des Ekels, der nach Stich ein Muskelgefühl ist, war S. 16 die Rede.

Es ist die Vermutung gestattet, dass die bekannten zuckenden Bewegungen, welche gesunde Früchte im Eiwasser vollziehen, sowie die behaglichen Bewegungen gesättigter, ruhender Säuglinge aus sog. Muskelempfindungen hervorgehen. Kein Muskel kann über eine gewisse Zeit hinaus thätig sein, ohne zu ermüden. Das Gefühl der Ermüdung veranlasst seine Entspannung, welche durch die Kontraktion seines Gegners vermittelt wird. — DARWIN [1]) meinte, die Frucht im Mutterleibe könne keine andere Veranlassung haben, ihre Glieder zu bewegen, als das Taedium oder den Überdruss einer unveränderten Lage. Der Überdruss aber ist eine Stimmung, welche eine höhere Entwicklungsstufe des Geistes voraussetzt, als der Frucht zugeschrieben werden darf.

---

1) A. a. O. S. 73.

—§ 42 §—

— Andere ältere Physiologen, z. B. ACKERMANN [1]), führten die Bewegungen der Frucht im Mutterleibe auf die Empfindung ihrer unbequemen, beengten Lage zurück, wogegen CABANIS geltend gemacht hat, dass die Frucht im Wasser schwimme. Er leitet die Bewegungen aus einem triebartigen Bedürfnis ab, die Gliedmassen, die einen gewissen Grad von Stärke gewonnen haben, zu bewegen. Die Triebe aber lässt er bekanntlich mit grossem Scharfsinn aus inneren Empfindungen (»impressions intérieures«) hervorgehen. Das verrät einen tieferen Einblick in die Sache, als wenn später sogar ein HERBART [2]) nichts weiter darüber vorzubringen weiss, als folgendes allgemeine Gerede: »Der wichtigste und allgemeinste der Triebe ist der nach Bewegung und Veränderung, die unruhige Lebendigkeit, die sich vorzüglich bei Kindern und jungen Tieren verrät. Da ist viel Leben bei wenig Geist; man kann daran sich üben, um Leben und Seele unterscheiden zu lernen. Da sich diese Lebendigkeit nach dem Alter richtet, und ausserdem bei den Individuen von Geburt an verschieden ist, so darf man glauben, sie sei Folge des Organismus, also vielmehr ein physiologischer als psychologischer Gegenstand.«

Die konvulsivischen »Kindsbewegungen« kranker

---

1) ACKERMANN, Versuch einer physischen Darstellung der Lebenskräfte organischer Körper. 1797. S. 173.
2) HERBART's sämtliche Werke. Ausg. von HARTENSTEIN. Leipzig 1850. Bd. V. Tl. 1: Lehrb. zur Psychologie. S. 80.

Früchte mögen zum grossen Teile durch unmittelbare Erregung der motorischen Centren der excitabeln Gehirnprovinzen infolge entzündlicher Reizung bei Meningitis und Encephalitis, durch Einwirkung eines toxischen Reizes und dgl. mehr veranlasst werden. Erst in diesen Tagen machte ich eine Beobachtung bei einer zum zweitenmale Schwangeren im sechsten Monate, wodurch der Einfluss rasch erzeugter Anämie auf die Entstehung solcher Konvulsionen vortrefflich dargelegt wurde. Ich hatte der Frau wegen eines seit 14 Tagen anhaltenden, sehr lebhaften Schmerzes in der rechten Unterbauchgegend, welcher vom Ligamentum teres auszugehen schien, vier Blutegel an diese Gegend ansetzen lassen. Zufällig verletzte einer der Blutegel einen oberflächlich gelegenen, sehr erweiterten Ast der Arteria epigastrica. Rotes Blut strömte pulsierend mehrere Stunden lang so reichlich aus der Wunde, dass die Schwangere rasch in einen Zustand von grosser Erschöpfung und Blutarmut geriet. Eine »Serre fine« stillte die Blutung. Nun traten ungemein belästigende, heftige Kindsbewegungen ein, welche erst im Verlaufe des zweiten Tages sich mässigten und am dritten bei zunehmender Erholung der Mutter zur Norm zurückkehrten.

Von dem Lufthunger des Neugeborenen.

»Der Sauerstoffhunger darf als der gesetzmässige Faktor der inspiratorischen Thätigkeit des Neugeborenen betrachtet werden«, wie zuletzt und am ausführlichsten

—❧ 44 ❧—

SCHWARTZ [1]) zu beweisen unternommen hat. Das Atemholen wird durch das Gefühl des Lufthungers nicht nur hervorgerufen, sondern auch reguliert. Diese Empfindung ist aber nicht die einzige Feder, welche den Atmungsapparat in Bewegung zu setzen vermag. Kälte, schmerzhafte Erregung der Hautnerven rufen die Thätigkeit der Atmungsmuskeln hervor, und die praktische Medizin gründet auf diese Erfahrung zahlreiche Verfahrungsweisen, um das Leben ausserhalb der Gebärmutter einzuleiten, wenn die Atmung nicht aus freien Stücken eintreten will.

Bei Unterbrechung des placentaren Kreislaufes kann bekanntlich schon in früher Zeit des Foetuslebens das Atmungsbedürfnis geweckt, mit anderen Worten Lufthunger erzeugt werden. Näheres enthalten hierüber die Hauptwerke über gerichtliche Medizin und Physiologie.

Vom Hunger und Durst des Neugeborenen.

Etwa sechs Stunden nach der Geburt, zuweilen aber auch viel später, 12 ja 24 Stunden hernach, pflegt das Kind deutlich zu verraten, dass es von einer Empfindung heimgesucht werde, die wir als Hunger oder Durst, wahrscheinlich als eine gemischte aus beiden, deuten müssen.

Der kleine Weltbürger wird unruhig, erwacht, macht Saugbewegungen, wirft den Kopf hin und her, als ob

---

[1] SCHWARTZ, Die vorzeitigen Atembewegungen. Leipzig 1850.

er etwas suche, führt die Hände zum Gesichte, fährt mit den Fingern im Gesichte und namentlich gern an den Lippen umher, bringt sie wohl auch in den Mund und saugt daran.

Giebt man dem Kinde nicht zu trinken, so beruhigt es sich wieder und schläft ein, um nach einiger Zeit auf's Neue zu erwachen, dieselbe Unruhe zu zeigen, dieselben Bewegungen auszuführen und endlich bricht es in Geschrei aus.

Bringt man einen Finger in den Mund des Kleinen, so saugt es daran und beruhigt sich kurze Zeit, fängt aber bald wieder zu schreien an. Streichelt man mit dem Finger abermals die Lippen, so beginnt es neuerdings Saugbewegungen zu machen, fasst wohl auch nochmals den Finger und beruhigt sich wieder. Bald aber gerät es in lautes Geschrei und heftige Bewegungen, die bei sehr entwickelten und lebhaften Kindern den Charakter des Zornes tragen. Ermüdet schläft es endlich ein, aber die Unruhe mit Geschrei kehrt bald wieder.

Von grösstem Interesse ist folgender Versuch, der mir an einem vollkommen ausgetragenen, schönen, lebhaften Mädchen gelang. Es war um 7 Uhr morgens zur Welt gekommen, hatte bald und wiederholt Hunger gezeigt, wurde aber bis 12$^{1}/_{2}$ Uhr mittags nüchtern gehalten. Um diese Zeit war es sehr unruhig geworden, bewegte den Kopf suchend hin und her und schrie viel. Ich streichelte, als es gerade nicht schrie, aber wach und unruhig war, mit dem Zeigefinger sachte seine linke

Wange, ohne die Lippen zu berühren. Rasch wendete es den Kopf auf diese Seite, fasste meinen Finger und begann zu saugen. Ich nahm den Finger heraus und streichelte die rechte Wange. Ebenso rasch wendete es sich jetzt auf diese Seite und fasste den Finger nochmals. Von Neuem nahm ich den Finger heraus und streichelte die linke Wange. Es war erstaunlich, wie flink das Kind sich wieder zur linken Seite wandte und den Finger abermals fasste. Neuerdings streichelte ich zuerst die rechte und dann die linke Seite, beide Male mit entsprechendem Erfolge. Dann aber begann das Kind, als ich meinen Finger entfernte, so lebhaft zu schreien und geriet in solche Aufregung, mit den heftigsten Bewegungen der Gliedmassen, dass es meiner nicht mehr achtete, als ich abermals seine Wange streichelte.

Ich liess das Kind nunmehr an die Brust legen, aber ihm die Brustwarze nicht gleich in den Mund geben. Es hatte sich wieder beruhigt und bewegte den Kopf suchend hin und her, war aber nicht im Stande, die Brustwarze selbst zu finden und zu fassen. Sie musste ihm zwischen die Lippen und Kiefer gelegt werden, worauf es dann zu saugen begann. Es war somit im Stande gewesen, den festen langen Zeigefinger sogleich zu fassen, nicht aber die weiche und kleine Brustwarze.

Derselbe Versuch ist mir nicht mehr, Herrn FELDBAUSCH aber noch bei mehreren Neugeborenen im Entbindungs-Hause geglückt. Nicht alle Kinder eignen sich dazu; am ersten scheint er zu gelingen, wenn ausgetragene und von Natur sehr lebhafte Kinder durch starkes Hunger- und Durstgefühl sehr wach und aufgeregt geworden sind.

Obwohl Neugeborene sogleich im Stande sind, Saugbewegungen zu machen, so geschieht das Saugen an der Mutterbrust anfangs doch mit wenig Geschick. Die Mutter muss nachhelfen, das Kind ermüdet sehr leicht und lernt erst nach mehreren Tagen die Milch kräftig und mit Erfolg auszuehen. Übrigens zeigen die Kinder auch in der Raschheit, womit sie dieses wichtige Geschäft erlernen, viele individuelle Verschiedenheiten, und es giebt einzelne sehr ungeschickte Kinder, welche es nie fertig bringen.

Von der Intelligenz der Neugeborenen.

Die Bewegungen des Neugeborenen, welche ich im Vorhergehenden beschrieb, und nach den Quellen der Empfindung, aus welchen sie hervorzugehen scheinen, übersichtlich ordnete, sind **von sehr verschiedener psychischer Dignität**.

Auf der untersten Stufe steht unstreitig das Spiel der Pupille bei Licht und Dunkel. Wie uns die Selbstbeobachtung lehrt, bleibt es der eigenen, unmittelbaren Wahrnehmung entzogen. Die Erregung der Retina löst die Bewegungen der Iris aus, ohne dass von diesen Bewegungen etwas in unser Bewusstsein kömmt. Auch sind wir nicht im Stande, dieselben willkürlich durch direkte Einwirkung auf die Irisnerven zu modifizieren. Wir haben hier eine Reflexbewegung einfachster Art vor uns, bei welcher die Erregung eines sensibeln Nerven eine bestimmte Muskelleistung auf dem nächsten Wege veranlasst. Ausser der Empfindung des Lichtes oder Dunkels, welche diese Erregung begleitet, und die ohne ein, wenn auch schwaches Bewusstsein kaum gedacht werden kann, läuft keine seelische Thätigkeit neben dem ganzen Vorgang einher, und noch weniger schiebt sich eine solche vermittelnd zwischen die Empfindung und die Bewegung hinein.

Anders schon und verwickelter gestaltet sich die Sache, wenn z. B. die gekitzelte Hand den kitzelnden Gegenstand umfasst, die Lippe an dem eingeführten Finger oder der Brustwarze saugt, der Genuss von Chininlösung mimische Bewegungen hervorruft, oder die Augenlider sich beim einfallenden Lichte schliessen. **Auch in diesen Fällen wird ursprünglich die Bewegung als Empfindungsreflex unmittelbar ausgelöst, aber zur Empfindung gesellt sich nicht nur das Bewusstsein der Empfindung, sondern auch der ausgeführten Bewegung, es gesellen sich dazu Mukelgefühle, Gefühle der Lust und Unlust mit entsprechenden Bestrebungen, allmählich erwachsen daraus sinnliche Vorstellungen der einfachsten Art, und der Wille lernt schliesslich diese Be-**

—☙ 49 ❧—

wegungen zügeln, unterdrücken, verstärken, kurz im Interesse des Individuums regulieren.

Am höchsten stehen jene Bewegungen, welche nicht mehr unmittelbar von der Empfindung ausgelöst werden, sondern auf Umwegen durch die Vorstellungen und Begierden, welche uns aus den Empfindungen erwachsen sind, zu Stande kommen. Wenn das durstige Kind nach Nahrung sucht, wenn es seinen Kopf nach derjenigen Seite hindreht, auf welcher seine Wange gestreichelt wird, den streichelnden Finger erfasst und an ihm saugt, so lassen sich solche Erscheinungen nicht mehr einfach aus Empfindungsreflexen herleiten, wir fühlen uns vielmehr genötigt, bewegungs-vermittelnde Vorstellungen zu ihrer Erklärung beizuziehen. Das sind offenbar Handlungen, deren Quelle nur in der Intelligenz gesucht werden darf, mit einer gewissen Auswahl der Mittel vollzogene Bewegungen, welche das Individuum ausführt, um einer Begierde gerecht zu werden.

In dem Augenblicke, wo der Mensch aus dem Schosse der Mutter in dieses Leben eintritt, befindet er sich bereits im Besitze eines wohl ausgerüsteten Sensoriums, das ihn befähigt, mittelst der äusseren und inneren Sinne zu erfahren, was ausser und in ihm geschieht, so wie einer grossen Zahl vortrefflich eingerichteter, sehr zusammengesetzter motorischer Apparate, Maschinen, deren Federn er nur in Bewegung zu setzen lernen muss, damit sie in der zweckmässigsten Weise ohne weitere Nachhilfe spielen. ¹) Der Neugeborene ist aber nicht allein in dem Besitze ausgezeichneter Werkzeuge, und ausgestattet mit der Fähigkeit, sich in ihren Gebrauch bequem einzuüben, sondern er hat auch schon im Mutterleibe begonnen, sich eines Teils derselben zu bedienen, und trotz der ungünstigen Verhältnisse des Ortes einige Erfahrungen gesammelt und Fertigkeiten erlangt. Es ist durchaus unrichtig, zu behaupten, das Leben des ungeborenen Kindes gleiche dem Leben der Pflanze, wie dies von namhaften Philosophen (HEGEL ²)

---

1) Dies hat schon die Verwunderung des GALENUS erregt. Ehe wir, so sagt er, durch Sectionen erfahren, dass unsere Bewegungen durch Muskeln ausgeführt werden, benützen wir diese Einrichtungen vortrefflich; schon die kleinen Kinder können nach Geheiss die Finger beugen und strecken; wenn man ihnen ein Wort vorspricht, so lernen sie es bald nachsprechen, u. s. w. Er selbst konnte sich die Sache nicht erklären. Vergeblich wandte er sich an vier Philosophen um Aufschluss. Die Ärzte und Philosophen von heute sind noch nicht weiter gekommen, als GALENUS und seine vier Weltweisen. «Hat die vernünftige Seele,» ruft der Pergamener staunend aus, «den Körper gebaut, warum weiss sie von ihren Instrumenten nichts, die sie doch mit so grosser Sicherheit benützt? Und wenn es eine unvernünftige, vegetative Seele war, wie konnte sie einen so weisen Bau einrichten?» (GALENUS, de foetuum formatione libellus. Cap. VI. — Ferner: GALENI in HIPPOCRATIS Epidem. Libr. VII comm. V. Edidit KÜHN. Vol. XVII. P. 2. p. 233.)

2) HEGEL, a. a. O. S. 92.

und Naturforschern (HERHOLDT [1]), NASSE [2]) u. A. geschehen ist.

Man kann nicht daran zweifeln, **der Mensch kömmt mit einer wenn auch dunkeln Vorstellung eines äusseren Etwas, mit einer gewissen Raumanschauung, mit dem Vermögen, gewisse Tastempfindungen zu lokalisieren, und einer gewissen Herrschaft über seine Bewegungen zur Welt.** Oder lässt es sich anders erklären, dass bevor das hungerige Kind gesäugt wird, es nicht nur Nahrung sucht, sondern sie auch in derjenigen Gegend sucht, von welcher aus seine Tastempfindung während des Suchens in lebhafte Erregung gesetzt wird? (Vgl. S. 26.) Diese auffallende Thatsache kann nur unter folgenden Voraussetzungen begriffen werden, einmal: der Neugeborene hat bereits die dunkle Vorstellung eines äusseren Etwas gewonnen, was ihm die unangenehme Empfindung des Hungers oder Durstes zu beseitigen vermag, und zu dem Ende durch den Mund zukommen muss; zweitens: er ist im Stande, den Ort zu bestimmen, von welchem aus ihm die Empfindung des Streichelns zugieng; und drittens: er hat schon gelernt, den Kopf willkürlich nach der einen oder der anderen Seite hin zu richten.

---

1) HERHOLDT, Commentation über das Leben, vorzüglich der Frucht im Menschen und über den Tod unter der Geburt. Übers. von TODE. Kopenhagen 1803. S. 37.

2) A. a. O.

—⚡ 52 ⚡—

CUVIER hat für die instinktiven Handlungen der Tiere **eingepflanzte traumartige Vorstellungen** zur Erklärung benutzt. Er sagt [1]): »On ne peut se faire d'idée claire de l'instinct, qu'en admettant que ces animaux ont dans leur sensorium des images ou sensations innées et constantes, qui les déterminent à agir comme les sensations ordinaires et accidentelles déterminent communément. C'est une sorte de rêve ou de vision qui les poursuit toujours; et dans tout ce qui a rapport à leur instinct, on peut les regarder comme des espèces de somnambules.« Gewiss lassen viele instinktiven Äusserungen der Tiere keine andere Deutung zu, als die, welche der geniale Schriftsteller, den ich anführte, gegeben hat. Man könnte nun die Frage aufwerfen, ob nicht auch Handlungen des menschlichen Neugeborenen von der oben beschriebenen Art als instinktive im Sinne CUVIER'S aufgefasst werden dürften? ob sie nicht in der Annahme eingepflanzter traumartiger Vorstellungen ihre richtige Deutung fänden? Ich glaube, die Antwort darauf kann nicht zweifelhaft sein. Wir werden die Hypothese von CUVIER nur dann mit Recht anwenden, wenn wir nicht im Stande sind, jene Handlungen eben so gut, wie alle übrigen des Menschen, auf die Intelligenz, die auf Grund gewonnener Erfahrungen thätig ist, zurückzuführen. In der That scheint mir der

---

[1]) CUVIER, Le règne animal, distribué d'après son organisation. T. I. p. 51.

—⊰ 53 ⊱—

Versuch zu einer solchen Herleitung mit gutem Erfolge gemacht werden zu können.

Der Tastsinn der Frucht wird schon im Mutterleibe vielfach erregt; sie berührt häufig die Wände der Gebärmutter, und ihre Teile berühren einander. Die Frucht hat somit hinreichend Gelegenheit, von diesem Sinne aus allmählich eine dunkle Vorstellung des Äusseren zu gewinnen, sowie eine gewisse Raumanschauung mit einiger Übung in der Lokalisierung ihrer Tastempfindungen.[1] Wir dürfen umsoweniger an der Fähigkeit der Früchte zweifeln, Erfahrungen zu machen, als aus Beobachtungen an vorzeitig geborenen Kindern im siebenten und achten Schwangerschaftsmonate hervorgeht, dass sie häufig bald lernen, geschickt zu saugen, mässigem Lichte zuweilen mit dem Kopfe nachgehen u. dgl. mehr.

Es ist ferner durch die Untersuchungen über die Natur des Magen- und Darminhaltes der Früchte über allen Zweifel gestellt, dass sie schon im Mutterleibe amniotische Flüssigkeit verschlucken, und desshalb nicht unwahrscheinlich, dass letztere Nahrungszwecke erfüllt, und namentlich unter nicht näher ermittelten Umständen den Durst löscht. Sie schmeckt zwar fade, da sie aber nicht zu allen Zeiten gleichartig beschaffen ist, so wird

---

[1] Die Geschichte der bekannten LAURA BRIDGEMAN lehrt, welche Fülle von Vorstellungen und Ideen der menschlichen Seele aus dem Tastsinne allein erwachsen können. Zeitschr. f. d. ges. Medizin von FRICKE u. s. w. Bd. XIII. 1840.

sie auch (gegen BICHAT'S Behauptung) wohl geeignet sein, den Geschmackssinn zeitweilig zu erregen. Wir haben ja vollen Grund zu der Annahme, dass die Frucht von Zeit zu Zeit den Inhalt der Harnblase hinein entleere. —

Es fliessen somit der Frucht schon in der Gebärmutter Quellen der Erfahrung zu, und wenn der Neugeborene von Hunger oder Durst lebhaft erregt und seine Begierde zu trinken geweckt wird, so kann es wohl Erinnerung sein, die ihn leitet, Nährsaft ausser ihm aufzusuchen, und ihm dorthin nachzuspüren, woher ihm deutliche Zeichen von der Existenz eines äusseren Etwas zukommen. Nur dürfen wir uns die Sache nicht so vorstellen, als ob der Neugeborene schon im Stande wäre, mit deutlichem Selbstbewusstsein auf Syllogismen gestellte Willensakte zu vollziehen. Das lernt der Mensch sehr schwer und sehr spät. **Sicherlich liegen nur triebartige Handlungen vor, die aus der Association gewisser Empfindungen oder Begierden und einfacher sinnlicher Vorstellungen zwangsweise hervorgehen, begleitet von einem Bewusstsein, das kaum deutlicher sein mag, als es erwachsenen, im Traumwachen handelnden Menschen zukömmt.**

Mag nun diese Anschauung richtig sein, oder mag man die Hypothese von CUVIER für die wahrscheinlichere halten, jedenfalls verraten jene Handlungen des Neugeborenen Intelligenz. Es sind Vorstellungen dabei im Spiele, wenn sie auch in sehr unbestimmten Umrissen gehalten sein mögen. Keine Behauptung kann daher unrichtiger sein, als die von KARL VOGT [1]), wonach der neugeborene Mensch keine Spur von Intelligenz oder irgend daran anstreifenden Fähigkeiten besitze, und dass er desshalb auf einer unendlich (!) tieferen Stufe der geistigen Begabung stehe, als ein Hund oder ein anderes Säugetier.

Während der Tastsinn und wahrscheinlich auch der Geschmackssinn und das Hunger- oder Durstgefühl dem Kinde schon im Mutterleibe Empfindungen und Vorstellungen zuführen, womit zugleich die Übung gewisser Muskelapparate der Arme, der Halsmuskeln, der Saug- und Schlingwerkzeuge sich verband, leiten der Gesichtssinn, der Gehör- und Geruchssinn dem Kinde erst nach der Geburt Empfindungen und Vorstellungen zu.

Aus dem Gehör- und Geruchssinne dürften in den ersten Wochen noch keine Vorstellungen gebildet werden. Dagegen scheint die Bildung von Vorstellungen aus dem Gesichtssinne bälder zu geschehen, wenigstens wird derselbe öfter und lebhafter erregt, und vermittelt vielfach Gefühle der Lust und Unlust. Ich sah ein sogenanntes Siebenmonatkind

---

1) KARL VOGT, Bilder a. d. Tierleben. Frankf. 1852. «Tierseelen» S. 440.

schon am zweiten Tage nach der Geburt mildes Licht aufsuchen und ihm das Gesicht zuwenden. (Vgl. S. 36.) Ein mit der Lichtempfindung verbundenes Gefühl der Lust musste es zu dieser Bewegung antreiben, die nicht mehr als unmittelbarer Empfindungsreflex gedeutet werden kann. — Schon in den ersten Tagen sieht man Neugeborene die Augen abwechselnd öffnen und schliessen. Ich glaube dieses Spiel folgendermassen erklären zu dürfen. Hat das Kind die Augen geschlossen, so dringt eine geringe Menge Lichts durch die Lider, welche dasselbe angenehm erregt und den Heber des oberen Lides zur Thätigkeit veranlasst. Sobald nun aber das grelle Licht eindringt, schliesst es das Auge rasch wieder. In Kurzem hat sich die Retina erholt, das mässige Licht, was durch die Lider dringt, erregt sie aufs Neue angenehm, das Kind öffnet wieder das Auge, u. s. w. Auf diese Weise setzt sich das Kind allgemach in den Gebrauch dieser Augenmuskeln, und lernt ihre Bewegungen, da sie bewusst und von Tast- und zweifelsohne auch von Muskelempfindungen begleitet sind, nach und nach überwachen und regeln. Notwendig müssen bei diesen Übungen zugleich die einfachsten sinnlichen Vorstellungen des Hellen und Dunkeln gewonnen werden.

Wie SIGISMUND ermittelt hat, kann man bis zur 14., ja bis zur 16. Woche, in welcher Zeit der Neugeborene schon Gegenstände unterscheidet, mit einer spitzen Nadel bis ganz nahe an die Hornhaut vordringen,

—☙ 57 ❧—

ohne dass er das Auge schliesst. Dies beweist, dass er bis zu dieser Zeit sich noch keine Vorstellung gebildet hat von der Gefahr, welche dem Auge durch die Nadel droht. Das Schliessen des Auges beruht bei diesem Versuche nicht auf einem Empfindungsreflex. Es wird auf dem Umwege einer Vorstellung zu Stande gebracht. Freilich kann die Bewegung in hohem Grade den Anschein einer unwillkürlichen und reflektierten gewinnen, da sie sehr rasch geschieht, und sich oft genug selbst beim Erwachsenen keine Vorstellung finden lässt, welche hinreichende Kraft besässe, jener anderen Vorstellung von der Gefahr mit Erfolg entgegenzuwirken. Selbst wenn es gilt, sich gewissen Operationen im Interesse des leidenden Auges zu unterziehen, vermögen nur besonders willensstarke Menschen das Auge offen zu halten. Wir haben hier ein vortreffliches Beispiel von einer jener zahlreichen scheinbaren Reflexbewegungen vor uns, die schon in früher Zeit des Lebens aus unwillkürlicher Association von Empfindungen und Vorstellungen hervorgehen, und deren Geschichte meist noch so wenig aufgeklärt ist. —

Hiemit schiesse ich diese Skizze. Indem ich es thue, kann ich den Wunsch nicht unterdrücken, das Seelenleben des Kindes möge bald von kompetenterer Seite eine ausführlichere und auch die späteren Perioden der Entwicklung umfassende Bearbeitung finden. Es scheint mir keinem Zweifel zu unterliegen, dass eine Entdeckungsreise, die von diesem Ausgangspunkte in das Gebiet der Seelenlehre unternommen wird, zu vielen wichtigen Ergebnissen führen müsse.

Beiträge

zur

Erkennung und richtigen forensischen Beurtheilung krankhafter Gemüthszustände

für

Aerzte, Richter und Vertheidiger

von

Dr. v. Krafft-Ebing,
Arzt an der Gr. bad. Heil- und Pflegeanstalt Illenau.

Erlangen, 1867.
Verlag von Ferdinand Enke.

Seinem

theuren Lehrer und väterlichen Freunde

Herrn **Dr. Ch. Fr. Roller,**

Grossh. bad. Geh. Rath, Direktor der Heil- und Pflegeanstalt Illenau, Inhaber hoher Orden, Mitglied gelehrter Gesellschaften etc. etc.

zum 4. Januar 1867

in dankbarer Liebe und Verehrung

der Verfasser.

Inhalt.

	Seite
Literatur	1
Einleitung	5
Ursachen des Zweifels in der Beurtheilung gewisser krankhafter Gemüthszustände	6
Gemeinsame Merkmale und Gruppirung der zweifelhaften Gemüthsstörungen	12

1) Die einfache Gemüthsdepression. (Trübsinn, Melancholia sine delirio) . . . . 14—52

    Die Ansichten der ältern Autoren 14
    Allgemeine Schilderung des Zustandes einfacher psychischer Depression 15
    Die Freiheit des Handelns geht in demselben häufig verloren 17
    Auftreten von Zwangsvorstellungen . . , . 19
    Forensischer Nachweis der Störung; diagnostische Anhaltspunkte 20
    Unsicherheit der rein psychologischen Begutachtung 24
    Die Zustände habitueller Gemüthsdepression 27
    Neuralgieen. Einfluss auf das Gemüthsleben 27
    Casuistik und Motive der Gewaltthaten an psychischer Depression Leidender 30
        a) Gewaltthaten aus rein schmerzlicher Verstimmung 30
        b) aus dem Bewusstsein psychischer Anästhesie und Abulie 31
        c) durch Uebertragung des individuellen Bewusstseinsinhalts auf die Aussenwelt 31

	Seite
d) Mörder ihrer Kinder aus Noth, Verzweiflung	32
e) Gewaltthaten aus Zwangsvorstellungen	36
Sie werden häufig imitatorisch geweckt	37
Unfreiheit aus Zwangsvorstellungen hervorgehender Handlungen	39
Der imitatorische Selbstmord	39
Imitatorische Mordthaten	40
f) Der Selbstmord psychisch Deprimirter	42
g) Indirekter Selbstmord. Mord Anderer statt Selbstmord	44
h) Die Heimwehkranken und die von ihnen verübten Gewaltthaten. Brandstiftung	46
i) Psychische Monstrositäten und Defekte	48
Anthropophagen und Leichenschänder	51

2) **Die psychische Depression mit Angstzufällen.** Präkordialangst . . . . 52—59

    Vorkommen und Wesen dieser Zufälle 52
    Forensische Bedeutung 56
    Mechanismus der aus Angstzufällen hervorgehenden Gewaltthaten 57

3) **Die psychische Depression, wenn Sinnestäuschungen hinzutreten** . . . . 59—63

    Pathogenese der Sinnestäuschungen 60
    Vorkommen . . . . , 61
    Zustandekommen von Gewaltthaten aus Sinnestäuschungen 61
    Mechanismus der aus Sinestäuschungen hervorgehenden Gewaltthaten 62
    Unfreiheit der aus Sinnestäuschungen hervorgehenden Handlungen 62

4) **Die Melancholie mit Wahnvorstellungen** . . . . . 63—73

    Ursachen der Verkennung von Zuständen melancholischen Wahnsinns 63
    Wahnsinnsgruppen, die leicht mit Leidenschaften verwechselt werden. Verfolgungswahn 66

VII

	Seite
Anhaltspunkte für deren forensische Beurtheilung	68
Mechanismus der aus Wahnvorstellungen entspringenden Handlungen und forensische Bedeutung derselben	68
Casuistik der von an Verfolgungswahn Leidenden begangenen Gewaltthaten	69
a) Mord der vermeintlichen Feinde	69
b) Selbstmord	70
c) Ermordung des Ehegatten aus Eifersucht und Wahn ehelicher Untreue , ...	71
d) Querulanten und Processkrämer. Gewaltthaten gegen Richter und Vorgesetzte	72
e) Gewaltthaten aus auf das Bewusstsein psychischer Anästhesie und Dysästhesie sich gründenden Wahnvorstellungen	73

Literatur.

a) Ueber die zweifelhaften Gemüthsstörungen überhaupt.

Platner, Quaest. med. forens. ed. Choulant. Progr. I, II.
Pinel, traité médico-philosophique sur l'aliénation mentale 2e. édit. 1809.
Georget, discussion médico-legale sur la folie 1826.
Vogel, Beiträge zur gerichtsärztlichen Lehre v. d. Zurechnung, Stendal 1825. II. Aufl.
Marc, Consultation méd.-legale pour H. Cornier.
Georget, Nouvelle discussion sur la folie 1828.
Groos, die Lehre v. d. Mania sine delirio etc. Heidelberg 1830.
Marc, Considérations méd.-leg. sur la monomanie. Ann. d'hygiène 1833 t. X. p. 357.
Bottex, de la médecine légale des aliénés. 1838.
Henke, Abhandl. Bd. V. S. 214.
Hoffbauer, d. psych. Krankheiten etc. 1844.
Marc, die Geisteskrankheiten, übers. v. Ideler. 1840.
Schnitzer, die Lehre v. d. Zurechnung bei den zweifelhaften Gemüthszuständen. Berlin 1840.
Siebenhaar, Handbuch der gerichtl. Arzneikunde 1840.
Schnitzer, specielle Pathologie der Geisteskrankheiten 1846. S. 126.
Brierre, de l'état des facultés dans les délires partiels ou monomanies. Annal. d'hygiène 1853. t. 50. p. 399.
Friedreich, System der gerichtl. Psychol. §. 36. §. 38—44.
Spielmann, Diagnostik etc. 1835. p. 394—440.
Griesinger, Pathol. d. psych. Krankheiten II. Aufl. S. 213—274.
Knop, die Paradoxieen des Willens 1863.
Finkelnburg, Gibt es Willensstörungen, unabhängig von Störungen der Intelligenz, Neuwied 1863.

2

Ellinger, anthropol. Momente der Zurechnungsfähigkeit 1861. II. Aufl. §. 29—33.
Roller, über die Seelenstörungen in ihrer Beziehung zur Strafrechtspflege. Berichte über die 34. Naturforscherversammlung. Carlsruhe 1859. S. 22.
Ideler, Lehrbuch d. gerichtl. Psychol. Berlin 1857. Absch. VIII.

b) Mordmonomanie, Mordtriebe Melancholischer.

Michu, discussion sur la monomanie homicide 1826.
Esquirol, Note sur la mon. hom. 1827. Uebers. von Bluff. Nürnberg 1831.
Brierre, observ. méd.-leg. sur la mon. hom. 1827.
Teyssier de l'Ardèche, mémoire sur la m. h. 1829.
Hitzig's Zeitschr. 1828. H. 4.
Morin, de la mon. homic. Thèse de Paris 1830.
Esquirol, die Geisteskrankheiten übers. von Bernhard, Thl. II. S. 347—79.
Diez, Friedreichs Archiv H. 1. S. 30.
Fodéré, essai médicolégal sur les diverses espèces de folie. Strasbourg 1832; Mende, Handb. Bd. VI. §. 295 u. ff.
Cazauvieilh, de la mon. hom. Annal. d'hygiène 1836. t. XVI. p. 121.
Grand, sur la monom. homicide. Paris 1826.
Bluff, über Mordmonomanie, Henke Zeitschr. Bd. 29. S. 366.
Friedreich, Handbuch. Leipzig 1835. S. 566.
Pereira, discussion sur la mon. hom. Ann. d'hyg. Bd. 33. S. 399.
Siebenhaar, Handb. 1840. Art. Mordsucht.
Regnault, das Urtheil der Aerzte über zweifelhafte psychische Zustände, übers. von Bourel. Köln 1830.
Bottex, annal. d'hyg. 1834. t. XI. p. 242.
Henke, Abhandl. Bd. V. S. 305.
Ray, treatise, Boston 1844. S. 180—227; 251—268.
Marc, übers. von Ideler Bd. II. S. 15—110.
Brierre, Annal. d'hyg. 1852. Bd. 48. S. 339—352.
Devergie, ibid. 1842. avril;
Homicidal insanity, Winslow psychol. Journ. 1848 april p. 330.
Lecadu, Annal. d'hyg. 1853. Bd. 49. S. 395.
Wald, gerichtl. Psychol. Leipzig 1858 cap. VI. Fälle S. 61.
König, Henke Zeitschr. Bd. 47. S. 329
Schnitzer, specielle Pathol. d. Geisteskrankheiten 1846. S. 126.

Winslow psychol. Journ. 1852. oct. p. 415. Homicidal monomania.
Schwartzer, Monomanie mit Mordsucht. Ungar. Zeitschr. 1855. V. 28.
Ideler, Lehrb. 1857. p. 302—14.
Raimundo de Monasterio, über krankhafte Mordsucht. Gaz. de Madrid 1851. 238, 240 (Schmidts Jahrb. Nr. 1. S. 69.)

c) Selbstmord, Selbstmordmonomanie.

Auenbrugger, von der stillen Wuth, oder dem Trieb zum Selbstmord. Dessau 1787.
Gagel, de suicid. Jenae 1792.
Osiander, über den Selbstmord. Hannover 1813.
Schulz, der natürliche Selbstmord. 1815.
Falret, der Selbstmord, übers. von Wendt 1824.
Esquirol, die Geisteskrankheiten, bearb. von Hille. Leipzig 1827.
Diez, Annal. der Staatsarzneikunde 1836. Bd. I. H. 2.
Diez, der Selbstmord. Tüb. 1838.
Blumröder, der Selbstmord 1836.
Marc, übers. von Ideler Bd. II. S. 111.
Friedreich, ger. Psychol. II. Aufl. S. 395.
Hoffbauer, über den Selbstmord. 1842.
Ferrarese, trattato della monom. suicida Napoli 1835.
Brierre, des rapports de la folie suicide avec l'homicide, Ann. méd. psych. 1851 p. 626.
Brierre, du suicide et de la folie suicide 2e. édit. 1865.
s. die ältere Literatur in Friedreich, Literatur der ärztl. und gerichtl. Psychol. 1833. S. 299. Nr. 3007—3104.

d) Pyromanie.

Osiander, über den Selbstmord 1813. S. 107.
Meckel, Beiträge zur gerichtl. Psychol. 1820 H. 1.
Niemann, Kopps Jahrb. Bd. VI. p. 184.
Masius, Erörterungen etc. 1824. H. 2.
Masius, Handb. d. ger. Arzneiwissenschaft. Stendal 1822.
Vogel, Beiträge etc. 1825.
Biermann, Zeitschr. f. St. A. Kde 19. Ergzgsh. 1831.
Marc, de la monom. incend. Ann. d'hyg. 1833. tom. X. p. 388.
Marc, la folie considerée dans ses rapports etc. Paris 1840.

4

Hansen, Pfaffs Mittheilungen II. Jahrg. H. 1. Kiel 1833.
Siebenhaar, Handb. Bd. I. S. 226—43.
Most, Encyclop. d. ges. St. A. Kde. Bd. I. S. 269—73.
Nicolai, Handb. d. ger. Med. 1841. S. 372.
Brach, Lehrb. d. ger. Med. 1846. S. 121.
Siebold, Lehrb. 1847. S. 227.
Landsberg, Henke Zeitschr. 1845. H. 3.
Wilbrand, deutsche Zeitschr. f. St. A. Kde. 1849. S. 241.
Kopp's Jahrb. Bd. X. S. 78 (Literatur).
Stöhr, deutsche Zeitschr. f. St. A. Kde. 1854. S. 331.
Henke, Abhandl. Bd. III. 2. Aufl. S. 207.
Henke, Zeitschr. B. 4. 9, 14, 20, 22, 23, Ergzgsh. 9, 14.
Neues Archiv des Criminalrechts Bd. XIV. S. 3.
Meding, neue Zeitschr. für Natur- und Heilkunde Bd. I. H. 2.
Klein's Annal. Bd. 7, 12, 13, 14, 16, 20.
Schnitzer, Lehre von der Zurechnung cap. IV.
Hitzig's Annal. H. 3.
Marc-Ideler, Lehrb. Bd. II. S. 220.
Schnitzer, spec. Pathol. 1846. S. 156.
Willers Jessen, über die Brandstiftungen in Affekten und Geistesstörungen. Kiel 1860.
Wachsmuth, Henke's Zeitschr. 40, 1.
Friedreich, Lehrb. der ger. Psych. II. Aufl. S. 491.
Diez, deutsche Zeitschr. für St. A. Kde. H. 1. S. 127. 1856.
  s. d. ältere Literatur bei Friedreich, Literatur der gerichtl. Psychol. 1833. S. 403. Nr. 3827—3864.

Einleitung.

> Motto: „Es gibt aber Seelengestörte, bei denen die Seelenstörung nicht so klar zu Tage liegt, bei denen sie schwer erkennbar, aber dennoch vorhanden ist und welche verurtheilt und gerichtet werden."
> Roller, Naturforscherversammlung zu Carlsruhe 1858.

Die vorliegende Arbeit, so unbedeutend sie auch sein mag, hat wenigstens ein bedeutendes Thema zum Vorwurf, nämlich die Besprechung der Störungen des Gemüthslebens in ihren Beziehungen zur forensischen Praxis. Das Schicksal dieses Gebiets der gerichtlichen Psychiatrie und damit der in dasselbe gehörigen Kranken hat schon manchen Wechsel erfahren, und ist erst in den letzten Jahrzehnten einer bessern Wendung zugeführt worden. Ungleich wichtiger für die gerichtliche Praxis in Bezug auf Häufigkeit des Vorkommens und Schwierigkeit der Erkennung, sind gerade die Zustände gestörten Gemüthslebens meist ignorirt, oft falsch aufgefasst worden, und selbst in der neuesten Zeit der Gegenstand mannigfacher Controversen und falscher Beurtheilungen gewesen, die den Ausspruch rechtfertigen, dass wir uns hier auf einem Gebiete befinden, das leider noch nicht so beleuchtet und klar zu Tage liegt, als es das immer mehr sich geltend machende praktische Bedürfniss fordert. Die grosse Mehrzahl der zum Gegenstand der Uneinigkeit zwischen Richtern und Aerzten und zu causes célèbres werdenden Fälle gehört dem Gebiete der zweifelhaften Gemüthszustände an, und führt zu jener peinlichen Ungewissheit der Entscheidung, deren Lösung in der An-

6

nahme verminderter Zurechnungsfähigkeit gesucht und für die vergebens ein Gradmesser erstrebt wird.

Es fragt sich zunächst, in welchen Umständen es begründet ist, dass diese Gemüthszustände so zweifelhaft erscheinen. Der Grund liegt einmal in der Eigenthümlichkeit der psychopathischen Prozesse überhaupt, dann in den speziellen technischen Schwierigkeiten, die sich der Untersuchung der Störungen des Gemüthslebens darbieten. Es handelt sich bei der forensischen Begutachtung psychischer Störungen überhaupt nicht um Befunde, deren Nachweis mit physikalischen und chemischen Werkzeugen möglich ist, sondern um subjective Bewusstseinszustände, die nur zum Theile entäussert werden, und deren objective Merkmale selbst wieder subjectiver Deutung unterworfen werden müssen. Alle objectiven Bruchstücke zu sammeln, zusammenzustellen, auf den subjectiven Bewusstseinszustand zurückzubeziehen, aus dem sie hervorgingen, aus der hergestellten Einheit zwischen Objectivem und Subjectivem Simulation auszuschliessen und einen Rückschluss auf den Bewusstseinszustand zu machen, diesen wieder einem andern, als Norm des Gesunden aufgestellten gegenüberzustellen und abzumessen, wie weit eine Abweichung von diesem vom Gesetz als Norm aufgestellten sich ergibt, ist die schwierige Aufgabe ärztlicher Thätigkeit bei gerichtlich psychiatrischen Untersuchungen. Wie viele Mittelglieder fehlen, weil sie nicht objectiv werden, wie leicht sind sie falscher Deutung fähig, wie schwankend die Typen, mit denen sie als normalen verglichen werden sollen, wie schwankend und unsicher die Normen, die vom Gesetz anerkannt und gefordert werden! In der That der Zweifel wächst hier in dem Mass, als diese Factoren ungewiss werden, und es scheint, als ob Gewissheit hier Unmöglichkeit sein sollte, und die Forschung in ihrem Kampfe mit Simulation und Dissimulation, Vorurtheilen, lückenhafter Kenntniss des Seelenlebens, bei schwankenden Normen der Gesundheit und Krankheit, des gesetzlichen Masses der Freiheit und Unfreiheit, unterliegen müsste. Aber zu all dem kommt noch ein gewisses Misstrauen, von Seiten der Juristen, die Besorgniss, dass die Aerzte in jedem Verbrecher einen Kranken sehen, die ganze Welt für krank erklären, die Grenze zwischen Lasterhaftigkeit und Krankheit verwischen und der heiligen Themis schuldige Opfer entreissen möchten.

Solange die forensische Psychiatrie sich in ihrer Durchgangsperiode monomanischer Begriffe und instinctiver Antriebe befand, war ein solches Misstrauen begründet; mit dem Eintritt der Wissenschaft in die Zeit empirischer Forschung wurde es geradezu verletzend. Wir wollen mit der Rechtswissenschaft, mit der wir das gleiche Ziel der objectiven Wahrheit verfolgen, nicht rechten, liesse sich doch auch ihr das „qui sine peccato est vestrum" zurufen.

Alle diese die Psychiatrie überhaupt berührenden Verhältnisse gelten im erhöhten Masse für die zweifelhaften Gemüthszustände. Ein Theil der Quellen, aus denen beständig Zweifel über ihre rechtliche Bedeutung geschöpft wird, liegt aber in der mangelhaften Kenntniss dieser speciellen Gruppe von Störungen und in gewissen Vorurtheilen, die aus alter Zeit her in der gerichtlichen Psychiatrie mitgeschleppt werden, dann aber wesentlich in der Schwierigkeit welche diese Zustände ihrer Erkenntniss durch die geringe oder nur formale Störung des intellectuellen Lebens und das daraus sich ergebende Fehlen von Delirien, den oft gänzlichen Mangel von Sinnestäuschungen u. s. w. entgegensetzen. Dazu kommt ferner, dass die Störung des Gemüths oft nur gering hervortritt, vom Kranken nicht selten lange verheimlicht wird, und dem Laien um so weniger imponirt, wenn sie, wie es oft der Fall, aus einem widrigen Ereigniss hervorgegangen und dadurch eine motivirte ist.

Gleichwohl sind derartige Menschen, welche nur an einer psychischen Depression leiden, ohne Wahnvorstellungen und scheinbar in ungestörtem Besitze ihrer psychischen Leistungsfähigkeit sind, oft viel tiefer erkrankt, als Richter und Aerzte ahnen mögen, und schwerer gestört und gefährlicher gegen sich und die bürgerliche Gesellschaft als

8

diejenigen, denen die Verrücktheit an die Stirne geschrieben steht, und von jedem Laien erkannt wird. Diese Behauptung ist keine Phrase, sondern eine Thatsache, die durch jede Statistik als solche begründet, aber leider trotz ihrer Trivialität für Leute von Fach, noch nicht als Wahrheit allgemein anerkannt wird. Noch immer kann sich die forensische Praxis nicht ganz von dem Vorurtheil losmachen, dass ausschliesslich die Störungen der Intelligenz und der Sinnesperception (Wahnideen und Sinnestäuschungen) den Anspruch auf Annahme der aufgehobenen Zurechnungsfähigkeit machen dürfen, eine Ansicht, die sich in vielen noch heut zu Tage zu Recht bestehenden Gesetzgebungen Europas kund gibt und in der gerichtlichen Praxis durch Gründung der Frage nach der Zurechnungsfähigkeit auf die Entscheidung, »ob der Angeklagte mit Unterscheidungsvermögen (Discernement der Franzosen und Engländer) gehandelt habe«, ihre unheilvolle Anwendung findet *).

Eine solche Einseitigkeit der Beurtheilung zweifelhafter Seelenzustände hat aber schon viele fehlerhafte Rechtsprechungen herbeigeführt und wird so lange noch Unschuldige zu Verbrechern stempeln, als die gerichtliche Praxis statt psychopathologischer strenger Analyse, zum Massstab der Beurtheilung sich auf den Boden gewisser unhaltbarer

---

*) Es liegt etwas Deprimirendes in der Erfahrung, mit welcher Zähigkeit die Menschen an traditionellen Vorurtheilen kleben und wie schwer sie mit bessern Anschauungen sie vertauschen. Es wird lange dauern, bis es Gemeingut aller geworden sein wird, dass nicht bloss der, welcher delirirt und tobt unfrei geworden ist — ein Vorurtheil, das auch der zu späten Verbringung von Seelengestörten in Anstalten zu Grunde liegt, — sondern auch rein formale Störungen des Seelenlebens, zu rascher und zu träger Ablauf des Vorstellens, Gleichgewichtsstörungen des Vorstellungslebens, einfache Depressions- und Exaltationszustände der Selbstempfindung an und für sich schon das freie Handeln schwer beeinträchtigen können, ohne dass die Intelligenz im engern Sinne scheinbar oder wirklich erkrankt wäre.

Gemeinplätze (Reue, Motivirtsein der That, List, Planmässigkeit bei der Ausführung u. s. w.) stellt.

Es kann nicht genug davor gewarnt werden, nach derartigen allgemeinen Kriterien, die höchstens im Zusammenhang mit der Gesammtanalyse des Falles einen, dazu noch zweifelhaften Werth besitzen, Fälle zu entscheiden. Für den, welcher mit solchen Reagentien sich begnügt, sind keine ärztliche Sachverständige mehr nöthig, aber er trägt die schwere Verantwortung einer höchst unsichern unwissenschaftlichen und zu einer endlosen Reihe von Justizmorden führenden Rechtsprechung und steht auf der Stufe derer, welche die evident gestörte Henriette Cornier verurtheilten, weil sie den berühmten Mord (s. u.) mit List ausgeführt hatte.

Es dürfte nicht schwer sein, den Unwerth aller dieser rein psychologischen und juristischen Gemeinplätze nachzuweisen, es wird sich wenigstens aus dem Verlaufe dieser Abhandlung bei der Betrachtung der Fälle, wo Menschen im Bewusstsein der Strafbarkeit ihrer Handlung andre um's Leben brachten, um auf dem Schaffot zu sterben, ergeben, dass das Kriterium des vorhanden oder nicht vorhanden gewesenen Unterscheidungsvermögens ein sehr unglücklich gewähltes ist.

Jeder Fall von Seelenstörung ist eben einmal ein pathologischer Process, der in seiner Gesammtheit aufgefasst, und dessen gesetzmässigem Verlauf nachgeforscht werden muss. Mit einem Normalmassstab und noch dazu einem groben lässt sich in der Gedankenwerkstätte nicht messen, und solange Publikum, Richter und Gesetzgebung einen solchen zu besitzen glauben, wird Zweifel und Streit sich von sachverständiger Seite erheben müssen.

Der gleiche Umstand, der zu einer fehlerhaften Gesetzgebung und Rechtsprechung führte, war es auch, der die richtige, wissenschaftliche Erkenntniss der zweifelhaften Gemüthszustände hinderte. Befangen in der Ansicht, dass nur wer irre spreche, auch irre sei, ignorirte man einfach die Aeusserungen gestörter Gemüthsthätigkeit, und konnte,

10

unbekannt mit den Erfahrungen der neueren Psychologie, dass das Vorstellen des Menschen wesentlich von der Qualität seines Fühlens abhängt und die Triebfedern seines Wollens und Handelns vorzugsweise von seinem Fühlen bestimmt werden, schlechterdings nicht begreifen, wie ein allerdings krankhaftes Fühlen das Handeln unfrei zu machen im Stande sei. Dass die Solidarität der seelischen Vermögen es unmöglich mache, dass Vorstellen und Wollen bei einem krankhaft gestörten Gemüthsleben intakt bleiben, übersah man so lange, als die Annahme getrennter Seelenvermögen noch von der Schule gelehrt wurde, und der Mangel feinerer, dazu noch von dem Irrthum selbstständiger Seelenfunktionen gefangen gehaltner Beobachtung, liess die formalen Störungen des Vorstellens, die sich nur in einfach quantitativer Steigerung oder Hemmung bewegen oder blosse Gleichgewichtsstörungen der Vorstellungskräfte sind, und dennoch ebenso das freie Handeln stören können als Verfälschungen des Inhalts der Vorstellungen (Wahnideen) unberücksichtigt vorübergehen. So kam es, dass man die Störungen des Gemüthslebens gar nicht beachtete oder wenigstens als denen des intellectuellen Lebens nicht ebenbürtig ansah; als man aber durch die Thatsachen zur Annahme der Unfreiheit in solchen Fällen zweifelhafter Gemüthsstörung gedrängt wurde, und dennoch keine intellectuellen Störungen zu finden im Stande war, kam man unter dem Einfluss phrenologischer Theorieen und vermeintlicher Selbstständigkeit der Seelenkräfte zur Annahme eigner Willenskrankheiten und unwiderstehlicher Antriebe, für die bald auch der mit Recht jetzt so perhorrescirte Name der Monomanie und Mania sine delirio gefunden wurde.

Die Erkenntniss der Störungen des Gemüthslebens wurde dadurch in weite Ferne gerückt und sah erst einer besseren Zukunft entgegen, als die Rechtspflege einer Lehre, die den Unterschied von Verbrechen und Seelenstörung verwischte, und jedes Verbrechen in das geheimnissvolle Gewand einer Monomanie kleiden konnte, schonungslose Opposition entgegensetzte und im Verein mit den empirischen Forschungen der Psychologie und Psychiatrie, der räthselhaften Krankheit, die ihre Merkmale aus äusserlichen Zufälligkeiten erborgte, die fernere Existenz unmöglich gemacht wurde. Erst mit der sorgfältigen Erforschung der Störungen des Gemüthslebens, der Erkenntniss der Solidarität der Seelenvermögen und der Macht, welche das Gemüthsleben des Menschen auf sein Wollen ausübt, konnte ein helleres Licht auf jene Casuistik von räthselhaften Mordthaten, Selbstmorden und schweren Verbrechen scheinbar ganz gesunder Menschen fallen, die bisher als Muster der verschiedensten Monomanieen geglänzt und endlosen Streit in thesi und praxi hervorgerufen hatten. Leider war aber mit der allmälig heraufdämmernden Erkenntniss, dass es keine Monomanieen giebt, noch nicht die bessere Erkenntniss der Zustände, welche man früher als Monomanieen verzollte, gewonnen, man konnte und kann sich noch jetzt vielfach nicht überzeugen, welche mächtigen Störungen des freien Handelns ein krankhaft gestörtes Gemüthsleben setzen kann, und lässt sich, wenn auch nicht zu einem völligen Uebersehen solcher Zustände, doch zu einer ungerechten Beurtheilung häufig verleiten. Die grosse Unsicherheit und das Misstrauen, welche auf diesem Gebiete der gerichtlichen Psychiatrie noch die Sachverständigen beherrschen, soll die vorliegende Abhandlung, indem sie sich auf empirisch wahre Krankheitsbilder, und streng kritische Prüfung eigener und fremder Erfahrungen stützt, zu zerstreuen versuchen. Es ist hiebei vieles, was an der Wissenschaft und Kranken verschuldet wurde, zu sühnen und manches Vorurtheil zu überwinden, um neue Gesichtspunkte zu finden. Wir glauben, dass hier, wo noch so viel dunkel ist, auch das kleinste Licht willkommen sein muss, und haben unsere Aufgabe sine ira et studio unternommen, in der Hoffnung Fachgenossen und unglücklichen Kranken von Nutzen sein können.

Möge wenigstens Interesse für einen in der bürgerlichen Gesellschaft hochwichtigen Gegenstand geweckt zu haben, das Verdienst unserer Arbeit sein.

12

Die grosse Reihe von Gemüthsstörungen, welche wir dem Leser vorzuführen haben, hat trotz der grossen äusserlichen Verschiedenheit der Krankheitsbilder eine gemeinsame Basis, nämlich die Umänderung der Selbstempfindung in einen Zustand physischer Depression, schmerzlichen Empfindens der Vorgänge des innern Bewusstseins und der Aussenwelt als Ausdruck einer Neurose des centralen Nervensystems.

Von diesem Grundprozess der Störungen des Gemüthslebens sind die verwickelten Krankheitsbilder, in denen sich die Erkrankung des Gemüths abspielt, nur weitere Ausbreitungen des jenem zu Grunde liegenden psychoneuropathologischen Vorganges, den wir nur verstehen können, wenn wir vorher die elementare Störung kennen gelernt haben.

Bei diesem pathogenetischen Vorgehen ist es nicht möglich, den Erscheinungen Zwang anzuthun und empirisch unwahre Krankheitsbilder aufzustellen, wie dies gerade beim gleichen Gegenstande vielfach geschehen ist. —

Den gleichen Gang, wie hier die theoretische Darstellung, hat die Analyse eines einzelnen Falles zu gehen, denn Delirien, Sinnestäuschungen, Anomalieen des Wollens und Handelns sind immer sekundäre Prozesse gestörten Seelenlebens, deren Verständniss erst aus einer sorgfältigen Untersuchung des individuellen Empfindens und Vorstellens möglich ist.

Indem wir so pathogenetisch vorschreiten, ergeben sich einzelne Gruppen von Gemüthsstörungen:

1) Die der einfachen psychischen Depression mit blos formalen Störungen des intellectuellen Lebens, bestehend in Störung des freien Flusses der Vorstellungen, ihrer Association, Apperception, Reproduction und dadurch sich ergebender Concentration auf wenige vom schmerzlichen Fühlen diktirte Gedankenkreise, womit das Stagniren einzelner Vorstellungsmassen und eine Störung ihres Gleich-

gewichts in Form vom schmerzlichen Fühlen beständig angeregter Vorstellungen, die keinen Gegensatz im Bewusstsein mehr finden, geschaffen wird. (Zwangsvorstellungen).

2) Die psychischen Depressionszustände in Verbindung mit Angstzufällen und Präkordialangst.

3) Die psychischen Depressionszustände zu denen sich Sinnestäuschungen gesellen.

4) Die Gruppe des melancholischen Wahnsinns, indem sich unter Störungen der Sinnesperception (Sinnestäuschungen) aus diesen oder als Erklärungsversuche der Verstimmung, neuralgischer Sensationen, und aus Angstzufällen, Verfälschungen des Inhalts des Seelenlebens — Wahnvorstellungen — herausbilden.

Wir bemerken ausdrücklich, dass diese Gruppirung nur zur leichtern Uebersicht geschieht, und weil jeder dieser Zustände einen eigenen Mechanismus des Handelns hat. Wir wollen damit keine Formen aufstellen, denn die Natur kennt keine, sondern es handelt sich nur um verschiedene Entwicklungsphasen ein und desselben Grundzustandes, die oft genug schnell in einander übergehen und sich bunt zusammensetzen. —

1) Die einfache Gemüthsdepression.

(Trübsinn, Tiefsinn, Melancholia sine delirio).

Motto: „Es gibt Störungen in den Empfindungen und Gefühlen, Gemüthskrankheiten, die wir für Seelenstörungen gelten lassen müssen."
Roller, Naturforscherversammlung zu Carlsruhe 1858.

Der älteren psychischen Medizin ist der Zustand einfacher Gemüthsdepression in seiner Bedeutung für das freie menschliche Handeln grösstentheils entgangen und noch in der jüngsten Zeit hat man sich bemüht (Knop, die Paradoxieen des Willens 1863) dahin gehörige Fälle als Willensstörungen, die man paradox fand, zu bezeichnen.

Ein grosser Theil der im Folgenden zu schildernden Zustände hat, zusammengeworfen mit Fällen der folgenden Gruppen, ferner mit der melancholischen Folie raisonnante, mania epileptica u. s. w., das Material zu Pinel's Manie sans delire, d. h. eines Instinkts der Raserei ohne Verletzung des Verstandes abgegeben (Pinel, philosophisch-medizinische Abhandlungen über Geistesvermögen. A. d. Franz. v. Wagner. Wien 1801. S. 160).

Reil (Fieberlehre 1805. Bd. IV. S. 396) rechnet sie zu seiner »Wuth ohne Verkehrtheit des Verstandes.«

Hoffbauer zu »Anreiz durch gebundenen Vorsatz.«

Prichard zu seiner moral insanity.

Esquirol (Geisteskrankheiten, bearbeitet von Hille. Leipz. 1827. S. 430) nennt sie momomanie raisonnante ou sans délire a. a. O. monomanie instinctive.

15

Brierre de Boismont (Bibliothèque du médecin practicien tom. IX. art. Manie 1849) folie d'action. Ettmüller (Prax. lib. II. cap. IV. p. 368) bezeichnet sie annähernd richtig als Melancholia sine delirio. Hartmann (Der Geist des Menschen etc. Wien 1832. S. 348) findet als Ursache dieser Zustände »krankhafte Gefühle, die von starken Affectionen des Gemeingefühls und dessen Organen ausgehend, die Seele heftig ergreifen und dadurch den Verstand eine Zeit lang ganz ausser Thätigkeit setzen.«

Aehnlich spricht sich Conradi (in seiner Commentatio de mania sine delirio. Götting. 1827) und Mittermaier (disquisitio de alienat. mentis. Heidelb. 1825) aus.

In mancher Hinsicht gehört auch Platner's amentia occulta hieher, wenn er (Progr. de amentia occ. I. u. II. Lips. 1797) sagt: »es gibt eine gewisse Gattung des Wahnsinns, nemlich den verborgenen, tief im Menschen verschlossenen, plötzlich ausbrechenden und hinsichtlich des Gebrauchs des Gedächtniss- und Urtheilsvermögens sowohl, als auch von dem ganzen sonstigen Betragen so abweichenden, dass er durch äussere Merkmale, eben weil Ursache und Wirkung der Krankheit tiefer versteckt liegen, weder vorausgesehen, noch, wenn er gegenwärtig ist, erkannt werden kann. **Es ist dieser versteckte Wahnsinn ein Drang und Bestreben des belästigten Gemüths nach einer gewaltsamen Handlung, wobei es diese Handlung heimlich begehrt, und vorbereitet, als sei sie ein Mittel zur Erleichterung und Befreiung von ihrem Drucke.**«

Der Grundprozess der elementaren melancholischen Störung ist eine einfache Neurose, ein depressiver Affekt, ein psychisch schmerzhaftes Verhalten des Bewusstseins nach allen Richtungen; die einzige Empfindungsqualität, welche der von solcher Krankheit Ergriffene zu percipiren vermag, ist Unlust, Schmerz, Unbehagen; alle Eindrücke aus der Aussenwelt, alle psychischen Vorgänge des Innern wandeln sich unter dem Druck einer durch ein gestör-

16

tes Nervenleben gesetzten schmerzlichen Verstimmung in schmerzliche um und damit tritt der Kranke aus seinem bisherigen Ich, seinen natürlichen Beziehungen zur Aussenwelt heraus, er wird ein Anderer und in den engen Kreis schmerzlicher Negation alles ihm früher Werth- und Wünschenswerth Gewesenen gebannt, um den Affekten der Sorge, Angst, Furcht, Trauer widerstandslos anheimzufallen.

Ein solcher Affekt einfacher melancholischer Verstimmung geht oft lange Zeit als prodromales Stadium der Geistesstörung vorher, er findet sich bei einer Reihe von Nervenaffektionen wie Epilepsie, Hysterie, bei durch Ausschweifungen erschöpftem Körper und durch Schicksalsschläge erschütterten Gemüthern, und entgeht, graduell äusserst verschieden, oft lange der Beobachtung, da der Kranke meist sich seiner Störung selbst bewusst ist, und in energischem Kampfe mit dem Dämon in seinem Innern wenigstens die äussere Besonnenheit und Ruhe zu erheucheln weiss und im Vollbesitz seiner geistigen Kräfte zu handeln scheint. Ganz besonders häufig sind solche Zustände in der Zeit der eintretenden Pubertät, wo zu dem Gefühlsleben in inniger Beziehung stehende Organe neue Regungen geltend machen und jenes leicht in Unordnung bringen; zumal da, wo mit der Zeit des erstmaligen Eintritts der Menstruation sich hereditäre Disposition zu Neurosen und Psychosen, Anämie, Masturbation, physische und psychische depotenzirende Einflüsse überhaupt geltend machen. Viele, wohl die meisten an solcher Gemüthsdepression Leidenden kommen nicht in Irrenanstalten und zur Beobachtung der Aerzte, besonders dann nicht, wenn die Störung nicht weiter vorschreitet und sich nicht mit Sinnestäuschungen und Delirien complicirt. Der Kranke spricht dann nicht irre, besorgt seine Geschäfte anscheinend noch ganz ordentlich, und wenn auch einmal sein düsteres Wesen, unmotivirter Stimmungswechsel, grössere Reizbarkeit, Aenderung der gewohnten Empfindungs- und Lebensweise auffällt, so finden sich äussere Ereignisse, vom Kranken selbst vorge-

17

schützte Gründe, um die Launen, das Sichgehenlassen und Uebersehen gewohnter Pflichten und Rücksichten zu erklären und Niemand ahnt, worum es sich handelt. Trotzdem, dass der Kranke ausser diesen kleinen Wunderlichkeiten und unerklärbaren Tic's sich besonnen und ruhig verhält, gleicht er dem Vulkan, unter dessen Asche sich eine Eruption vorbereitet, und in geringen, oft nur äusseren Ereignissen liegt der Grund, wenn das gepresste Gemüth in einer furchtbaren Gewaltthat explodirt.

Solche Menschen sind oft in hohem Grade gemein- oder sich selbst gefährlich, sie sind aber auch viel schwerer gestört, und in ihrem freien Handeln gehemmt, als man bei dem Mangel von deutlichen Störungen ihres intellectuellen Lebens glaubt, und zum Unglücke solcher Menschen geglaubt hat. Die Wichtigkeit des Gegenstandes, das häufige Vorkommen solcher Fälle, und die Zweifel, welche sich bei der Beurtheilung ihres Seelenzustandes erheben, nöthigen zu einer genauen Betrachtung ihres psychischen Mechanismus.

Es handelt sich um die Frage, ob es möglich ist, dass ein Zustand einfacher psychischer Depression das freie Wollen und Handeln so stören kann, dass es zu einem zwangsmässigen und somit unfreien herabsinkt. Wir stehen nicht an, diese Frage in thesi zu bejahen, müssen aber in praxi den strengen Nachweis des durch eine Störung bedingten Zwanges fordern, um die Gefahr, Leidenschaften und Verbrechen zu entschuldigen, zu vermeiden.

Die Untersuchung derartiger Gemüthszustände wird zu einer äusserst schweren da, wo eine allerdings auffallende, mit dem ganzen sonstigen Wesen und Streben contrastirende That die einzige objective Aeusserung der innern Bewusstseinszustände zu sein scheint, und der vielleicht beschränkte, befangene Angeschuldigte über die Vorgänge seines Innern keine Auskunft zu geben vermag, oder vor seiner That der Beobachtung nicht zugänglich, oder im Stande war, sich zu beherrschen. Die Gefahr einer unrichtigen forensischen Beurtheilung liegt dann nur allzu

18

nahe und man spricht mit Recht von einer zweifelhaften Seelenstörung.

Prüfen wir nun den Zustand der an einfacher schmerzlicher Verstimmung Leidenden, so finden sich keine Wahnideen, keine Sinnestäuschungen, auch das Wollen und Handeln des Kranken scheint, abgesehen von der auffallenden That, keine Anomalieen darzubieten. Dürfen wir deshalb, weil solche nicht zur Beobachtung gelangten, annehmen, sie fehlten wirklich? Die Solidarität und Untrennbarkeit der seelischen Functionen nöthigt uns zur Vorsicht in dieser Annahme, denn wo das Fühlen erkrankt und in den Kreis schmerzlicher Selbst- und Weltempfindung gebannt ist, kann das Vorstellen und Wollen nicht intakt bleiben. Welche sind nun aber seine Störungen? Sie sind im Anfang bei solchen Kranken nur formale und bestehen einfach darin, dass die schmerzliche Verstimmung nur solche Vorstellungen ins Bewusstsein treten lässt, die ihr adäquat sind, denn das Vorstellen steht schon unter normalen Verhältnissen unter dem mächtigen Zwang des Fühlens, und wo dieses nur noch eine Qualität kennt, muss es ebenso mit dem Vorstellen sein. Diese schmerzliche Hemmung des Vorstellens geht natürlich dem Grade des schmerzlichen Fühlens genau parallel, und ist dem Grade nach unendlich verschieden; sie erstreckt sich von der leichten Verstimmung, die sich an den noch physiologischen schmerzlichen Affekt des Gesunden anschliesst, bis zur schweren, die Freiheit des Handelns völlig vernichtenden Störung. Gebildete Kranke empfinden diese Hemmung oft sehr deutlich und sie macht dann einen Hauptgegenstand ihrer Klage aus, beschränkte Menschen suchen sie in der Aussenwelt und objectiren und allegorisiren sie in mannichfacher Weise.

Diese dem Vorstellen durch ein schmerzliches Fühlen aufgezwungene Concentration und Monotonie ist aber an und für sich schon eine schwere und folgenreiche Beeinträchtigung des freien Spiels der Vorstellungen und gefährdet erheblich das freie Wollen des Menschen, dessen unerlässliche Bedingungen das Auftreten contrastirender, gegenseitig auf einander einwirkender und sich bestimmender Vorstellungen sind, aus deren Widerstreit eine gewählte hervorgeht, und in ein Wollen und Handeln umgesetzt wird. Wo dieser freie Fluss, die schrankenlose Association der Vorstellungen gehemmt ist, kann das Wollen, wie es der Begriff der Zurechnung als freie Wahl voraussetzt, nicht mehr vorhanden sein, es wird zu einem Zwangswollen, gerade wie das Vorstellen und Fühlen einem Zwange unterworfen ist, und schliesslich zum unbeherrschten Drange der krankhaften Stimmung und der Hemmung im Vorstellen sich zu entledigen — des psychologischen Grunds der Mehrzahl von solchen Individuen begangener strafbaren Handlungen *).

Die Monotonie des Vorstellens als Consequenz des schmerzlichen Fühlens führt aber zu einer weitern formalen Störung, insofern als einzelne schmerzliche Vorstellungen, in denen sich das kranke Fühlen objectivirt, im Bewusstsein sich festsetzen und schliesslich keinen Gegensatz mehr dulden. In dem Maasse aber, als eine Vorstellung sich stärker und häufiger geltend macht, erzwingt sie sich einen Einfluss auf das Wollen, eine Thatsache, die schon im gesunden Organismus das freie Handeln wesentlich beschränkt, im kranken aber den Menschen zum reinen Automaten machen muss. Solche Menschen haben dann freilich noch das Bewusstsein der Strafbarkeit ihrer Handlung, aber was ist diese gegenüber dem schmerzlichen Fühlen, das um jeden Preis nach Entäusserung drängt! Das Strafbarkeitsbewusstsein, wie es beim gesunden Menschen die ganze Summe ethischer, moralischer, rechtlicher Begriffe, und das Bewusstsein der Folgen der That einschliesst, kann jedenfalls nicht aufkommen.

Wir verlassen diesen Gegenstand vorläufig, um spä-

---

*) Vgl. über Zwangsvorstellungen psychisch Deprimirter: Falret, discussion sur la folie raisonnante. Ann. méd. psych. 1866. Mai p. 414.

ter den Handlungen, welche aus solchen Zwangsvorstellungen hervorgehen, bei ihrer Besprechung eine eigene Gruppe zuzuweisen, nur das wollen wir hier, gestützt auf den Mechanismus der Störung ihres Vorstellens betonen, dass solche an Zwangsvorstellungen leidende Kranke die Freiheit ihres Handelns völlig eingebüsst haben, einfach aus dem Grunde, weil an die Stelle der möglichen Wahl des Gesunden, ein Zwangswollen getreten ist, das ihnen nur nach einer Richtung hin, nämlich im Sinne der Entäusserung ihres schmerzlichen Fühlens zu handeln gestattet. Solche Menschen sind doppelt unglücklich, denn zum psychischen Schmerze, den die Krankheit setzte, kommt das Gefühl des Zwangs ihres Handelns und das Bewusstsein, dass sie ihn auf keine Weise durchbrechen können.

Wir haben schon angedeutet, wie verschieden der Grad sein kann, in welchem das Vorstellen und Wollen vom schmerzlichen Fühlen beherrscht wird. Nicht bei allen, die an schmerzlicher Verstimmung leiden, ist völlige Unfreiheit des Handelns dadurch gesetzt, aber die Bestimmung, ob und in welchem Grade annähernd diese vorhanden ist, ist es eben, die die Untersuchung schwer macht, und den interessanten Vorwurf forensischer Beurtheilung ausmachen muss.

Es entsteht hier zunächst die Frage, durch welche Kriterien sich die krankhafte schmerzliche Verstimmung, welche auf einer abnormen Erregung des Gehirnes beruht, von dem noch physiologischen und erfahrungsgemäss die Freiheit des Handelns nicht aufhebenden schmerzlichen Affekt des Gesunden, wie z. B. der Eifersucht, des Hasses, der unglücklichen Liebe etc. sich unterscheiden lässt, wenn eine verbrecherische That aus ihnen hervorgeht.

Wenn wir zur Erledigung einer so schwierigen Untersuchung auch aller diagnostischen Hilfsmittel uns bedienen werden, so muss streng betont werden, dass nicht nach vermeintlich specifischen Kriterien, wie sie die psychologisirende Richtung aufzustellen sich bemühte, die Unterscheidung eines Krankheitszustandes von Affekten und

Leidenschaften gelingen kann, denn immer ist eine psychische Störung ein complicirter Process, der mit einem Symptom nicht erschöpft ist, und dessen sicherer Nachweis demnach nur auf eine medicinische Untersuchung hin, auf die Darlegung der Pathogenese, der aetiologischen Bedingungen, den Zusammenhang und die gegenseitige Abhängigkeit der Symptome, den Nachweis eines gesetzmässigen Verlaufs, vielleicht mit periodischem und typischem Eintritt einzelner Symptomenreihen geliefert werden kann.

Hier lässt die einfache psychologische Analyse und philosophische Betrachtung im Stich und kann nur ärztliche Erfahrung die Aufgabe lösen. Die Gesichtspunkte, nach denen sie zu forschen hat, sind folgende:

1) Während der Affekt des Gesunden die Folge eines widrigen Ereignisses ist, das ihn betroffen hat, und nur so lange andauert, als der Betroffne den Wirkungen desselben ausgesetzt ist, mit der Entfernung der Ursache und ihren nächsten Folgen aber schwindet, ist es umgekehrt mit der schmerzlichen Verstimmung, die auf einem pathischen Prozess im Centralorgan, eine Aenderung im Erregungszustand der Centren der Gemeingefühlsempfindung beruht. Einem solchen Zustand fehlt das äussere Object, das dem Affect des Gesunden zu Grunde liegt, und wenn auch, was nicht selten der Fall, ein schmerzliches Ereigniss wirklich die Ursache des schmerzlichen Affects, die psychische Ursache der nachfolgenden Störung gewesen ist, so steht die Dauer dieser doch in keinem zeitlichen und quantitativen Verhältniss zu jener, ein Beweis eben dafür, dass sie von innen heraus, spontan durch eine Gehirnstörung vermittelt ist. Das schmerzliche Fühlen des Gesunden ist zudem kein allgemeines und angenehmer Eindrücke fähig, die sofort eine Intermission des psychischen Schmerzes herbeiführen können — das krankhafte schmerzliche Fühlen, durch eine wirkliche Störung bedingt, muss ein allgemeines sein, das selbst sonst angenehme Gefühle in Gefühle der Unlust umwandeln muss, und nur noch Intensitätswechsel kennt, die ebenfalls nur innerlich, aber nicht

22

äusserlich motivirt sind. Ebenso kommt es auch zu spontanen Steigerungen, Affecten der Angst, Furcht, Sorge, aus innern nervösen Vorgängen, die dem Affect des Gesunden fehlen oder hier nur motivirt eintreten können.

2) Wichtiger ist die Prüfung des Bodens, auf dem die Verstimmung entstanden ist, d. h. die Erforschung gewisser aetiologischer Momente, unter welchen Zustände spontaner oder nicht hinlänglich motivirter schmerzlicher Verstimmung vorzukommen pflegen. Wir hätten hier einen grossen Theil der Aetiologie der Psychosen, welche ja in der Regel mit einem Zustand anfangs oft ganz objectloser Verstimmung beginnen, zu erörtern. Es möge die Anführung der wichtigsten unter Verweisung auf die Lehrbücher der Psychiatrie hier genügen*). Es sind wesentlich Heredität, früher überstandene Anfälle von Seelenstörung, sexuelle und Alkoholexcesse und daraus hervorgehende Nervenleiden, Epilepsie, Hysterie, Hypochondrie und andere schwere Neurosen, Anämie, besonders bei Frauen, und wenn Heredität im Spiele ist, Störungen der Pubertätsentwicklung, Gravidität u. s. w. Wird eine psychische Depression unter dem Einfluss derartiger Momente nachgewiesen, so gewinnt sie einen organischen Boden, obwohl ein derartiger Nachweis nur ein weiteres Schlaglicht auf den zweifelhaften Zustand wirft, und zu weitern Untersuchungen auffordert **).

---

*) Griesinger, Lehrb. II. Aufl. S. 131—210. Leidesdorf, Lehrb. II. Aufl. S. 126—147. Morel, traité des malad. ment. §. II—VII.

**) Ganz besonders muss dies für den Nachweis der hereditären Disposition zu Seelenstörungen gelten, wie überhaupt die Transmission psycho- und neuro-pathischer Zustände selbst auf späte Generationen hinaus durch neuere Forschungen immer mehr anerkannt wird. Wir halten dafür, dass, wie bei jeder Gerichtsverhandlung nach dem Leumund eines Angeklagten geforscht wird, die Frage, unter welchen somatischen und psychischen Bedingungen er steht, am Platze wäre. Es wäre eine weise Massregel des Gesetzgebers, wenn überall da, wo wenigstens eine direkte hereditäre Prädisposition zu Psychosen sich herausstellte, eine gerichtlich

3) Es versteht sich von selbst, dass eine sorgfältige Anamnese das Verhalten des psychischen Mechanismus in der Zeit, welche einer etwaigen verbrecherischen That vorausging, möglichst aufzuhellen bemüht sein muss, da aus anscheinend unbedeutenden Notizen, wenn sie recht gewürdigt werden, wichtige Anhaltspunkte zur Beurtheilung des Zustandes zur Zeit der That gewonnen werden können. Dahin gehören das Aufgeben der gewohnten Lebensweise, gewisser Neigungen, Gewohnheiten, das Suchen der Einsamkeit, unmotivirtes Weinen, grössere Reizbarkeit, angedeutete, ausgesprochene Gedanken an Selbstmord, Vorbereitungen dazu und Versuche, insofern als die negative Stimmung sich häufig in Gedanken der Selbsttödtung objectivirt und diese dann einen Massstab für den vorhanden gewesenen Grad des schmerzlichen Fühlens abgibt. Es ist bemerkenswerth, wie Viele, die später auf das Leben Anderer Angriffe machten, vorher an Neigung zu Selbstmord litten.

Ein wichtiger Gegenstand der Beachtung ist auch der, wie sich das Streben des Individuums verhielt, indem Gleichgiltigkeit, Trägheit, Vernachlässigung der Pflichten und Rücksichten, Mangel an Selbstvertrauen u. s. w. ein häufiger Ausfluss einer gedrückten Gemüthsstimmung sind.

4) Eine ebenfalls bedeutende und vom Arzt ausschliesslich entscheidbare Frage ist die, wie sich das gesammte körperliche Befinden und speziell die Funktionen des Nervensystems verhielten. Es ist selten, dass eine Gemüthsdepression beruhend auf einer Neurose des Gesammtnervensystems, nicht auch ausser der Störung der Gemeingefühlsempfindung gewisse andre Anomalien setzt. Dahin gehören Schlaflosigkeit, Kopfweh, Schwindel, Gefühle von Hemmung der Gedanken, Gedankenleere, Verwirrung, Neuralgieen. Empfindungen von Druck, Leere, Oppression im Epigastrium,

---

medizinische Expertise des psychischen Zustandes der Criminaluntersuchung vorauszugehen hätte. Die Begründung dieser Forderung gehört nicht hieher, wir werden sie andern Orts zu geben versuchen.

24

Anorexie, Verstopfung, Störung der menses u. s. w., kurz die gesammte somatische allgemeine Pathologie beginnender Gemüthskrankheiten.

Alle diese Störungen beweisen freilich weiter nichts, als dass das Nervensystem leidet, und finden sich auch beim Affekt des Gesunden, allein sie sind beim Gemüthskranken ausgesprochener, dauernder, zeigen eine gewisse pathogenetische Entwicklung, einen durch innere Vorgänge bedingten Wechsel, wie ja auch der Grad der psychischen Depression zum Unterschied vom Affekt des Gesunden spontane Remissionen darbietet, und sind zusammengehalten mit den andern Symptomen wichtiges Material für den Begutachter. Unter diese Gruppe von Erscheinungen muss auch das Bewusstsein von ihrer Krankheit, das viele derartige Kranke haben, gerechnet werden, das Gefühl irre zu werden, das sie nicht selten selbst die Hilfe des Arztes aufzusuchen veranlasst.

Wir haben in kurzen, freilich nicht erschöpfenden Zügen angedeutet, auf welche Punkte die Untersuchung ihr Augenmerk zu richten hat, und möchten diesen pathogenetischen synthetischen Weg als den einzig richtigen für die Praxis bezeichnen. Es gibt einen andern, leider lange Zeit sehr betretenen, nemlich den, die That allein zum Gegenstand der Untersuchung zu machen und aus ihr auf den Zustand des Thäters zurückzuschliessen.

Der Weg dieser Methode geht durch die sterilen Steppen der Monomanie, deren einzelne Species die Früchte dieses kümmerlichen Bodens sind, und suchte in der That selbst die Störung, von der jene nur ein Ausfluss war. Es bedarf keines Nachweises, dass eine derartige Methode die Wissenschaft zu ihrem Unglück nur mit haltlosen Luftgebilden von Formen bereichern, und die heterogensten Krankheitszustände nach äusserlichen Merkmalen zusammenstellen konnte.

Wir wollen die psychologische Bedeutung der Handlung nicht unterschätzen, können sie aber nur so weit anerkennen, als sie als einzelner Akt psychischer Lebensäusserung aufgefasst und als aus einer Störung des psychischen Mechanismus gesetzmässig hervorgegangen nachgewiesen wird, erst dadurch bekommt sie psychologischen Werth. Es fragt sich aber, ob es nicht Handlungen gibt, die an und für sich schon durch ihre Ungeheuerlichkeit das sichere Gepräge geistiger Störung an sich tragen. Eine solche Handlung wäre z. B. die Anthropophagie. (s. u.)

Wir würden uns nur des oben gerügten Fehlers schuldig machen, wenn wir die Beantwortung der Frage wagen wollten, zudem glauben wir, dass die gerichtliche Psychologie sich um die Beantwortung der Frage gar nicht zu kümmern braucht. Es gibt nach unserer Erfahrung keine Zustände geistiger Störung, die sich nur in einer einzelnen Handlung äussern, der innige Zusammenhang der seelischen Funktionen macht es undenkbar, dass nur nach einer Richtung hin das Seelenleben eine Störung erfahre, und selbst für die Fälle, in welchen die That allein das Beurtheilungsmittel zu bieten scheint, (gewisse Zustände transitorischen Irrseins) findet eine genaue Untersuchung pathogenetische, aetiologische Momente genug, um von der That vorläufig ganz absehen zu können. Es gibt noch eine letzte Reihe von Erscheinungen, freilich nicht mehr in das Gebiet des Arztes, sondern das des praktischen Psychologen gehörig, die zur Beurtheilung zweifelhafter Seelenzustände verwandt werden. Es sind dies die nähern Umstände einer That, ob sie vor Zeugen ausgeführt wurde, ob Ort, Mittel und Zeit gut gewählt oder zufällig waren, ob der Thäter von seiner Handlung gesprochen, sie angedeutet, Vorbereitungen dazu getroffen, kurz mit Vorsatz gehandelt hat, ob die That motivirt war, und welches Motiv da? Wie sich das Benehmen nach der That verhielt, ob der Thäter floh oder nicht, ob er die Spuren zu verwischen, von sich abzulenken suchte, ob er Reue zeigte, wie sich die Erinnerung an die That verhält, wie sie ausgeführt wurde, vielleicht in einer grässlichen, über die beabsichtigte Wirkung hinausgehenden Weise? (Mania epileptica, transitoria).

Alle diese Zeichen, so werthvoll sie in Zweifelfällen

26

sein können, sind doch niemals pathognomische Zeichen und beweisen weder für noch gegen Seelenstörung. Leider haben sie aber oft schon dazu gedient, die Begutachter in ihrem Urtheile schwankend zu machen und irre zu leiten, besonders gilt dies von der Planmässigkeit der Ausführung, der Vorsätzlichkeit und der Reue. Die beiden ersten Momente galten als sichere Beweise, dass der psychische Mechanismus nicht gestört sein könne, das letztere als Zeichen des erwachten Gewissens, und man konnte sich nicht entschliessen, da wo man diese Kriterien fand, Unfreiheit anzunehmen.

Die Planmässigkeit und Vorsätzlichkeit vertragen sich aber ganz gut mit dem Irresein, nicht nur seinen formalen, sondern auch seinen intellectuellen Störungen, wie die Raffinerie und List der Irrenanstaltsbewohner täglich nachweist, und was die Reue ganz speziell bei unserer Klasse von Kranken betrifft, so ist der Kranke, nachdem mit der Entlastung seines gepressten Innern durch irgend eine ihm objectiv gewordene Handlung eine vorübergehende Remission oder Intermission seines schmerzlichen Fühlens gesetzt ist, wieder der alte Mensch und wird bereuen wie jeder Gesunde, ohne aber im Geringsten damit den Beweis, dass er frei handelte, geliefert zu haben. Diese auf die That folgende Remission*), das was man auch schon die kritische Bedeutung solcher Thaten genannt hat, ist geradezu Regel und überantwortet den Thäter der bittersten Reue und Verzweiflung, die nicht selten, wenn die That eine grässliche war, ihn zum Selbstmord führt. Nach einem solchen Kriterium Recht zu sprechen, könnte nur zu endlosen Justizmorden führen. Immer ist das Irresein ein krankhafter Prozess, der seine Aetiologie, Pathogenese, und Symptomatologie hat, und im gegebenen Fall diesen nachzuweisen

---

*) Beispiele von grosser Erleichterung nach der objectiv gewordenen That s. Kleins Annalen IX. 20; XII, 33, 126; XIII, 103; XVI, 141, 185; Henke Zeitschr. S. 127. nach dem Mord des Vaters. Falret a. a. o. S. 306.

wird die rühmliche Aufgabe des Gerichtsarztes sein und vor einseitiger und irrthümlicher Auffassung des Zustandes ihn und den Richter bewahren.

Ausser der im Bisherigen im Auge gehabten psychischen Depression »die das oft längere Prodromalstadium einer Psychose bildet, aber auch als selbstständige Neurose vorübergehend auftreten kann, gibt es auch wie Griesinger (a. a. O. S. 228) mit Recht bemerkt, Zustände chronischer, habitueller Gemüthsverstimmung, besonders bei Weibern, die trotz vieljährigen Bestehens, nur sehr selten als krankhaft erkannt werden.

Wir finden diese Angaben Griesingers durchaus bestätigt, und möchten derartige Kranke einer eignen Gruppe zuweisen, die sich dadurch auszeichnet, dass neben der psychischen Hyperästhesie, die sich eben in grosser Reizbarkeit, Geneigtheit zu Affekten, leichter Verstimmbarkeit und habitueller übler Laune äussert, sich ein analoger Zustand spinaler Hyperästhesie findet, der sich in allgemeinen Hyperästhesieen und neuralgischen Affektionen einzelner Nervenbahnen ausspricht. Bei diesen Kranken besteht ein merkwürdiger Zusammenhang zwischen spinaler und cerebraler (psychischer) Hyperästhesie. So oft nämlich ein unangenehmer psychischer Eindruck solche Kranke trifft, tritt mit der psychischen Hyperästhesie auch die spinale in Erscheinung, und gibt sich dann in dem Wiederauftreten der Neuralgieen kund, aber umgekehrt erzeugen auch alle Umstände, welche die spinale Hyperästhesie wecken, mit dem Eintritt dieser die psychische.

In diesem circulus vitiosus bewegt sich das Leben derartiger Kranker, die Zeit der Menstruation bringt regelmässig eine bedeutende Verschlimmerung.

Es verdient überhaupt hier Erwähnung, dass die Neuralgieen, die sich bei psychisch deprimirten, hereditär zu Psychosen disponirten, nervösen, erregbaren, anämischen Frauen äusserst häufig finden, oft sehr dazu beitragen, die schmerzliche Stimmung zu einer unerträglichen Höhe zu

28

steigern, und dass ein gesetzmässiger Zusammenhang sich zwischen den Störungen der Sensibilität und den des Gemüthslebens aus der Beobachtung Melancholischer ergibt. Wir glauben, dass dies noch wenig beachtete Verhältniss auch für die gerichtliche Psychologie Bedeutung hat und bei der Untersuchung schmerzlich verstimmter, besonders weiblicher Individuen die Berücksichtigung der Störungen der Sensibilität, die Beachtung etwaiger Neuralgieen, unter denen die Intercostalneuralgie eine der häufigsten ist, dringend gefordert werden muss. Auch Wahnideen und Sinnestäuschungen entspringen nicht selten aus der phantastischen Umbildung der neuralgischen Empfindungen im Bewusstsein, und bei dem Zustandekommen der in der folgenden Gruppe näher zu schildernden äusserst wichtigen Präcordialangst spielen Neuralgieen eine nicht zu unterschätzende Rolle *). Die Gruppe der chronisch schmerzlich Verstimm-

---

*) Es gereicht uns zur besondren Freude aus einem im Archiv der Heilkunde Bd, VII. S. 338 erschienenen Vortrag Griesingers zu ersehen, dass der bahnbrechende Forscher im Gebiet der Seelenheilkunde auch das Verhältniss neuralgischer Affektionen zu Psychosen aufzustellen bemüht ist. Es gibt nach ihm Fälle, in welchen einfache Neuralgieen wahre (Reflex) Psychosen erzeugen können — Dysthymia neuralgica. Der Vorgang kann dabei ein dreifacher sein:

1) eine einfache Transformation der Neurose in eine Psychose ähnlich der Umwandlung eines epileptischen convulsiven Anfalls in einen stellvertretenden Paroxysmus von Mania epileptica;

2) Der Schmerz ruft direkt eine psychische Störung hervor;

3) analog den Mitempfindungen bei den Neuralgieen entstehen durch Miterregung sonst unberührter cerebraler Centren Mitvorstellungen (nach unsrer Erfahrung kommen auch Fälle vor, wo die Neuralgie durch Miterregung sensorischer Centren, Mithallucinationen auslöst, die dann ganz typisch mit dem jeweiligen Auftreten der Neuralgie in Erscheinung treten.)

Wir können diese Sätze Griesingers, gestützt auf das reichhaltige Material, das seit einer Reihe von Jahren in der Anstalt Illenau über das Verhältniss der Neuralgieen zu Psychosen gesammelt wurde, nur bestätigen, um so mehr, als auch die glückliche Auffindung der Neuralgieen und ihre erfolgreiche Beseitigung mit-

29

ten mit cerebrospinaler Hyperästhesie hat weniger Beziehungen zu der Criminaljustiz, als andere Formen, obwohl taedium vitae und negative Triebe gegen Andere auf der Höhe der schmerzlichen Verstimmung auftreten können. Sie sind aber eine Geissel für ihre Umgebung, und durch ihr reizbares Wesen im Stande selbst die Ordnung und Disciplin der Irrenanstalten in mannigfacher Weise zu erschüttern, draussen in der grossen Welt geben sie zu Ehrenkränkungen, Ehescheidungsprocessen u. s. w. nicht selten Veranlassung.

Ein solcher Zustand äusserster Reizbarkeit, habitueller, unzufriedener, bitterer Negation alles Bestehenden mit einem Zwange des Vorstellens im Sinne schmerzlicher Reproduktionen auf der Basis jener macht auch die Grundlage einer gewissen Form von Störung aus, die Spielmann (a. a. O. S. 319) ganz richtig als melancholische Form der folie raisonnante auffasst und vortrefflich schildert. Oft treten solche Zustände periodisch bei einem Individuum auf*). Sie zeichnen sich vor der vorigen Gruppe durch einen gewissen Gedankendrang, eine Exaltation ihres Vorstellens aus, das aber durch den Zwang des Fühlens zum Unterschied vom Maniakalischen nur in einer schmerzlichen Stimmungslage sich bewegen und sein Material aus widrigen Erfahrungen der Gegenwart und Vergangenheit beziehen kann, ein wahrer Zwang schmerzlicher Reproduktionen, der auch dem

---

telst subcutaner Morphiuminjektionen in einer grössern Zahl von Fällen, auch die Psychose beseitigt und somit auch therapeutisch ein Experiment für den causalen Zusammenhang gewisser Neuralgieen und Psychosen abgegeben hat.

*) vgl. Finkelnbnrg: Gibt es Willensstörungen, welche unabhängig sind von Störungen der Intelligenz? Neuwied 1863. In vieler Hinsicht stimmt diese Gruppe von Gestörten in Verbindung mit einer Reihe Fälle der vorigen, mit der von Falret soeben in der Discussion sur la folie raisonnante (Annal. méd.-psych. Mai 61. p. 410 u. ff.) aufgestellten »Hypochondrie morale avec conscience de son état« überein, die er ebenso richtig schildert als geistreich auffasst.

oberflächlichen Beobachter auffallen muss. Solche Menschen kommen, da sie mit keiner Obrigkeit und Gesellschaft sich vertragen und überall Unruhe und Händel stiften, nicht selten in Strafanstalten. Ehrenkränkungen, Schlägereien, Majestätsbeleidigungen sind ihre gewöhnlichen Vergehen.

In den vorausgehenden Blättern wurde versucht, das Vorkommen psychischer Depressionzustände, Art der Störung des psychischen Mechanismus und ihres forensischen Nachweises zu geben. Es bleibt uns nach dieser theoretischen Betrachtung noch übrig die hohe praktische Bedeutung derartiger Zustände aus der vorliegenden Casuistik zu erweisen, und die nächsten Ursachen, aus denen psychisch deprimirte negative Handlungen begehen, darzulegen. Die Erfahrung lehrt, dass es fast ausschliesslich Mord, Brandstiftung und Selbstmord sind, die aus dem schmerzlichen Affekt solcher Kranker hervorgehen, und zeigt damit sowohl die Gefahr derselben für die öffentliche Sicherheit als auch die Gefährdung der edelsten menschlichen Güter, nehmlich des Lebens, der Ehre und Freiheit der Betheiligten, wenn ihr Zustand verkannt wird *).

Als erste Gruppe von Fällen lassen sich die bezeichnen, wo einfach der schmerzliche Affekt durch den Zwang, den er auf den Kranken übt, unerträglich wird, und nach

---

*) Fälle von Mord, Mordtrieben etc. bei psychisch Verstimmten s. Marc übers. v. Ideler Bd. II. S. 65, 66, 67; S. 38, 48; Ettmüller, Prax. med. lib. II. cap. IV, tom. III. p. 368. Fall von Plater, wo eine Mutter vom Drang beherrscht war, ihr Kind zu tödten; f. ein zweiter, wo eine Frau beständig den Drang fühlte, Gotteslästerungen auszustossen, beide übrigens ihren Drang zu beherrschen vermochten. s. f. Georget, Discussion médicolégale sur la folie 1826 S. 71. Devergie, Annal. d'hygiène 1859 S. 398; Friedreich, a. a. O. S. 568, S. 573; Georget, übers. v. Amelung 1827 Nr. 3 (Fall des Papavoine); Cazauvieilh, du suicide 1840. S. 257. Fall von Selbstverstümmelung. Wildberg, Handb. III. Nr. 17. Mende, Handb. Th. 6. S. 247. Esquirol, ü. Mordmonomanie übers. von Bluff 1831. S. 23. Wald, gerichtl. Psychol. 1858. S. 62.

freilich oft schrecklichem verzweiflungsvollem Kampfe, mit den Trümmern der ins Bewusstsein zu dringen versuchenden Vorstellungen des alten Ich, endlich in einer grässlichen That seine Erleichterung findet. Mord, Selbstmord, Brandstiftung sind die Vorstellungen, die dem höchsten Grad des schmerzlichen Fühlens entkeimen und von solchen Kranken realisirt werden.

Eine zweite Quelle negativer Handlungen ist das bewusstwerdende Gefühl des nicht mehr Könnens, nicht mehr Wollens, das Gefühl, das alle frühern Lebensbeziehungen widrig geworden sind oder gar nicht mehr existiren.

Dieses Gefühl psychischer Anästhesie und Abulie kann unerträglich werden, und zu Selbstmord direkt führen, es kann aber auch den Menschen veranlassen, mit Aufbietung seiner letzten Kräfte etwas Ausserordentliches zu leisten, und damit sich selbst den Gegenbeweis zu liefern, dass er nicht mehr handeln, nichts mehr leisten könne *). Diese Motive liegen oft den monströsen Handlungen solcher Kranker zu Grunde, denen es dann nicht um die That, sondern nur um die durch ihre Ausführung zu erwartende Erleichterung von ihrem Gemüthszustande zu thun ist.

An die Kranken dieser Categorie reihen sich nahe diejenigen an, denen durch Uebertragung des individuellen Bewusstseinsinhalts in die Aussenwelt, die ja überhaupt nur eine subjective ist, die ganze Welt todt, leer, schlecht, gefühllos erscheint. Der Mord geliebter Angehöriger, besonders der eigenen Kinder, um sie dieser schlechten, lasterhaften, gefühllosen Welt zu entziehen, ist keine seltne Folge dieses Zustandes, der im Verlauf zu einer total falschen Apperception führen kann. Aber auch gegen beliebige Menschen als Repräsentanten dieser erbärmlichen Gesell-

---

*) s. die interessante Selbstschilderung einer derartigen Kranken bei Leidesdorf, Lehrb. 1865. S. 158. Dieselbe hatte schon 2 Selbstmordversuche gemacht und trug sich nun mit dem Gedanken, Jemand umzubringen, weil sie zum Selbstmord nicht den Muth hatte (s. u.)

32

schaft kann sich der schmerzliche Affekt des unglücklichen Misanthropen kehren und es kann dann der zufällige Anblick des Glücks eines Andern die Triebfeder zu dessen Mord werden. Man hat derartige Fälle, bei denen die gemüthliche Abstumpfung zu einem hohen Grade gediehen sein kann, auch als moral insanity, sittlichen Blödsinn aufgefasst. Der Name thut hier nichts zur Sache, wenn der Grundzustand solcher Kranker richtig gewürdigt wird. Ganz besonders von Interesse sind die Mordthaten, welche von an Trübsinn leidenden Eltern an ihren Kindern aus Noth, Verzweiflung und Nahrungssorgen begangen werden. Wie leicht kommt es dann vor, dass den unglücklichen Eltern verbrecherische Motive imputirt werden, dass man glaubt, sie hätten sich ihrer Kinder nur entledigen wollen, um der Sorge für sie enthoben zu sein; dass derartige Fälle wahrer Bestialität vorkommen, ist nicht zu läugnen, in der Regel ist aber die schaudervolle That der Ausfluss einer Gemüthskrankheit, deren Ursprung ein schwerer Vermögensverlust, drohender materieller Ruin war. Der Kranke sieht im Zwang seines schmerzlichen Fühlens die Zukunft nur noch schwarz und hoffnungsleer, er misstraut seiner eignen Kraft, glaubt sich, wie es so häufig bei Melancholischen, unfähig zu jeglicher Anstrengung und Arbeitsleistung, und fällt einem Zwang schmerzlicher Reproduktionen anheim, die ihn der Verzweiflung überantworten und seine Besonnenheit vernichten. Gebannt in den Zwang schmerzlichen Fühlens, beraubt seines Muthes, seines Selbstvertrauens, bewegt sich sein melancholisches Vorstellen nur noch in einer Richtung — der Gedanke an Selbstmord, an Ermordung der liebsten Angehörigen, auf die nur noch Noth, Schande, Entbehrung wartet, drängt sich auf und verliert in dem Masse, allen Gegensatz im Bewusstsein, als die psychische Depression wächst und sich mit Angstzufällen verbindet. Die objectiv gewordene That kann schwer zu beurtheilen sein, denn sie ist motivirt, prämeditirt, planmässig ausgeführt: leichter wird sie beurtheilt, wo der ursächliche materielle Verlust nur ein geringer oder eingebildeter war, leicht hätte

33

wieder ausgeglichen werden können, und damit die schwere Störung der Besonnenheit des Thäters, die falsche Auffassung seiner Lage und Mittel bekundet; schwerer wird sie da, wo wirklich der Schicksalsschlag so mächtig war, dass die Hoffnungslosigkeit und Verzweiflung begründet ist, oder die Eltern im Rufe nicht allzu grosser Zärtlichkeit gegen ihre Kinder standen. Die Erforschung des ganzen psychischen und somatischen Zustandes des Unglücklichen, ob er hereditär zu Psychosen disponirt war, ob er vor oder nach seiner That Selbstmordversuche machte, ob er an Angstzufällen, Schlaflosigkeit, Hallucinationen, kurz den allgemeinen Zeichen einer Psychose litt, muss hier sorgfältig gemacht werden. Bemerkenswerth ist, dass nach der Ermordung der Angehörigen den Thäter oft der Muth zum beabsichtigten Selbstmord verlässt, dass er ihn vergebens versucht, und nun sich selbst den Gerichten stellt und im Gefühl seines namenlosen Unglücks in tiefer Reue und Verzweiflung den Tod auf dem Schaffot als willkommene Erlösung von seinem Leiden erbittet *).

---

*) vgl. Pereira in Annal. d'hygiène Bd. 33. S. 399: Ein gewisser J. Blottin, abstammend aus einer sehr reizbaren Familie, war durch vielfaches Missgeschick und endlich den Tod seiner Frau trübsinnig geworden. Er fiel einer stummen Verzweiflung anheim, fühlte sich mit seinem einzigen Kind ganz verlassen und unglücklich und fasste den Gedanken an Selbstmord. Da er sein Kind sehr liebt, beschliesst er, um es nicht im Elend dieser Welt und in Krankheit umkommen zu lassen, zuerst sein Kind und dann sich selbst aus der Welt zu schaffen. Nach vielfachen Vorbereitungen und Andeutungen schneidet er jenem auf dem Feld mit einem Rasirmesser den Hals ab. Beim Anblick der blutigen Leiche verlässt ihn der Muth, er vermag sich nur zwei leichte Schnittwunden am Hals beizubringen und überliefert sich freiwillig der Behörde um hingerichtet zu werden. Da an ihm kein Delirium bemerkt wird, erklären ihn die Aerzte, obwohl er seine That nicht bereut, und nur bedauert, sich nicht selbst umgebracht zu haben, für zurechnungsfähig, worauf er zu lebenslänglicher Zwangsarbeit verurtheilt wird. s. f. Ellinger, Zeitschr. f. Psychiatrie 1854. XI. S. 462; f. Gaz. des tribunaux 1844. Mars. 13, Fall einer Mutter,

34

Die Prüfung der nähern Umstände der Thaten von Menschen, die den geschilderten Gruppen angehören, ergibt klar, dass es ihnen meistens nur um die momentane Erleichterung einer unerträglich gewordenen Verstimmung zu thun ist und sie gleichgiltig gegen das sind, was nach der That sie erwartet.

Ist doch oft die Handlung ihren Interessen geradezu entgegengesetzt, ein Schaden, den der Thäter sich selbst am Liebsten, das er hat, zufügt. Freilich fehlt oft nicht die Planmässigkeit, aber sie beweist nichts, und ebenso oft gibt sich bei und nach der That eine Kälte und Unvorsichtigkeit kund, die mit der Annahme geistiger Gesundheit nicht verträglich ist. Die Planmässigkeit ist übrigens bei der That auch nur vorhanden, wenn der Sturm der Gefühle kein so heftiger ist; da, wo der Affekt plötzlich zum Handeln drängt, den Thäter überrascht, findet sich eine bezeichnende Rücksichtslosigkeit und Ungeschicklichkeit in der Wahl des Orts, der Zeit, der Mittel. Das Bewusstsein der Strafbarkeit der Handlung fehlt oft keinen Augenblick, aber es ist nicht das Bewusstsein des Gesunden, taucht nur flüchtig und schattenhaft auf, und begreift keineswegs das ganze Bewusstsein der moralischen Consequenzen und rechtlichen Folgen in sich.

Einigermassen bezeichnend für den Zustand solcher Unglücklichen ist auch die Grässlichkeit der Ausführung der That in vielen Fällen. Sie beweist deutlich, indem der Thäter über den etwa beabsichtigten Effekt hinausgeht (Ermordung durch eine Unzahl Wunden, deren eine schon

---

die durch Krankheit in Noth gekommen und melancholisch geworden, um ihren Kindern eine jammervolle Zukunft zu ersparen, erst diese tödtete und dann einen Selbstmordversuch macht. s. f. Ebers, die Zurechnung, Glogau 1860 Fall 79, Mord der Kinder und Selbstmordversuch aus Noth in schmerzlicher Verstimmung. f. Zeissing Caspers Vierteljahrsschr. 1856 S. 158 und 1853 Bd. IV. S. 256; Otto, (Edinburgh phrenolog. Journal); Ray, treatise etc.. Boston S. 213; Gall, opera IV. p. 152; Ann. d'hyg. Bd. 33. p. 404. Osiander, der Selbstmord S. 68. Falret a. a. O. S. 169. Paul, Vierteljahrsschr. f. ger. Med. N. F. 1866. oct. 2 Mörder ihrer Kinder

genügt hätte, nachfolgende grässliche Verstümmelung, Verzehrung von Theilen der Leiche etc.), dass es ihm nicht um einen äussern durch die That zu erreichenden Zweck, sondern nur um die Entäusserung innerer Zustände zu thun war, wobei dann der Höhe des schmerzlichen Fühlens annähernd die Grässlichkeit der That entspricht.

Ein interessantes Streiflicht auf den Seelenzustand solcher Kranker und die Gewalt, mit der ihr Seelenschmerz sich geltend macht, sind die nicht seltnen Selbstmordversuche und Selbstverstümmelungen, wenn sie fühlen, dass sie dem Drang, eine schreckliche That zu begehen, nicht mehr widerstehen können *). Sie zeigen direkt, wie unglücklich, elend und unfrei derartige Menschen sind und es wäre ein arger Missgriff, aus diesem Umstand Capital für ihre Zurechnungsfähigkeit schlagen zu wollen.

Man setzt sich in foro oft allzuleicht über die Angaben der Angeklagten hinweg und nimmt keine Notiz von der allegorischen Interpretation des Zwanges, unter dem sich der Kranke fühlte, und den er als unwiderstehlichen Drang, wie wenn eine Stimme ihm zuriefe, wie wenn er von Jemand zu seiner That angetrieben worden wäre, auffasst.

Es kommt endlich nicht selten vor, dass vom Richter, der um jeden Preis die Motive der Handlung kennen will, ein Motiv in den Angeklagten hinein examinirt wird, das dieser dann selbst glaubt, ohne dass es der That zu Grunde lag. Der Kranke ist ja kein Psycholog, er kann sich über den dunkeln, ihm unverständlichen Vorgang in seinem Innern keine Rechenschaft geben, aber er kann auch jetzt, wo er die ganze Grösse des von ihm angerichteten Unheils überschaut, im Gefühl seiner Reue und seines Unglücks ein Interesse daran haben, sich verbrecherische Motive unter-

---

*) vgl. Esquirol, über Mordmonomanie, übers. v. Bluff S. 8 u. 9; Spielmann a. a. O. S. 401 (Annal. méd. psych. Juillet 1853) Selbstamputation des Arms, um dem Drang die Frau zu ermorden. zu widerstehen. s. f. Brierre, du suicide etc. 2e. edit. p. 395.

36

zuschieben, um als schwerer Verbrecher gerichtet und mit dem Tode bestraft zu werden. In welche Gefahr käme die Rechtspflege, wenn sie hier blos auf die Motive der That sehen wollte! Eine weitere grosse Gruppe von Kranken ist diejenige, bei welcher sich aus dem schmerzlichen Fühlen einzelne finstere Vorstellungen erheben, die von diesem immer wieder neu angeregt zu Zwangsvorstellungen werden und schliesslich zum Handeln drängen. Solche Vorstellungen erheben sich häufig auf dem Boden der psychischen Depression und haben begreiflicherweise in der Regel Selbstvernichtung *) oder Vernichtung Anderer **) oder

---

*) Ideler, Biographieen Geisteskranker. S. 129—150. Cazauvieilh, du suicide etc. 1840. p. 261. p. 265 Zwangsvorstellung der Selbstvernichtung und des Mords des eignen Kinds; Brierre, du suicide 2e. édit. p. 396 und p. 218; Knop, Paradoxie des Willens 1863 S. 65.

**) Vogel, Rusts Magazin XII, H. 3. Zwangsvorstellung eines 11jährigen Mädchens, seine Pflegmutter zu ermorden; Hufeland's Journal 1820, Mai S. 100, Zwangsvorstellung einer Mutter, ihre Kinder zu tödten; Klein's Ann. II. S. 77. Ein Vater mordet seine Kinder, nachdem er vergebens Gott gebeten, ihn von solch schrecklichen Gedanken zu befreien; s. f. Masius, Erörterungen aus dem Civil- und Criminalrecht H. 1 Nr. 11; Fälle von Zwangsvorstellungen melancholischer, nervenkranker Frauen zum Mord der Kinder; s. Ray, treatise 1844. p. 205; Michu, mémoire sur la monom. homic. p. 99; Gall, on the funct. of the brain, Boston edit. IV, 110; Henke, Abhandl. Bd. V. S. 268; Henke, Zeitschr. Bd. I. H. 2 S. 274; Griesinger, Lehrb. S. 268 Beob. 28; Wildberg, Magazin Bd. I. S. 236; Esquirol etc., übers. v. Bluff, 1831, S. 26; Wendt, Henke Zeitschr. Bd. 14. S. 134, (Henke Abhandl. V. S. 275); Marc-Ideler Bd. II. S. 344. Gratiolet, Anat. comp. du syst. nerveux p. 578; Guislain, leçons oral. I. p. 234, 240; Mord der beiden Töchter aus Zwangsvorstellung s. Annal. méd.-psych. 1862. p. 41; Mord der Frau aus Zwangsvorstellung, die zur Gehörshallucination wird, ibid. 1853 p. 151; Esquirol, note sur la mon. hom. p. 315; Falret a. a. O. S. 306; psych. Zeitschr. IX. S. 508; Ideler, Lehrb. 1857. S. 307. (Annal. d. Charité 4. Jahrg. p. 206.) Prichard, a treatise on insanity 1835. S. 384 ff.; Marc-Ideler, Bd. I S. 190, 196.

Brandstiftung *) zum Inhalt. Wir haben schon im Vorausgehenden die Störung des Mechanismus, welche durch solche Zwangsvorstellungen gesetzt wird, geschildert und hätten hier nur noch die merkwürdige Thatsache zu erwähnen, dass sie nicht selten durch äussere Ereignisse gesetzt werden und vielfach imitatorisch sind **). Die Wichtigkeit des Gegenstandes für die Praxis fordert zu einer eingehenden Besprechung dieser merkwürdigen psychologischen Thatsache auf.

Das Gesetz der Imitation ist jedenfalls ein weitverbreitetes und gewaltiges.

Welch grossen Einfluss hat schon in der Entwicklung des Menschen das Beispiel, das die Umgebung ausübt, wieviel am Menschen ist nichts Anderes, als zur Gewohnheit gewordene Imitation! Was sind Moden und Sitten anders als diese! Auch das physische Leben kennt diesen imitatorischen Zwang wie das psychische. Die Befriedigung gewisser organischer Bedürfnisse, die wir andere ausüben sehen, (Hunger, Durst, Rauchen, Schlafen, Uriniren u. s. w.) erweckt die gleichen Bedürfnisse, bekannt ist der ansteckende Einfluss des Gähnens Anderer. Es gibt Krankheiten, die einen imitatorischen Zwang auf gewisse Prädisponirte ausüben. (Uebertragung hysterischer und epileptischer Krämpfe, hysterische Epidemieen des Mittelalters und der Neuzeit, Uebertragung von Psychosen durch Imitation)***).

---

*) Knop, op. cit. S. 69—90; Marc-Ideler imitator. Brandstiftung aus schmerzlicher Verstimmung Bd. I. S. 61; Henke, Zeitschr. 1837. 24. Ergzgsh. S. 55.; Brefeld, über Maturität 1842. S. 105.

**) vgl. Dr. Prosper Lucas, de l'imitation contagieuse, ou de la propagation sympathique de nevroses et de monomanie, Paris 1833; Spielmann a. a. O. S. 499, 500; Marc-Ideler, Bd. II. S. 285, über die durch Nachahmung fortgepflanzte Monomanie; Morel, traité des malad. ment. 1860. p. 241.

***) s. d. Abhandlung von Finkelnburg, über den Einfluss des Nachahmungstriebs auf die Verbreitung des sporadischen Irreseins. Allgem. Zeitschr. f. Psychiatrie 1861. S. 1.

38

So hat jedes Zeitalter seine herrschenden politischen, religiösen und materiellen Bedürfnisse und Richtungen, die von Einzelnen zur Geltung gebracht, bald sich über die Massen verbreiten (religiöse Schwärmerei, Kreuzzüge, gewisse politische Bewegungen, überhandnehmende Vorliebe für gewisse Bedürfnisse, wie Rauchen, gewisse Getränke etc.) Aber eine wichtige Erscheinung ist auch die Eigenthümlichkeit mancher Menschen, durch gewisse äussere Ereignisse so mächtig imitatorisch ergriffen zu werden, dass das Ereigniss zur zwingenden Vorstellung wird, die bis zur völligen Aufhebung der Freiheit des Handelns gehen kann.

Es sind vorzugsweise den Menschen tief erschütternde Ereignisse, die einen solchen Einfluss gewinnen können, und zwar schauderhafte Mordthaten, Sehen von Hinrichtungen, Brandunglücken, und der Selbstmord nahe stehender Personen.

Dass aber ein derartiges Ereigniss im Bewusstsein hafte, dazu gehört eine gewisse Prädisposition, ein präoccupirtes Vorstellungs- und Gemüthsleben, ein schon auf ähnliche Vorstellungen gerichtetes Vorstellen und Fühlen. Die Menschen, die ein solches darbieten, gehören sämmtlich der Gruppe der psychisch Verstimmten an. Viele sind hereditär zu Psychosen disponirt, leiden oder litten an Hysterie, Epilepsie, Hypochondrie und andern schweren Neurosen, sind durch Excesse in Baccho und Venere herabgekommen. Eine besondere Disposition zu psychischen Verstimmungen gibt auch die Schwangerschaft und Zeit des Monatsflusses, besonders wenn dieser gestört ist, ab. — Das Ereigniss ist dann der Gegenstand, in dem sich das kranke Gemüthsleben objectivirt, die Lunte zu der Pulvermine, die zum Explodiren schon lange fertig war.

Das plötzliche Auftreten von dem sonstigen Empfinden und Vorstellen ganz fremden, ungeheuerlichen Vorstellungen findet sich übrigens auch bei ganz Gesunden nicht so selten. (vgl. Marc-Ideler Bd. II. S. 342 Beob. 196. 197. 198. 199.) Griesinger (Pathologie der Psychosen S. 30, 270 und 271), dem diese Thatsache, die die individuelle Erfahrung auch bestätigt, nicht entgeht, sucht diese merkwürdige psychologische Erfahrung, nach welcher mitten im höchsten Glück die Vorstellung grössten Unglücks mit Gedanken und leisen Antrieben eigner und fremder Vernichtung, mitten im höchsten Ernst die banalsten und trivialsten Gedanken auftreten können, aus dem Gesetz der Association der Vorstellungen nach dem contrastirenden Inhalt zu erklären, wie es ja auch in der optischen Empfindung Contrastfarben gibt. — Gerade derartige Fälle bei Gesunden sind, den Zwangsvorstellungen eines psychisch Deprimirten gegenübergehalten, ganz geeignet, den Zwang, in welchem der letztere sich befindet, zu veranschaulichen, denn während beim Gesunden die Unverletztheit des Mechanismus das sofortige Auftreten neuer contrastirender Vorstellungen bei der ungehemmten Association und Reflexion herbeiruft und die ganze Vorstellung, die dann als eine lächerliche Grille erscheint, und als nicht getragen von einem schmerzlichen Fühlen gleich einer Seifenblase verschwinden macht und an ihrem Uebergang in ein Handeln kategorisch hindert, ist es gerade umgekehrt beim Kranken, dessen schmerzliches Fühlen auf organischer Grundlage beruht und keinen Gegensatz des Fühlens und Vorstellens duldet.

So wenig aber, als der gestraft wird, der zu einer Handlung von einem Andern gezwungen wird, kann es sich hier um Strafe handeln, wo der stärkste Zwang, den es geben kann, nämlich ein organisch begründeter, innerer vorliegt.

Es wäre das eine inconsequente Rechtsphilosophie, die den äussern anerkennen und den innern negiren würde.

Ein häufiges Vorkommen ist der imitatorische Selbstmord [*], bekannt schon aus dem Alterthum, durch die Selbstmordepidemie der Jungfrauen von Milet, ferner aus

---

[*] vgl. Brierre, du suicide II. ed. p. 232—35. Wald, ger. Psychol. 1858 S. 76. Marc-Ideler, Bd. II. S. 294 u. f. Schlegel, Heimweh und Selbstmord. 1835. Th. II. S. 90. Diez, Selbstmord 1835. S. 242 u. ff.

40

dem bekannten Vorfall im Invalidenhause in Paris. Bemerkenswerth ist, dass die imitatorische That dann oft bis ins Detail eine Copie des Originals ist. So sagt schon Fodéré (traité du delire. Paris 1817. tom. I. p. 448):
»il arriva sur la fin du siècle dernier, dans une petite ville sur la Loire, qu'un jeune homme s'étant défait dans un lieu romantique avec le livre de la nouvelle Héloise à la main, il devint du bon ton pour plusieurs jeunes personnes s'en faire autant.«

Auch Esquirol macht auf den imitatorischen Selbstmord aufmerksam, indem er (Des maladies mentales tom. I. p. 587) sagt:
»Es ist überhaupt und aller Orten eine nicht seltene Erscheinung, dass in einer gewissen Gegend oder einem Ort kurz nach einem Selbstmord, andere von derselben Art vorfallen.«

Nicht minder interessant und häufig sind die Fälle von imitatorischem Mord *). Eine traurige Berühmtheit hat in dieser Beziehung der Fall der Henriette Cornier bekommen, die einem anvertrauten Kinde auf eine gräuliche Weise den Kopf vom Rumpfe schnitt, und deren Beispiel viele folgten.

So sagt Georget:
»Nie erfuhr ich so viele Fälle von Mordmonomanie, als seitdem die Journale die letzten Processe erzählt haben, in denen von dieser Krankheit die Rede war, und besonders den der Henriette Cornier« **).

---

*) Marc-Ideler, Bd. II. S. 285 zahlreiche Beispiele; Griesinger, Pathol. d. Psych. S. 276. Beob. 25. (Guy, Kings college annual reports 1841; Lond. med. Gaz. sept. 1842). Schubert, med. Ver. Ztg. f. Pr. 1858. Nr. 10. (Knop, Paradoxieen etc. S. 63.) Georget, Arch. gén. de méd. avril 1827. p. 501; Georget, Untersuchungen übers. von Wagner 1830 p. 19. Bottex, de la méd. legale des al. S. 81; Berlin. med. Zeitg., 1858, I. Nr. 10.

**) vgl. die interessanten Fälle von durch die That der Cornier geweckten Mordtrieben, bei Esquirol übers. v. Bluff. S. 29, 31, 36, 40. (Marc-Ideler Bd. II. B. 167, 168, 169, 170, 171, 172).

41

Hieher gehört auch die interessante Thatsache, dass nach Hinrichtungen, deren abschreckende Wirkung von Manchen betont wird, gerade die Mordthaten sich häufen, und nicht selten die Mörder durch den unauslöschlichen Eindruck, welchen ihnen die Hinrichtung machte, im Anblick derselben den ersten Impuls zu ihrer That bekamen *).
Von entscheidender Bedeutung ist für diese Angabe die Mittheilung des Baron Martin in den englischen Parlamentsacten von 1865 p. 38, dass kurz nach der Hinrichtung des zur cause célèbre gewordenen Franz Müller 5 Morde von Menschen verübt wurden, die bei der Execution gegenwärtig waren. Sollte man nicht bei solchen Thatsachen an der abschreckenden Wirkung der Todesstrafe zweifeln und sie wenigstens aus diesem Grunde nicht mehr zu vertheidigen suchen? Von diesem Gesichtspunkte aus muss jedenfalls den geheimen Hinrichtungen vor den öffentlichen der Vorzug gegeben werden, obwohl es bei den ersteren scheint, als schäme man sich überhaupt, die Todesstrafe noch zu vollziehen. Ausser der Bedeutung für die gerichtliche Psychologie hat aber auch das Vorkommen imitatorischer Gewaltthaten Wichtigkeit für die medicinische Polizei. Schon Esquirol sagt, dass Manche, durch Schicksalsschläge oder Kummer verfolgt, sich nicht den Tod gegeben hätten, wenn sie nicht in einem Journal die Geschichte des Selbstmordes eines Freundes, eines Bekannten gelesen hätten. Unstreitig tragen die Zeitungen durch Veröffentlichung grässlicher Mordthaten, Unglücksfälle u. s. w. viel bei zu imitatorischen Verbrechen und es fragt sich, ob es nicht eine weise prophylaktische Massregel wäre, wenn man sie daran verhinderte **). Hält man doch bei schwurgericht-

---

*) Marc-Ideler, Bd. I. S. 166. Beob. 34. Hoffbauer, psych. Krankheiten S. 149. Ideler, Grundriss der Seelenheilkunde Bd. II. S. 380. Osiander, Selbstmord S. 67.
**) vgl. Le Grand du Saulle, la folie devant les tribunaux cap. XIV. (viele Beispiele); so sagt Delaplace: (sur les probabilités) »Einige Personen haben durch ihre Organisation oder durch

42

lichen Verhandlungen, wo es sich um Vergehen gegen die Sittlichkeit handelt, geheime Sitzungen. Der gleiche Vorwurf wie die Zeitungen trifft gewisse Bücher der ältern Romanliteratur. (Werthers Leiden), sowie der neuern, die den Kitzel am Pikant-Schrecklichen gewisser blasirter und nervöser Gemüther unseres Jahrhunderts befriedigen.

Einen grossen Einfluss gewinnt die psychische Verstimmung mit oder ohne Zwangsvorstellungen auf die Ausführung des Selbstmords und der diesem psychologisch ganz nahe stehenden Selbstverstümmelung, deren die meisten grössern Irrenanstalten Beispiele enthalten*). Es ist dies eine nach dem Vorausgehenden leicht begreifliche Thatsache, die aus denselben Motiven hervorgeht, wie die Verbrechen gegen das Leben anderer oder deren Eigenthum, und was wir weiter oben über den forensischen Nachweis zweifelhafter Gemüthszustände angeführt haben, wird auch in der Regel die Grundlage der Untersuchung, ob ein Selbstmord auf krankhaftem Boden entsprang oder frei beschlossen und ausgeführt wurde, bilden müssen. Ebenso wenig als dort wird hier nach den rein psychologischen Kriterien der Unmotivirtheit oder Geringfügigkeit der Motive der That entschieden werden können, obwohl das Motiv immerhin Beachtung verdient. Die gründliche Untersuchung der gesammten körperlichen Funktionen und des Gemüthszustandes mit besonderer Rücksicht auf hereditäre Anlage zu Selbstmord, Psychosen und Neurosen, früher dagewesene oder noch bestehende Nervenleiden, stattgehabte Gemüthsaffekte, und deren Rückwirkung auf das gesammte Fühlen, die Frage, ob etwaige Aenderungen des Charakters, der Lebens- und Anschauungsweise durch sie hervorgerufen wurden, muss

---

verderbliche Beispiele leicht unglückliche Gedanken, welche durch die Erzählung eines Verbrechens, das Gegenstand der öffentlichen Aufmerksamkeit geworden ist, leicht aufgeregt werden. Unter diesem Gesichtspunkt ist die Bekanntmachung der Verbrechen nicht ohne Gefahr."

**) Marc-Ideler, Bd. II. S. 111. Friedreich, ger. Psychol. II. Aufl. S. 395. Diez, Selbstmord Beispiele S. 296 u. ff.

hier den Kernpunkt der Untersuchung bilden, und wissenschaftlich eruirt werden. Einigen Werth hat die Berücksichtigung des Mechanismus der Ausführung, indem die Wahl einer grässlichen Todesart, wo eine mildere, leichtere zu Gebote stand, erfahrungsgemäss nur bei Geistesgestörten vorkommt, und meist ein Massstab für die Grässlichkeit des Empfindungszustandes ist. Eine derartige gerichtliche Untersuchung des psychischen Zustandes der Selbstmörder ist nothwendig, weil in manchen Staaten (Oesterreich, Preussen u. s. w.) der Selbstmordversuch oder Selbstmord noch bestraft wird, Moral, öffentliche Meinung und Religion ihn als Unsittlichkeit verdammen und die letztere den Selbstmörder durch Verweigerung eines ehrlichen Begräbnisses brandmarkt; dazu kommt, dass gewisse Lebensversicherungsanstalten der Selbstmord eines nicht Geisteskranken von der Bezahlung der Police entbindet.

Ohne dass wir der Ansicht derer beitreten können, denen Selbstmord ein sicheres Zeichen von Geistesstörung ist, müssen wir doch durch die psychologische Thatsache der Mächtigkeit des Selbsterhaltungstriebes und durch statistische Untersuchungen dazu gedrängt, betonen, dass in der überwiegenden Zahl der Fälle Selbstmord die That eines Geistesgestörten ist. Eine derartige Thatsache drängt aber forensisch zur Präsumtion, einen Selbstmörder so lange für psychisch gestört zu halten, als das Gegentheil nicht erwiesen ist, und zur gerichtlichen Begutachtung eines jeden vorkommenden Falles durch ein eignes Gericht, wie dies unsres Wissens in England auch besteht.

Eine solche Präsumtion sollte auch die Kirche und die öffentliche Meinung annehmen, da sie sonst vielen unglücklichen Gestörten Unrecht thut, und sie zu unmoralischen Menschen stempelt.

Den Uebergang zu einer interessanten Gruppe Melancholischer bilden diejenigen, welche zum Selbstmord zu feig sind, und Andere darum bitten, sie umzubringen. So dingte ein Melancholischer ein öffentliches

44

Mädchen um eine grosse Summe dazu, ihn zu erstechen, was diese auch ausführte (Marc tom II. p. 164). Ein melancholischer Soldat bat einen geistesschwachen Commilitonen, ihm Arme und Beine abzuhacken, was dieser auch buchstäblich ausführte *).

Eine bemerkenswerthe Gruppe von Fällen bilden diejenigen Melancholischen, welche Andere ermorden oder todeswürdige Verbrechen begehen, um auf dem Schaffot zu sterben **). Die Schlauheit, das Raisonnement die Prämeditation, das Bewusstsein der Handlung, ihrer Folgen um derentwillen ja gerade es zur Handlung kommt, können so vollkommen sein, dass sie den Begutachter geradezu irre leiten, wenn er von dem antiquirten Standpunkt des »Unterscheidungsvermögens« den Fall mustert, und nicht tief pathogenetisch und klinisch in ihn eindringt. Die nähere Motivirung solcher Mordthaten ist eine verschiedene, aber immer handelt es sich um Melancholische einer der im Obigen angeführten Gruppen. Meist ist es Feigheit oder eine bei Melancholie eigenthümliche Willenshemmung, die den Kranken unvermögend macht, Hand an sich zu legen ***), bei

---

*) s. Diez d. Selbstmord 1835. S. 293, 303, 308. Spielmann, Diagnostik S. 400. Falret, du suicide etc. S. 42.

**) Fälle s. Beiträge zur Geschichte der Menschheit. Altenburg 1790; Müchler, Criminalgeschichten. Berlin 1792. T. 1. St. 7, 9, 11; Moritz, Magazin Bd. I. St. 1, 2; Bd. II. St. 1; Bd. VI; St. 1; Bd. IX. St. 2; Bd. X. St. 1; Klein's Annal. Bd. II. S. 65, III. S. 100; VII. S. 1; IX. S. 1, 20, 178. Pyl's Aufs. Bd. IV. S. 160. VI. S. 214; Metzgers ger. med. Beob. Bd. II. S. 122. Maschka neue Sammlung gerichtsärztl. Gutachten. Prag 1858. Fall 63 (Pichler, Lehrb. Wien 1861. S. 161). Annal. d'hygiène t. 16. p. 149, Fall von imitatorisch gewecktem Mord, um auf dem Schaffot zu sterben. Brierre, du Suicide II. ed. p. 729. Diez Selbstmord 1835. S. 305 u. ff. Gaz. des tribunaux 1858, 14. Sept.; Georget, nouvelle discussion sur la mon. hom. p. 98; Psychiatr. Zeitschr. VII. S. 172. Wildberg Handb. Bd. III. No. 17. Brierre de Boismont, de la folie suicide considérée comme cause de l'homicide, l'union méd. 1851. No. 114.

***) Fälle s. Marc-Ideler Bd. I. S. 106—114. Ideler, Grundriss der Seelenheilkunde. Thl. II. S. 380. Hoffbauer, psych.

45

Andern religiöse Scrupel, die den Selbstmord als Sünde erscheinen lassen, wohl aber den Mord anderer zulässig machen *). In andern Fällen wird der Selbstmord perhorrescirt, und er durch eine Mordthat zu erreichen gesucht, weil nach jenem keine Busse mehr möglich ist, während nach dieser bis zur Zeit der Hinrichtung noch Gelegenheit bleibt mit Gott sich auszusöhnen, und bussfertig vor dessen Richterstuhl zu erscheinen **). Aus dem gleichen Grunde kommt es vor, dass Melancholische sich Mordthaten und todeswürdiger Verbrechen anklagen, die sie gar nicht begangen haben ***). So erzählt Brierre in Ann. med. psych. 1851. S. 640 die Geschichte eines Mannes, der sich des Mordes eines aus seinem Hause spurlos verschwundenen übrigens entlaufenen Dienstmädchens anklagte, um dadurch das verhasste Leben zu verlieren. Erst durch das Wiedererscheinen des Mädchens, das von der sonderbaren Selbstanklage gehört hatte, kam die Wahrheit und mit ihr die Störung des Unglücklichen an den Tag.

In vielen Fällen, besonders des Mords geliebter Kinder sind es schliesslich die Ideen der Verarmung, der Schlech-

---

Krankheiten 1845. S. 156. Etoc-Demazy: Annal. d'hyg. tom. 27. p. 359. Georget übers. v. Wagner 1830. S. 81. Crichton, psychol. Magaz. vólum. 7. part. 3.

*) Bottex, Annal. d'hyg. t. XI. p. 242. Ebers, Zurechnung 1860. Fall 4. Mord des Kinds um aus der Welt zu kommen, und doch der Seligkeit nicht verlustig zu werden. Marc-Ideler Bd. II. S. 135. Fall v. Brandstiftung um hingerichtet zu werden, weil der Selbstmord aus Feigheit und religiösen Bedenken perhorrescirt wird.

**) s. die interessanten Fälle von Brierre in den Annal. méd. psych. 1851. p. 626. F. d. im Journal Le Droit 1852, 25. mars verzeichneten Mord einer unbekannten Frau im Theater, der von einem Melancholischen in der Absicht auf dem Schaffot zu sterben, statt beabsichtigten Selbstmords begangen wird, weil dessen Ausführung keine Zeit zur Aussöhnung mit Gott gelassen hätte. S. f. Osiander, der Selbstmord 1813. S. 100. Bottex, de la medic. légale etc. p. 89. Metzger, neue ger. med. Beob. Bd. I. S. 1.

***) Zahlreiche Fälle, s. Diez, Selbstmord S. 325.

46

tigkeit der Welt, die zum Mord jener führen, der dann den Doppelzweck hat, sie dem Elend der Welt zu entreissen, um auf dem Schaffot endigend wieder mit ihnen vereinigt zu werden *). Eine eigne Categorie schmerzlich Verstimter bilden die Heimwehkranken **). Das Verbrechen, um dessentwillen sie gerichtlich belangt werden, ist in der Regel Brandstiftung. Das Heimweh ist ein Zustand melancholischer Verstimmung, der von einer einfachen Gemüthsdepression zu den ausgebildetsten Formen der Melancholie (Mel. nostalgica) fortschreiten kann. Die psychischen Ursachen sind die unbehagliche Umgebung und Verhältnisse, die Verlassenheit, in denen sich der Heimwehkranke gegenüber seiner Lage in der Heimath fühlt, und die ihn zu einer schmerzlichen Reflexion über seine gegenwärtige Lage drängen. Dazu kommt nun die aus dieser Reflexion hervorgehende, aber nicht befriedigte Sehnsucht wieder heimzukommen. Wir kennen die Thatsache, dass Hemmung des Strebens ein wichtiger Faktor für das Zustandekommen von Gemüthsstörungen ist und finden sie gerade hier in auffallender Weise bestätigt. Viel mag auch die Pubertätsperiode, und ihre

---

*) Fälle s. Maschka, deutsche Zeitschr. für Staatsarzneikunde 1859. Bd. 14, S. 127 u. 138.

**) Literatur über Nostalgie. Pellegrini, de nostalgia in Orteschi diar. med. tom. IV. p. 372. Tackius dissert. exhibens aegrum nostalg. laborantum. Giess. 1707. Hueber diss. de nostalg. Wirseb. 1755. Pensées d'un Allemand sur la nostalg. Jen. 1754. Zimmermann, von den Erfahrungen in der Arzneikunst 1764. Thl. 2. S. 483. Castelneau, considér. sur la nost. Paris 1806. Therrin, essai sur la nost. Paris 1810. Siebenhaar Lehrb. Thl. 1. S. 680. Andresse, nostalgiae adumbratio etc. Diss. Berol. 1826. Vogel, Zurechnungsfähigkeit etc. Stendal 1825. S. 163. Larrey, Nasse's Zeitschr. 1822. S. 153. J. H. S. Schlegel, Heimweh und Selbstmord. 2 Thle. Hildburghausen 1835. Diez, der Selbstmord 1838. S. 217. Zangerl, das Heimweh. Wien 1840. Friedreich, System der ger. Psychol. 1852. S. 357. Guerbois, Essai sur la nost. Paris 1853. L. Meyer, Wahnsinn aus Heimweh. Deutsche Klinik 1855, 1, 2, 3. Griesinger, Lehrb. 1861. S. 249.

Störungen, die bei heimwehkranken jugendlichen Individuen meist vorhanden sind, daraus und aus der Inanition sich ergebende Anämie und andere Störungen der vegetativen Prozesse beitragen. Das Vorstellen des Heimwehkranken bewegt sich unter dem Zwang des schmerzlichen Fühlens nur im engen Kreis des Denkens an die Heimath, und sobald eine gewisse krankhafte Erregbarkeit des Gesammtnervensystems sich ausgebildet hat, kommt es leicht durch Umgestaltung der immer auf dasselbe Object gerichteten Vorstellungen zu Sinnestäuschungen (Visionen der Heimathgegenden, Stimmen rufender Verwandter etc.) und durch den direkten oder indirekten Einfluss dieser, durch Angstzufälle, aber auch häufig durch den Zwang des schmerzlichen Fühlens mit oder ohne Zwangsvorstellungen, die zudem nicht selten imitatorisch geweckt sind, zu verbrecherischen Handlungen, die zuweilen in Selbstmord *) am häufigsten aber in Brandstiftung bestehen, und wesentlich zur Ausbildung der Lehre von der Pyromanie beigetragen haben. Wir können auf diese Lehre hier nicht weiter eingehen, die wesentlich dasselbe Urtheil treffen muss, wie die gesammte Lehre von den unwiderstehlichen Antrieben, Willenskrankheiten, Monomanieen, und die so recht anschaulich macht, wie weit oberflächliche und in der Annahme getrennter Seelenvermögen befangene Beobachtung das Ansehen der Wissenschaft, und das Vertrauen in die Aerzte gefährden kann.

Ein sorgfältiges Studium der grossen Literatur über Pyromanie, deren bemerkenswertheste Erzeugnisse Eingangs unserer Arbeit erwähnt wurden, hat uns die Ueberzeugung verschafft, dass die Fälle angeblicher Pyromanie sich in 3 Gruppen von Fällen auflösen lassen.

1) In Fälle schmerzlicher Verstimmung mit oder ohne raptus melancholicus (Präkordialangst) und Hallucinationen.

2) Zwangsvorstellungen gemüthlich deprimirter Personen, oft geweckt durch den Anblick einer Feuersbrunst oder

---

*) Fälle s. Diez, Selbstmord S. 222 u. ff.

48

die Erzählung eines Brandunglücks durch Jemand aus der Umgebung. 3) Handlungen im Affekt kindischer, unentwickelter, dem Idiotismus und Cretinismus sich nähernder Menschen, bei denen die Brandstiftung ein Ausfluss augenblicklicher Rache und Zornes ist, ohne deutliches Bewusstsein der Strafbarkeit der Handlung und ihrer Folgen. Nur die Fälle erster und zweiter Categorie gehören in das Gebiet unsrer Darstellung, in der angeführten Literatur finden sich zahlreiche Beispiele *).

Wir können die grosse Gruppe der einfachen psychischen Depressionszustände nicht verlassen, ohne jener für die Psychologie so räthselhaften Verbrechen zu gedenken, die nur mit einem völligen Verlust oder Mangel gemüthlicher Regungen und menschlicher Gefühle vereinbar sind: wir meinen die für alle Zeiten in der Geschichte der Menschheit als Monstrositäten dastehenden Fälle von Anthropophagie, Leichenschändung und bestialischer Grausamkeit. Man fühlt sich versucht, derartige Nachtbilder menschlichen Lebens auf einen angeborenen Mangel des psychischen Mechanismus, eine ursprüngliche Störung des Gemüthslebens analog der intellectuellen Verkümmerung des menschlichen

---

*) Ad 1) Brandstiftungen aus einfacher psychischer Depression (Heimweh) s. Richter, jugendl. Brandstifter 1844. Fall 5, 6, 9. Hitzig, Annal. 1830. H. 13. S. 54. Platner, ed. Choulant. Quaest. No. 13, 35. Zangerl, österr. med. Jahrb. 1834. Bd. 15. St. 4. Pfaff's Mittheilungen 1833. 2. Jahrg. H. 3. S. 532.

Aus Angstgefühlen: Klein's Annal. Bd. 12. S. 53. Platner ed. Choulant No. 2. S. 13. Henke Abhandl. III. S. 211. Meckel, Beiträge etc. I. S. 106.

Ad 2) Heimweh, Ausbruch einer Feuersbrunst, dad. imitatorisch geweckte Brandstiftung, s. Hohnbaum in Henke Zeitschr. 1837, 24. Ergänzungsh. S. 55; Brefeld üb. Maturität 1842. S. 105 —125. Aus Zwangsvorstellungen: Kleins Annal. Bd. 13. S. 131. Bd. 14. S. 19. Bd. 20. S. 16. Meckel, Beiträge H. 1. S 53. Henke, Zeitschr. 1836. Bd. 31. S. 119. Richter etc. Fall 2, 9, 12 (bis zur Gehörshallucination gesteigerte Zwangsvorstellung).

Geistes in der Form des Idiotismus zurückzuführen, und sie als angebornen sittlichen Blödsinn, moral insanity zu bezeichnen, eine Annahme, die das für sich hat, dass intellectuell verkümmerte Individuen (Idioten und Cretinen) auch meist eine auffallende Gemüthsstumpfheit bis zur Bestialität verrathen. Es gibt aber eine Anzahl von Menschen, din intellectuell nicht unbegabt dastehen und dennoch derart unter der äussersten Grenze menschlicher Empfindung schon in der frühesten Kindheit sich befanden, dass man vergebens eine andere Erklärung als einen angebornen Defekt ihres psychischen Mechanismus anzunehmen 'im Stande ist, und auch zugegeben, dass fehlende oder schlechte Erziehung bei der Ausbildung des Charakters ein wesentlicher Faktor war, ohne die Annahme eines ab ovo bestehenden organischen Defekts solche Monstrositäten sich nicht zu denken vermag.

Wir wollen dabei nicht der Phrenologie das Wort reden, können aber nicht umhin, die Möglichkeit auszusprechen, dass wie die intellectuellen und artistischen Fähigkeiten und Talente der Menschen organisch begründet sein müssen, auch die sittlichen Qualitäten der verschiedenen Individualitäten ihre organischen Typen und Substrate haben müssen, nur dürfen wir sie nicht in Form- und Mischungsverschiedenheiten eines Organs oder Organtheils, sondern in der Eigenthümlichkeit des Gesammtorganismus mit allen seinen Organen und deren Funktionsqualitäten suchen. Leider ist die Casuistik*) der Fälle, welche zur Entschei-

---

*) Lacretelle, histoire de France tom. 2 p. 59 erzählt von einem Grafen v. Charolais, der schon bei den Spielen seiner Kindheit einen Instinkt der Grausamkeit zeigte, welcher zittern machte; er begann damit Thiere zu quälen und schoss auf die Dachdecker, bloss um das Vergnügen zu haben, sie vom Dach stürzen zu sehen. J. Frank, Prax. med. tom. II p. 718 berichtet von einem 10jährigen Kind, das er in Bedlam traf und das seit seinem 2ten Jahr einen Hang zeigte Alles zu zerstören und Jedermann zu beleidigen. Züchtigungen waren ganz erfolglos. s. f. Marc-Ideler, Bd. I. S. 66 Fall eines 8jährigen Mädchens, das mit der grössten Schamlosigkeit von der Befriedigung seiner geschlechtlichen Lüste und

dung dieser Frage zu Gebot stehen, eine dürftige, und dazu noch oft anekdotenhafte, immerhin aber bedeutend genug, um die Aufstellung der im obigen angedeuteten Hypothese zu rechtfertigen. Diesen Fällen stehen nun andere gegenüber, wo der Verlust alles moralischen Sinnes sich deutlich nachweisen lässt, und Theil-Erscheinung einer melancholischen Störung ist. Es handelt sich dann entweder um früh schon in Laster und Rohheit untergegangene, meist auch durch fortgesetztes Schnapstrinken und häufig auch durch Masturbation demoralisirte Subjecte, die schliesslich einer psychischen Depression anheimfielen und deren Bestialität und Gemüthsstumpfheit sich dann, wenn sie eine aus ihrem negativen Affekt entsprungene That begehen, in einer Schauder erregenden

---

dem Wunsch, seine Mutter zu tödten, spricht. s. f. ibid. Bd. II. S. 81. — Georget übers. v. Amelung S. 142. Bottex, de la médec. légale S. 6 u. 8. Morel, études cliniques S. 266, Fall eines 8 jährigen Kinds, das seit seinem 4. Jahr nur darauf ausgeht, seine Mutter zu ermorden und alles Gefühls baar ist. (vgl. traité des malad. mental. p. 237.) In mancher Beziehung gehören hieher auch gewisse Fälle von bestialischer Grausamkeit der Eltern gegen ihre Kinder, deren eine interessante Sammlung Boileau de Castelneau in Ann. méd. psych. 1861 p. 553 unter dem Titel »Misopédie« veröffentlicht und sie als »maladie du sens moral« auffasst. Derartige Fälle finden sich in gerichtlichen Zeitschriften und Zeitungen da und dort zerstreut und verdienten eine eingehende Betrachtung. Man muss sich hüten, aus der Ungeheuerlichkeit einer That auf Seelenstörung gleich zu schliessen und Castelneau hat gewiss Unrecht, wenn er seine oft ziemlich anekdotenhaft berichteten Fälle als Maladies du sens moral verzollt. Auf der andern Seite giebt es aber Fälle von Misopädie, die entschieden krankhaft sind und sich theils auf hysterische Antipathieen von Müttern gegen ihre Kinder oder durch schwere Neurosen gesetze Gemüthsreizbarkeit der Eltern, durch Trinken entstandne sog. trunkfällige Entartung der Sitten und des Temperaments und ferocitas ebriosa zurückführen lassen. Vgl. auch Tardieu in Annal. d'hyg. avril 1860 p. 361; Castelneau, Ann. méd. psych. 1860. Juillet, des maladies du sens moral.

51

Rohheit bei der Vollziehung derselben wiederspiegelt. Aber auch früher ganz sittliche Menschen können, wenn sie melancholisch werden, Thaten vollbringen, vor denen sich jedes menschliche Gefühl sträubt, und deren Grässlichkeit nur in dem grässlichen Fühlen solcher Menschen, das einen adäquaten Ausdruck finden musste, eine Erklärung findet. Unter diese Gruppe möchten wir speziell zwei Arten von Verbrechen, die sich zudem zuweilen zusammenfinden, einordnen, nämlich die Anthropophagie und die Leichenschändung. Besonders bei der letztern sind es fast ohne Ausnahme melancholische Masturbanten, die sie ausführen und ein sexueller Reiz, der mit der melancholischen Verstimmung einhergeht, scheint sie zu erklären *).

Auch die Anthropophagie, wo sie nicht wie bei Hungersnoth auf Schiffen etc., ein Akt des Selbsterhaltungstriebes ist, oder aus dem Wahn, in einen Teufel **) (Daemonomanie) oder in einen Wolf ***) (Lycanthropie) umgewandelt zu sein, hervorgeht, ist ausnahmslos ein Ausfluss schwerer Gemüthsleiden, bei denen die Grässlichkeit des

---

*) vgl. Spielmann, Diagnostik S. 405. Feuerbach, Crimin. Rechtsfälle Bd. I. Nr. II (Fall des Mädchenschlächters A· Bichel; Lunier, Ann. méd. psych. 1849. S. 351, Fall des Sergeant Bertrand, der Leichen auf den Kirchhöfen ausgrub, sie in schrecklicher Weise verstümmelte und wenn es weibliche Cadaver waren, auch an ihnen seinen Geschlechtstrieb befriedigte. B. litt schon Jahrelang an psychischer Depression, der Gedanke an Leichenverstümmelung kam ihm plötzlich, als er einmal auf einem Kirchhof eine Leiche einscharren sah und stellte sich, zur Zwangsvorstellung geworden, periodisch in der Folge mit heftigen Kopfschmerzen ein. (Neueste Notizen über diesen merkwürdigen, noch lebenden Menschen s. Annal. méd. psych. Juillet 1866. p. 117.) s. auch Leubuscher, über die Wehrwölfe etc. Berlin 1850. S. 62.

**) Fälle s. Bodin, de la démonomanie des sorciers. Paris 1582. p. 94. *

***) s. Leubuscher, über Wehrwölfe und Thierverwandlungen im Mittelalter. Berlin 1850. Zahlreiche Beispiele.

52

Fühlens, im blossen Mord des Opfers nicht ihre Lösung findet, sondern noch weiter gehen muss *).

2) Die psychische Depression mit Angstzufällen **).
(Raptus melancholicus).

Wir haben uns im Vorausgehenden bemüht, die grosse Gruppe der psychischen Depressionszustände ohne Complication mit Sinnesdelirien und Wahnvorstellungen dem Leser in ihrer Bedeutung für die forensische Praxis vorzuführen, und hätten nun pathogenetisch vorgehend die Fälle zu besprechen, in denen zur einfachen schmerzlichen Verstim-

---

*) s. Prochaska, opera minor. tom 2. p. 98, der von einer Frau in Mailand erzählt, die kleine Kinder an sich lockte, um sie zu tödten, sie zu verzehren und ihr Blut zu trinken; s. ebenda von einem Mann, der einen Reisenden tödtete, um ihn zu verzehren. s. Gall, oper. tom I. p. 209. Berthollet, Archiv. de méd. VIII. p. 472 berichtet von einem Menschen, der am liebsten Leichen ausgrub und ihre Eingeweide verzehrte. Georget, übers. von Amelung 1827, Fall des Leger. Gaz. des tribunaux 17. Sept. 1827, ein Mädchen das melancholisch geworden war, weil ihr Vater sich ihrer Verheirathung widersetzte, tödtete ihn in einem Wuthanfall, riss das noch zuckende Herz heraus, röstete und verzehrte es. s. Marc-Ideler, Bd. II. S. 84 und die ältere Literatur über Anthropophagie ebenda S. 87. f. Legrand du Saulle, Essai sur l'anthrop. Annal. méd. psych. Juillet 1862 p. 472. Maschka, Prager Vierteljahrsschrift 1866 H. 1 S. 79. Cazauvieilh, du suicide 1840. S. 281. Leuret, fragmens psychol. sur la folie p. 105. Anthropophagy, Winslow psychol. Journ. oct. 1862. S. 711.

**) vgl. Flemming, Pathol. u. Therapie d. Psychosen S. 68, 85, 118, 379. Flemming, psych. Ztschr. 1848 S. 341. Richarz, ebenda Bd. XV. S. 28 u. ff. Griesinger's Lehrb. II. Aufl. S. 230, 262. 267. Spielmann, Diagnostik S. 135—142, 406—410, 412, 422. s. ebenda Fall von Mord im Angstanfall S. 414, und ein ähnlicher Fall S. 417. Henke, Abhdl. Bd. V. S. 289. Mende, Henke's Ztschr. 1821. Mordversuch eines Trunksüchtigen im Präkordialangstzufall

mung eine weitere Complication, nemlich eine Aenderung der Gemeingefühlsempfindung im Sinne quälender Angstgefühle hinzutritt. Die Beobachtung lehrt, dass derartige Angstempfindungen im Verlaufe der schmerzlichen Verstimmung häufig eintreten und bald vorübergehend bald auf längere Zeit den Kranken beherrschen. Bis zu einem gewissen Grad ist die Trennung der Angstzufälle von der schmerzlichen Verstimmung eine willkürliche, immerhin kommen aber Fälle vor, in welchen die dann meist im Epigastrium lokalisirte Angst ein so hervortretendes und dauerndes Symptom ist, dass sie zur Aufstellung einer eigenen Gruppe von Melancholie, der Präcordialmelancholie berechtigt (vgl. Griesingers Antrittsrede 1863 in Zürich*), dessen Erfahrungen wir durchaus bestätigen müssen) und auch forensisch ist die isolirte Betrachtung der Angstzufälle Melancholischer geboten, da die in solchen Zuständen begangenen Verbrechen einen ganz besondern Mechanismus der Ausführung darbieten. Das Beherrschtsein von Angstgefühlen macht eine stehende Klage der Melancholischen in den verschiedensten Stadien ihres Leidens aus; und findet sich wenigstens vorübergehend bei fast allen. Die Angst ist entweder eine vage im ganzen Körper empfundene, wobei sich dann in der Regel neuralgische Empfindungen an einzelnen Stellen, Cervicooccipitalneuralgie, Auriculotemporalneuralgie, Hyperaesthesieen der Kopfschwarte, wenn die Angst im Kopfe gefühlt wird, Cardialgie und Intercostal-

---

s. Henke's Zeitschr. VIII. Ergzgsh. 157. Esquirol, übers. von Bluff S. 26. Hoffbauer, psych. Krankh. S. 129. Marc-Ideler Bd. I. Beob. 38. 39. Friedreich, Magaz. f. d. Seelenkde. H. 1. S. 41. Mordversuch einer schwangern Frau am schlafenden Ehegatten, um der psychischen Verstimmung und Angst los zu werden nach vorausgehendem heftigem Antrieb zum Selbstmord. Ideler, Gutachten der wissenschaftl. Deputation 1854. S. 115. Schmerzliche Verstimmung, Angstzufälle, Stimme die zum Mord der Kinder auffordert, Folgeleistung.

*) Archiv der Heilkunde IV. 5. S. 460.

54

neuralgie, wenn das epigastrium als Sitz der Bangigkeit angegeben wird, nachweisen lassen. Es gibt Fälle, in welchen die Angstempfindung genau mit der Neuralgie eintritt, und verschwindet, ohne dass sich dieser auffallende Zusammenhang aber bis jetzt, ausser durch gewagte Hypothesen erklären liesse *). Viele Melancholische zeigen diese Präkordialangst nur am Morgen, andere Abends, noch andere zu gewissen Stunden Nachts. Die Intensität der Angstgefühle, die in ihrer Grundqualität als Bangigkeit, Gefühl von Druck, Beklemmung in den Präkordien erscheinen, aber von den Kranken in der Folge mannichfach allegorisirt und in Sinnesdelirien und Wahnvorstellungen dramatisirt werden, ist bei demselben wie bei verschiedenen Kranken eine äusserst verschiedene, am heftigsten ist sie immer, wenn sie eine präkordiale ist. Die Präkordialangst ist nicht blos ein Symptom, das sich bei Melancholischen findet, sondern sie tritt auch als selbstständige Neurose bei gewissen Störungen im Nervensystem und der Geschlechtsentwicklung auf, hier oft plötzlich und rasch vorübergehend, und dann von äusserster Wichtigkeit für die legale Medizin. Solche Zustände sind einmal die menses, besonders wenn sie bei zu Neurosen und Psychosen Disponirten eine Störung erleiden, mit Congestionen zum Kopf einhergehen, und die Zeit der Pubertätsentwicklung, wenn diese unregelmässig verläuft; sie findet sich ausserdem bei delirium tremens, alcoholismus chronicus, Epileptischen und Hysterischen.

Man hat derartige Zustände vielfach als monomanische

---

*) Sicher scheint uns nur, dass die Gemeingefühlsneurose, welche wir Angst nennen, nicht selten durch peripherische neuralgische Sensationen im Centralorgan ausgelöst wird; in andren Fällen scheint die nach den Präkordien verlegte Angst nur eine excentrische Projectionserscheinung einer abnormen Erregung centraler Herde zu sein, die spontan durch den Krankheitsvorgang oder auch durch überraschende ängstliche Vorstellungen, Sinneswahrnehmungen und Sinnesdelirien geweckt werden kann.

55

Antriebe, Mania transitoria, mania epileptica aufgefasst, wie sich aus der Literatur dieser Irreseinscategorieen ergibt.

Das Wesen dieser Präkordialangst ist noch dunkel, und ein Erklärungsversuch gewagt. Wir lassen es unentschieden, ob sie, wie Flemming (Psychiatr. Zeitschr. 1848 S. 341) will, in der excentrischen Projection eines abnormen Erregungszustandes der Medulla oblongata oder nach Richarz (psych. Zeitschr. Bd. XV. S. 28 u. ff.) in dem Bewusstwerden der Stagnation und Hemmung des Vorstellungsflusses besteht; es genügt, sie als eine Gemeingefühlsneurose zu bezeichnen, als deren Schmerzpunkt sich vielleicht das epigastrium deuten lässt, und als deren Nervenbahn wahrscheinlich der Sympathicus bezeichnet werden muss.

Eine entfernte Analogie dieser Zustände findet sich in den mit den ängstlichen Erwartungsaffekten Gesunder auftretenden eigenthümlichen Sensationen von Unruhe, Druck, Unbehaglichkeit im epigastrium, ohne dass aber damit etwas für das Verständniss gewonnen wäre.

Die Erscheinungen der Präkordialangst sind sehr prägnant und äussern sich in Mienen, Blick, Geberden, Bewegungen, Handlungen. Das Gesicht drückt den höchsten Kummer und Verzweiflung aus, der Blick ist scheu, irrend, unstät, in der Regel entsteht Herzklopfen, der Puls wird frequent, klein, die Respiration gehemmt, der Kopf congestionirt. Viele Kranke klagen über Kopfweh, auf dessen Häufigkeit schon Flemming aufmerksam macht.

Der Kranke hat keine Ruhe mehr, es lässt ihn nicht mehr auf dem Lager, im Zimmer, er läuft umher, Hilfe suchend vor der innern Qual und Angst, er kann es bei keiner Arbeit mehr aushalten, er rauft sich die Haare aus, er sucht sich durch Erregung eines äussern Schmerzes von seinem innern Erleichterung zu gewähren, und kommt mit der Zunahme seiner innern Angst zu allen möglichen negativen Handlungen, zu Selbstmord, Mord, Brandstiftung, die wieder verschieden motivirt sein können. Entweder sind sie aus dem Drang hervorgegangen, des entsetzlichen Zustands sich zu entäussern, indem überhaupt nur etwas

56

Objectives, eine Aenderung der Lage stattfinden muss, oder die Angst projicirt sich in schrecklichen Sinnestäuschungen, illusorischen und hallucinatorischen Phantasmen, die auf den Kranken eindringen und seine verzweifelte Gegenwehr hervorrufen, in Stimmen, die zum Mord Andrer, der eignen Person, zu Brandstiftung auffordern, oder in schrecklichen Vorstellungen allgemeiner und eigner Nichtexistenz, drohender Gefahr u. s. w., die in blitzschnellem Wechsel an dem Bewusstsein vorübereilen und zur Entäusserung drängen. Die Gefahr solcher Zustände für die bürgerliche Gesellschaft ist eine grosse, ebenso gross aber die Gefahr der Verkennung, da sie plötzlich auftreten können, und was charakteristisch für solche Zustände ist, nach geschehener That eine Erleichterung, eine Remission der Störung vorhanden ist, die an Intermissionen grenzt und leicht zu trügerischen Rückschlüssen verleitet.

Die Schwierigkeit des Nachweises solcher Zustände ist da schwer, wo die Präcordialangst als selbstständige Neurose vorübergehend einen Menschen befällt, leicht da, wo sie nur die Exacerbation eines melancholischen Zustandes ist. Die Untersuchung hat sich dann in dem Nachweis der Erscheinungen zu bewegen, auf die wir im vorigen Abschnitte aufmerksam machten. Der gesetzmässige Zusammenhang der Präkordialangst mit dem ganzen Krankheitsbild, der Nachweis schon vorher dagewesener Anfälle von raptus melancholicus, die folgende Beobachtung, der Nachweis der psychischen Depression, der äusserlich ganz unmotivirte Intensitätswechsel der ängstlichen Aufregung, der dazu noch oft ein periodischer und auf bestimmte Stunden und Tage fallender ist, werden den Fall aufklären.

Anders ist es mit den Fällen, wo sich die Störung in einem einmaligen Angstzufall erschöpft. Solche Zustände transitorischer melancholischer Störung (raptus melancholicus, melancholia transitoria) sind viel seltner, als die Angstzufälle bei Melancholischen. Sie finden sich noch am häufigsten bei Herzkranken, Asthmatikern, nach grossen Blutverlusten (nach der Entbindung, in der ersten Zeit des Puerpeium), während der menses und in der Pubertätsentwicklung, und dauern höchstens einige Stunden.

Die Untersuchung derartiger Fälle, deren Casuistik fast ausschliesslich Mord, Selbstmord, Brandstiftung ist, hat ausser den allgemeinen ätiologischen Verhältnissen die nähern Umstände der That, den Mechanismus derselben und das Verhalten des Thäters nach derselben zu Anhaltspunkten.

Das Handeln im raptus melancholicus hat einen eignen Mechanismus, den man kennen muss, um sich vor Verwechslung mit andern Zuständen und vor Simulation sicher zu stellen.

Dem vom Angstanfall Heimgesuchten ist es ebensowenig, wie dem psychisch Deprimirten, wenn er durch sein schmerzliches Fühlen zur Aktion gedrängt wird, um Erreichung eines objectiven Zweckes zu thun, sondern nur um die Entäusserung eines Zustandes, der furchtbar, unerträglich geworden ist, und mit einen andern, gleichviel welchem vertauscht werden muss. Der Kranke fühlt gleichsam instinctiv, dass er etwas thun muss, und es ist leicht begreiflich, dass dem höchsten Grad seines negativen Fühlens nur ein negatives Vorstellen entsprechen kann, denn das Vorstellen steht unter dem Zwang des Fühlens.

Nahe und keiner weitern Deutung bedürftig ist der Gedanke des Selbstmordes, als Mittel, dem unerträglich gewordenen Zustandes zu entgehen, dem die Ausführung oft auf dem Fusse folgt; nahe liegt die Vorstellung in irgend einer eklatanten Unthat eine Lösung der furchtbaren Spannung zu suchen, und sie wird oft genug im Mord geliebter Angehöriger, in Brandstiftung gefunden. Wo die Angst noch nicht ihren Culminationspunkt erreicht hat, ist noch ein Aufschub möglich, und es kommt nicht selten vor, dass der Kranke die Andern, die er von sich bedroht sieht, warnt, oder sie bittet, ihn unschädlich zu machen, oder durch raschen Selbstmord oder Selbstverstümmelung diesen Zweck zu erreichen sucht. — Wo die Angst aber ihren Höhepunkt erreicht hat, treibt sie ihn mit einem Zwange vorwärts, der nichts Aehnliches und keinen Gegensatz im Bewusstsein

58

kennt. Es ist bemerkenswerth und schon aus dem grässlichen Fühlen erklärbar, dass die Handlungen solcher Kranker, mit einem gewissen Eclat, mit einer über jedes vernünftige Ziel hinausschiessenden Rücksichtslosigkeit und Gewalt begangen werden, die nur begreiflich ist, wenn man bedenkt, dass nicht Mord, Selbstmord oder Brandstiftung, sondern die Entäusserung eines schrecklichen Gemüthszustandes bezweckt wurde.

Der Selbstmord wird zum Beispiel in der fürchterlichsten Weise, durch Einrennen des Kopfes, Hinausspringen auf die offne Strasse verübt, während dem Kranken viel weniger schreckliche und bei Weitem zuverlässigere Mittel zu Gebote standen; oder der Kranke begnügt sich im Falle eines Mordes nicht mit der einfachen Ermordung seines Opfers, sondern verstümmelt es in der gräulichsten Weise, oder schlachtet mehrere ab. Zeit, Ort, Mittel, Zeugen u. s. w. sind gleichgiltig bei der Ausführung, der Gegenstand, an dem gehandelt wird, ein zufälliger und nur dann ein scheinbar gewählter, wenn die Angst nicht plötzlich den Thäter übermannte, oder Sinnesdelirien auftraten. Unmittelbar nach gelungener That fühlt sich der Kranke immer erleichtert, befreit von der qualvollen Spannung. Wie wenig es ihm um die That als solche zu thun war, beweisen die Brandstifter aus raptus melancholicus, die beim Löschen dann die eifrigsten sind, auch ohne den Hintergedanken, dadurch den Verdacht von sich ablenken zu wollen. Im weiteren Verlauf wird das Benehmen ein verschiedenes sein, und sich wesentlich nach der Art des Schadens richten. Ist die That eine grässliche, so übersieht der Kranke nun die ganze Grösse des angerichteten Unheils und bringt sich sofort um oder eilt vor Gericht und bittet um eine baldige Hinrichtung; ist der Gegenstand, an dem gehandelt wurde, ein unbedeutender, so fühlt sich der Kranke erleichtert, erheitert und ruhig, wenn nicht ein wieder auftretender Angstanfall ihn von Neuem in Aufregung setzt. Eine Simulation des raptus melancholicus, selbst Laien gegenüber ist unmöglich, so etwas lässt sich nicht nachmachen; für die Beurtheilung eines zur Entschuldigung angegebenen, der Beobachtung nicht zugänglich gewesenen liefert das Vorausgehende die Anhaltspunkte. Eines Beweises der Unfreiheit eines derartigen Zustandes bedarf es wohl nicht, die Handlung ist meist gar keine, sondern ein Zufall, und wo sie gewählt scheint, ist sie doch nur eine zwangsmässig gewollte gewesen, der jede freie Wahl, jedes Entscheiden, Entschliessen abging.

In den höhern Graden des raptus fehlt selbst das Bewusstsein der Handlung; das der Strafbarkeit der Handlung, wenn es momentan ins Bewusstsein träte, wird zum Schattenbild gegenüber der namenlosen Angst im Bewusstsein. Nie involvirt sie das Vollbewusstsein der Strafbarkeit der Handlung oder gar ihrer Folgen, in der Regel fehlt sie gänzlich.

3) Die psychische Depression, wenn Sinnestäuschungen hinzutreten.

Es liegt schon in der Störung des Vorstellens, das sich bei jedem Melancholischen findet, ein Grund, der der Entwicklung von Sinnestäuschungen äusserst günstig ist. Indem nur der Stimmung entsprechende, somit wenige Vorstellungen ins Bewusstsein treten, und unablässig in diesem wieder auftauchen, wächst das Maas sinnlicher Miterregung, das der betreffende Sinnesnerv durch jede Vorstellung erfährt und wenn die Hyperaesthesie des Gehirns auch die Centren der Sinnesnerven erreicht hat, ist es leicht begreiflich, dass das Maass der sinnlichen Miterregung der Sinnescentren durch einen Vorstellungsreiz schliesslich die Stärke der Erregung bekommt, in welche ein aus der Aussenwelt kommender, objektiver Sinnesreiz sie versetzt, womit dann die Hallucination gegeben ist. Ebenso ist es leicht begreiflich, dass der Mangel der Aufmerksamkeit auf die Vorgänge der objectiven Welt durch das präoccupirte Vorstellen und

60

Fühlen besonders während der Affekte der Furcht und Angst u. s. w. die Sinneseindrücke aus der Aussenwelt verfälscht dem Bewusstsein darbietet, und damit eine ergiebige Quelle von Illusionen schafft.

Wir können hier nicht auf den physiologischen Prozess der Sinnestäuschungen eingehen, und müssen in Bezug darauf auf unsre frühern Schriften *) und die Arbeiten von Leubuscher **) und Hoffmann ***) verweisen. Ebenso kann es nie gerechtfertigt erscheinen, die Sinnestäuschungen herausgerissen aus dem Complex der übrigen Erscheinungen gestörten Gehirnlebens zu betrachten, da sie immer nur Symptome eines abnormen Gehirnzustandes sind, der sich noch durch andere und wichtige Symptome verräth. Nur unter dem Vorbehalt, dass diese richtig gewürdigt werden, und nicht einseitig Sinnestäuschungen forensisch beurtheilt werden, kann es hier gestattet sein, den Einfluss der Sinnestäuschungen auf das Zustandekommen rechtswidriger Handlungen Melancholischer zu schildern.

Das Vorkommen von Hallucinationen, ganz abgesehen von den äusserst leicht zu Stande kommenden Illusionen, ist ein äusserst häufiges bei allen Stadien der Melancholie und insofern als diese Anomalieen der centralen Sinnesempfindung leicht übersehen oder falsch beurtheilt werden, gehören derartige Fälle mit Fug und Recht unter die zweifelhaften Gemüthszustände.

Sie finden sich vorzugsweise in den vorgeschrittenen Stadien der melancholischen Stimmung, besonders dann,

---

*) Die Sinnesdelirien, Ein Versuch ihrer physiopsychologischen Begründung und klinischen Darstellung. Erlangen 1864 (Ferd. Enke). — Die Sinnestäuschungen und ihre Bedeutung f. d. gerichtl. Psychol. Friedreich, Blätter 1864. H. 2. (nebst Angabe der gerichtlichen Literatur über Sinnestäuschungen).
**) Leubuscher, über die Entstehung der Sinnestäuschung. Berlin 1852.
***) Physiologie der Sinneshallucinationen 1851; s. f. Clarus; Beiträge etc. S. 132. Kahlbaum, die Sinnesdelirien, allg. Ztschr. f. Psychiatrie Bd. 23, H. 1. S. 1.

wenn die Erwartungsaffekte der Angst, Beklemmung, Präkordialbangigkeit auftreten, und da, wo schon Wahnideen sich festgesetzt haben; aber auch die Zustände einfacher schmerzlicher Verstimmun gcompliciren sich leicht mit Hallucinationen, wenn die das zu Standekommen der Hallucinationen ausserordentlich fördernden ängstlichen Affekte vorübergehend auftreten, oder Neuralgieen, Präkordialangst, Zwangsvorstellungen sich einstellen.

Besonders bemerkenswerth sind die mit Neuralgieen bei manchen nervös Verstimmten und psychisch Deprimirten oft ganz typisch einhergehenden Hallucinationen, wie wir deren bei Hysterischen und Melancholischen mehrfach zu beobachten Gelegenheit hatten. Es ist leicht nach der angedeuteten Entstehungsweise der Hallucinationen begreiflich, dass Zwangsvorstellungen sich in solche sinnlich projiciren, und der Gedanke an Mord oder Selbstmord sich in einer Stimme, die dazu antreibt, objectivirt. Ebenso projicirt sich der ängstliche Affekt der Melancholischen sehr leicht in Sinnesdelirien schrecklicher Art. Es ist Regel, dass die Erkenntniss der Sinnestäuschung in solchen Zuständen wegen der Ueberraschung, dem Affekt, in dem sich der Kranke befindet, und der in solchem Zustande aufgehobenen Controle der reproductiven und apperceptiven Thätigkeit, ausbleibt, aber auch wenn sie gelingt, kann sie trotzdem zu einer Handlung führen, sei es, weil sie eine solche Verwirrung erzeugt, dass alle Selbstbestimmung aufhört, oder weil sie als treuer Ausdruck der Vorstellungen und Gefühle durch die Objectivirung dieser in einer Sinneswahrnehmung, geradezu unwiderstehlich wird, oder weil die ängstliche Aufregung und Verstimmung durch die immer und immer sich wiederholenden schrecklichen Sinnestäuschungen unerträglich geworden ist, und in Selbstmord oder einer gegen Andre gerichteten negativen Handlung ein Ende finden muss. Im Allgemeinen sind die aus Sinnesdelirien Melancholischer direkt oder indirekt hervorgehenden Gewaltthaten immer schrecklicher Art, entsprechend dem schrecklichen Inhalt jener. Bald sind es der Höhe der schmerzlichen Stimmung,

62

Affekten der Angst entspringende Stimmen, die direkt zum Mord oder Selbstmord auffordern, bald Stimmen, die grässliches dem Kranken drohendes Unheil verkündigen, dem zu entgehen er zum Selbstmord schreitet. Den gleichen Effekt können schreckliche Visionen ausüben. Illusorische Apperception der Umgebung ist während der ängtlichen Erregung Melancholischer häufig und oft der Grund plötzlicher Angriffe auf das Leben jener. Geschmackstäuschungen, aus denen der Wahn der Vergiftung hervorgeht, illusorische Deutung neuralgischer Empfindungen der Hautnerven mit dem Wahn der Misshandlung, Verfolgung sind eine weitere Quelle von Gewaltthaten gegen die Umgebung. Es kann hier nicht der Ort sein, eine ausführliche Casuistik, der aus Sinnesdelirien Melancholischer hervorgehenden Gewaltthaten zu geben, zudem behandeln wir richtiger derartige Fälle unter der Gruppe der Gewaltthaten aus Wahnvorstellungen, deren häufige Quelle nicht corrigirte Sinnestäuschungen sind. Was den Mechanismus der aus ihnen hervorgehenden Gewaltthaten betrifft, so ist er wesentlich abhängig von der Plötzlichkeit des Auftretens der Sinnestäuschungen und dem Zustand, in welchem sich das Sensorium, als sie auftrat, befand, oder in welchen es durch sie versetzt wurde. Tritt sie plötzlich auf oder auf der Höhe von Angstzufällen, so wird die That ganz den Charakter plötzlichen, geräuschvollen, unüberlegten Handelns an sich tragen, und im Sinne der im raptus melancholicus verübten Handlung ablaufen, trat sie langsam, wiederholt auf, erschütterte sie den Mechanismus nicht plötzlich, führte sie zu Wahnvorstellungen, war sie der Reflexion zugänglich, so wird die Handlung ganz einer aus Wahnvorstellungen hervorgegangenen entsprechen, und kann ganz gut als prämeditirt erscheinen.

Ueber die Beurtheilung aus Sinnestäuschungen hervorgegangener Handlungen kann forensisch kein Streit entstehen, wenn man bedenkt, dass es sich um einen unverschuldeten Sinnesirrthum handelt, somit ein wichtiges objectives Merkmal einer That überhaupt schon fehlt.

Das Verhalten nach der That richtet sich ganz darnach, ob nach dieser ein Bewusstseinszustand eintritt, der die Sinnestäuschung als solche erkennen lässt. Ist dies der Fall, so wird Reue u. s. w., kurz das Verhalten, wie es der ersten und zweiten Gruppe zukommt, da sein; wird die Sinnestäuschung nicht erkannt, so führt sie zu einer Wahnvorstellung, und das Verhalten entspricht dann den aus der 4. Gruppe hervorgehenden Handlungen.

4) Die Melancholie mit Wahnvorstellungen.

Wir hatten die uns gestellte Aufgabe gelöst mit der Betrachtung der einfachen Störungen der Selbstempfindung, der melancholischen Affekte, und formalen Störungen des Vorstellens, und hätten nicht nöthig, die aus diesen hervorgehenden Störungen des intellectuellen Lebens seinem Inhalte nach mehr zu betrachten, wenn nicht die Erfahrung lehren würde, dass selbst Melancholie, wenn sie zu Wahnvorstellungen geführt hat, noch verkannt und als Störung streitig sein kann. Der Grund liegt dann darin, dass der Kranke dissimulirt, seine Wahnvorstellungen zurückhält, und falls seine Affekte und primären Störungen zurückgetreten sind (melancholische Verrücktheit) mit einer Planmässigkeit handelt, und so besonnen spricht, dass man seinen Wahn übersieht, oder als solchen nicht würdigt, oder seine Unfreiheit nur in den engen Grenzen, die sein Wahn in sich begreift, anerkennt (partielle Zurechnung).

Nicht minder schwierig ist die Entscheidung da, wo die Wahnvorstellungen sich langsam entwickelt haben, wo sie nur höhere Entwicklungsstufen unmoralischer verbrecherischer Charactere zu sein scheinen oder unter dem Gewand der Leidenschaft auftreten.

Alle diese Eigenthümlichkeiten können die Quelle schwerer Irrthümer werden, und Zustände offenbaren Wahnsinns zu zweifelhaften machen.

64

Dass der Kranke dissimulirt, das heisst mit seinen Wahnvorstellungen hinter dem Berge hält, ist eine erfahrungsmässige Thatsache, die oft die ganze Geduld und den Scharfsinn des Beobachters in Anspruch nimmt; dass der Kranke oft durch seine Schriften sich mehr verräth als durch seine Reden, dass man ihn unausgesetzt und lange beobachten, um so mehr Werth auf Mienen, Gebehrden, Handlungen legen, und mit seinem Urtheil zurückhalten muss, sind bekannte Thatsachen, mit welchen freilich der Gerichtsgebrauch nicht allenthalben in Einklang steht. Das Amtsgefängniss ist für solche Fälle ein schlechter Beobachtungsort, und eine eigne Abtheilung in der Irrenanstalt, wo man geübte Aerzte und Wärter hat, die passendste Einrichtung. Auch die Planmässigkeit des Handelns, Raffinement, scheinbare Bosheit, kluge Berechnung der Mittel, Bewusstseins des Zwecks und der Strafbarkeit der Handlung dürfen den Begutachter nicht irre machen, denn sie sind alle oder zum Theil überall vorhanden, wo die Handlung aus einer Wahnvorstellung hervorgeht und fehlen nur da, wo diese plötzlich gebildet ward, und sich ins Bewusstsein eindrängend rasch zur Handlung drängte, oder Angstgefühle oder Hallucinationen zur Zeit ihrer Begehung vorhanden waren. Es hat dies auch gar nichts Wunderbares, wenn man bedenkt, dass die frühern Affekte und Gefühle, welche vorher den psychischen Mechanismus in Verwirrung brachten, schweigen. Aber sie haben ein falsches Vorstellen und Streben hinterlassen, das zwar einen gesetzmässigen Gebrauch des psychischen Mechanismus gestattet, der zwar formell richtig abläuft, aber in erster und letzter Linie durch Wahnvorstellungen verfälscht ist, wobei die Unmöglichkeit ihrer Correktur, ihr zwingender Einfluss auf den psychischen Apparat eben die Störung des ganzen psychischen Lebens bekundet. Dadurch unterscheidet sich wesentlich der Wahn des Kranken von den Irrthümern des Gesunden, noch mehr aber dadurch, dass man die gesetzmässige Entwicklung des Wahnes aus dem kranken Fühlen und Vorstellen nachweisen, ihn auf Ueberraschungsaffekte,

Sinnesdelirien oder Erklärungsversuche des kranken Gefühlslebens zurückführen kann, denn die Wahnvorstellungen haben ihre gesetzmässige Bildung, und sind nur bestimmte Entwicklungsglieder und Symptome eines krankhaften Prozesses, der eben die Seelenstörung ausmacht. Dieser pathogenetische Weg, die Zurückführung auf die Elemente ist auch massgebend bei der nicht selten schwierigen Unterscheidung des Irrseins von Leidenschaft und Lasterhaftigkeit.

Kaum der Widerlegung bedürftig scheint die Ansicht derjenigen, welche Aufhebung der Freiheit nur für das annehmen, was in den Bereich des Wahnes fällt, im Uebrigen aber Zurechnung gelten lassen wollen.

Abgesehen davon, dass es oft zu den Unmöglichkeiten gehört, so Einsicht in die Motive einer That zu erlangen, dass man genau wüsste, wie sie zu Stande kam, verstösst diese Lehre von der partiellen Zurechnung gegen die Grundwahrheiten der Psychologie und der alltäglichen Erfahrung. Psychologisch ist es unmöglich, dass nur das Vorstellen, das Streben nach einer Richtung erkrankt sein könne, auch wenn das dem Laien so scheinen sollte, denn eine Wahnvorstellung kann wohl plötzlich sich bilden, aber um bestehen zu können, muss in ihrem Sinne das ganze Vorstellen, die ganze alte Persönlichkeit eine solche Umwandlung erfahren haben, dass gar keine Controle ihr gegenüber mehr möglich ist. Ist dies nicht der Fall, so kann sie sich nicht im Bewusstsein halten, und keinen Einfluss aufs Streben gewinnen. Eben dass sie vorhanden ist, deutet auf die schwere Störung des Bewusstseins und wenn man derartige nur in wenigen Wahnvorstellungen delirirende Kranke, die sonst allerdings richtig denken, sprechen und handeln, gründlich ausholt, erstaunt man über die Fäden, mit denen ihr Wahn in alle, selbst die gesundesten Gedankenkreise hineinragt und damit eine tiefe Störung des Bewusstseins dokumentirt. Auch die Thatsache, dass Wahnvorstellungen secundäre psychische Störungen sind, immer erst im Verlauf der primären Störungen und

66

gesetzmässig aus ihnen hervorgehen, muss die Annahme einer partiellen Zurechnung als unannehmbar erscheinen lassen. Was würde man bei einer beliebigen körperlichen Krankheit sagen, wenn Jemand die Krankheit in einem spätern Stadium, in dem aber die Krankheitssymptome weniger hervortreten, für geringer erklären wollte, als im primären? Gibt überhaupt die Zahl und Deutlichkeit der Symptome einen sichern Massstab für die Höhe der Krankheit? Wir nehmen an, dass über die Unzulässigkeit der Annahme der partiellen Zurechnung jetzt kein Zweifel mehr besteht; wer einen Wahn hat, der aus einer elementaren geistigen Störung hervorgegangen ist, und bei dem dieser Nachweis gelingt, ist schwer krank und kränker, als der, welcher vielleicht aus Angst tobt und Alles zusammenschlägt, auch wenn jener verständig spricht und zu handeln scheint, während dieser kein vernünftiges Wort äussert und rast.

Wir gehen zum speziellen Nachweis der aus Wahnvorstellungen hervorgehenden gesetzwidrigen Handlungen über und haben das Zustandekommen dieser und ihren Mechanismus zu erörtern. Wir können dabei nicht erschöpfend sein, und alle Möglichkeiten, in welchen Wahnideen zu verbrecherischen Handlungen führen, besprechen, denn ihre Zahl ist unzählig. Wir beschränken uns auf die Fälle, wo der Wahn wenig, oder unter dem Gewand der Leidenschaft, des Hasses, der Rache, der Eifersucht hervortritt, und die Handlung als die eines Verbrechers erscheinen lässt. Eine solche Categorie von Fällen bietet zunächst der Verfolgungswahn, dazu eine der häufigsten Aeusserungsformen, unter denen der melancholische Wahnsinn sich heutzutage der Beobachtung darbietet. Die Elemente für den Wahn der Verfolgung sind schon in den mannichfachen schmerzlichen Bewusstseinszuständen des an einfacher psychischer Depression Leidenden enthalten, und oft liegt es nur an individuellen Eigenthümlichkeiten, zufälligen complicirenden nervösen Störungen u. s. w., wenn der Wahn der Verfolgung sich des Kranken bemächtigt. Vielfach ist er nur ein einfacher Erklärungsversuch der Umänderung des Bewusstseinsinhalts in schmerzliche Gefühle, die ihn herbeiführt. Der Kranke, welcher fühlt, dass sein ganzes Empfinden und Denken im Sinne dieser umgewandelt ist, dass er nicht mehr wollen und empfinden kann, wie früher, dem die eigne Persönlichkeit und die ganze objective Welt in ganz andern Farben und Qualitäten erscheint, muss entweder den Grund dieser Veränderung in sich selbst oder der Aussenwelt suchen, und je weniger er intellectuell hoch steht, um so leichter kommt er dazu, nach dem Gesetz der excentrischen Projection den Grund in der Aussenwelt zu suchen, wobei dann je nach dem individuellen Bildungsgrad, die Veränderung des eignen Ich in dem Glauben an feindliche Machinationen böswilliger Menschen, an Zauberei, an Besitznahme durch den Teufel ihre Erklärung findet. Hat dann dieser Erklärungsversuch des geänderten Bewusstseinszustandes Eingang gefunden, so dienen alle die mannigfachen Störungen, welche mit Psychosen auftreten: Angstzufälle, nervöse Erscheinungen (globus hystericus, besonders bei Weibern) Hallucinationen und Neuralgieen zur Bestätigung des Wahns und zum Ausbau desselben. Einen nicht genug zu würdigenden Einfluss haben dann die vielfachen Neuralgieen und Hyperästhesieen solcher Kranker, indem sie eine Fülle von Affekten und Wahnvorstellungen zur Folge haben. Sie sind fast ausschliesslich die organischen Substrate des electromagnetischen Verfolgungswahnes, des Wahnes unter beständigen Machinationen mächtiger Feinde zu stehen, und finden eine wesentliche Stütze in den bei solchen Kranken fast ausnahmslos sich findenden Gehörshallucinationen. Cardialgische Beschwerden, Gastricismen sind es, die dann leicht die Idee des Vergiftetwerdens hervorrufen.

Einen ganz besondern Einfluss gewinnen neuralgische Empfindungen auf den häufigen Uebergang einfacher hypochondrischer Zustände in den electromagnetischen Verfolgungs- oder Vergiftungswahn, eine eigne Gruppe von Kranken, die fast ausschliesslich Masturbanten sind und in Folge

68

dieses Lasters an spinalen Hyperästhesieen und Neuralgieen leiden. Es ist eine bemerkenswerthe Thatsache für die legale Medizin, dass derartige Krankheitsfälle sich oft ganz langsam und latent auf dem Weg der Reflexion, und nicht unterbrochen von Affekten und Aufregungszuständen ausbilden, der Kranke wenigstens vor der Aussenwelt lange seinen Wahn verbirgt, und höchstens als Sonderling erscheint, bis mit einer auffallenden Unthat sich die Aufmerksamkeit auf den Kranken lenkt. Kommen dann abgeschmackte den Stempel der Verrücktheit an sich tragende Wahnvorstellungen zu Tage, so ist der Fall kein zweifelhafter mehr und von Simulanten unterscheidet solche Kranke schon der Umstand, dass diese ernstlich böse werden, wenn man sie für krank hält. Sind die Wahnvorstellungen aber in einer noch so entfernten Thatsache begründet, (z. B. Wahn der Untreue eines Gatten, der auch wirklich früher einmal dazu Grund gab, Vergiftungswahn bei einem durchaus corrupten Familienleben) trägt die That den Charakter einer motivirten, aus Hass, Rache, Leidenschaft hervorgehenden, ist sie mit List, Bosheit, Berechnung ausgeführt, so wird die Begutachtung mit Schwierigkeiten zu kämpfen haben. Hier beginnt die Arbeit des sachverständigen Arztes und der Vergleich mit dem frühern Charakter des Angeschuldigten, des Grundes seiner etwaigen Sinnesänderung, die Frage nach Heredität zu Psychosen, die Untersuchung etwaiger Störungen der sensiblen Sphäre, Neuralgieen, Kopfweh, Schlaflosigkeit, die Erforschung der Pathogenese wie etwa aufgefundener Wahnvorstellungen, die Ermittlung von Sinnestäuschungen u. s. w. werden den Fall von der verbrecherischen Handlung eines Gesunden unterscheiden lassen.

Das Verhalten nach der That hat nur secundären Werth und richtet sich ganz darnach, ob nach der That die sie bedingende Wahnvorstellung als solche sich erhält oder berichtigt wird. Da wo sie durch Reflexion sich aufbaute, und ihr Material aus stehend gewordenen Sinnestäuschungen und Neuralgieen bezog, wird sie sich erhalten, und der Thäter von der Rechtmässigkeit seiner Handlung überzeugt sein; bei den aus Illusionen und Hallucinationen während eines Affekts, Angstanfalles entstehenden Wahnvorstellungen wird mit dem Aufhören derselben die Möglichkeit einer Correktur eintreten, und das Verhalten des Kranken kann dasselbe sein, wie eines Gestörten der frühern Gruppen, des Handelns im Angstanfall und der schmerzlichen Verstimmung. Bei jeder That aus Wahnvorstellung ist der Handelnde unfrei, weil die Prämisse eine falsche war, und die psychische Störung es ihm unmöglich machte, eine Correktur, komme sie nun woher sie wolle, vorzunehmen, denn darin liegt eben das Zwingende des Wahnes des Irren, dass sein Mechanismus zu gestört ist, um jenen zu erkennen. Handelt er aber aus Wahn, so befindet er sich in demselben Falle dem Gesetz gegenüber wie der Gesunde, wenn er aus Irrthum, aus Zufall eine That beging. Das Selbstbewusstsein, Bewusstsein der Handlung, ihrer Folgen, Strafbarkeit u. s. w. wird in der Regel vorhanden sein, den Thäter aber dennoch unfrei den Bedingungen des Gesetzes gegenüber erscheinen lassen. Beim Verfolgungswahn ist übrigens die Handlung oft nichts weiter als ein vermeintlicher Akt der Nothwehr, weshalb sie auch oft mit einer seltnen Rücksichtslosigkeit, Nichtachtung von Gefahr, kurz mit dem Benehmen eines Menschen, der sich vollkommen in seinem Recht glaubt, begangen wird.

Das Interesse, das die legale Medizin am Verfolgungswahnsinn nehmen muss, kann nicht gross genug sein, denn es gibt keine gefährlicheren Irren, als die an ihm Leidenden, und gerade die schwersten Gewaltthaten sind seine Consequenzen. Die Casuistik ist eine äusserst mannichfaltige und begreift Mord, Selbstmord, Brandstiftung, Majestätsbeleidigung, Beleidigung der Beamten, Ehrenkränkunkungen, Duelle u. s. w. in sich.

Der Mord der vermeintlichen Feinde und zwar dann oft gerade in lange prämeditirter Weise, mit seltner Rücksichtslosigkeit, Kaltblütigkeit und Schlauheit vollzogen, ist

70

häufig in den Annalen verzeichnet. Er wird an einem bestimmten, schon lange als solchen erkannten Verfolger vollbracht *), er kann aber an einer ganz fremden Persönlichkeit, wenn eine verdächtige Bewegung, eine illusorische oder hallucinatorische feindliche Aeusserung sie als Feind verrieth, auf der Stelle vollzogen werden **); es gibt Kranke, die in Jedem ihren Feind sehen, und einen beliebigen Menschen tödten, nur um der Rache gegen die gesammte Gesellschaft Ausdruck zu verleihen***). Selbstmord, als letztes Mittel, um den Qualen der verfolgenden Stimmen und feindlichen Machinationen ein Ende zu machen, ist nicht selten, es hat schon Kranke gegeben, die ihren vermeintlichen Verfolger erschlugen, um den Doppelzweck, sich an ihm zu rächen, und durch den Tod auf dem Schaffot ihr jämmerliches Dasein zu endigen, zu erreichen †); Brandstiftung als Werk

---

*) vgl. Annal. d'hyg. 1840. S. 214. Melanchol. hypochondr. mit Siphilidophobie. Wahn magnetischer Verfolgung. Tödtung eines Geistlichen, der für einen Verfolger gehalten wird, öffentlich, bei einem Diner, nach vorheriger wiederholter Drohung und Anzeige bei Gericht, dass wenn nicht der Verfolgung ein Ende gemacht würde, Selbsthülfe eintreten werde. Der Kranke plädirt seine Sache mit vielem Scharfsinn und weist den Verdacht, geisteskrank zu sein mit Entrüstung zurück. Einen ähnl. Fall s. ebenda Juillet 1840 S. 350; f. Ann. méd. psych. Janr. 1858 p. 93.; 1844. Juillet p. 81; oct. 1860 p. 544. p. 580; sept. 1863 p. 197; Marc-Ideler, Bd. II. S. 23, 76. Küttlinger, Georg Werlein, der Mörder seines 12jährigen Sohnes 1836.

**) Ann. méd. psych. 1850. S. 55. Mordversuch an einem Unbekannten bei der table d'hôte, von dem der Mörder glaubt, dass er Gift ins Essen gethan habe.

***) Morel, l'union méd. Dec. 1852 Fall von Verfolgungswahn (geheime Machinationen, Wahn der Vergiftung); aus Rache gegen die bürgerliche Gesellschaft Ermordung eines beliebigen Kinds auf freiem Feld. Der Mörder lässt sich ruhig verhaften und findet nichts Unrechtes in seiner That.

†) Esquirol (Ann. d'hyg. 1840. S. 215): Ein an Verfolgungswahn mit beleidigenden Stimmen leidendes Individuum hatte sich beim König in Paris über seine vermeintlichen Verfolgungen be-

71

der Rache gegen die Feinde ist nicht selten; Duelle und Ehrenkränkungsprozesse sind die unglücklichen Folgen illusorischer und hallucinatorischer Beleidigungen

Eine bemerkenswerthe Gruppe von Fällen, da sie oft sehr das Bild der Eifersucht, Rachsucht vortäuschen, bilden die Kranken, welche im Wahne ehelicher Untreue Angriffe auf das Leben ihrer Frau machen. Es sind meist Kranke, die durch frühere sexuelle Ausschweifungen oder Masturbation heruntergekommen, impotent sind. Die Sexualexcesse sind dann meist das ätiologische Moment für die Seelenstörung, die in der Regel mit einer hypochondrischen Verstimmung beginnt, im Verlauf zu Wahnvorstellungen der Verfolgung führt, bei welchen die Sexualstörung dann Einfluss auf den Inhalt der Wahnvorstellungen gewinnt, und besonders, wenn der Kranke impotent ist, zum Argwohn, zum Wahn der Untreue der Gattin führen kann. In der Regel sind derartige Kranke Hallucinanten und finden in verdächtigen Geberden, zweideutigen Worten, Blicken, Stimmen u. s. w. Bestätigung ihres Wahnes. Auch bei Frauen, die an Uterinstörungen litten, haben wir mehrmals den Wahn ehelicher Untreue des Mannes gefunden, der sie zu Gewaltthaten gegen ihn veranlasste. Wie leicht ist in solchen Fällen eine Verkennung des Zustandes, zumal wenn an - dem Wahn möglicherweise etwas Wahres ist! Die Casuistik *) weist wenigstens nach, dass derartige

---

schwert. Als aber die Verfolgungen dennoch fortdauern, wirft er einen Stein nach dem König in den Wagen, um hingerichtet und dadurch von der Qual der Verfolgung befreit zu werden. s. f. Mordversuch an einem Aufseher, von dem sich ein Gefangner in schändlicher Weise verfolgt glaubt. Hallucinationen die den Wahn unterhalten. s. Ebers, Zurechnung Fall V; (Born in Vierteljahresschr. f. ger. Med. 1865 H. 2. S. 308.)

*) Fälle s. Aubanel, Ann. méd. psych. Janv. 1846 p. 84 u. 98. Fall einer Frau, die im Wahn, dass ihr Mann ihr untreu sei, ihm Nachts mit einem Rasirmesser den Penis abschnitt! Die Frau wurde zu acht Jahren Einsperrung verurtheilt. s. ibid. nov. 1864 S. 369. Wahn, dass die Frau im Complott mit den Feinden und

72

Krankheitszustände nicht selten ganz und gar verkannt werden. Eine eigne Rubrik von unter die Categorie des Verfolgungswahnes gehörenden Kranken bilden auch die Prozesskrämer und Querulanten, die sich von irgend einer Seite materiell benachtheiligt, aus dem Besitz wahnhaften Eigenthums verdrängt wähnen. Die oft scharfsinnige und gut raisonnirende Manier solcher Kranker, zumal wenn die Klage noch im Bereich der Möglichkeit liegt, führt zu endlosen Prozessen, der Kranke überall abgewiesen, geht durch alle Instanzen, die niedern bei den höhern verklagend, bis zum Landesfürsten, bis ihm schliesslich im Irrenhause ein sicheres Plätzchen angewiesen wird. Leider begehen solche Kranke nicht selten Gewaltthaten gegen Richter, Obrigkeiten, Majestätsbeleidigungen und selbst Attentate, indem sie bei ihren wahnsinnigen Prozessen sich übervortheilt, ungerecht beurtheilt, und die Richter im Complott gegen sie glauben. In der Regel sind es Gehörshallucinationen, die den Kranken in seinem Wahn bestärken, und ihn zu Gewaltthaten drängen, die den Stempel einfacher Rachsucht und Leidenschaft täuschend an sich tragen *). Auch auf Aerzte sind schon von Kranken, die sich von ihnen falsch behandelt, mit Gift u. s. w. zu Grunde gerichtet glaubten, Mordangriffe gemacht worden **).

---

ehelich untreu sei. Eines Tags sieht der Kranke seine Frau im Wald mit einem Menschen im Coitus (Hallucination) schiesst sie nieder und zeigt den Vorfall selbst bei Gericht an, indem er glaubt, nur seine Hausehre gewahrt zu haben. s. f. Allg. Zeitschr. f. Psych. 1844. S. 212—321. Bottex, de la médec. leg. p. 33.

*) s. Ann. méd. psych. 1853 p. 473, Mordversuch am Staatsprokurator wegen vermeintlicher Vorenthaltung gar nicht existirender Schenkungsurkunden. ibid. sept. 1843. Mordversuch auf einen Vorgesetzten der vermeintlich den Attentäter am Avancement hinderte. s. ibid. 1858 p. 204. s. Casper, Vierteljahrsschr. 1855. Bd. VIII S. 177, Mord eines Richters an Gerichtsstelle. Annahme der Zurechnungsfähigkeit und Hinrichtung.

**) Marc-Ideler, Bd. II. p. 9. s. Schnitzer, spec. Pathol.

73

Eine häufige Quelle von Wahnvorstellungen, die zu Gewaltthaten führen können, entspringt aus der Reflexion über das (s. o.) vorhandene Bewusstsein psychischer Anästhesie und Dysästhesie. Bei ersterem Zustand, wo der Mensch fühlt, dass er eben nicht mehr menschlich fühlen, denken, handeln kann, kommt er leicht in seiner Reflexion dazu, sich für gar keinen Menschen mehr zu halten, und für einen Teufel, ein Thier zu erklären. Selbstmord, um die Welt von einem solchen Scheusal zu befreien, oder den Teufel auszutreiben, oft durch Angstgefühle und Sinnestäuschungen vermittelt, Mord Anderer, um die innere Verstimmung zu entäussern, oder wie der Kranke sich ausdrückt, auch wie ein Teufel, ein Thier, (Anthropophagie) sich zu gebehrden, sind die traurigen Consequenzen. Oder es kommt dem Kranken im Bewusstsein, dass er gar keine oder nur ganz veränderte Eindrücke mehr aus der Aussenwelt empfängt, vor, als ob diese gar nicht mehr existire, und er allein übrig sei, womit der Gedanke sich durch Selbstmord aus dieser fürchterlichen Leere und Oede zu befreien nahe liegt, oder er kommt zum Wahn, dass die Welt verzaubert sei, bald zu Grunde gehen müsse, und er ermordet Angehörige, die liebsten Kinder, um sie der fortschreitenden Verschlechterung und dem drohenden schrecklichen Weltuntergang zu entreissen, und ihnen dadurch den letzten Liebesdienst zu thun, wobei dann noch Stimmen des Himmels und Visionen den Thäter in seinem wahnsinnigen Treiben oft bestärken *). So werden durch Uebertragung subjectiver Bewusstseinszustände in die Aussenwelt, Gewaltthaten in Scene gesetzt.

---

d. Geisteskrankheiten 1846 S. 120. Geschichte eines geistesgestörten Hypochonders, der auf seinen Arzt, weil er ihn falsch behandelt habe, einen Mordversuch machte.
*) Marc-Ideler, Bd. II. S. 87. Deutsche Zeitschr. f. St. A. K. 1864. H. 1. S. 179, eine daemonomelancholische Mutter tödtet ihr Kind, um es zu verhindern, so schlecht zu werden, als sie selbst ist. s. Georget, übers. v. Wagner 1830. S. 62.

74

Wir schliessen unsre Arbeit, obwohl wir uns bewusst sind, das Gute zwar gewollt aber oft nicht erreicht und manche Lücke gelassen zu haben. So sehr es zum Ganzen gehörte, auch die forensisch so wichtigen Zustände abnormer Gemüthsreizbarkeit, wie sie als Folgezustände und Begleiter schwerer Neurosen, wie der Hysterie, Epilepsie, Hypochondrie, als Residuen früher bestandener Psychosen und alkoholischer Excesse, in den Remissionen und freien Zwischenzeiten maniakalischer Paroxysmen, und in dem Prodromalstadium der Dementiaparalytica sich finden, geschildert zu haben, so konnten wir sie doch, da sie nur ein Symptom der verschiedensten neuro- und psychopathischen Processe, aber keine Form sind, nicht in den Gang einer Darstellung aufnehmen, die sich die Schilderung der Pathogenese und des Verlaufs einer bestimmten Störungsgruppe vorgezeichnet hatte. Wir verzichten um so lieber auf ein Eingehen in diese Verhältnisse, als ihre Auseinandersetzung einer reifern Erfahrung bedarf und eine Casuistik nöthig machte, zu der der enge Raum, den die vorliegende Schrift einnehmen sollte, nicht ausreicht. Aus dem letzteren Grund mussten wir auch darauf verzichten, eigne Krankengeschichten zur Illustration unserer Arbeit zu bringen und konnten nur schon veröffentlichte Fälle, deren einfache Citirung genügte, ihr als Casuistik unterbreiten. Möge das Wenige, was wir dem Leser zu bieten vermochten, auch wenn es keine weittragenden neuen Entdeckungen enthält, doch ein Material der Prüfung und Läuterung für einen in der Civilisation für alle Zeiten hochwichtigen Gegenstand abgeben und in »magnis voluisse« Fehler und Lücken entschuldigen!

Der psychologische Versuch in der Psychiatrie.

Von

E. Kraepelin.

Als im Winter 1879 über dem Convict zu Leipzig ein bescheidenes Zimmer eingerichtet wurde, welches ausdrücklich für psychologische Versuche bestimmt war, da konnte Wilhelm Wundt, der Schöpfer dieses eigentlich nur privaten »Institutes«, schwerlich voraussehen, mit welcher außerordentlichen Geschwindigkeit sich die weitere Entwickelung des neuen Forschungsgebietes vollziehen werde. Einige wenige Schüler nur waren es, die in den ersten Jahren den jungfräulichen Boden unter mancherlei äußeren Schwierigkeiten, aber mit jener freudigen Unermüdlichkeit bearbeiteten, welche die experimentelle Psychologie in ihren Jüngern zu erzeugen pflegt. Beschränkt war der Raum und beschränkt die technischen Hülfsmittel. In Folge dessen konnten zunächst nur ganz bestimmte Fragen in Angriff genommen werden, namentlich die psychischen Zeitmessungen, der Zeitsinn, das Weber'sche Gesetz. Und als die ersten Früchte dieser stillen Thätigkeit zu reifen begannen, da gab es noch keine Gemeinde, welche den eigenartigen Arbeiten über so zweifelhafte Probleme sonderliches Vertrauen oder auch nur Interesse entgegengebracht hätte. Waren auch seit E. H. Weber's und Volkmann's Tagen psychologische Untersuchungen von einzelnen Physiologen immer wieder gewissermaßen als Liebhaberei betrieben worden, hatte auch Fechner's glänzender Geist insbesondere die psychologische Grundfrage in den Mittelpunkt lebhafter und weitgreifender Erörterungen gestellt, so trat doch hier zum ersten Male eine Schule hervor, welche das ausgesprochene Ziel hatte, von den verschiedensten Seiten her die Gesetzmäßigkeit in unserem Seelenleben mit Hülfe des planmäßig durchgeführten Versuches zu erforschen und damit die allmähliche Umwandlung der Psychologie in eine wirkliche Erfahrungswissenschaft vorzubereiten.

Kaum 15 Jahre sind seither verflossen. Aus dem einen Stübchen in dem alten Gebäude ist eine stattliche Flucht von Räumen geworden, jeder einem besonderen Abschnitte des vielgegliederten Untersuchungsgebietes gewidmet und angepasst, und eine nahe Zukunft wird wiederum eine beträchtliche Erweiterung der nunmehr vom Staate erhaltenen und mit reichen technischen Hülfsmitteln aller Art ausgestatteten psychologischen Anstalt bringen. Aus aller Herren Ländern pilgern die Jünger der neuen Wissenschaft nach Leipzig, um von Docenten und Assistenten zunächst in die Anfangsgründe der experimentellen Arbeitsweise eingeweiht zu werden. Nicht mehr ältere Studenten sind es, die mit eifrigen Schritten auf ihre Doctorschrift lossteuern, sondern vielfach junge Gelehrte, welche hier die letzte Hand an ihre Fachausbildung legen und sich darauf vorbereiten, in der fernen Heimath eigene Pflanzschulen der experimentellen Psychologie zu begründen. In 10 starken Bänden liegen heute die »Philosophischen Studien« vor uns, deren Hauptinhalt die Arbeiten aus dem Leipziger Laboratorium bilden; Wundt's Physiologische Psychologie ist in ihrer vierten Auflage auf den doppelten Umfang der ersten angewachsen, und außerdem hat uns noch die jüngste Zeit aus seiner Schule eine neue Darstellung der Seelenlehre in jener besonderen Beleuchtung gebracht, welche durch die naturwissenschaftliche Forschungsweise erzeugt und genährt worden ist.

Aber damit nicht genug. Zum Theil unter Wundt's unmittelbarem Einflusse, zum Theil mittelbar durch die neue Strömung angeregt oder auch ganz selbständig sind in zahlreichen Universitäten Deutschlands und des Auslandes der experimentellen Psychologie Anhänger und Vertreter erstanden. Eine eigene Zeitschrift konnte gegründet werden, welche die Seelenlehre in nächste Beziehung zur Physiologie der Sinnesorgane brachte. Neue Laboratorien wurden in Göttingen, in Berlin, in Bonn errichtet, und wir dürfen hoffen, dass sich die Zahl derselben binnen kurzer Zeit noch vermehren wird. Wundt's Schüler lehren in Kopenhagen und Helsingfors, in

Jassy und Toronto und vor allem in den Vereinigten Staaten, in denen die Entwickelung der jungen Wissenschaft mit wahrhaft amerikanischer Geschwindigkeit vor sich gegangen ist. Große dreistöckige Paläste sind dort für das Studium der Psychologie erbaut worden mit geradezu verschwenderisch ausgestatteten Laboratorien, in denen ganze Schaaren von Arbeitern die Probleme dutzendweise in Angriff nehmen. Schon jetzt bestehen eine große Reihe von besonderen psychologischen Professuren, und zwei umfangreiche Zeitschriften haben Mühe, die Fülle des rasch wachsenden wissenschaftlichen Materials ihrem weiten Leserkreise zuzuführen. Fügen wir hinzu, dass wir seit einigen Jahren auch bereits internationale Congresse für physiologische Psychologie besitzen, die sich allerdings vorwiegend mit dem Hypnotismus beschäftigen, so haben wir hier das Bild einer Entwickelung vor uns, wie sie so ziemlich beispiellos sein dürfte für eine Wissenschaft, welcher zunächst jede Beziehung zu praktischen Aufgaben, jeder greifbare Nutzen für das tägliche Leben abgeht.

Naturgemäß ist diese Ueberstürzung nicht in allen Stücken ein Segen gewesen. Man hat sich nicht immer von der Gefahr frei gehalten, das Experimentiren als eine Art Sport zu betrachten, bei dem es wesentlich darauf ankommt, möglichst viel Versuche zu machen oder möglichst viele Fragen zu bearbeiten. Die Psychologie ist kein Gebiet, auf dem man ohne Vorkenntnisse und ohne Schulung nur durch Sammeln von Protocollen Erfolge ersitzen kann. Schon die Versuche selber erfordern so viel Geduld, Geschick, Umsicht und Kritik, dass wir zumeist von unseren Arbeitern besondere Neigung und Veranlagung werden fordern müssen. In weit höherem Maße aber gilt das alles noch für die Deutung und weitere Verarbeitung der rohen Versuchsergebnisse. Die hier erwachsenden wissenschaftlichen Aufgaben gehören mit zu den schwierigsten, die es gibt. Es bedarf daher der äußersten Vorsicht und Gründlichkeit, wenn wir nicht Trugschlüssen und Selbsttäuschungen zum Opfer fallen und damit den immerhin noch recht zahlreichen Gegnern der neuen Richtung willkommene Angriffspunkte darbieten wollen.

Wir müssen zugeben, dass unter der Hochfluth experimenteller Arbeiten, welche uns das letzte Jahrzehnt gebracht hat, so manche den berechtigten Anforderungen nicht genügt, dass mit dem Weizen auch das Unkraut vielfach üppig in Saat geschossen ist. Gleichwohl dürfen wir heute mit Sicherheit erwarten, dass die junge Wissenschaft diese Entwickelungskrankheit ohne Schaden überstehen und dauernd ihren selbständigen Platz neben den übrigen Zweigen der Naturwissenschaft und insonderheit der Physiologie zu behaupten im Stande sein wird. Ja, wir sind geneigt, das Bestehen einer physiologischen Psychologie als etwas so Selbstverständliches hinzunehmen, dass es stellenweise schon in Vergessenheit zu gerathen beginnt, welchen ungeheuren Einfluss gerade erst Wundt's zusammenfassende und anregende Thätigkeit auf den Ausbau alter und die Entstehung neuer psychologischer Forschungsgebiete ausgeübt hat.

Es muss unter diesen Umständen auffallend erscheinen, wenn die Lehre von den krankhaften Störungen des Seelenlebens bisher mit den Bestrebungen der experimentellen Psychologie nur außerordentlich geringe Fühlung gewonnen hat. Gerade die Psychopathologie, so sollte man erwarten, könnte in ganz besonderem Maße davon Nutzen ziehen, dass nunmehr eine wirkliche Physiologie der Seele sich zu entwickeln beginnt. Gleichwohl ist die Zahl der Irrenärzte, welche sich eingehender mit den Ergebnissen dieser Wissenschaft bekannt gemacht oder gar selber zum psychoogischen Experimente gegriffen haben, eine ganz verschwindende. In Italien freilich ist schon vor mehr als einem Jahrzehnte Gabriele Buccola daran gegangen, die psychischen Zeitmessungen auf das Gebiet des Krankhaften zu übertragen. Er hat darin auch eine Reihe von Nachfolgern gefunden, allein nach seinem leider zu früh erfolgten Tode ist die weitere Ausbildung dieser Richtung wieder ins Stocken gerathen. Ferner haben vereinzelte russische Irrenärzte, zum Theil unter Wundt's Einfluss, den Versuch gemacht, Angriffspunkte für die experimentelle Erforschung krankhafter Seelenzustände zu gewinnen, und in neuester Zeit scheint sich auch in Amerika die Aufmerksamkeit der jüngeren Psychiater lebhafter den neuen psychologischen Methoden zuzuwenden.

Dagegen steht bei uns in Deutschland, in der eigentlichen Heimath der experimentellen Psychologie, die überwiegende Mehrzahl der Irrenärzte dieser Wissenschaft bisher vollkommen fremd und theilnahmlos gegenüber. Zwar werden seit einiger Zeit in Jena und Straßburg von psychiatrischen Docenten Vorlesungen über physiologische Psychologie gehalten, aus denen auch schon ein »Leitfaden« hervorgegangen ist. Ferner erscheinen in der Allgemeinen Zeitschrift für Psychiatrie seit vielen Jahren Berichte über die psychophysische Literatur. Als ich indessen vor einiger Zeit wegen Ueberhäufung mit anderen Arbeiten die Abfassung dieser Berichte aufgeben musste, erwies es sich als unmöglich, einen Fachgenossen zu finden, der bereit und im Stande gewesen wäre, dieses Amt zu übernehmen. Dazu kommt, dass ich bis auf den heutigen Tag merkwürdiger Weise nahezu der einzige deutsche Irrenarzt geblieben bin, der dazu geschritten ist, sich in einem Laboratorium durch eigenes Arbeiten genauer in die Einzelheiten der psychologischen Versuche einzuführen. Und doch ist das natürlich der einzige Weg, auf dem es möglich ist, zu einem klaren Urtheil über Werth und Bedeutung der ganzen Richtung zu gelangen. Die experimentelle Psychologie ist nichts als ein besonderer Zweig der Physiologie. Was aber würden wir sagen, wenn man über Physiologie Vorlesungen halten oder gar Bücher schreiben wollte, ohne selbst jemals im Laboratorium gearbeitet zu haben!

Allein wir dürfen nicht vergessen, dass wir uns in einer Uebergangszeit befinden. Die Entwickelung der mikroskopischen Technik und die Fortschritte der Nervenheilkunde haben einen so tiefgreifenden und nachhaltigen Einfluss auf die Richtung der psychiatrischen Wissenschaft ausgeübt, dass für Jahrzehnte der greifbaren körperlichen Veränderung bei unseren Kranken, ja der einfachen anatomischen Durchforschung des Nervensystems fast ausschließlich das Interesse der Irrenärzte sich zuwendete. Nur wenige Anstalten wird es wohl heute geben, in denen nicht irgendwo ein kleines anatomisches Arbeitszimmer eingerichtet ist, welches insbesondere als die Stätte »wissenschaftlicher« Bestrebungen angesehen wird. Auf der anderen Seite lässt sich leicht erkennen, dass dem Eindringen psychologischer Methoden in die praktische Psychiatrie außerordentliche Schwierigkeiten entgegenstehen. Die Handhabung von Mikroskop und Mikrotom ist jedem jungen Arzte von der Universität her geläufig. Die Beherrschung der psychologischen Versuchstechnik erfordert eine ganz besondere, heute nur mit gewissen Opfern erreichbare Schulung; die technischen Hülfsmittel sind zum Theil recht kostspielig und nirgends vorhanden. Vor allem jedoch ist die Anwendbarkeit der gebräuchlichen Methoden auf krankhafte Zustände noch eine so beschränkte, dass der wissenschaftliche und praktische Nutzen psychologischer Versuche für die Psychiatrie auf den ersten Blick wenig einleuchtet.

Der tiefere Grund für diese Lage der Dinge ist indessen keineswegs allein in den Hindernissen zu suchen, welche die Eigenart unserer Kranken dem Experimente entgegenstellt. Vielmehr bin ich überzeugt, dass wesentlich die geringe Betheiligung der Irrenärzte an der Ausbildung der psychologischen Methoden die Schuld trägt, wenn wir heute mit diesen letzteren noch nicht viel anzufangen wissen. Jede Wissenschaft entwickelt ihre Hülfsmittel nach ihren Bedürfnissen. Unsere Aufgabe ist es daher, nicht einfach blindlings die Arbeitsweise des psychologischen Laboratoriums in den Krankensaal zu übertragen, sondern die dort bewährten Anschauungen und Forschungsmethoden in Formen umzuprägen, welche den eigenthümlichen Verhältnissen unseres Arbeitsgebietes angepasst sind. Gewiss wird das nicht ohne manche Misserfolge und Enttäuschungen gelingen. Allein das Bedürfniss nach einer wirklich brauchbaren psychologischen Grundlage ist ein so dringendes, und es wird, wie ich glaube, mit immer wachsender Gewalt sich geltend machen, dass die Irrenärzte sich auf die Dauer der Aufgabe schlechterdings nicht werden entziehen können, das dargebotene Werkzeug für den eigenen Bedarf sich zurechtzuschmieden.

Diese und ähnliche Erwägungen sind es gewesen, welche meine Aufmerksamkeit seit Jahren der Frage zugewendet haben, auf welche Weise und in welchem Umfange die Ergebnisse der experimentellen Psychologie für die Bearbeitung psychiatrischer Probleme nutzbar gemacht werden können. Schon in Dorpat, wo mir die Freundschaft meines unvergesslichen Collegen Alexander Schmidt ein Zimmer des Physiologischen Institutes für meine Zwecke zur Verfügung stellte, habe ich die ersten Schritte in der angedeuteten Richtung zu thun versucht. Wirklich planmäßig die Arbeit zu fördern vermag ich indessen erst jetzt, nachdem es mir seit etwa Jahresfrist gelungen ist, mir in meiner Klinik, also im Zusammenhange mit den Krankenräumen, einige Arbeitszimmer einzurichten, in denen sich die nächsten und wichtigsten Hülfsmittel für psychologische Versuche vereinigt finden.

I.
Die Untersuchungsmethoden.

Nach der Erfüllung dieser Vorbedingungen erhebt sich vor allem die Frage: Wo sollen wir angreifen? Am natürlichsten erscheint es vielleicht, wenn wir daran gehen, nunmehr diejenigen Untersuchungen einfach an Kranken durchzuführen, über welche ein möglichst großes und zuverlässiges Beobachtungsmaterial vom gesunden Menschen bereits vorliegt. Die Prüfung der Unterschiedsempfindlichkeit, Zeitmessungen, Zeitschätzungen würden sich unter diesen Umständen in erster Linie empfehlen. Allein es liegt auf der Hand, dass derartige Versuchsreihen, so werthvoll sie für die Kenntniss der psychologischen Gesetze sind, die Zwecke des Irrenarztes nur in sehr beschränktem Maße zu fördern vermögen. Vor allem ist es nämlich der Zustand unserer Kranken, welcher die Durchführung weit ausgedehnter oder schwieriger Untersuchungen meistens gar nicht gestattet. Entweder fehlt das Verständniss für die Aufgabe, das Geschick oder das Interesse, der gute Wille, die Ausdauer. Vielfach wechseln auch die Krankheitserscheinungen derart, dass von eindeutigen Ergebnissen nicht die Rede sein kann. Wir müssen daher von vorn herein auf solche Prüfungen verzichten, welche hohe Anforderungen an die Mitwirkung der Versuchsperson stellen, und ebenso auf diejenigen, welche erst nach längerer planmäßiger Arbeit verwerthbare Schlüsse gestatten.

Daraus ergibt sich die Nothwendigkeit, so viel wie irgend möglich Methoden zu ersinnen, welche sich an die psychischen Aufgaben des täglichen Lebens anlehnen, keine ungewöhnlichen Bedingungen in sich schließen, mit einfachen Hülfsmitteln arbeiten und rasch zum Ziele führen. Die Erfüllung aller dieser Wünsche ist natürlich nicht leicht. Man wird froh sein dürfen, wenn man ganz allmählich und in einigen Punkten dem Ziele sich annähert. Jedenfalls werden wir solche Methoden, welche etwa den aufgestellten Forderungen entsprechen könnten, zunächst am Gesunden zu prüfen und den Grad ihrer Zuverlässigkeit mit Hülfe feinerer Untersuchungen genauer zu bestimmen haben, bevor wir zu ihrer praktischen Verwendung bei Geisteskranken schreiten können.

Aber damit ist es noch nicht genug. Wir Irrenärzte haben es nicht mit einzelnen Gebieten des Seelenlebens, sondern mit dem ganzen Menschen zu thun. Für uns kommt es darauf an, ein möglichst vollständiges Gesammtbild der Störungen zu gewinnen, welche der Krankheitsvorgang erzeugt hat. Wir werden deswegen Werth darauf legen müssen, Untersuchungsmethoden aufzufinden, welche einen Einblick in alle einzelnen Richtungen unserer psychischen Thätigkeit gestatten. Da dieses Ziel durch eine einzige Versuchsanordnung niemals zu erreichen ist, werden wir uns genöthigt sehen, eine Reihe verschiedener Prüfungen regelmäßig mit einander zu verbinden. Vielleicht dürfen wir hoffen, einmal in ähnlicher Weise zur experimentellen Festlegung eines psychischen Zustandsbildes zu gelangen, wie wir etwa durch die Anwendung der chemischen und physikalischen Untersuchungsmethoden den körperlichen »Status praesens« aus den verschiedenen Einzelergebnissen zusammensetzen. Allerdings bleibt einstweilen auf diesem Gebiete noch nahezu alles zu thun. Die Schwierigkeiten, die uns hier entgegentreten, sind jedoch zumeist nur praktische und nicht grundsätzliche. Geduldiges Probiren wird sicherlich weiter helfen.

Von den gebräuchlichen Experimenten sind bisher am häufigsten die psychischen Zeitmessungen bei Geisteskranken in Anwendung gezogen worden. Leider ist die große Mehrzahl der bisher veröffentlichten Versuche ziemlich werthlos, weil die Technik der Beobachter zu schwerwiegenden Bedenken Anlass gibt. Namentlich ist fast überall bei Anwendung des Hipp'schen Chronoskopes die genaue Abmessung der Stromstärke vernachlässigt worden, und außerdem war in der Versuchsanordnung in der Regel keine Sicherheit gegen die Fehlerquelle der vorzeitigen Reaction gegeben. Trotz dieser Misserfolge ist es jedoch nicht richtig, wenn z. B. Ziehen behauptet, die Zeitmessung bei Geisteskranken stoße auf unüberwindliche Schwierigkeiten. Im Gegentheil verfüge ich über Tausende von zuverlässigen Beobachtungen an Kranken, die theils von mir, theils von Dr. Aschaffenburg angestellt wurden. Die oben genannten Fehler lassen sich, soweit sie für unsere Messungen überhaupt von Bedeutung sind, durch die von mir benutzte und ausführlich beschriebene¹) Versuchsanordnung leicht vermeiden. Ist der ganze Apparat einmal aufgestellt, so geht die Ausführung der Experimente ungemein rasch und bequem von statten, so dass in kurzer Zeit lange Reihen von brauchbaren Zahlen gesammelt werden können. Freilich sind nicht alle Kranke ohne Ausnahme für solche Versuche geeignet, doch finden sich namentlich unter den Circulären, Melancholikern, Epileptikern, Paralytikern, unter den Alkoholisten und Morphinisten, unter Paranoikern und Schwachsinnigen verschiedenster Art stets eine Menge von Kranken, welche ohne weiteres zu den psychischen Zeitmessungen herangezogen werden können.

Der Reactionsvorgang, dessen Dauer wir mit Hülfe dieser Versuche bestimmen, setzt sich aus Bestandtheilen zusammen, welche verschiedenen Gebieten unseres Seelenlebens angehören, aus der Auffassung eines Sinneseindruckes und der Auslösung einer Willensbewegung. Veränderungen der gemessenen Zeiten können daher zunächst nicht eindeutig auf bestimmte Störungen bezogen werden. Vielmehr muss es z. B. bei einer beobachteten Verlängerung der Reactionszeit zweifelhaft bleiben, ob dieselbe durch eine Erschwerung der Auffassung oder durch eine verlangsamte Auslösung der Bewegung verursacht wurde. Beides wäre an sich denkbar. Bis zu einem gewissen Grade vermögen wir derartige Fragen durch das Studium der sog. erweiterten Reactionen ihrer Lösung näher zu bringen. Zwischen Wahrnehmung und Bewegung lassen sich beliebige andersartige psychische Aufgaben einschieben, welche eine Erweiterung bald mehr jenes ersteren, bald dieses letzteren Vorganges mit sich bringen. So wird z. B. bei den Wortreactionen die Auffassung des äußeren Eindruckes, eben eines zugerufenen Wortes, verwickelter, bei den Wahlreactionen dagegen die Auslösung der Bewegung, da hier erst zwischen mehreren möglichen Antrieben ein bestimmter ausgewählt werden muss. Freilich ist auch diese Zerlegung nicht ganz eindeutig. Bei den Wortreactionen findet, wenigstens nach dem gebräuchlichen Verfahren, ebenfalls ein Wahlact

---

1) Ueber die Beeinflussung einfacher psychischer Vorgänge durch einige Arzneimittel. Jena 1892. S. 12 ff.

statt, insofern das zugerufene Wort nachgesprochen und somit die zugehörige Sprachbewegung gefunden werden muss. Umgekehrt wird bei der Wahlreaction die Unterscheidung zwischen den Reizen voraufgehen, denen die verschiedenen Reactionsbewegungen verabredetermaßen zugeordnet sind. Dennoch lässt sich durch geeignete Versuche zeigen, dass die Verlängerung, welche die genannten beiden Reactionsformen gegenüber der einfachen Reaction darbieten, im einen Falle ganz vorzugsweise auf die Erweiterung des Auffassungsvorganges, im anderen dagegen auf diejenige der Willenshandlung zurückgeführt werden dürfen.

Wir besitzen demnach in der Untersuchung dieser oder ähnlicher erweiterter Reactionen ein Hülfsmittel, welches uns gestattet, den Veränderungen im zeitlichen Ablaufe psychischer Vorgänge eine bestimmtere Deutung zu geben. Unterstützt werden wir dabei durch das gelegentliche Auftreten gewisser qualitativer Abweichungen im Gange der Versuche, welche ebenfalls geeignet sind, Licht auf die Art der zu Grunde liegenden Störungen zu werfen. Am besten gekannt sind bisher die sog. Fehlreactionen. Bei den einfachen Reactionsversuchen hat man seit langer Zeit das Vorkommen auffallend kurzer und selbst negativer Zahlenwerthe beobachtet. Dieselben sind am häufigsten, wenn die einzelnen Versuche in sehr regelmäßigen Zwischenräumen, gewissermaßen taktmäßig, auf einander folgen. Da der Zeitpunkt des Reizes in diesem Falle annähernd vorhergesehen werden kann, so entsteht hier die Möglichkeit, dass die Versuchsperson in dem Bestreben, recht rasch zu reagiren, zu früh und bisweilen sogar dann schon die Muskelbewegung ausführt, wenn der Reiz noch gar nicht eingewirkt hatte. Ermüdung und Alkoholeinfluss begünstigen den Eintritt solcher vorzeitiger Reactionen; außerdem aber spielt die persönliche Veranlagung dabei eine nicht unbedeutende Rolle.

Sobald es sich nun nicht mehr um einfache, sondern um Wahlreactionen handelt, wird bei der vorzeitigen Auslösung der Bewegung die Wahrscheinlichkeit sehr groß sein, dass jene letztere nicht dem Reize entspricht, sondern unrichtig ausfällt, dass also eine »Fehlreaction« entsteht. In normalen Verhältnissen kommt das unter 100 Versuchen immer nur wenige Male vor, doch bestehen auch hier zwischen verschiedenen Personen gewisse Verschiedenheiten.

Häufung der Fehlreactionen deutet auf vorzeitige und somit erleichterte Auslösung der Willensbewegungen hin, deren Ursache entweder in einer Abnahme der psychischen Hemmungen oder in einer gesteigerten Erregbarkeit auf psychomotorischem Gebiete gelegen sein kann. Gewisse Anhaltspunkte für die Entscheidung zwischen diesen beiden Möglichkeiten werden wir später kennen lernen.

Auf der anderen Seite kann auch der Auffassungsvorgang qualitative Störungen erleiden. Wir wissen, dass schon die einfache Ermüdung uns das richtige Verständniss etwas verwickelterer Reize erschwert, und dass bei Kranken diese Erscheinung sehr stark ausgebildet sein kann. Die ersten Andeutungen derselben werden sich darin kundgeben, dass bei den Wortreactionen die Reizworte häufiger falsch oder gar nicht verstanden werden, dass also illusionäre Wahrnehmungsverfälschungen leichtesten Grades auftreten. Bisher sind diese Vorgänge noch nicht planmäßig bei Kranken untersucht worden, doch lässt sich das mit oder ohne Zeitmessungen zweifellos leicht ausführen. Um dabei Zufälligkeiten, wie sie durch undeutliche Aussprache der Reizworte bedingt werden, möglichst auszuschließen, würde es sich natürlich empfehlen, diese letzteren nicht durch das Ohr, sondern durch das Auge auffassen zu lassen.

Eine willkommene Handhabe für die Untersuchung des Auffassungsvorganges bietet namentlich das von Cattell[1]) ausgebildete Verfahren, Gesichtseindrücke, die mit einer bestimmten messbaren Geschwindigkeit vor dem Auge vorüberziehen, durch einen schmalen Schlitz betrachten zu lassen. Die Einwirkung der einzelnen Bilder auf die Netzhaut lässt sich dabei innerhalb weiter Grenzen abändern. Es wird diejenige Geschwindigkeit der Bildbewegung für eine gegebene Schlitzstellung aufgesucht, welche gerade noch das Erkennen gestattet. Als Objecte können Buchstaben, kürzere oder längere Worte, Sätze oder auch Abbildungen dienen. Wenn man die nöthige Rücksicht auf etwa vorhandene Sehstörungen und Brechungsanomalien nimmt, dürfte gerade dieses Verfahren sich sehr leicht für die Krankenuntersuchung verwerthen lassen.

Noch einen Schritt weiter hinein in das Seelenleben werden

---

1) Philosophische Studien, herausgegeben von W. Wundt, II. S. 636.

wir durch die Messung der Associationszeiten geführt. Zunächst gewinnen wir Aufschluss über die Geschwindigkeit, mit welcher die Vorstellungen sich aneinanderknüpfen. Dass gerade in dieser Beziehung bedeutende Störungen bei unseren Kranken vorkommen, ist bekannt genug. In der That lässt sich die Größe derselben durch das Experiment ohne Schwierigkeit genau bestimmen und vergleichen. Von den bisherigen Ergebnissen solcher Versuche will ich nur die eine Thatsache hier erwähnen, dass sich bei der sog. Ideenflucht durchaus nicht wirklich jene allgemein angenommene Beschleunigung der Associationen findet, für deren Zustandekommen wir sogar schon eine Reihe mehr oder weniger gelungener Erklärungen besitzen. Es handelt sich hier ganz einfach um eine falsche Deutung der Beobachtungen, um so mehr, als sich oft sogar umgekehrt eine Verlangsamung des Gedankenganges bei Ideenflüchtigen durch die Messung nachweisen lässt. Dadurch wird, wie von mir in meinem Lehrbuche und neuerdings von Aschaffenburg[1]) noch eingehender auseinandergesetzt wurde, jenes diagnostisch wichtige Symptom in eine völlig andere Beleuchtung gerückt. In bester Uebereinstimmung mit einer Reihe anderweitiger experimenteller Erfahrungen wird es für uns zu einer einfachen Theilerscheinung des manischen Bewegungsdranges, als Ausdruck einer Erregbarkeitssteigerung auf dem Gebiete der motorischen Sprachvorstellungen.

Eine gute Stütze findet diese Anschauung in der Betrachtung des Inhaltes der Associationen, wie sie durch den Versuch geliefert werden. Man sieht dabei deutlich, dass die gemeinsame Eigenthümlichkeit der ideenflüchtigen Vorstellungsverbindungen auf eine verstärkte Beeinflussung des Associationsvorganges durch die sprachlichen Bewegungsvorstellungen hindeutet. Zu dieser Feststellung bedarf es natürlich gar keiner Zeitmessungen. Die einfache Sammlung von Associationen auf zugerufene Worte, unter Umständen eine rasche Niederschrift aller beliebigen, ihm auftauchenden Vorstellungen seitens des Kranken genügen für diesen Zweck vollständig. Auch eine Reihe von anderen Erscheinungen, Ideenarmuth, Stereotypie, Neigung zu Gedankensprüngen, zu sinnlichen oder

---

1) Archiv für Psychiatrie, XXVI. S. 597.

abstracten Vorstellungsverbindungen lassen sich auf diese Weise unschwer erkennen.

Endlich vermögen uns die Associationsversuche bei geeigneter Anordnung auch ein Urtheil über die Festigkeit der Vorstellungsverbindungen zu liefern. Wiederholt man in bestimmten Zwischenzeiten die Experimente mit denselben Reizworten, so werden in einigen Fällen die gleichen Associationen wiederkehren, in anderen dagegen nicht. Das Verhältniss der gleichbleibenden zu den wechselnden Verknüpfungen gibt uns auf jeder Stufe der Versuchsreihe ein Maß für die Associationsfestigkeit. Je zahlreicher die Wiederholungen, um so mehr befestigen sich die einzelnen Verbindungen. Störungen auf diesem Gebiete werden sich durch den Vergleich mit dem Verhalten des Gesunden leicht aufdecken lassen. Zugleich wird es, wie mir die Erfahrung gezeigt hat, nicht ohne Interesse sein, zu untersuchen, welche bestimmten Klassen von Associationen im einzelnen Falle sich leichter oder schwerer fixiren. Verbindet man diese Versuche mit Zeitmessungen, so gewährt die fortschreitende Verkürzung der Associationszeiten einen weiteren Einblick in die Art und Weise, wie sich die Vorstellungen immer fester aneinanderknüpfen. Umgekehrt ist es möglich, durch Wiederholung der Versuche nach längeren Zeiträumen die allmähliche Lockerung des früher erreichten Zusammenhanges zu verfolgen. Die Associationszeiten nehmen wieder zu; ein Theil der alten Verbindungen wird durch neue ersetzt, und nur ein gewisser Rest stets gleichbleibender Vorstellungsverknüpfungen begleitet den Menschen durch sein ganzes Leben.

Leider sind die letzterwähnten Verhältnisse bisher nur an einzelnen gesunden Personen genauer erforscht worden, doch steht der Untersuchung an Kranken bei der überaus einfachen Methodik gar kein Hinderniss im Wege. Außerdem ist es selbstverständlich, dass sich noch eine ganze Reihe andersartiger Erweiterungen des Reactionsvorganges ersinnen lassen, deren zeitlicher und qualitativer Ablauf uns Aufschlüsse über gewisse feinere Störungen des Gedankenganges, der Urtheils- und Schlussbildung zu liefern vermöchte. Münsterberg hat zunächst bei Gesunden einige derartige Versuche angestellt. Andererseits liegt es auf der Hand, dass, genau genommen, jede Unterhaltung mit einem Kranken eine derartige psychologische Untersuchung darstellt, wenn auch nur in gänzlich unentwickelter Form. Wir pflegen uns dabei nach allgemeinen Eindrücken ein Urtheil über die Beweglichkeit oder Schwerfälligkeit der Aufmerksamkeit, über die Schnelligkeit des Gedankenganges, die Zuverlässigkeit des Gedächtnisses, die Reichhaltigkeit des Vorstellungsschatzes, die Schärfe und Klarheit des Urtheils u. s. f. zu bilden. Das Ziel der hier erörterten Bestrebungen kann kein anderes sein, als die planvolle und zahlenmäßige Ausgestaltung jener noch in den unbehülflichsten Anfängen stehenden Untersuchungsmethode. Eine erste Erkundung des ganzen Gebietes verdanken wir bekanntlich Rieger[1]), der zunächst einmal die zahlreichen Fragen zergliedert hat, welche bei der Intelligenzprüfung zu beantworten sind. Wir werden nur seinem Vorgange zu folgen brauchen, um allmählich experimentelle Verfahren aufzufinden, welche auch über die verwickelteren Zusammenhänge unserer Seelenvorgänge genauen und zuverlässigen Aufschluss geben.

Eine eigenartige Gestaltung hat das Verfahren der psychischen Zeitmessungen in den sog. fortlaufenden Arbeitsmethoden gefunden, welche auf meinen Rath zuerst von Oehrn planmäßig untersucht worden sind. Es handelt sich hier nicht mehr um die Messung einzelner, abgegrenzter Acte, sondern um die Lösung reihenweise sich aneinander schließender, gleichartiger Einzelaufgaben. Die Zahl derartiger Leistungen, welche die Versuchsperson während eines beliebigen längeren Zeitraumes zu Stande bringt, gibt hier unmittelbar ein Maß für die Arbeitsfähigkeit derselben auf dem untersuchten Gebiete. Auch die Dauer des einzelnen Actes lässt sich natürlich berechnen. Indessen darf ein solcher Zeitwerth durchaus nicht mit dem Ergebnisse einer chronoskopischen Messung auf eine Stufe gestellt werden, weil nicht nur unwillkürliche Ruhepausen die Rechnung beeinflussen, sondern außerdem beim fortlaufenden Arbeiten die einzelnen Leistungen zeitlich einander überdecken.

Der Inhalt der Aufgaben, die sich auf diese Weise bearbeiten

---

[1]) Beschreibung der Intelligenzstörungen in Folge einer Hirnverletzung, nebst einem Entwurfe zu einer allgemein verwendbaren Methode der Intelligenzprüfung. Würzburg 1889.

lassen, kann ein sehr verschiedener sein. Es erscheint zweckmäßig, sie so zu wählen, dass wir überall möglichst bestimmt abgegrenzte psychische Leistungen vor uns haben. Dieser Forderung entspricht bisher am besten das fortgesetzte Addiren einstelliger Zahlen, eine Arbeit, welche ausschließlich in der Wiedererweckung eingelernter Vorstellungsverbindungen besteht. Allerdings müssen dabei die vorgedruckten Zahlen auch aufgefasst werden, aber dieser Vorgang vollzieht sich so außerordentlich viel schneller, als die Ausführung der Association, dass er die gemessene Dauer der Arbeitsleistung in keiner Weise zu beeinflussen vermag. In neuerer Zeit habe ich diese Additionen schriftlich machen lassen, um auch über die Richtigkeit derselben ein Urtheil zu gewinnen. Von den reihenweise unter einander gedruckten Zahlen wurden immer je zwei zusammengezählt und das Ergebniss unter Vernachlässigung der Zehner daneben geschrieben. Auch diese mechanische Arbeit des Schreibens beansprucht im Verhältnisse zu der eigentlichen Additionsdauer nur sehr wenig Zeit. Sie überdeckt sich außerdem, wie der Versuch lehrt, zeitlich derart mit der Einleitung der nächsten Addition, dass sie wohl unter keinen Umständen die Gesammtdauer des einzelnen Actes zu vergrößern vermag. Auch bei diesem Verfahren sind wir somit berechtigt, die Messungsergebnisse ausschließlich auf den Ablauf des Associationsvorganges zu beziehen.

In ähnlichem Maße wie das Addiren hat sich zur Prüfung der Leistungsfähigkeit das Auswendiglernen von Zahlenreihen oder sinnlosen Silben bewährt, wie es zuerst von Ebbinghaus[1]) geübt wurde. Aus bestimmten Gründen habe ich für meine Zwecke meist 12stellige Zahlenreihen verwendet. Jede Reihe wird so lange wiederholt, bis sie einmal ohne Anstoß richtig hergesagt werden kann. Auch hier ist es möglich, eine schriftliche Aufzeichnung der einzelnen Versuchsstadien vorzunehmen, doch ist dieses Verfahren noch nicht genügend untersucht worden. Leider ist die Lernarbeit psychologisch nicht so eindeutig wie das Addiren. Wie ich aus vielfachen Erfahrungen schließen muss, geschieht die Einprägung der Zahlen bei verschiedenen Personen und möglicherweise auch zu verschiedenen Zeiten nicht immer auf dieselbe Weise. Während

---

1) Ueber das Gedächtniss. Leipzig 1885.

in einem Falle die Reihenfolge der Gesichtsbilder, vielleicht auch einmal der Gehörseindrücke festgehalten wird, kommt es bei einer anderen Person zu einer einfach mechanischen Einübung jener Sprechbewegungen, welche den Schriftzeichen entsprechen. Dort haften vorzugsweise die sinnlichen Erinnerungsbilder, die das Wiedererkennen vermitteln, hier dagegen die Bewegungsvorstellungen, welche das Wiedergeben der Zahlenreihe ermöglichen. Offenbar sind diese beiden Vorgänge von einander wesentlich verschieden. Vielleicht verbinden sie sich gelegentlich oder häufig mit einander; dafür spricht wenigstens der Umstand, dass die ursprünglich vorwiegend sensorische Einprägung mit fortschreitender Uebung nicht selten durch eine mehr motorische Lernweise allmählich verdrängt wird.

Wir werden somit zunächst nicht berechtigt sein, die Ursache von Störungen der Lernarbeit ohne weiteres auf ein bestimmtes Gebiet unseres Seelenlebens zu verlegen. Immerhin gibt uns hier einen gewissen Anhaltspunkt die Schnelligkeit, mit welcher beim Lernen die einzelnen Zahlenreihen von der Versuchsperson hergesagt werden. In ihr pflegt ganz unwillkürlich die Lernweise zum Ausdrucke zu kommen. Es ist von vorn herein wahrscheinlich und wird durch experimentelle Erfahrungen bestätigt, dass die sinnliche Einprägung der Zahlenreihe im allgemeinen ein langsames Hersagen derselben bevorzugen wird, ähnlich wie wir beim Auffassen eines Gemäldes möglichst lange unsere Blicke auf den Einzelheiten ruhen lassen. Umgekehrt muss die mechanische Einübung zu schneller Wiederholung der Sprechbewegungen verführen, um die Reihe der Bewegungsvorstellungen in der Zeiteinheit recht häufig ablaufen zu lassen und damit möglichst fest zu knüpfen. Thatsächlich haben sich bei meinen Versuchen, entsprechend der verschiedenen Lernweise, ganz auffallende Verschiedenheiten in der Wiederholungsgeschwindigkeit ergeben. Sehr langsames oder sehr schnelles Hersagen beim Auswendiglernen begründet daher die Annahme einer sensorischen oder motorischen Lernmethode und gestattet uns damit weitere Schlüsse auf die besondere Art der Störungen, welche im einzelnen Falle die Lernfähigkeit beeinträchtigen.

Außerdem aber verdienen die Aenderungen der Wiederholungsgeschwindigkeit noch eine gewisse selbständige Beachtung. Namentlich dann, wenn wir etwa aus anderweitigen Erfahrungen oder aus der Selbstwahrnehmung einer zuverlässigen Versuchsperson bereits ihre gewohnheitsmäßige Lernweise kennen, werden wir aus der ungemein einfachen Messung der Wiederholungsgeschwindigkeit wichtige Aufschlüsse gewinnen können. Bedeutende Verlangsamung des Hersagens wird zumeist eine Erschwerung der Auffassung und der Vorstellungsverbindung ankündigen, auffallende Beschleunigung dagegen das Auftreten eines gewissen Bewegungsdranges, ganz besonders, wenn früher etwa die sensorische Lernweise bevorzugt wurde. Verbindet sich die Erschwerung des Auffassens und Denkens mit rascherer Auslösung von Bewegungen, so werden beide Störungen die Wiederholungsgeschwindigkeit in entgegengesetztem Sinne beeinflussen. Ist die Beschleunigung eine sehr bedeutende, so werden wir berechtigt sein, geradezu eine Steigerung der centralen motorischen Erregbarkeit anzunehmen, während geringere Grade wohl auch einfach durch den Wegfall jener Hemmungen bedingt werden können, welche in der geistigen Verarbeitung der Reize liegen, also durch mangelhafte, mehr mechanische Auffassung. In diesem letzteren Falle könnte man von einer erhöhten centralen Reflexerregbarkeit sprechen.

In den Lernversuchen besitzen wir endlich, wie Ebbinghaus gezeigt hat, ein Mittel, nicht nur die Schnelligkeit zu messen, mit welcher der Lernstoff aufgenommen wird, sondern auch die Festigkeit, mit welcher er im Gedächtnisse haftet. Das Maß für diese letztere Größe wird geliefert durch die Zeitersparniss beim Wiedererlernen gegenüber der erstmaligen Einprägung. Gewiss würde sich durch dieses Verfahren ein genaueres Bild jener verschiedenen Formen von Gedächtnissstörung gewinnen lassen, die uns bisher nur recht oberflächlich bekannt sind. Bei solchen Versuchen wird man zweckmäßig nicht Zahlenreihen, sondern sinnlose Silben benützen, da dieselben weit mannigfaltigere Verbindungen ermöglichen.

Der Einzige, der bisher planmäßig die Lernfähigkeit bei Kranken geprüft hat, ist Galton gewesen. Er stellte zunächst die Zahl der Buchstaben fest, welche die Schüler verschiedener Classen nach einmaligem langsamem Vorsagen richtig wiederholen konnten. Das Gleiche geschah alsdann bei Idioten verschiedenen Lebensalters und

Krankheitsgrades. Die Abweichung ihrer Leistungsfähigkeit von derjenigen der gesunden Kinder war ungemein auffallend. Wo dort 7—8 Buchstaben leicht hafteten, konnten hier höchstens noch 3—4 wiedergegeben werden.

Eine weitere, innerhalb gewisser Grenzen brauchbare Form der fortlaufenden Arbeit bildet das Lesen. Leider hat sich bisher noch keine Methode ersinnen lassen, welche uns ein Maß für das Verständniss des Gelesenen liefert. Wir müssen uns somit darauf beschränken, festzustellen, wie viel Buchstaben oder besser Silben in einer gewissen Zeit ausgesprochen werden. In dieser Form gibt uns das Verfahren wesentlich nur Aufschluss über die Schnelligkeit, mit welcher die Sprechbewegungen ausgelöst und ausgeführt werden, da im allgemeinen die sinnliche Auffassung des Lesestoffes so schnell vor sich geht und derart der Umsetzung in Worte vorauseilt, dass durch sie die Messung nicht mehr beeinflusst wird. Auch diese Feststellung kann unter Umständen ihren Werth haben. So gelang es uns einmal, die Nationalität eines unbekannten, zur Beobachtung eingewiesenen Hochstaplers, der eine Menge von Sprachen mit gleicher Geläufigkeit handhabte, dadurch ziemlich sicher festzustellen, dass wir die Lesegeschwindigkeit untersuchten. Dieselbe war für Russisch, Deutsch, Französisch annähernd gleich, für die übrigen Sprachen, Englisch, Rumänisch, Polnisch, Ungarisch, Italienisch, Schwedisch erheblich geringer. Dieser Befund sprach mit größter Wahrscheinlichkeit für russische Herkunft, was sich auch durch die weiteren Nachforschungen als richtig erwies.

Wenn wir somit beim Lesen wesentlich die Sprechgeschwindigkeit messen, so kann doch vielleicht bei sehr ungeübten Personen oder bei sehr starker Erschwerung der Auffassung einmal die Erkennung der Schriftzeichen langsamer vor sich gehen, als das Aussprechen der Worte. In solchen Fällen wird die Deutung der gemessenen Werthe zweifelhaft, doch würde sich durch Chronoskopbestimmungen oder durch das Cattell'sche Verfahren die Sachlage wohl regelmäßig klären lassen. Namentlich Erkennungsreactionen mit gedruckten Worten wären hier am Platze. Indessen auch dann, wenn sich die genannte Fehlerquelle völlig ausschließen lässt, haftet den im Leseversuche gewonnenen Zahlen noch eine gewisse Unsicherheit an. Wir vermögen nämlich von vorn herein nicht zu beurtheilen, ob die etwa vorhandenen Abweichungen von der Norm wesentlich nur auf den Ablauf der Muskelbewegung selbst oder auch auf die centrale Vorbereitung derselben zu beziehen sind. Immerhin werden unwillkürliche Pausen im Sprechen auf eine Erschwerung, Ueberhastung der Aussprache auf eine Beschleunigung der centralen motorischen Vorgänge hinweisen.

Vielleicht lässt sich hier die Entscheidung durch ein Verfahren erleichtern, bei welchem die centrale Auslösung der Sprechbewegungen eine geringere Rolle spielt. So habe ich daran gedacht, im Vergleiche mit den Leseversuchen einfach die Zahlenreihe aufsagen zu lassen. Bei dieser den meisten Versuchspersonen ohne weiteres geläufigen Aufgabe wird sich, abgesehen von eigentlich aphasischen Störungen, die centrale Auslösung der motorischen Antriebe in der Regel weit rascher vollziehen können, als die Ausführung der Muskelbewegungen. Da die kommenden Anforderungen an den Bewegungsapparat für lange Zeit vorausgesehen werden und sich nicht jeweils erst an die sinnlichen Eindrücke anpassen müssen, wird im allgemeinen jede Sprechbewegung so gut vorbereitet sein, dass eine Verlangsamung des Zählens ausschließlich auf einen erschwerten Ablauf der Muskelarbeit zurückgeführt werden darf. Von einer wirklichen Beschleunigung der peripheren Vorgänge kann allerdings auch hier erst dann die Rede sein, wenn zugleich die Aussprache der einzelnen Buchstaben an Deutlichkeit keine Einbuße erkennen lässt.

Es liegt auf der Hand, dass diese und ähnliche Untersuchungen in Verbindung mit chronoskopischen Messungen namentlich auch bei jenen Hirnkrankheiten nützlich wären, bei denen aphasische Störungen bestehen. Ich habe schon vor Jahren gelegentlich derartige Prüfungen angestellt, zum Theil mit überraschenden Ergebnissen; leider fehlt mir das für diese Zwecke geeignete Krankenmaterial. Auch Rieger hat durch verhältnismäßig sehr einfache Maßmethoden bei Aphasischen eine Menge neuer Thatsachen festgestellt. Natürlich wird man hier überall auch gleichzeitig die qualitativen Abweichungen zu berücksichtigen haben, welche fast nur bei organischen Hirnerkrankungen eine größere Ausdehnung erlangen und z. B. beim Lesen der Paralytiker ebenfalls von Rieger und seinen Schülern genauer studirt worden sind.

Gerade im Hinblicke auf diese letztgenannten Fragen wäre

auch die Methode des fortlaufenden Schreibens wohl einer planmäßigen Ausbildung werth. Wir haben dieselbe in der etwas unbequemen Form des Schreibens nach Dictat angewendet. Dabei kommt unter gewöhnlichen Verhältnissen für die Messung nur die Dauer der Muskelleistung in Betracht, da die centrale Vorbereitung der Bewegung dem Schreiben selbst ohne Schwierigkeit vorauseilen kann. Vielleicht lässt sich statt dessen auch das Verfahren des Abschreibens einführen, wenn die Vorschrift derart angeordnet ist, dass immer gerade unter die einzelnen Worte der Vorlage, also zwischen die Zeilen derselben geschrieben werden kann. Auf diese Weise könnten wenigstens die sonst unvermeidlichen Störungen durch das Ablesen, Verlieren des Fadens u. dergl. auf ein sehr geringes Maß herabgedrückt werden. Es bedarf keiner weiteren Ausführung, dass vergleichende messende Versuche über den schriftlichen Ausdruck eigener Gedanken, die schriftliche Wiedergabe auswendig gelernter Sätze, das Abschreiben und das Dictatschreiben bei Kranken mit agraphischen Störungen von Werth sein würden, natürlich auch hier unter Berücksichtigung der Form und des Inhaltes der Arbeitsleistung. Freilich wird bei solchen Schreibversuchen die gemessene Zeit hauptsächlich oder sogar ausschließlich durch die Ausführung der verwickelten Schreibebewegungen in Anspruch genommen. Die Ergebnisse liefern uns somit in erster Linie Aufschluss über die Schnelligkeit rein peripherer Vorgänge, wenn nicht sehr erhebliche centrale Störungen vorhanden sind.

Um diese letzteren nachweisen oder ausschließen zu können, erscheint es wünschenswerth, über ein Hülfsmittel zu verfügen, welches uns gestattet, die rein mechanische Schreibegeschwindigkeit ohne Beziehung auf die Umsetzung von Sinnesreizen oder Vorstellungen in schriftliche Ausdrucksbewegungen zu untersuchen. Grashey und Goldscheider haben Methoden angegeben, mit Hülfe deren man die Schreibezeit für Worte, Buchstaben und einzelne Züge genau messen kann. Namentlich in Anlehnung an Goldscheider's Vorschlag habe ich mir in neuerer Zeit eine »Schriftwage« zusammenstellen lassen, welche in sehr bequemer Weise die genannte Aufgabe löst. Da man mit Hülfe dieses Apparates die Zeit für das Niederschreiben langer Sätze und beliebiger Buchstabenfolgen bis auf einige Tausendstel Secunden bestimmen kann, so lassen sich die Unterschiede zwischen sinnvollem, die wechselnde Mitwirkung der Ueberlegung erforderndem Schreiben und gedankenloser Wiederholung derselben Worte oder Schriftzeichen recht gut verfolgen. Die Ausführung des Versuches ist so einfach, dass eine große Zahl von Kranken ohne weiteres dazu herangezogen werden kann.

Zugleich bietet das eingeschlagene Verfahren den Vortheil, dass auch das Gewicht, mit welchem die Hand bei jeder einzelnen Schriftbewegung auf die Unterlage drückt, sich sofort ablesen lässt. Die in dieser Hinsicht bestehenden Verschiedenheiten sind, wie mir schon die bisherigen Versuche gezeigt haben, recht bedeutende. Wie weit sie Werth als Krankheitszeichen besitzen, müssen freilich erst weitere Erfahrungen lehren. Jedenfalls ist es durch die gleichzeitige Messung von Schreibedruck und Schreibegeschwindigkeit möglich, nunmehr auch ein genaueres Verständniss des Schriftbildes zu gewinnen. Die abenteuerlichen Deutungskünste der »Graphologen« haben zwar die Untersuchung der Handschrift einigermaßen in Verruf gebracht, allein es sprechen doch recht viele Beobachtungen dafür, dass die Schriftzüge merkwürdig stark durch Eigenschaften und Zustände der gesunden und krankhaften Persönlichkeit beeinflusst werden. Es dürfte sich daher wohl empfehlen, nunmehr die Entstehungsbedingungen der Handschrift gerade unter psychologischem Gesichtspunkte auch einmal wissenschaftlich zu erforschen.

Außer den bisher besprochenen Arten fortlaufender Arbeit ist von Oehrn wesentlich nur noch das Buchstabenzählen untersucht worden. Wir griffen zu diesem Verfahren, weil bei demselben nach unserer Voraussetzung, im Gegensatze zum Addiren, Lernen und Lesen, der Auffassungsvorgang die wichtigste Rolle spielt. Es stellte sich jedoch sehr bald heraus, dass ein zuverlässiges Zählen ohne flüsterndes Aussprechen der Zahlen nicht möglich war. Diese Sprechbewegungen aber nahmen längere Zeit in Anspruch, als die sinnliche Abgrenzung der einzelnen Buchstaben, so dass die Zählgeschwindigkeit auch hier in ähnlicher Weise wie beim Lesen hauptsächlich durch den Ablauf des motorischen Vorganges bestimmt wurde. Durch Zählen in Gruppen lässt sich dieser Fehler bis zu einem gewissen Grade vermeiden, doch entstehen dabei andere

Schwierigkeiten, an deren Beseitigung bisher noch nicht genügend gearbeitet worden ist. Eine brauchbare fortlaufende Methode zur Prüfung der Wahrnehmungsgeschwindigkeit besitzen wir daher zur Zeit noch nicht.

Sicherlich sind übrigens mit dem Aufgezählten die Möglichkeiten nicht im entferntesten erschöpft, einfache, leicht verständliche Arbeitsarten aufzufinden, welche die reihenweise Messung bestimmt abgegrenzter psychischer Vorgänge gestatten. Einzelnen derartigen Versuchsanordnungen werden wir später noch gelegentlich begegnen. Es handelt sich überall nur darum, zunächst die praktische Anwendbarkeit eines Verfahrens, dann aber die Deutung der erhaltenen Zahlen genauer zu prüfen, was oft nur mit Hülfe feinerer Maßbestimmungen ausführbar sein wird. Sobald genügende Arbeitskräfte zu Gebote stehen, welche diese bisweilen ziemlich schwierigen und umfangreichen Vorarbeiten in Angriff nehmen, wird auch auf diesem Gebiete noch mancher Fortschritt zu erreichen sein.

Dazu kommt aber, dass sich natürlich noch eine große Zahl ganz andersartiger psychologischer Methoden in mehr oder weniger veränderter Form für die Untersuchung von Kranken nutzbar machen lassen. Die Aufgaben, welche hier ihrer Lösung harren, wachsen mit jedem Fortschritte der psychologischen Versuchstechnik. Ich will mich indessen darauf beschränken, nur als Beispiele einige ganz verschiedene Methoden herauszugreifen, welche schon heute ohne weiteres zur Untersuchung von Krankheitszuständen Verwendung finden könnten. Die erste derselben hat das Ziel, die Empfindlichkeit für leise Berührungen unter verschiedenen Bedingungen zu messen. Gewiss wäre es noch wünschenswerther, solche Messungen im Bereiche der höheren Sinne anzustellen. Wir verfügen auch für diese Zwecke schon über wissenschaftlich brauchbare Methoden. Allein beim Tastsinn gestaltet sich die ganze Anordnung der Versuche vorläufig am einfachsten. Mit Hülfe eines kleinen Apparates ist es möglich, in beliebiger Aufeinanderfolge Berührungsreize von genau gleicher Stärke auf dieselbe Hautstelle einwirken zu lassen. Wählt man diese Reize so schwach, dass sie nicht immer, sondern nur in einer gewissen Zahl von Fällen empfunden werden, so lässt sich in kurzer Zeit aus dem Verhältnisse der empfundenen zu den nicht empfundenen Berührungen ein Maß für die Empfindlichkeit der betreffenden Hautstelle ableiten. Durch derartige feinere Prüfungen könnten gewisse leichtere Empfindungsstörungen aufgedeckt werden, die den jetzt gebräuchlichen Untersuchungen entgehen. Weit mehr Gewicht möchte ich jedoch auf den Umstand legen, dass die angedeutete Methode sehr geeignet ist, die Ermüdungserscheinungen im Sinnesorgan zu verfolgen. Unter dem Einflusse der häufigen Berührungen ändert sich nämlich allmählich die Empfindlichkeit der getroffenen Hautstelle. Im Anfange tritt häufig eine Steigerung, späterhin stets eine Herabsetzung derselben ein. Bisweilen werden auch Berührungen empfunden, die gar nicht stattgefunden haben. Der Ablauf dieser Veränderungen, die bisher allerdings nur bei Gesunden untersucht sind, lässt sich leicht zahlenmäßig ausdrücken. Nach den vorliegenden Erfahrungen scheint es nicht ausgeschlossen, dass der Ausfall derartiger Versuche vielleicht gewisse allgemeinere Schlüsse über die augenblickliche Ermüdbarkeit des Nervensystems gestatten würde.

Aehnliches dürfte von der leider noch nicht genügend aufgeklärten Methode der Zeitschätzungen gelten. Untersuchungen über den »Zeitsinn« liegen bereits in großer Zahl vor. Sie beschäftigen sich zumeist mit der Empfindlichkeit für kleine Zeitunterschiede und mit den Versuchsumständen, welche die Schätzung kurzer Zeitstrecken beeinflussen. Fast überall sind zur Gewinnung von Ergebnissen ausgedehnte, planmäßige Versuchsreihen und sehr genaue Messungen erforderlich. Ich habe daher vor Jahren Ejner[1]) aufgefordert, Erfahrungen über die Schätzung längerer Zeiten, bis zu vier Minuten, zu sammeln, weil ich hoffte, dabei sehr starke psychische Ausschläge zu erhalten und deswegen mit einfachen technischen Hülfsmitteln arbeiten zu können. Diese Erwartung hat sich einigermaßen erfüllt. Das angewandte Verfahren bestand in der Hauptsache darin, dass versucht wurde, eine gegebene Zeitstrecke 25mal hinter einander durch Markirbewegungen zu wiederholen. Die Gesetzmäßigkeit der Schätzung ist dabei eine recht ausgeprägte; die geschätzten Zeiten weichen sehr bedeutend und in ganz bestimmter Weise von der Normalstrecke ab. Außerdem scheinen die Versuchsergebnisse durch Aenderungen des Seelen-

---

1) Experimentelle Studien über den Zeitsinn. Dissertation. Dorpat, 1889.

zustandes ziemlich stark beeinflusst zu werden. Krankhafte Störungen werden sich daher voraussichtlich hier leicht feststellen lassen. Leider verfügen wir bisher erst über einige wenige lückenhafte Vorversuche bei Kranken.

Ein wichtiges Bedenken gegen die Verwerthung solcher Zeitschätzungen liegt in dem Umstande, dass wir dieselben noch nicht genügend zu deuten verstehen. Ohne Zweifel spielen bei der Bemessung der Vergleichszeiten Bewegungsvorstellungen die Hauptrolle. Wir vermögen auch bei diesen Versuchen den Ablauf der Zeit nur nach Raumstrecken zu beurtheilen, in die wir einen Bewegungsvorgang hinein verlegen. Dabei entstehen in unserem Inneren Spannungsempfindungen, welche allmählich anwachsen, bis der Punkt erreicht ist, an welchem uns der Zeitabschnitt abgelaufen zu sein scheint. Dieser Auffassung würde die Erfahrung recht gut entsprechen, dass mit wachsender Ermüdung die abgegrenzten Zeitstrecken allmählich kürzer werden. Das mit der Spannungsempfindung verknüpfte Gefühl der Anstrengung steigert sich unter dem Einflusse der Ermüdung und drängt zu immer frühzeitigerer Auslösung der Signalbewegung. Dieselbe Erscheinung zeigt sich bei Versuchen mit sehr langen Zeitstrecken. Der hier sich entwickelnde Zustand ist offenbar demjenigen der »Ungeduld« gleich oder ähnlich, in welchem wir ebenfalls die verfließende Zeit bedeutend zu überschätzen geneigt sind.

Weit weniger verständlich ist es, warum überall bei diesen Versuchen nach den ersten Schätzungen eine ganz außerordentliche Verlängerung der Vergleichsstrecken einzutreten pflegt. Es muss sich dabei wegen der großen Regelmäßigkeit und Ausgiebigkeit der Erscheinung um eine tief gegründete Eigenthümlichkeit unseres Seelenlebens handeln, deren Wesen noch durch weitere Versuche aufzuklären sein wird. Erwähnen will ich nur, dass die früher[1] von mir geäußerte Vermuthung, welche an den Unterschied von activer und passiver Zeitschätzung anknüpfte, in neueren, besonders darauf gerichteten Untersuchungen keine Stütze gefunden hat.

Eine werthvolle Ergänzung der psychologischen Prüfung bilden jene Methoden, welche darauf ausgehen, uns ein genaueres Bild

---

[1] Ueber die Beeinflussung einfacher psychischer Vorgänge u. s. w. S. 99 ff.

von dem Ablaufe einfacher Muskelbewegungen zu verschaffen. Handelt es sich hier auch nicht mehr unmittelbar um psychische Erscheinungen, so steht doch offenbar jeder motorische Vorgang, selbst der unwillkürliche, in naher Abhängigkeit von den Zuständen unseres Seelenlebens. Sind doch, streng genommen, Spannungsänderungen in irgend welchen Muskeln fast die einzigen, jedenfalls aber die bei weitem wichtigsten Zeichen, welche uns von den Regungen im Innern des Menschen Kunde geben. In welcher Weise wir zu einer feineren Zergliederung der psychologisch besonders verwerthbaren Schreibebewegungen gelangen können, wurde oben bereits angedeutet. Ferner hat Mosso bekanntlich durch ausgedehnte Untersuchungen nachgewiesen, dass die Kraftleistung der Fingerbeuger durch psychische Zustände sehr wesentlich beeinflusst wird. Er bediente sich dabei seines Ergographen, mit Hülfe dessen die Hubhöhen gemessen wurden, welche die Beuger des Mittelfingers bei einer bestimmten Belastung und bei regelmäßiger Folge der Bewegungen in bestimmtem Tacte zu Stande brachten. Wurde der Versuch bis zur vollständigen Ermüdung fortgesetzt, so bildeten die abnehmenden Hubhöhen eine »Ermüdungscurve«, deren Gestalt und Ausdehnung durch geistige Abspannung und Erregung verändert wurde.

Die große Bedeutung der Ergographenversuche ist ohne weiteres einleuchtend, da sie uns ein Hülfsmittel an die Hand geben, welches in einfacher Weise die Leistungsfähigkeit einer bestimmten Muskelgruppe am Lebenden zu messen gestattet. Man hat daher diese Untersuchungen vielfach wieder aufgenommen, und auch mir erschienen sie als Ausfüllung einer fühlbaren Lücke, da die gewöhnlichen Dynamometerversuche, wie ich sie früher durchgeführt hatte, mich nicht recht befriedigten. Leider stellte sich bei der Prüfung des Ergographen heraus, dass nur sehr geübte Versuchspersonen im Stande sind, ganz zuverlässige Beobachtungsreihen mit demselben zu gewinnen. Für unsere Zwecke kommt es aber gerade darauf an, auch mit solchen Menschen zu arbeiten, welche nicht an wissenschaftliche Untersuchungen gewöhnt und außer Stande sind, planmäßig Fehlerquellen zu erkennen und zu vermeiden. Es bedurfte aus diesem Grunde einer Reihe von wesentlichen Umänderungen des Apparates, bis uns schließlich die Ergebnisse vertrauenswürdig schienen. Wie weit das wirklich erreicht wurde, müssen allerdings erst Untersuchungen an ungeübten Personen und namentlich an Kranken erweisen.

Von einer noch anderen Seite her hat in neuester Zeit Sommer[1]), wie hier erwähnt werden soll, die Beziehungen zwischen Muskelthätigkeit und Seelenzuständen durch Experimente aufzudecken versucht. Ihm war es darum zu thun, die Wirkung psychischer Einflüsse auf den Ablauf eines einfachen Reflexvorganges festzustellen. Zu diesem Zwecke wurde bei Gesunden und Kranken unter verschiedenen Bedingungen die Zuckungscurve des Kniesehnenreflexes aufgeschrieben, nachdem das Gewicht des Unterschenkels, welches sonst feinere Eigenthümlichkeiten zu verwischen pflegt, durch ein zweckmäßig angebrachtes Gegengewicht nach Möglichkeit unschädlich gemacht worden war. Die Ergebnisse dieses Verfahrens dürften geeignet sein, uns namentlich in das Wesen jener eigenthümlichen Muskelzustände Einsicht zu verschaffen, welche wir mit dem Namen der katatonischen und kataleptischen zu bezeichnen pflegen. Wir wissen wenigstens schon jetzt so viel, dass dieselben weder willkürlich noch auch rein mechanisch zu Stande kommen, sondern wahrscheinlich auf der unwillkürlichen Beeinflussung der Muskelinnervation durch krankhafte Seelenzustände beruhen.

Ganz kurz sei endlich der auf Kohlschütter's Anregung zurückgehenden Versuche gedacht, die Tiefe des Schlafes in den verschiedenen Zeiten nach dem Einschlafen zu messen. Die Messung geschieht mit Hülfe von verschieden starken Geräuschen, die am zweckmäßigsten durch fallende Kugeln erzeugt werden. Es wird jeweils diejenige Geräuschstärke bestimmt, welche in den einzelnen Abschnitten des Schlafes gerade genügt, um den Schläfer zu wecken. Je kräftiger der Weckreiz sein muss, desto größer ist natürlich die Schlaftiefe. Wie Michelson[2]) gezeigt hat, bestehen im Verhalten der Schlaftiefe schon bei Gesunden sehr erhebliche persönliche Unterschiede. Eine Fortführung dieser Untersuchungen und namentlich eine Uebertragung auf Krankheitszustände wäre außer-

---

1) Wiener Medicinische Presse. 1894. No. 40.
2) Untersuchungen über die Tiefe des Schlafes. Dissertation. Dorpat, 1891.

ordentlich erwünscht, doch stehen derselben bisher Schwierigkeiten entgegen, die fürs Erste kaum überwindlich erscheinen.

Man wird es nach dieser Uebersicht, welche mehr Beispiele geben, als irgendwie den Gegenstand erschöpfen will, begreiflich finden, wenn ich den Zeitpunkt für gekommen halte, an welchem auch die Psychiatrie von den Hülfsmitteln Gebrauch machen sollte, welche ihr die neueste Entwickelung der Seelenforschung an die Hand gibt. Die augenfällige Unfruchtbarkeit unserer wissenschaftlichen Bestrebungen auf dem Gebiete der allgemeinen Psychopathologie hat vielleicht einen ihrer wichtigsten Gründe in dem Umstande, dass eben mit den bisher gebräuchlichen Beobachtungsmethoden ein wesentlicher Fortschritt nicht mehr zu erreichen ist. Was wir einfach mit Händen greifen, mit Ohren hören und mit Augen sehen können, das haben auch schon unsere Vorgänger wahrgenommen, nicht selten sogar besser und unbefangener als wir. Wollen wir hier wirklich aus dem Bereiche des überlieferten Wissens hinausgelangen, so bedarf es der Erschließung neuer Erkenntnisswege und nicht des Breitertretens längst begangener Pfade. Als Mikrotom und Färbetechnik der anatomischen Durchforschung unseres Nervensystems mächtige Förderung versprachen, da sind es deutsche Irrenärzte gewesen, welche in erster Linie dazu beigetragen haben, unsere Kenntniss vom Bau des Gehirns auf wissenschaftliche Grundlagen zu stellen. Sollte die frisch aufblühende Physiologie der Seele weniger Anspruch auf die Mitarbeit der Fachgenossen erheben dürfen?

II.
Die künstliche Geistesstörung.

Was uns die experimentelle Psychologie zu leisten vermag, wird in absehbarer Zeit schwerlich eine unmittelbare Erleichterung der Krankheitsdiagnosen sein. Nur sehr wenige und nur die roheren Methoden werden sich im allgemeinen dazu eignen, uns, wie etwa die Auscultation und Percussion, für die praktische Beurtheilung des einzelnen Falles Aufschlüsse zu liefern, welche die sonstige klinische Beobachtung nicht gewähren kann. In dieser Beziehung steht der psychologische Versuch zur Zeit etwa auf gleicher Stufe wie die pathologische Anatomie der Ganglienzelle, welche uns bei der Mehrzahl unserer Kranken gar keine, bei dem Rest aber jedenfalls keine weiteren Schlüsse gestattet, als die Untersuchung des Lebenden. Die Bedeutung der experimentellen Methoden liegt somit wesentlich in der Förderung unserer wissenschaftlichen Erkenntniss. Gerade darum fällt der Umstand verhältnissmäßig wenig ins Gewicht, dass auch für vereinfachte Versuche voraussichtlich immer nur ein Bruchtheil unserer Kranken zugänglich sein wird. Für ein Hülfsmittel mit lediglich praktischen Zielen würde diese Beschränkung sehr verhängnissvoll sein. Die wissenschaftliche Forschung wird aber auch dann schon reichen Nutzen ziehen können, wenn das Verfahren wenigstens in einzelnen Fällen eine sonst nicht erreichbare genaue Zergliederung krankhafter Seelenzustände ermöglicht. Haben wir erst ein Verständniss der verschiedenartigen leichteren Störungen gewonnen, welche die Untersuchung mit unseren Hülfsmitteln gestatten, so werden wir so manche Ergebnisse mit einem gewissen Rechte auch auf schwerere Erkrankungen übertragen können. Jedenfalls aber wird unser Blick für die Auffassung von Einzelheiten geschärft, wenn uns einmal der Versuch an einfacheren Fällen gezeigt hat, welche Züge des Krankheitsbildes als wesentlich und welche als zufälliges Beiwerk angesehen werden müssen.

Gerade diese letzteren Ueberlegungen sind geeignet, uns den Ausblick auf eine Verwendung der experimentellen Psychologie zu eröffnen, welche für die psychiatrische Forschung zur Zeit vielleicht noch wichtiger ist, als die Uebertragung der Versuchsmethoden auf die eigentlich Kranken. Die Geistesstörungen gehen unmerklich, durch zahllose Zwischenstufen, in die Breite der geistigen Gesundheit über. Das gilt nicht nur von den krankhaften Zuständen, sondern ebenso von den Krankheitsprocessen. Auch im einzelnen Falle pflegt es eine kürzere oder längere Entwickelungszeit der Psychose zu geben, während welcher der Erkrankende sich in einem Zwischenzustande zwischen Gesundheit und Irresein befindet. Ja selbst neben jenen Krankheitsanfällen, welche fast blitzartig über den Menschen hereinbrechen, beobachten wir doch häufig genug eine Reihe milderer und wohl nur gradweise unterschiedener Verlaufsformen, welche auch die Beobachtung der einzelnen Vorstufen leidlich gut ermöglichen. Andererseits gleichen sich erfahrungsgemäß die psychischen Störungen fast immer nur ganz allmählich wieder aus, so dass wir beim Nachlasse der Krankheitserscheinungen oder in der Genesungszeit ebenfalls vielfach Zustände vor uns haben, welche noch die Reste der überstandenen Psychose in leichtesten Andeutungen in sich schließen, dabei aber doch der Gesundheitsbreite schon sehr nahe stehen. Solche Uebergangsstufen zwischen Norm und Krankheit werden in besonderem Maße geeignet sein, der experimentellen Untersuchung Angriffspunkte zu bieten. Ein großer Theil der Schwierigkeiten, welche auf der Höhe der psychischen Störung nur zu häufig die eingehendere Prüfung des Geisteszustandes ausschließen, ist hier leicht zu überwinden. Andererseits aber werden den feineren Methoden auch solche Abweichungen nicht entgehen, welche erst in ihrer Entwickelung oder bereits in raschem Schwinden begriffen und daher der einfachen Beobachtung nicht zugänglich sind.

Man wird hier mit Recht einwenden, dass uns zwar genesende und gebesserte Kranke in den Anstalten regelmäßig zur Verfügung stehen, dass wir aber nur recht selten in die Lage kommen, fortlaufend die Entwickelung einer Geistesstörung aus der Gesundheitsbreite her zu verfolgen. Gerade die ersten Anfänge der Psychosen, die in vieler Beziehung für uns von allergrößter Wichtigkeit sind, entziehen sich fast immer der klinischen Beobachtung und natürlich in noch höherem Maße etwa einer Erforschung durch den Versuch. Allein trotz alledem wird, wie ich glaube, an diesem Punkte die experimentelle Psychologie ihre Hebel einzusetzen vermögen. Ja, sie wird sogar mit weit größerer Sicherheit zu arbeiten in Stande sein, als selbst bei Genesenden, indem sie nicht auf den günstigen Zufall wartet, der ihr den Erkrankenden in den Weg führt, sondern einfach sich selbst die Bedingungen schafft, unter denen psychische Störungen sich entwickeln.

Natürlich kann es sich nur um eine kleine und beschränkte Gruppe von geistigen Erkrankungen handeln, welche wir, wenn der Ausdruck gestattet ist, künstlich zu erzeugen vermögen. Wir kennen verhältnissmäßig wenige Formen von Psychosen, die ausschließlich oder wesentlich durch äußere Ursachen zu Stande kommen. Außerdem aber verbietet sich die experimentelle Verwendung mancher dieser Ursachen, z. B. der Kopfverletzungen, am Menschen von selbst.

Erscheint demnach für die erste Betrachtung der Plan einer künstlichen Erzeugung von Geistesstörungen etwas absonderlich und wenig aussichtsreich, so ist es doch andererseits unzweifelhaft, dass der Ablauf unserer Seelenvorgänge durch eine ganze Reihe von äußeren Einwirkungen jeweils in bestimmter Weise beeinflusst wird. Dadurch eröffnet sich uns der Weg zur experimentellen Erforschung der gesetzmäßigen Beziehungen zwischen körperlichen und psychischen Zuständen überhaupt. Wird es sich dabei auch zunächst nur um Abhängigkeitsverhältnisse handeln, welche durchaus noch dem Gebiete des gesunden Lebens angehören, so ist doch zu erwarten, dass sich hier an manchen Punkten wenigstens die allgemeine Richtung erkennen lässt, in welcher sich die normalen Schwankungen zu krankhaften Veränderungen entwickeln. Unter allen Umständen aber wird die Kenntniss der Einflüsse, unter denen das gesunde Seelenleben steht, die wichtigste Vorstufe zum Verständnisse der Krankheitsursachen bilden.

Aus dieser Fragestellung wird uns zunächst die Aufgabe erwachsen, durch den psychologischen Versuch jene Veränderungen genauer zu zergliedern, welche durch den tagtäglichen Wechsel der äußeren Bedingungen in unserem Seelenzustande herbeigeführt werden. Wir können uns dabei aller der bisher besprochenen Methoden bedienen, um ein möglichst vielseitiges Bild von den Wandlungen unseres Inneren zu gewinnen. Leider hat es bisher noch nicht gelingen wollen, auch die Gefühlsregungen dem Experimente zugänglich zu machen. Was wir heute untersuchen können, sind vielmehr im wesentlichen nur die Auffassung von Sinnesreizen, das Gedächtniss, die Vorstellungsverbindungen, die Auslösung von Willensantrieben und die Ausführung von Muskelbewegungen. Ich darf indessen mit Befriedigung sagen, dass auch in diesem beschränkten Kreise die Ausbeute an Thatsachen und Gesetzmäßigkeiten schon eine recht reiche ist, um so mehr, als diesen von Gesunden ausgeführten Versuchen bei einiger Geduld ein so hoher Grad von Zuverlässigkeit gegeben werden kann, wie er überhaupt bei physiologischen Functionsprüfungen erreichbar erscheint.

Den ersten Angriffspunkt für unsere Experimente bilden die Einflüsse der Ermüdung. Wir wissen, dass unsere Hirnrinde nicht lange Zeit ununterbrochen thätig sein kann, dass ein Uebermaß der Arbeit die Arbeitsfähigkeit beeinträchtigt. Ja die Ueberarbeitung wird bekanntlich geradezu als Ursache gewisser Störungen des psychischen Gleichgewichtes angeschuldigt. Wir dürfen daher hoffen, durch das Studium der Ermüdungserscheinungen auch Ausblicke auf das Wesen der krankhaften Umwälzungen zu erhalten, welche durch Ueberanstrengung hervorgerufen werden.

Gehen wir an die praktische Bearbeitung dieser Fragen heran, so erweist sich sofort, dass wir es hier mit einem sehr vielseitigen Problem zu thun haben, welches zunächst in eine Reihe von Einzelaufgaben zerlegt werden muss. Vor allem ist zu unterscheiden zwischen einmaliger und wiederholter oder dauernder Ermüdung. Eine einzige, bis zum äußersten getriebene Anstrengung muss wesentlich andere Folgen für Leib und Seele haben, als die fortgesetzte Steigerung der Arbeitsleistung über die verfügbaren Kräfte hinaus. Dort wird es zu einem raschen Zusammenbruche der Arbeitsfähigkeit kommen, den jedoch unter sonst günstigen Umständen die Erholung bald zu beseitigen pflegt. Hier dagegen kann sich eine dauernde Schädigung entwickeln, welche zwar im Augenblicke weit geringer erscheint, dafür aber sehr viel schwerer sich wieder ausgleicht. Von diesen beiden grundverschiedenen Fällen haben wir bisher nur den ersten einer näheren Prüfung unterzogen.

Aber auch hier bedarf es noch einer weiteren Zergliederung der Aufgabe. Wenn schon Mosso den Nachweis geführt hat, dass geistige Anstrengung die Muskelleistung beeinträchtigt, und wenn wir auch im allgemeinen wissen, dass wir im Zustande körperlicher Ermüdung nicht zur Gedankenarbeit aufgelegt zu sein pflegen, so erscheint es doch nothwendig, von vorn herein den Einfluss der geistigen und der körperlichen Thätigkeit auf unser Seelenleben gesondert zu studiren. Mögen die physiologischen Ursachen der Ermüdung sein, welche sie wollen, so wird man doch der Annahme nicht entgehen können, dass die Zeichen derselben verschiedene sein werden, je nachdem wir das angestrengte Organ selbst untersuchen oder ein anderes, erst mittelbar beeinflusstes. Die experimentelle Erfahrung hat in der That Anhaltspunkte für die Richtigkeit dieser Vermuthung ergeben.

Die Größe der Ermüdungswirkung, welche durch eine bestimmte Arbeitsleistung erzeugt wird, hängt sehr wesentlich von dem Zustande des arbeitenden Menschen ab. Nicht nur seine Leistungsfähigkeit im allgemeinen kommt dabei in Betracht, sondern namentlich auch die Vertheilung von Arbeit und Ruhe. Wo frühere Anstrengungen noch nachwirken, tritt die Ermüdung rascher und stärker ein, als nach längerer Erholung. Auch diese Verhältnisse bedürfen daher einer genaueren Berücksichtigung, wenn wir ein klares Bild der Ermüdungseinflüsse gewinnen wollen. Vor allem aber werden wir die Beziehungen zwischen Arbeitsleistung und der vollkommensten Erholung, dem Schlafe, untersuchen müssen, eine Frage, über deren außerordentliche wissenschaftliche und praktische Bedeutung ich kein Wort zu verlieren brauche. Wir werden zu prüfen haben, welches Verhalten die geistige Leistungsfähigkeit in verschiedenen zeitlichen Abständen nach dem Erwachen aus längerem Schlafe darbietet, und andererseits, wie rasch der Schlaf im Stande ist, die Ermüdungswirkungen wieder zu verwischen. Nach beiden Richtungen hin stehen uns schon Versuchsergebnisse zu Gebote, welche darthun, dass auch hier Maßbestimmungen ohne wesentliche Schwierigkeit ausführbar sind.

Zur Vervollständigung dieses Bildes ist es endlich nothwendig, noch die Abhängigkeit der Leistungsfähigkeit von der Nahrungsaufnahme zu studiren. Zum Ausgleiche der Ermüdung genügt auf die Dauer nicht Ruhe und Schlaf allein, sondern es bedarf auch eines körperlichen Wiederersatzes der verbrauchten Gewebetheile. Wir wissen, dass der Hunger die Arbeit erschwert und rascher Abspannung herbeiführt. Freilich wissen wir außerdem, dass auch ein voller Bauch nicht zum Studiren geschickt macht. Es wird demnach unsere Aufgabe sein, die unmittelbare und mittelbare Einwirkung der Nahrungsaufnahme auf unser Seelenleben festzustellen, sowie jene fortschreitenden Veränderungen zu verfolgen, welche unsere Leistungsfähigkeit beim Wegfall des Stoffersatzes allmählich erleidet.

Sobald es gelungen ist, die Wirkungen aller hier besprochenen Einflüsse im einzelnen kennen zu lernen, wird sich uns das Verständniss für den Ablauf jener regelmäßigen Tagesschwankungen eröffnen, welche unser psychischer Zustand zwischen Erwachen und abendlichem Einschlafen darzubieten pflegt. Im gewöhnlichen Flusse der Dinge ist es nur die Vertheilung von Arbeit und Erholung, Bewegung und Ruhe, Wachen und Schlafen, Essen und Hungern, welche den Stand der Leistungsfähigkeit und Ermüdbarkeit für jede Tagesstunde bedingt. Kennen wir diese Vertheilung, so werden wir unter sonst gleichen Verhältnissen den jeweiligen Zustand ableiten können aus dem Zusammenwirken der genannten, in einander greifenden Einflüsse, und wir werden zugleich in die Lage versetzt sein, durch planmäßige Aenderungen der Lebensweise auch dem Tageslaufe der geistigen Leistungsfähigkeit eine andere Gestaltung zu geben.

Die Beziehungen derartiger Untersuchungen zur Psychiatrie sind vielleicht nicht ohne weiteres einleuchtend. Ich darf indessen wohl darauf hinweisen, dass wir uns hier auf einem Gebiete bewegen, auf welchem anscheinend reiche Quellen psychischer Störungen entspringen. Körperliche, namentlich aber geistige Ueberanstrengung, ungenügender Schlaf, mangelhafte Ernährung werden uns immer wieder als hauptsächliche oder doch mitwirkende Ursachen geistiger Erkrankung namhaft gemacht. Wie weit das im einzelnen Falle richtig ist, lässt sich schwer entscheiden. Besonders dort, wo jene Einflüsse längere Zeit hindurch fortdauerten, wird die sichere Umgrenzung des ursächlichen Zusammenhanges meist kaum möglich sein. Gerade an diesem Punkte wäre vielleicht das psychologische Experiment berufen, größere Klarheit zu schaffen. Wenn wir es auch nicht etwa unternehmen wollen, Jemanden durch Ueberanstrengung, Entziehung der Nahrung oder des Schlafes geisteskrank zu machen, so wird doch voraussichtlich schon bei geringeren Graden derartiger Schädigungen, wie sie sich leicht willkürlich erzeugen lassen, die Richtung erkennbar sein, nach welcher hin sich die Veränderung unseres psychischen Zustandes vollziehen wird. Der empfindliche Versuch, den wir zudem beliebig oft wiederholen und abändern können, vermag uns die ersten Andeutungen jener Störungen aufzudecken, welche das Bild im entwickelten Krankheitszustande zusammensetzen. Während wir es aber im Krankheitsbilde selten oder niemals mit einem eindeutigen Experimente der Natur, sondern mit dem Ineinandergreifen verschiedenartiger Ursachen zu thun haben, lehrt uns der Versuch, die Wirkungen der einzelnen Schädlichkeit gesondert aufzufassen. Außerdem aber gibt er uns die Möglichkeit, durch die Anwendung verschiedener Methoden ein genaueres Verständniss für das Wesen der Störung auf den einzelnen Gebieten des Seelenlebens zu gewinnen. So vorbereitet werden wir dann endlich dazu befähigt sein, auch in dem verwickelten Krankheitszustande nicht nur die Wirkungen verschiedener Ursachen aus einander zu halten, sondern auch die bunte Mannigfaltigkeit der Erscheinungen auf gewisse einfachere Grundstörungen zurückzuführen.

Ich muss darauf vorbereitet sein, dass man den hier vorgezeichneten Plan für ein artiges Luftschloss, die Verfolgung derartiger Aufgaben für müßige Spielerei halten wird. In der That lässt sich nicht bestreiten, dass wir von der Erreichung des geschilderten Zieles noch recht weit entfernt sind. Vor allem ist die experimentelle Untersuchung länger dauernder Einwirkungen auf unser Seelenleben noch kaum in Angriff genommen worden. Dagegen liegen über rasch sich vollziehende Veränderungen des psychischen Zustandes unter gewissen willkürlich herbeigeführten Bedingungen schon eine längere Reihe von Erfahrungen vor, welche darthun, dass wenigstens innerhalb bescheidener Grenzen die oben gestellten Aufgaben thatsächlich gelöst werden können. Als klares Beispiel führe ich an die von Aschaffenburg angestellten Untersuchungen über die Erschöpfung[1]. Es handelt sich dabei im wesentlichen um das genauere Studium der psychischen Schädigung, welche sich im Verlaufe einer schlaflosen, durch Versuche ausgefüllten Nacht herausstellt. Dass wir uns nach einer durcharbeiteten Nacht anders befinden, als nach erquickendem Schlafe oder auch am Schlusse der Tagesarbeit, wissen wir Alle. Schwerlich aber vermöchte Jemand ohne weiteres anzugeben, welcher Art die Veränderungen sind, die sich hier auf den verschiedenen Gebieten des Seelenlebens entwickelt haben.

Durch oftmals wiederholte, möglichst vielseitige Versuche hat sich mit befriedigender Uebereinstimmung eine ganz bestimmte, gesetzmäßige Wirkung der schlaflosen Nacht auf den psychischen Zustand der einzelnen Personen feststellen lassen. In der Hauptsache handelt es sich um die Erschwerung der Wahrnehmung mit gleichzeitigem Auftreten selbständiger Sinneserregungen, um eine Verlangsamung des Gedankenganges, um das Auftreten von ideen-

---

[1] Archiv f. Psychiatrie, XXV. S. 594.

flüchtigen und eintönigen Vorstellungsverbindungen, endlich um die erleichterte Auslösung von Bewegungsantrieben. Dabei wurde auffallend heitere Stimmung und besondere Lebhaftigkeit der Ausdrucksbewegungen beobachtet. Auch wenn man zunächst auf eine genauere Deutung dieser mannigfaltigen Störungen verzichtet, wird man, wie ich glaube, doch überrascht werden durch die weitgehende Uebereinstimmung derselben mit den Krankheitserscheinungen, welchen wir bei den rasch entstehenden Erschöpfungspsychosen begegnen. Wollten wir das Bild z. B. eines Collapsdeliriums in seine einzelnen Züge zerlegen, so würden wir genau zu der gleichen Aufzählung kommen, in welcher wir die Ergebnisse der Nachtversuche zusammengefasst haben. Berücksichtigen wir, dass die Grundlage des Collapsdeliriums regelmäßig ein plötzlicher Zusammenbruch der Kräfte in Folge von erschöpfenden Ursachen bildet, und dass bei den Nachtversuchen fortgesetzte Arbeit, Entziehung des Schlafes und der Nahrungsaufnahme zusammenwirken, so wird die Auffassung berechtigt erscheinen, dass es sich hier um mehr als eine äußerliche Aehnlichkeit handelt! Wie mir scheint, zeigt uns der Versuch bereits die ersten Spuren jener Störungen, welche sich unter ungünstigen Umständen zu krankhafter Höhe steigern können. Indem wir bei ihm mit Hülfe der feineren psychologischen Methoden die Zustandsveränderung bis ins Einzelne zergliedern, werden wir die einmal erkannten Grundzüge später auch beim Naturexperimente ohne Schwierigkeit wiederfinden.

Durchsichtiger wohl noch und überzeugender, als das vorgeführte Beispiel, dürften die Erfahrungen bei gewissen einfachen Vergiftungen erscheinen. Mit Hülfe des psychologischen Versuches sind wir heute in der Lage, uns ein ziemlich genaues Bild von den Veränderungen zu machen, welche durch eine Reihe von chemischen Stoffen in dem Ablaufe unserer psychischen Thätigkeit hervorgebracht werden. Hier haben wir es ohne Zweifel vielfach mit wirklichen Geistesstörungen zu thun, wenn sie auch schulgemäß aus praktischen Gründen nicht immer so angesehen werden. Insbesondere ist der alte Satz, dass der Rausch ein Irresein im kleinen darstelle, weit mehr als ein hübsches Gleichniss. Von den leichtesten Formen der Berauschtheit führen uns ununterbrochene Zwischenstufen zu den schwersten Dämmerzuständen hinüber, deren krankhafte Natur auch dem Laien ohne weiteres klar ist. Dieser Punkt war es daher auch, an dem ich vor Jahren meine Versuche begann, auf experimentellem Wege tiefer in das Verständniss krankhafter Seelenzustände einzudringen.

Die Erfahrung hat gezeigt, dass der Weg gangbar war. Wir besitzen heute eine Kenntniss der psychischen Alkoholwirkungen, die sicherlich noch keine erschöpfende, jedenfalls aber eine weit vollkommenere ist, als sie ohne Versuche jemals erreichbar gewesen wäre. Damit aber ist uns zugleich der Schlüssel zu den verschiedenartigen psychiatrischen Krankheitsbildern gegeben, welche durch die acute Alkoholvergiftung erzeugt werden. Mag aus naheliegenden Gründen auch hier noch manche Lücke auszufüllen, manche Abweichung gesondert zu untersuchen sein — die Hauptzüge, welche uns das Experiment erschlossen hat, Lähmung der Auffassung und des Verstandes, vorübergehende Steigerung der Bewegungsantriebe, sehen wir überall wiederkehren. Wir fangen an, zu begreifen, warum dasselbe Mittel bald Schlaf, bald Erregung herbeiführen kann, warum Gemüthsbewegungen beim Betrunkenen einmal ernüchternd wirken, das andere Mal heftige Wuthanfälle hervorrufen. Ja wir vermögen uns vielleicht auch schon eine gewisse Vorstellung von den überaus wichtigen Beziehungen zu machen, welche der Alkohol zur Epilepsie besitzt. Ich muss wenigstens gestehen, dass namentlich meine experimentellen Erfahrungen geradezu meine Aufmerksamkeit auf diesen Punkt hingelenkt haben. In Folge dessen ist mir die häufige Auslösung epileptischer Dämmerzustände durch kleine Alkoholgaben, ferner die ganze Lehre von der sogenannten Mania transitoria und namentlich auch von der Dipsomanie in ein völlig neues Licht gerückt worden. Füge ich hinzu, dass auch die Kenntniss der chronischen Alkoholvergiftung aus dem Studium der acuten Wirkung des Mittels vielfachen Nutzen ziehen kann, und endlich, dass mir diese Versuche die erste Grundlage zu einem richtigeren Verständnisse der Ideenflucht und damit der manischen Erkrankungen überhaupt gegeben haben, so wird zur Genüge dargethan sein, dass wir es hier in der That mit einer Forschungsmethode zu thun haben, welche unmittelbar auch der Psychiatrie werthvolle Ergebnisse zu liefern im Stande ist.

Es bedarf daher kaum eines Hinweises darauf, dass die

Wirkungen so mancher anderer Gifte in ähnlicher Weise untersucht werden können und voraussichtlich weitere Zusammenhänge unseres Seelengetriebes aufdecken werden. So hat uns der Versuch die nahe Verwandtschaft der psychischen Aetherwirkung mit derjenigen des Alkohols gezeigt, eine Beziehung, die uns klinisch in der Aehnlichkeit der beiden chronischen Vergiftungen wieder begegnet. Ebenso scheint das allerdings noch ungenügend bearbeitete Cocain dem Alkohol nahe zu stehen, nur weit stärker zu wirken. Auch hier ist uns bereits die große Uebereinstimmung gewisser durch diese Gifte erzeugter Krankheitsbilder bekannt. Gerade ein genauer Vergleich zwischen psychischer Alkohol- und Cocainwirkung würde wahrscheinlich unser Verständniss krankhafter Seelenzustände außerordentlich fördern. Es ist geradezu erstaunlich, wie weit ins einzelne sich die Aehnlichkeit der klinischen Züge erstreckt. Die eigenartigen Gehörs- und Gefühlstäuschungen, die Verfolgungs- und Eifersuchtsideen, die Aengstlichkeit und Unruhe stimmen beim Wahnsinn der Alkoholisten und Cocainisten vollkommen überein. Und dennoch hat wieder jede dieser beiden Vergiftungen ihre ganz besonderen Eigenthümlichkeiten, welche mit größter Sicherheit die Abtrennung der Krankheitsbilder von einander gestatten. Wenn irgendwo, so ist hier bei der Anwendung verschiedenartiger Untersuchungsmethoden die Möglichkeit zu einer feineren Zerlegung der Giftwirkungen auf unser Seelenleben gegeben. Leider stehen gerade den Versuchen mit Cocain so schwere Bedenken entgegen, dass nur mit äußerster Vorsicht verfahren werden darf.

Ein wesentlich anderes Bild wiederum zeigt uns das psychische Verhalten unter dem Einflusse des Morphiums. Wie ich schon durch eigene Versuche wahrscheinlich machen konnte, verbindet sich hier Anregung der Vorstellungsthätigkeit mit erschwerter Auslösung von Bewegungsantrieben. Neuere Beobachtungen Aschaffenburg's bei einer Morphinistin haben diese Annahme bestätigt. Die praktisch uns bekannten Unterschiede zwischen Alkoholrausch und Morphiumwirkung finden durch das Experiment ebenso ihre tiefere Begründung, wie gewisse gemeinsame Züge, welche der chronische Missbrauch der beiden Gifte darzubieten pflegt. Natürlich wird es bei allen diesen Mitteln, welche dauernde Krankheitszustände erzeugen, nothwendig sein, die Wirkung gewohnheitsmäßigen

Genusses gesondert neben derjenigen der einmaligen Gabe zu studiren. Wo derartige Versuche dem Gesunden zu große Gefahren bringen, pflegen uns ja leider Personen genug zu Gebote zu stehen, welche ohnedies dem dauernden Einflusse jener Gifte sich nicht zu entziehen vermögen.

Die Reihe der Stoffe, welche überhaupt Zustandsveränderungen in unserem Seelenleben hervorzurufen vermögen, ist natürlich eine sehr große, aber nur wenige haben eine greifbare Bedeutung für die Psychiatrie. Allenfalls trifft das zu für das Haschisch, das Brom und einige der bisweilen gewohnheitsmäßig genommenen Schlafmittel. Andererseits wird uns aber auch die Untersuchung solcher Stoffe, welche nicht gerade Seelenstörungen erzeugen, bisweilen mittelbar ein besseres Verständniss für den Zusammenhang und die Beziehungen der einzelnen Vorgänge in unserem Inneren vermitteln können. Unter diesem Gesichtspunkte habe ich seinerzeit die Prüfung der psychischen Theewirkung begonnen, aber auch der Tabak, die Kawa und vielleicht so manches andere fremde Genussmittel würde wohl eine derartige Untersuchung lohnen.

Der wesentliche Punkt bei derartigen Forschungen ist, abgesehen von den möglichen Nutzanwendungen auf die Psychiatrie, stets die Zerlegung verwickelter psychischer Vorgänge in ihre einfacheren Bestandtheile. Wie ich mich bemüht habe, zu zeigen, vermögen wir die bisher genauer bekannten psychischen Wirkungen, soweit sie der Messung zugänglich sind, ohne Zwang auf die verschiedenartige Beeinflussung zweier Hauptrichtungen unseres Seelenlebens zurückzuführen, einerseits der Auffassung und geistigen Verarbeitung äußerer Eindrücke, andererseits der Auslösung von Willensbewegungen. Die ganze Mannigfaltigkeit der psychischen Wirkungen, welche Alkohol, Aether, Chloroform, Amylnitrit, Chloralhydrat, Paraldehyd, Thee und Morphium entfalten, lässt sich ausdrücken durch das verschiedenartige Zusammenspiel hemmender und erregender Einflüsse auf den soeben gekennzeichneten beiden Gebieten der psychischen Thätigkeit. Ohne Zweifel ist diese bisher gewonnene Anschauung noch eine sehr einseitige; die Ausdehnung unserer Versuchsmethoden auf neue Fragestellungen wird dem Gegenstande gewiss noch eine Reihe neuer Seiten abgewinnen. Trotzdem aber ist schon jetzt für eine Anzahl von Giften der Nachweis vollkommen gelungen, dass sie verschiedene Verrichtungen unseres Seelenlebens in verschiedenem Maße, wahrscheinlich sogar auch in ganz verschiedenem Sinne beeinflussen.

Der Umstand, dass diese Verhältnisse durch den Versuch nicht nur in undeutlichen Umrissen, sondern schließlich sogar in ziemlich genauen Maßbestimmungen festgestellt werden können, scheint mir von erheblicher Tragweite zu sein. Wie ich glaube, wird hier die Aussicht eröffnet, dem Zusammenhange zwischen körperlichen und psychischen Störungen unmittelbar auf dem Wege des Experimentes nachzugehen. Seit langer Zeit sind wir bemüht, in Krankheitsfällen die feineren Veränderungen der Ganglienzellen unserer Hirnrinde aufzufinden und dieselben womöglich in Beziehungen zu dem klinischen Bilde zu bringen. Vieldeutige und unsichere Befunde im Präparate entsprachen verwickelten und wechselnden Beobachtungen am Lebenden. Kein Wunder, wenn der lebhaften Einbildungskraft die Arbeit leicht wurde und eine ganze Reihe von psychiatrischen Lehrgebäuden vorhanden sind, welche schon bis ins einzelne die Entstehung bestimmter Krankheitserscheinungen aus bestimmten anatomischen Schädigungen aufzeigen können. Leider sind das fast alles Kartenhäuser, und sie können nichts anderes sein, so lange weder die Leichenöffnung noch die klinische Beobachtung uns eindeutige Befunde liefert. Nach der ersteren Richtung hin scheint nun endlich durch Nissl's Untersuchungen die Hoffnung auf Erreichung des Zieles erheblich näher zu rücken; auf psychologischem Gebiete dagegen befinden wir uns leider noch in den allerersten Anfängen.

Gerade darum werden wir uns hier zunächst recht einfache Untersuchungsgegenstände zu wählen haben, und wir werden darauf bedacht sein müssen, mit möglichst sicheren Methoden zu arbeiten. Was uns fördern kann, ist daher in erster Linie der psychologische Versuch am gesunden Menschen. Beim Gesunden, bei uns selbst lernen wir den Ablauf des einzelnen Vorganges aus eigener innerer Erfahrung kennen. Zugleich aber gewinnen wir auch einen Einblick in die Fehlerquellen, welche unsere Beobachtungen trüben. Den Versuch können wir endlich beliebig oft wiederholen, in der verschiedensten Weise abändern und vereinfachen, so dass wir schließlich sicher sind, den wirklichen Zusammenhang zwischen

Ursache und Wirkung aufgedeckt zu haben. Dieser Vorarbeit bedarf es unbedingt, wenn wir irgendwo zu den Grundthatsachen des Seelenlebens hindurchdringen wollen. Nur auf diesem Wege aber werden wir auch die Grundstörungen erkennen lernen, aus denen sich eine verwickelte klinische Erscheinung schließlich zusammensetzt.

Die Erreichung des letzteren Zieles ist sicherlich am leichtesten auf dem Gebiete der psychischen Giftwirkungen. An manchen Punkten scheint die Zerlegung des Gesammtbildes schon heute bei recht einfachen Grundstörungen angelangt zu sein. Ist das wirklich der Fall, so müssen wir nunmehr im Stande sein, die durch das Gift erzeugten körperlichen Veränderungen in unmittelbare ursächliche Beziehungen zu den beobachteten psychischen Störungen zu bringen. Gerade die verschiedenartige Wirkung der einzelnen Gifte kommt uns dabei wesentlich zu statten. Vergleichen wir den anatomischen Befund bei zwei Mitteln, von denen das eine die Auffassung äußerer Eindrücke lähmt, während das andere sie erleichtert, z. B. bei Alkohol- und Morphiumvergiftung, so würde hier der Schluss berechtigt sein, dass die Unterschiede in den körperlichen Veränderungen denjenigen der psychischen Beeinflussung wirklich entsprechen. Freilich wird dabei immer vorausgesetzt, dass die Verschiedenheiten nur auf einem einzigen Gebiete des Seelenlebens liegen. Immerhin wird durch Untersuchung zahlreicher Gifte der gesetzmäßige Zusammenhang sich allmählich mit genügender Sicherheit herausarbeiten lassen. Jedenfalls hat dieser Forschungsplan den großen Vorzug, dass er überall die Berichtigung durch das Experiment zulässt, am Thiere für die anatomische, am Menschen für die psychologische Seite. Ohne willkürliche und mannigfaltige Abänderung der Bedingungen werden wir aber auf einem so außerordentlich dunklen Gebiete schwerlich jemals aus dem unsicheren Herumtappen herauskommen. Die unendliche und im Ganzen recht schlecht gelohnte Mühe, welche auf das Schneiden paralytischer Gehirne verwendet worden ist, dürfte zur Genüge darthun, dass es zweckmäßiger ist, statt dessen vorerst dort anzugreifen, wo die Verhältnisse einfache und wo sie dem sicheren Hülfsmittel des planmäßigen Versuches zugänglich sind.

III.
Die persönlichen Grundeigenschaften.

Leider ist die Rolle, welche äußere Ursachen bei der Entstehung von Geistesstörungen spielen, im Ganzen eine weit geringere, als man früher anzunehmen pflegte. Die ungeheure Mehrzahl der psychischen Erkrankungen entwickelt sich aus den inneren Bedingungen der Persönlichkeit heraus, ohne wesentliche Mitwirkung äußerer Schädigungen. Die Untersuchung künstlich erzeugter Schwankungen des seelischen Gleichgewichtes hat daher nur einen sehr engen Spielraum. Ueberdies vermögen wir eine der wichtigsten und folgenschwersten Vergiftungen, diejenige durch die Syphilis, auch nicht einmal am Thiere nachzuahmen, und endlich hat sich bisher noch keine Form finden lassen, den Einfluss der Gemüthsbewegungen in den Rahmen des psychologischen Versuches zu fassen, obgleich gerade ihnen mit Recht oder Unrecht eine ganz besondere Bedeutung für die Entwickelung des Irreseins zugeschrieben wird.

Unter diesen Umständen werden wir darauf bedacht sein müssen, für unsere Untersuchungen einen Angriffspunkt aufzufinden, der uns Aufschlüsse über die inneren Ursachen der Geistesstörungen verspricht. Neuere Erfahrungen lassen daran denken, dass ein Theil dieser inneren Ursachen vielleicht in chronischen Vergiftungen durch Stoffe besteht, welche im Körper selbst sich bilden oder nicht ausgeschieden werden. Die psychischen Veränderungen beim Myxödem, der Blödsinn der Kretinen sind dafür lehrreiche Beispiele. Ueber alle derartigen Erkrankungen können wir hoffen, durch den Versuch an Mensch und Thier einmal in gleicher Weise Aufschluss zu erhalten, wie über die früher besprochenen Vergiftungen. Bis zu welchem Umfange etwa Eigenvergiftungen als nächste Ursachen von Geisteskrankheiten angesehen werden dürfen, lässt sich zur Zeit durchaus noch nicht übersehen. So viel aber steht fest, dass sicherlich sehr ausgedehnte Gebiete des Irreseins übrig bleiben werden, auf denen von irgend welchen umgrenzten Ursachen gar keine Rede ist, auf denen vielmehr die gesammte Anlage der Persönlichkeit für die Weiterentwickelung im Sinne des Krankhaften verantwortlich gemacht werden muss.

Diese namentlich durch das Verdienst französischer Irrenärzte sicher gestellte Erkenntniss hat bekanntlich zu dem vieldeutigen und viel gemissbrauchten Begriffe der psychischen »Entartung« geführt. Man versteht darunter alle die angeborenen, zum großen Theil auf erbliche Einflüsse zurückgeführten Abweichungen des Seelenlebens vom gesunden Verhalten, welche doch noch nicht ausgesprochene Geistesstörungen darstellen. Ein großer Theil der von Koch umschriebenen »psychopathischen Minderwerthigkeiten« und namentlich auch die sogenannte »psychopathische Prädisposition«, die krankhafte Veranlagung, sind Ausdrucksformen der psychischen Entartung. Der Inhalt dieses Begriffes ist somit ein äußerst mannigfaltiger, seine Umgrenzung eine sehr dehnbare. Leichtere Krankheitszustände finden sich neben einfachen Absonderlichkeiten, Schwachsinnsformen neben höchster Eigenart der Begabung, greifbare Abweichungen neben schlummernden und vielleicht niemals sich entwickelnden Krankheitskeimen.

Das Bedürfniss nach einer Sichtung und Gruppirung dieses buntscheckigen Inhaltes ist schon lange und häufig empfunden worden. Man hat eine Reihe verschiedener Formen und Stufen der Entartung beschrieben, so gut und so schlecht es die zahlreichen Uebergänge und die Hülfsmittel der gewöhnlichen klinischen Beobachtung gestatteten. Auch an diesem Punkte scheint mir der experimentellen Psychologie eine neue Aufgabe zu harren, vielleicht die wichtigste von allen, welche sie auf dem Gebiete der krankhaften Seelenzustände zu lösen berufen ist. In die Verschwommenheit der Alltagspsychologie, die uns nichts als allgemeine Eindrücke liefert, kann nur die experimentelle Zergliederung, die Anwendung von Maß und Zahl diejenige Klarheit bringen, welche das Ziel der wissenschaftlichen Betrachtung bilden muss. Während wir uns bei der körperlichen Untersuchung des Menschen, sei es auch nur, um Verbrecher wieder zu erkennen, mit größtem Erfolge genauer Messungen bedienen, begnügen wir uns bei der Prüfung seines Geisteszustandes noch immer mit jenen halb instinctiven Abschätzungen, zu welchen uns unsere mehr oder weniger ausgedehnte Erfahrung im »Umgange mit Menschen« befähigt. Das Verfahren Bertillon's liefert uns heute bereits eine so genaue und erschöpfende Darstellung der körperlichen Beschaffenheit, dass wir den Einzelnen unter Tausenden mit größter Sicherheit heraus zu erkennen vermögen; unsere Schilderungen der psychischen Eigenart pflegen sich dagegen noch nicht bedeutend über den Standpunkt eines Passkartensignalements zu erheben.

Indessen, wir müssen zugeben, dass es leichter ist, diese Unvollkommenheit zu erkennen, als sie zu beseitigen. Der Körper des Menschen ist innerhalb gewisser Grenzen eine sich gleichbleibende Größe; seine Gestalt und Ausdehnung ist nur in geringem Maße willkürlicher Veränderung unterworfen. Dagegen haben wir es im Seelenleben nicht mit greifbaren Gebilden, sondern mit Vorgängen zu thun, deren Ablauf durch zahllose, unberechenbare Einflüsse in der mannigfaltigsten Weise durchkreuzt wird. Es ist daher, auch abgesehen von vielen anderen Schwierigkeiten, wenig Hoffnung vorhanden, dass es uns einmal gelingen werde, mit gleicher Sicherheit die seelischen Eigenschaften einer Persönlichkeit zu umgrenzen, wie wir seine Körperbeschaffenheit feststellen oder ein Brillenrecept schreiben. Trotzdem werden wir uns auf die Dauer der Forderung nicht entziehen können, wenigstens in den Grenzen des Erreichbaren zahlenmäßige und somit vergleichbare Ausdrücke für die besondere psychische Veranlagung des einzelnen Menschen aufzusuchen.

Um die Grundlagen einer derartigen messenden Individualpsychologie zu gewinnen, werden wir uns im allgemeinen der gleichen Methoden bedienen können, wie wir sie früher als Hülfsmittel für die Untersuchung der Zustandsveränderungen in unserem Seelenleben kennen gelernt haben. Vielleicht dürfen wir auch hoffen, dass es uns gelingen wird, allmählich den Kreis jener Methoden bis zu einer umfassenden Durchforschung der verschiedensten Vorgänge unseres Inneren zu erweitern. Die bisher vorliegenden Anfänge haben gezeigt, dass in der That auf dem angedeuteten Wege eine ganze Reihe von persönlichen Eigenschaften gemessen werden können, über welche wir uns ohne das Experiment entweder überhaupt keine oder doch nur äußerst unklare Vorstellungen zu machen im Stande wären. Es hat sich ergeben, dass für die Größe der Leistungsfähigkeit auf den verschiedenen Gebieten psychischer Arbeit ein Maß in der Geschwindigkeit gefunden werden kann, mit welcher sich die einzelnen Vorgänge ir unserem Innern vollziehen, die Auffassung äußerer Eindrücke, die Befestigung im Gedächtnisse, die Verbindung von Vorstellungen in ihren mannigfaltigen Formen bis zur Urtheils- und Schlussbildung, die Auslösung von Willensantrieben, die Ausführung von Bewegungen.

Vielfach lässt sich dabei gleichzeitig ein Urtheil über die Beschaffenheit der Arbeitsleistung gewinnen. Die Neigung zu vorzeitigen und Fehlreactionen deutet auf eine vorwiegend motorische Reactionsweise, eine erleichterte Auslösung von Bewegungsantrieben hin, während lange und gleichmäßige psychische Zeiten dafür sprechen, dass die Aufmerksamkeit hauptsächlich der Auffassung des Sinneseindruckes zugewendet war. Auch der Inhalt der Associationen gewährt uns gewisse Einblicke in das Getriebe des Seelenlebens. Wenn auch die Gruppirung gegebener Vorstellungsverbindungen im Einzelnen auf unüberwindliche Schwierigkeiten stößt[1]), so lässt sich doch zeigen, dass die Häufigkeit von Wortzusammensetzungen, Citaten, Klangassociationen uns eindeutige Schlüsse über den Ablauf unseres Gedankenganges gestattet. Auch die zeitweilige Wiederkehr der gleichen Associationen, die Beeinflussbarkeit derselben durch zufällige Ursachen und ähnliche Erfahrungen dürfen schon jetzt als Kennzeichen ganz bestimmter Störungen der Vorstellungsthätigkeit verwerthet werden. Endlich ist es selbstverständlich, dass durch ausgedehnte Versuche auch über die Menge der überhaupt verfügbaren Vorstellungen, über die Einförmigkeit oder den Reichthum der Ideenverbindungen immerhin brauchbare Aufschlüsse werden gewonnen werden können.

Bei den fortlaufenden Arbeitsmethoden sind ebenfalls gewisse bescheidene Schlüsse über die besondere Beschaffenheit der geistigen Thätigkeit schon heute möglich. Lässt man beim Rechnen das Ergebniss jeder einzelnen Addition in abgekürzter Form aufschreiben, so ist man ohne weiteres im Stande, neben der Schnelligkeit auch die Richtigkeit der Rechnung zu prüfen. Erst die Berücksichtigung der begangenen Fehler gibt uns den richtigen Maßstab für die Würdigung der Verschiedenheiten, welche die Rechengeschwindigkeit bei den einzelnen Versuchspersonen und unter wechselnden

---

[1] Kraepelin, Beeinflussung psychischer Vorgänge u. s. w. S. 33 ff.

Umständen darbietet. Noch wichtiger dürften die schon früher eingehend besprochenen Unterschiede in der persönlichen Eigenart des Auswendiglernens sein. Wir sahen, dass dieser Vorgang sich in mindestens zwei wesentlich von einander abweichenden Formen vollziehen kann. Wahrscheinlich darf die Wiederholungsgeschwindigkeit unmittelbar als ein Anzeichen der angewandten Lernmethode betrachtet werden. Vielleicht gehen wir nicht fehl, wenn wir vermuthen, dass die Bedeutung der Verschiedenheiten im Lernen noch über dieses einzelne Gebiet hinausreicht und dass dieselben möglicherweise einmal Schlüsse auf die allgemeine, mehr sensorische oder motorische Veranlagung der gesammten Persönlichkeit gestatten. Heute freilich sind die Thatsachen zur Durchführung einer solchen Verallgemeinerung noch gänzlich unzureichend. Wir wollen uns aus diesem Grunde jeder weiteren Betrachtung dieser Ausblicke hier enthalten. Angriffspunkte für eine qualitative Untersuchung der Arbeitsleistung lassen sich auch außer den genannten in Menge auffinden; es bedarf nur des Arbeiters, der geduldig und gleichmäßig sein Ziel verfolgt. In ganz besonderem Maße gilt von unserem Gebiete die Erfahrung, dass jede neue Versuchsreihe den Kreis der Fragestellungen erweitert.

So ist es denn auch gekommen, dass die Untersuchung der geistigen Leistungsfähigkeit ganz unerwarteter Weise eine Reihe von anderen allgemeinen Eigenschaften der psychischen Persönlichkeit näher beleuchtet hat, welche bis dahin von der Psychologie wenig, von der Psychiatrie überhaupt nicht beachtet wurden. Alle diese Eigenschaften beeinflussen dauernd die Auffassung und Verarbeitung äußerer und innerer Eindrücke; sie gewinnen daher eine grundlegende Bedeutung für die gesammte geistige Entwickelung. Sie weisen uns unmittelbar zurück auf gewisse, ebenso allgemeine Eigenschaften des Nervengewebes, die uns zum Theil schon aus dem physiologischen Versuche bekannt sind. Gerade dieser letztere Umstand scheint mir von Bedeutung zu sein. Von der Aphasielehre her sind Anschauungen in die Psychiatrie eingedrungen, welche zu einer Zersplitterung der Seele in eine Unzahl selbständiger Mächte geführt haben. Die psychischen Leistungen stellen sich hier dar als das Ergebniss von Majoritätsbeschlüssen des Unterhauses der Wahrnehmungen und des Oberhauses der Erinnerungsbilder. Die

Vorstellung ist nicht mehr Function, sondern ein Wesen, welches an einem besonderen Orte seine Wohnung aufschlägt, auf der Leitungsbahn fährt und schließlich gar durch einen unglücklichen Zufall aus dem Gehirn herausgelöffelt werden kann.

Dieser monadologischen Betrachtungsweise gegenüber ist es nützlich, gerade die physiologischen Grundeigenschaften unseres Seelenlebens einmal genauer ins Auge zu fassen. Mit Recht hat man so oft das Irresein als Krankheit der Persönlichkeit bezeichnet. Das Verständniss des einzelnen Menschen ist daher eine der wichtigsten Vorbedingungen für das Verständniss seiner Krankheit. Aber nicht der mehr oder weniger zufällige Inhalt seiner Erfahrungen ist für die Gestaltung der geistigen Persönlichkeit das wahrhaft Maßgebende, nicht die »Besetzung« seiner Ganglienzellen mit diesen oder jenen Erinnerungsbildern, sondern die ganze Art und Weise, in welcher er die Lebensreize in sich verarbeitet. Diese Frage ist es, der wir im Folgenden nachgehen wollen, nicht auf den beweglichen Schwingen der Einbildungskraft, sondern in bedächtigem Schritt, auf dem festen Boden des psychologischen Versuches.

Die erste allgemeine Eigenschaft der Persönlichkeit, der wir unsere Aufmerksamkeit zuwenden, ist die Uebungsfähigkeit. Wie die Erfahrung lehrt, wird durch sie die Größe der Arbeitsleistung innerhalb weiter Grenzen beeinflusst. Die Arbeit selbst steigert die Arbeitsfähigkeit. Beim gesunden Menschen ist der Spielraum dieser Uebungswirkung im allgemeinen ein recht bedeutender, wenn er auch für verschiedene Personen erhebliche Verschiedenheiten aufweisen kann. Dagegen wissen wir, dass Schwachsinnige und Idioten nur äußerst langsame und unvollkommene Uebungsfortschritte zu machen pflegen. Natürlich können diese Unterschiede ohne Schwierigkeit in Zahlenwerthen ausgedrückt werden, wenn man den Leistungszuwachs unter sonst gleichen Arbeitsverhältnissen mit einander vergleicht. In Grenzfällen werden sich auf diese Weise Abweichungen weit leichter auffinden, nachweisen und kennzeichnen lassen, als das nach allgemeinen Eindrücken möglich wäre.

Freilich ist dabei immer im Auge zu behalten, dass die Größe des Uebungszuwachses sehr wesentlich von dem Grade der schon erreichten Uebung abhängt. Im Anfange pflegt derselbe am größten zu sein, bis wir uns allmählich der Grenze nähern, jenseits welcher eine weitere Erleichterung des untersuchten Vorganges nicht mehr eintritt. Von manchen Personen wird diese Grenze rascher, von anderen wird sie langsamer erreicht; bei Diesem ist der ganze Spielraum weit, bei Jenem eng. Für eine strengere Betrachtung genügt daher nicht die Vergleichung zweier Personen auf einem beliebigen Punkte der Bahn, welche zur höchsten für sie erreichbaren Uebung führt, sondern wir müssten wünschen, womöglich die ganze Bahn, wenigstens aber einige Stufen derselben zu überblicken, um eine wirkliche Kennzeichnung ihrer Uebungsfähigkeit zu gewinnen.

Der Uebungseinfluss erleichtert den Ablauf der verschiedenartigsten psychischen Vorgänge. Es ist nicht nothwendig oder wenigstens bisher nicht erwiesen, dass die Größe dieses Einflusses auf allen Gebieten des Seelenlebens bei derselben Person immer die gleiche ist. Wir werden daher gut thun, die verschiedenen Arten der Uebung, soweit das möglich ist, gesondert zu untersuchen. Namentlich möchte ich empfehlen, die Uebung in der Auffassung von Sinneseindrücken streng zu trennen von der Einübung motorischer Vorgänge. So manche Erfahrungen sprechen dafür, dass diese beiden Fähigkeiten sich ganz verschieden verhalten können. Vielleicht ist auch noch eine associative Uebung zu unterscheiden, die fortschreitende Erleichterung in der Verknüpfung verschiedener psychischer Thätigkeiten, doch bedarf dieser Punkt noch genauerer Untersuchung.

Erschwert wird die vergleichende Messung der Uebungswirkung durch den Umstand, dass diese Wirkung wahrscheinlich verschieden lange Zeit andauert. Ganz abgesehen von zufälligen Umständen, verliert sich der gleiche Grad erworbener Uebung bei dem Einen rascher, beim Anderen langsamer, vielleicht auch in den einzelnen kleineren Zeitabschnitten mit wechselnder Geschwindigkeit, je nach der persönlichen Eigenart. Aus diesen Erfahrungen entwickelt sich der Begriff der Uebungsfestigkeit. Auch für diese Eigenschaft lässt sich ein Zahlenausdruck finden, indem man den Uebungsverlust feststellt, der sich nach Erreichung eines bestimmten Uebungsgrades innerhalb eines gewissen Zeitraumes ergeben hat. Einen genaueren Einblick in den Gang der Dinge wird jedoch auch hier erst die planmäßige Aufdeckung der Curve liefern, welche das allmähliche Nachlassen der Uebungswirkung in den einzelnen Zeitabschnitten darstellt.

Man erkennt leicht, dass die Uebung im Grunde nichts ist, als eine besondere Form des Gedächtnisses. Ihre Wirkung beruht höchst wahrscheinlich auf den mehr oder weniger lange andauernden Veränderungen, welche jeder Erregungsvorgang in den körperlichen Trägern unseres Seelenlebens zurücklässt. Im gewöhnlichen Sprachgebrauche pflegt allerdings namentlich das Gedächtniss für motorische Leistungen mit dem besonderen Namen der Uebung belegt zu werden, während die sensorische und associative Einprägung meist mit anderen Ausdrücken bezeichnet wird. Wir üben uns im Sprechen, aber wir erlernen fremde Schriftzeichen oder eine Wissenschaft. Von einer irgendwie strengen Unterscheidung zwischen Gedächtniss im engeren Sinne und motorischer Uebung ist indessen keine Rede. Es würde mir daher zweckmäßig scheinen, beide Bezeichnungen für alle Gebiete unseres Seelenlebens beizubehalten, aber ihnen unter einem neuen Gesichtspunkte wieder einen besonderen Inhalt zu geben.

Die Begriffe der Uebung und des Gedächtnisses weichen nämlich in mehrfachem Sinne aus einander. Die Uebungswirkung lassen wir in der Regel auf eine ganze Richtung der psychischen Thätigkeit sich erstrecken, während das Gedächtniss einzelne inhaltlich bestimmte Erinnerungsbilder aufbewahrt. Durch die Uebung wird z. B. der Vorgang des Erlernens sinnloser Silben überhaupt erleichtert; das Gedächtniss dagegen hält die thatsächlich erlernten Silbenreihen fest und ermöglicht uns, dieselben späterhin als solche wiederzuerkennen oder wiederzugeben. Nach dieser Auffassung würde die Uebung als Generalgedächtniss dem Specialgedächtnisse für ein bestimmtes, gegebenes psychisches Erlebniss gegenüberstehen, und wir würden auf beiden Gebieten, wie oben ausgeführt, die sensorische, associative oder motorische Form des Vorganges aus einander zu halten haben. Daraus ergibt sich ferner, dass unser Gedächtniss sich in der bleibenden Spur eines Ereignisses selber offenbart, während die Uebungswirkung in der Förderung besteht, welche jeder spätere ähnliche Vorgang durch jene vorbereitenden Spuren erfährt. Dort tritt mehr die Nachdauer einer bestimmten vergangenen Erregung, hier dagegen die veränderte Ansprechbarkeit gegenüber zukünftigen Ereignissen der gleichen Art in den Vordergrund.

Wir sind zur Zeit nicht im Stande, die gegenseitigen Beziehungen dieser beiden verschiedenen Seiten der psychophysischen Nachwirkung genauer zu zergliedern. Wahrscheinlich sind dieselben überall untrennbar mit einander verbunden. Vielleicht kann man sich denken, dass die Uebungswirkung wesentlich auf der Verbreitung der psychophysischen Erregung über solche Gebiete beruht, welche ursprünglich nicht an dem ersten Vorgange betheiligt waren. Gerade das Verschwimmen der Erinnerungsspuren könnte im Sinne einer derartigen allgemeineren Anregung gedeutet werden. In Folge dessen würde einmal die Erinnerung an das Einzelerlebniss ihre volle Schärfe verlieren, andererseits aber die Wiedererneuerung nicht nur des gleichen, sondern auch anderer ähnlicher Vorgänge erleichtert sein. Der höchste Grad von Uebung würde sich nach dieser Anschauung besser erreichen lassen, wenn verschiedene ähnliche Erregungen mit einander abwechseln, als wenn wir stets genau das gleiche Ereigniss sich wiederholen lassen. Durch geeignete Untersuchungen ließe sich diese Frage wohl entscheiden.

Jedenfalls aber ist es ohne grundsätzliche Schwierigkeiten möglich, überall Uebungsfestigkeit und Specialgedächtniss in dem hier dargelegten Sinne getrennt von einander zu messen. Wenn die Uebungsfestigkeit sich kundgibt in der Erleichterung einer gewissen Richtung der psychischen Thätigkeit durch fortgesetzte Arbeit, so werden wir ein Maß für das Specialgedächtniss gewinnen können in der kürzeren oder längeren Fortdauer der Spuren, welche ein gegebener Seelenvorgang in unserem Inneren zurückgelassen hat. Wir würden zu prüfen haben, wie lange Zeit hindurch das Wiedererkennen eines bestimmten Sinneseindruckes, die Wiedererneuerung einer bestimmten Vorstellungsverbindung, die Wiederholung einer bestimmten Bewegung noch zuverlässig möglich ist. Die besondere Versuchsanordnung zur Beantwortung wenigstens einer dieser Fragen haben wir schon früher bei der Besprechung der Associationsfestigkeit näher erörtert.

Zu der Steigerung der Leistungsfähigkeit durch die Uebung gesellt sich, wie mir neuere Versuchserfahrungen gezeigt haben, während der Arbeit regelmäßig noch eine weitere Wirkung hinzu, welche zumeist wohl mit der Uebung zusammengeworfen wird, thatsächlich jedoch von derselben ganz wesentlich verschieden ist. Bei Versuchen über die Erholung, welche von einem meiner Schüler angestellt wurden, ergab sich die gänzlich unerwartete Thatsache, dass bei leichter und nicht sehr lange andauernder Arbeit längere Erholungspausen ungünstiger wirkten, als kurze. Die eingehende Prüfung der gesammten vorliegenden, recht umfangreichen Versuchsreihen ließ keinen Zweifel darüber, dass der Grund für jene auffallende Erfahrung in einer durch die Arbeit bewirkten, rasch eintretenden, aber auch rasch wieder verschwindenden Erregbarkeitssteigerung gesucht werden muss. Gerade der letztere Umstand ist es, welcher diese Erscheinung mit Bestimmtheit von der eigentlichen Uebungswirkung abzutrennen gestattet. Diese letztere geht bekanntlich nur ganz allmählich wieder verloren und lässt sich selbst nach kurzer Arbeitszeit noch Monate lang deutlich nachweisen. Dem gegenüber ist die Erscheinung, mit der wir es hier zu thun haben, äußerst flüchtig. Schon nach wenigen Minuten lässt ihre Wirkung erheblich nach und scheint nach einer Viertelstunde gänzlich verflogen zu sein. Dafür ist allerdings auch ihr Einfluss auf die augenblickliche Leistungsfähigkeit ungleich bedeutender, als derjenige der Uebung.

Der nähere Nachweis für die Richtigkeit dieser Aufstellungen soll erst bei späterer Gelegenheit durch den Urheber jener Versuche selbst erbracht werden. Ich will hier nur kurz darauf hinweisen, dass wir Bestätigungen derselben in gewissen Thatsachen der täglichen Erfahrung finden, an welche freilich bei der Durchführung der Versuche nicht im entferntesten gedacht wurde, da dieselben unter ganz anderen Gesichtspunkten unternommen waren. Bekannt genug ist es, dass bei jeder geistigen Arbeit, ganz abgesehen von dem Grade der erreichten Uebung, erst eine gewisse Zeit vergeht, bis wir bei derselben »warm werden«, und dass jede etwas längere Unterbrechung eine Störung bedeutet, welche in keiner Weise durch den inzwischen eingetretenen Uebungsverlust erklärt werden kann. Die Wirkung ganz kurzer Unterbrechungen bis zur Dauer von einigen Minuten pflegt freilich unbedeutend zu sein und rasch wieder ausgeglichen zu werden; erstreckt sich die Ablenkung dagegen über Viertelstunden oder noch länger, so sind wir nicht mehr recht im Zuge, sondern müssen uns gleichsam wieder von vorn in die betreffende Thätigkeit hineinarbeiten. Auch diese Beobachtungen deuten darauf hin, dass sich während und unter dem Einflusse der geistigen Arbeit eine wachsende Erleichterung derselben herausstellt, welche mit dem Aufhören der Thätigkeit rasch wieder schwindet und von der Uebungswirkung gänzlich verschieden ist.

Ich möchte diese Veränderung unseres psychischen Zustandes einstweilen mit dem unverfänglichen Namen der »Anregung« bezeichnen. Wie mir scheint, haben wir es dabei mit der Beseitigung einer gewissen Organträgheit zu thun, ähnlich wie beim Ingangsetzen einer Maschine. Durch die Arbeit werden eine Menge von ruhenden psychophysischen Einheiten in Erregungszustände versetzt, und dieser Uebergang von der Ruhe zur Bewegung erfordert einen größeren Aufwand von Kraft, als die Fortführung einer laufenden Arbeit. Es würde sich somit nicht eigentlich um eine Steigerung der Arbeitsmenge handeln, welche überhaupt geleistet wird, sondern nur um eine Vergrößerung ihres Nutzeffectes zu Gunsten der vorliegenden Aufgabe. Sobald die Trägheit überwunden ist, kommt der ganze psychophysische Antrieb der bestimmten Thätigkeit zu Gute, welche gerade gefordert wird. So kommt es, dass die Besserung der gemessenen Arbeitsleistung schon nach verhältnissmäßig kurzer Zeit ihre Höhe erreicht und nun durch die Anregung nicht mehr weiter gesteigert werden kann. Dieser Punkt ist gekommen, wenn die Trägheit sämmtlicher psychophysischer Gebiete beseitigt ist, welche für die vorgeschriebene Arbeit in Betracht kommen. Daher auch erlischt der Nutzen der Anregung sehr bald nach dem Aufhören der Arbeit und hinterlässt keine bleibende Spur für die nicht unmittelbar folgenden Versuche, während die Uebungswirkung eine immer wieder fortschreitende, andauernde Besserung der Leistungsfähigkeit bis zu recht fernliegenden Grenzen herbeiführt.

Offenbar steht die Anregung in nahen Beziehungen zu jenem eigenthümlichen psychischen Zustande, den wir als innere Antheilnahme oder als »Interesse« zu bezeichnen pflegen. Mit der Vertiefung in eine Arbeit wächst die Lebhaftigkeit der Bewegung an den gerade in Anspruch genommenen psychophysischen Gebieten und umgekehrt arbeiten wir uns um so leichter und rascher in eine Thätigkeit ein, je größer das Interesse ist, welches wir derselben von vorn herein entgegenbringen. Es erscheint daher nicht ganz aussichtslos, in der Schnelligkeit, mit welcher die Anregung zu Stande kommt, ein Maß für den Grad des Interesses zu suchen, welches die Versuchsperson nach einer bestimmten Richtung entwickelt. Allgemein würde man vielleicht unter diesem Gesichtspunkte eine größere oder geringere Ansprechbarkeit oder Empfänglichkeit für geistige Anregung feststellen können. Praktisch sind uns die großen persönlichen Verschiedenheiten in dieser Beziehung genugsam bekannt. Zweifellos spielen dabei auch Gefühle und Stimmungen eine wichtige Rolle. Möglicherweise bestehen geradezu gewisse allgemeine Beziehungen zwischen der geistigen Ansprechbarkeit und der gemüthlichen Erregbarkeit des Einzelnen überhaupt.

Während wir uns bei diesen Erörterungen auf Gebieten bewegen mussten, auf welche bisher eigentlich nur zufällig das erste Licht des wissenschaftlichen Versuches gefallen ist, so haben wir nunmehr einer Eigenschaft des Seelenlebens zu gedenken, die seit langer Zeit bereits die Aufmerksamkeit der Forscher auf sich gezogen hat, der Ermüdbarkeit. Die Thatsache der Ermüdung bestimmt ja auch in so maßgebender Weise auf Schritt und Tritt unsere Leistungsfähigkeit, dass sie fast nothwendig den ersten Angriffspunkt für die wissenschaftliche Betrachtung abgeben musste. Durch die Ermüdung wird bekanntlich bei fortgesetzter Thätigkeit die Arbeitsleistung nach einer gewissen Zeit zuerst langsam, dann immer rascher herabgesetzt. Den Grad dieser Herabsetzung bei gleicher Arbeitsdauer kann man als Maß der Ermüdung betrachten. Derselbe wird bestimmt entweder durch Vergleich der Endleistung mit der höchsten Leistung des gegebenen oder besser mit der Anfangsleistung eines späteren Versuches, bei welchem sich die Ermüdungswirkungen ausgeglichen haben, ohne dass sonst wesentliche Aenderungen in der psychophysischen Gesammtlage eingetreten sind.

Die Schnelligkeit, mit welcher das Sinken der Leistungsfähigkeit durch die Ermüdung sich einstellt und fortschreitet, ist unter gleichen Verhältnissen bei verschiedenen Personen verschieden. Ja es scheint, dass die Größe der Ermüdbarkeit eine ganz bestimmte, kennzeichnende Eigenschaft des einzelnen Menschen darstellt, welche sich bei allen Arbeiten in ähnlicher Weise wieder geltend macht. Nach meinen Erfahrungen muss ich annehmen, dass die messende Feststellung der Ermüdbarkeit uns einen äußerst wichtigen Einblick in die Grundlagen der einzelnen geistigen Persönlichkeit zu gewähren vermag. Jedenfalls findet sich auffallend hohe Ermüdbarkeit häufig genug unter den mannigfaltigen Störungen, in denen sich die minderwerthige Veranlagung auf psychischem Gebiete kund zu geben pflegt. Für die Zwecke der praktischen Psychiatrie dürften daher die überdies nicht allzu schwierigen Bestimmungen der Ermüdungscurve in erster Linie greifbare Bedeutung erlangen.

Allerdings darf dabei nicht, was heute sehr vielfach geschieht, die Ermüdung mit der Müdigkeit verwechselt werden. Als Ermüdung bezeichnen wir die Einbuße an Leistungsfähigkeit, welche unmittelbar durch den Stoffverbrauch und dessen Folgen herbeigeführt wird. Der Grad der Ermüdung ist somit einfach abhängig von dem vorhandenen Kraftvorrath einerseits, von der Dauer und Schwere der geleisteten Arbeit andererseits. Ausgeglichen wird die Ermüdung nur durch Ruhe und Schlaf, in beschränktem Maße vielleicht auch durch die Nahrungsaufnahme. Die Müdigkeit dagegen ist nichts als eine Art Warnungszeichen, ein subjectives Gefühl, welches sich zwar bei weitem am häufigsten, aber nicht immer und nicht ausschließlich bei wirklicher Ermüdung entwickelt.

Am einleuchtendsten wird der Unterschied zwischen Ermüdung und Müdigkeit durch die Thatsache, dass jene letztere unter Umständen gerade durch Thätigkeit verscheucht wird, trotzdem doch diese ihrerseits unweigerlich Ermüdung herbeiführt. Dies gilt z. B. für die Zeit unmittelbar nach dem Mittagessen, vielfach auch für den Zustand kurz nach dem Erwachen aus dem Morgenschlafe. Während einer gut durchschlafenen Nacht wird beim gesunden Menschen in der Regel der Ersatz der verbrauchten Stoffe in vollkommen genügender Weise stattgefunden haben. Gleichwohl gibt es eine große Anzahl gesunder und leistungsfähiger Personen, welche gerade nach dem Erwachen aus dem Schlafe einige Zeit lang mit starker Müdigkeit zu kämpfen haben. Dennoch sind sie im Stande, nunmehr viele Stunden lang ohne weiteren Schlaf angestrengt und erfolgreich zu arbeiten. Die Müdigkeit pflegt dabei allmählich zu schwinden. Vielleicht ist es gerade die vorhin besprochene Anregung, die Ueberwindung der Organträgheit, welche die Ursachen beseitigt, aus denen hier das Gefühl der Müdigkeit hervorgeht.

Ganz ähnlich dürfte die Sache liegen, wenn die Müdigkeit sich an das Gefühl der Langenweile anschließt. Auch hier kann eine wirkliche Ermüdung vollkommen fehlen. Eine einförmige, den Neigungen der Versuchsperson fernliegende Thätigkeit pflegt schon nach kurzer Dauer starke Müdigkeit zu erzeugen, auch wenn die Messung keinerlei Herabsetzung der Leistungsfähigkeit erkennen lässt. Der Uebergang zu anziehenderer, wenn auch anstrengenderer Thätigkeit kann die Müdigkeit sofort zum Verschwinden bringen. Auch hier begegnen wir also wieder den Beziehungen der Müdigkeit zur inneren Antheilnahme der Versuchsperson, zum Interesse. Ein solches Interesse kann sich auch im Laufe einer zunächst langweiligen und daher Müdigkeit erzeugenden Arbeit allmählich entwickeln. Dann schwindet die Müdigkeit, bis sich endlich nach längerer Thätigkeit wirkliche Ermüdung einstellt. Nun kehrt auch die Müdigkeit wieder, aber diesmal nur, um bei weiterer Fortsetzung des Versuches immer stärker und stärker anzuwachsen.

Die Müdigkeit ist somit wahrscheinlich eine Begleiterscheinung jeder Erschwerung der psychischen Thätigkeit. So erklärt es sich, dass wir die Müdigkeit vielfach willkürlich, sogar ohne jede Ermüdung, ganz schnell erzeugen können. Es genügt bekanntlich zu diesem Zwecke vollständig, auf irgend eine Weise die Vorstellung einer Erschwerung psychischer Vorgänge zu erwecken. Das Verschwimmen der Gesichtsbilder bei starrem Fixiren, die allmähliche Senkung der Augenlider bei Abwärtsleiten der Blicklinie, das Erschlaffen der Glieder in unbequemen Stellungen vermitteln das Auftreten der Müdigkeit ebenso wie die Einwirkung einförmiger, keinerlei Anregung gewährender Sinnesreize oder wie schließlich schon die lebhafte Vorstellung des Versinkens in einen Schlafzustand. Diese Müdigkeit lässt sich begreiflicher Weise ebenso schnell, ja noch schneller wieder verscheuchen, als sie entstanden war; sie hat keinerlei Bedeutung für den wirklichen Stand der geistigen Leistungsfähigkeit.

Auf der anderen Seite kann unter Umständen eine starke Ermüdung ohne jede oder doch ohne entsprechende Müdigkeit bestehen. Große Lebhaftigkeit der »Anregung«, namentlich aber gewisse heftige Gemüthsbewegungen, vermögen die Entwickelung der Müdigkeit zu hindern, trotzdem natürlich der Stoffverbrauch und damit die thatsächliche Ermüdung unaufhaltsam fortschreitet. Das Ausbleiben jenes Warnungszeichens hat dann leicht eine Anspannung der Kräfte über das zulässige Maß hinaus zur Folge, welche an einem bestimmten Punkte zu raschem Zusammenbruche der Arbeitsfähigkeit führen muss. So kommt es, dass wir bei der Lösung wichtiger Aufgaben die eintretende Müdigkeit durch eine Willensanstrengung zu überwinden und nun ohne das Gefühl der Erschwerung längere Zeit hindurch eifrig fortzuarbeiten vermögen, dass aber einer solchen übermäßigen Ausnützung unserer Leistungsfähigkeit regelmäßig eine tiefgreifende und nur langsam sich ausgleichende Erschöpfung zu folgen pflegt. Gerade die früher besprochenen Nachtversuche haben uns nicht nur das Schwinden der Müdigkeit bei fortgesetzter Arbeit gezeigt, sondern auch die unerwartet lange Nachwirkung einer Missachtung des Warnungssignals. Sie haben aber endlich auch dargethan, dass bei wirklicher Ermüdung die Leistungsfähigkeit unter allen Umständen sinkt, selbst wenn wir subjectiv von einer Erschwerung der Arbeit durchaus nichts empfinden. Höchstens können starke gemüthliche Erregungen die gesetzmäßige Abnahme der Kräfte vorübergehend aufhalten; die endgültige Erschöpfung tritt dann nur um so plötzlicher und vernichtender hervor.

Allen diesen Erfahrungen begegnen wir in ausgeprägtester Form auf dem Gebiete der psychischen Krankheitszustände wieder. Depressive Erkrankungen zeigen uns vielfach Müdigkeit ohne Ermüdung, namentlich in den Morgenstunden nach dem Schlafe, während im Laufe der Tagesarbeit und Abends die Müdigkeit trotz wirklichen Kräfteverbrauches allmählich weicht. Umgekehrt sehen wir bei ängstlich oder manisch erregten Kranken das Müdigkeitsgefühl vollständig fehlen, während die Ermüdung bis zur schwersten Erschöpfung fortschreitet. Vielleicht sind wir endlich berechtigt, die krankmachende Wirkung unangenehmer Gemüthsbewegungen wesentlich mit auf den Umstand zurückzuführen, dass dieselben das Auftreten der Müdigkeit verhindern und damit den nothwendigen Kreislauf zwischen Arbeit und Ruhe durchbrechen. Das ist um so verhängnissvoller, als die Müdigkeit jedenfalls die wichtigste Vorbedingung für den Eintritt des Schlafes bildet.

Wir werden daher kaum zu weit gehen, wenn wir dem Verhalten der Müdigkeit eine erhebliche Bedeutung für die Gestaltung der geistigen Leistungsfähigkeit des Einzelnen zuschreiben. Ausbleiben der Müdigkeit bei wirklicher Ermüdung bringt die Gefahr der Ueberanstrengung mit sich und beeinträchtigt den Ausgleich des Kräfteverbrauches durch rechtzeitigen und ausreichenden Schlaf. Andererseits hindert das vorzeitige Auftreten der Müdigkeit die volle Ausnutzung der thatsächlich verfügbaren Arbeitskraft. Beide Störungen sind bekanntlich nicht seltene Begleiterscheinungen der krankhaften Veranlagung. Wenn wir daher auch noch nicht im Stande sind, uns über die physiologischen Grundlagen der Müdigkeit genügende Rechenschaft zu geben, so wird es doch nicht ohne Interesse sein, bei der Feststellung der wirklichen Ermüdbarkeit zugleich auch dem Verhalten der subjectiven Seite, der Müdigkeit, einige Aufmerksamkeit zuzuwenden.

Kaum weniger wichtig für die geistige Leistungsfähigkeit des Menschen, als seine Ermüdbarkeit, ist die Schnelligkeit, mit welcher sich die Wirkungen der Ermüdung wieder ausgleichen. Dieselbe wird natürlich einmal von dem Grade der Ermüdung, dann aber in hohem Maße von der persönlichen Veranlagung abhängen. Wir können die Eigenschaft unseres psychophysischen Organismus, welche ihn befähigt, den verbrauchten Kraftvorrath zu ersetzen und damit die ursprüngliche Leistungsfähigkeit wieder zu erreichen, zweckmäßig als seine Erholungsfähigkeit bezeichnen. Als Maß derselben darf etwa die Höhe der Arbeitsleistung gelten, welche erreicht wird, wenn wir auf eine bestimmte Ermüdungsarbeit eine Erholungspause von bestimmter Dauer folgen lassen. Dass diese Dauer nicht zu kurz bemessen sein darf, um die Nachwirkung der Anregung auszuschließen, geht aus unseren früheren Erörterungen hervor. Andererseits dürfen wir die Pause auch nicht zu lang ausdehnen, weil dann die allmähliche Abnahme der Uebungsfestigkeit das Ergebniss beeinflussen würde und weil außerdem in längeren Zeiträumen unberechenbare Aenderungen des psychophysischen Gesammtzustandes eintreten können. Nach den vorliegenden Erfahrungen würde eine Zwischenpause von 30—60

Minuten sich wahrscheinlich als zweckmäßigste Anordnung erweisen.

Selbstverständlich wird die hier vorgeschlagene Messung wiederum nur einen einzelnen Punkt einer ganzen Curve bestimmen. Die Erholung vollzieht sich möglicherweise bei verschiedenen Personen und unter verschiedenen Verhältnissen auch für jeden einzelnen Zeitabschnitt in etwas verschiedener Weise. Eine planmäßige Untersuchung würde daher darauf auszugehen haben, bei dem einzelnen Menschen Schritt für Schritt das Fortschreiten des Erholungsvorganges bis zum völligen Ausgleiche der gegebenen Ermüdungswirkung zu verfolgen. Weiterhin wäre auch der Einfluss verschiedenartiger Ausfüllung der Erholungspause zu studiren. Es kann nicht gleichgültig sein, ob die Versuchsperson während derselben einfach ruht oder schläft, ob sie sich unterhält, herumgeht oder etwa eine andere Arbeit leistet, ob sie hungert oder Nahrung zu sich nimmt. Aus der Richtung und Größe des Einflusses, welchen alle diese Umstände auf den Gang der Erholung ausüben, werden sich voraussichtlich allerlei Fingerzeige für die Beurtheilung der vorliegenden Persönlichkeit entnehmen lassen.

An dieser Stelle würde sich auch naturgemäß die Untersuchung der Schlaffestigkeit einreihen, die möglicherweise in nahen Beziehungen zur Erholungsfähigkeit steht. Nach unseren bisherigen Kenntnissen darf auch die Gestaltung der Schlaftiefe während der Nacht höchst wahrscheinlich als eine dauernde Eigenthümlichkeit des Einzelnen angesehen werden, welche im Ganzen nur wenig sich ändert und für den Kreislauf seiner Lebensthätigkeit von großer Bedeutung ist.

Eine weitere allgemeine psychophysische Eigenschaft, deren ungefähre zahlenmäßige Bestimmung grundsätzlich heute schon möglich erscheint, ist die Ablenkbarkeit. Der gesunde Mensch ist bekanntlich im Stande, seiner Aufmerksamkeit längere Zeit hindurch eine bestimmte Richtung zu geben. Aus der Fülle von Vorgängen, die sich jeweils in unserem Innern abspielen, vermögen wir einzelne mit besonderer Stärke und Deutlichkeit herauszuheben, während alle übrigen nur verschwommen und unklar in unser Bewusstsein gelangen oder gänzlich unterdrückt werden. Diese Fähigkeit der Concentration, deren Wesen wir hier ganz dahingestellt sein lassen, ist von unschätzbarer Bedeutung für unsere gesammte geistige Entwickelung. Sie ist es, welche uns gestattet, unsere Erfahrungen zu ordnen, zu übersehen, Begriffe zu bilden und alle jene höheren Verstandesleistungen zu vollziehen, welche schließlich im Ausbau einer Weltanschauung gipfeln. Besäßen wir nicht die Fähigkeit, die Erfahrung durch Verstärkung dieser, Abschwächung jener Bestandtheile geistig zu verarbeiten, so würde unser Bewusstsein dauernd von einem wirren Durcheinander zufälliger Eindrücke erfüllt sein, von denen nicht die wichtigsten, sondern nur die stärksten in jedem Augenblicke die Oberhand über die anderen erlangen würden. In der That scheint sich das geistige Leben bei krankhaft geringer Ausbildung der Aufmerksamkeit mehr und mehr dem geschilderten Zustande anzunähern.

Es würde daher äußerst erwünscht sein, wenn es uns gelänge, für diese wichtige Function auf irgend eine Weise Maßbestimmungen aufzufinden. Soweit es sich einfach um die Fähigkeit handelt, die Aufmerksamkeit auf bestimmte Punkte zu richten, wird schon die allgemeine Untersuchung der psychischen Leistungsfähigkeit brauchbare Werthe ergeben. Alle früher angeführten Messungen der Arbeitsgeschwindigkeit liefern uns den Nachweis, wie weit die Versuchsperson ihre Aufmerksamkeit der besonderen von ihr verlangten Thätigkeit zuzuwenden im Stande ist. Immerhin eignen sich für die Untersuchung der Schnelligkeit, mit welcher die Aufmerksamkeit sich einstellt, am besten Auffassungsversuche mit Zeitmessungen, also z. B. Wortreactionen für Gesichts- oder Gehörsreize, die Erkennung von bildlichen Darstellungen u. dergl. Auch den Grad der Aufmerksamkeitsspannung kann man messen, indem man diejenige kleinste Reizstärke bestimmt, welche gerade noch wahrgenommen wird. Indessen sind derartige Messungen, wenn es sich nicht um ganz grobe Störungen handelt, so schwierig ausführbar und von so vielen anderweitigen Voraussetzungen abhängig, dass sie trotz ihres großen wissenschaftlichen Interesses für praktische Zwecke kaum in Frage kommen dürften.

Dagegen wird es, wie ich glaube, leichter möglich sein, die Festigkeit zu messen, mit welcher die Aufmerksamkeit ihre Richtung einhält. Durch verschiedenartige Versuche ist bereits festgestellt worden, dass die Anspannung der Aufmerksamkeit niemals eine ganz gleichmäßige ist, sondern mehr oder weniger ausgeprägten Schwankungen unterliegt, die zum Theil eine gewisse Regelmäßigkeit darbieten, zum Theil aber zufälliger Natur zu sein scheinen. Nur diese letzteren kommen zunächst für unsere Zwecke in Betracht. Sie beruhen wahrscheinlich darauf, dass im Getriebe unseres Seelenlebens durch äußere oder innere Einflüsse immer neue Erscheinungen auftauchen und anwachsen, während die bestehenden allmählich wieder schwinden. Soll in diesem fortwährenden Kommen und Gehen ein einzelnes Bild oder eine bestimmte Richtung der Entwickelung festgehalten werden, so bedarf es eines immer erneuten Eingreifens jener inneren Thätigkeit, die wir eben als Anspannung der Aufmerksamkeit bezeichnen. Je übermächtiger die aus der Geschichte unserer Persönlichkeit hervorwachsenden Antriebe den Gang des geistigen Geschehens beherrschen, desto unabhängiger werden wir von allen zufällig eintretenden äußeren und inneren Reizen, desto einheitlicher und geschlossener wird unser gesammtes Denken und Handeln. Freilich werden ganz unerwartete oder sehr heftige Einwirkungen fast immer im Stande sein, die zielbewusste Richtung der Aufmerksamkeit wenigstens vorübergehend abzulenken. Nur Wenige wird es geben, welche in höchster geistiger Freiheit wie Archimedes Tod und Schrecken um sich her vergessen, um seelenruhig einer mathematischen Fragestellung nachzugrübeln.

Vielmehr ist es bekannt, dass bei zahlreichen Menschen schon geringfügige Anlässe genügen, um sofort dem Gedankengange eine neue Richtung zu geben, so dass nicht selten eine greifbare Ursache für das Abspringen von einem Gegenstande zum anderen überhaupt nicht erkennbar ist. Namentlich auf dem Gebiete des Krankhaften ist die Unstetigkeit der Aufmerksamkeit bekanntlich eine ungemein häufige und auffallende Erscheinung. Leider hat man das Wesen derselben durch die gänzlich unzutreffende Bezeichnung der »Hyperprosexie« verschleiert. Nicht um eine Steigerung der Aufmerksamkeit handelt es sich, wo die Kranken durch jeden beliebigen Eindruck sofort beschäftigt werden können, sondern gerade im Gegentheil um die Unfähigkeit, sich zu concentriren und alle jene Einflüsse zu hemmen, welche die Verfolgung eines bestimmten Gedankenganges stören.

Wenn wir die Fähigkeit, fremde Eindringlinge aus dem Ablaufe der inneren Thätigkeit fernzuhalten, gewissermaßen als unsere geistige Widerstandsfähigkeit bezeichnen, so wird diese wichtige Eigenschaft beim einzelnen Menschen offenbar in umgekehrtem Verhältnisse zu seiner Ablenkbarkeit stehen. Für die Ablenkbarkeit aber können wir ein Maß finden in der Herabsetzung der Arbeitsfähigkeit, welche durch eine bestimmte äußere störende Einwirkung herbeigeführt wird. Lassen wir z. B. irgend Jemanden eine fortlaufende geistige Arbeit verrichten, einmal in vollkommener Ruhe, das andere Mal unter Einflüssen, welche seine Aufmerksamkeit fortwährend ablenken, so wird bei sonst gleichen Versuchsbedingungen im letzteren Falle zweifellos weniger geleistet werden, als im ersteren. Aus dem Verhältnisse der beiden Versuchsergebnisse lässt sich somit der Betrag der thatsächlich erzielten Ablenkung erkennen, deren Vergleich mit anderen ähnlichen Versuchen endlich den Schluss auf die Größe der persönlichen Ablenkbarkeit und damit der geistigen Widerstandsfähigkeit überhaupt gestattet.

Die Ablenkbarkeit steht erfahrungsgemäß in nahen Beziehungen zur Ermüdung; sie nimmt bei jedem Menschen regelmäßig zu, sobald seine Arbeitsfähigkeit durch allzu lange fortgesetzte Anstrengung, durch andauernde Entziehung des Schlafes oder der Nahrungsaufnahme zu sinken beginnt. Es empfiehlt sich daher, die Ablenkbarkeit unter verschiedenen Verhältnissen zu untersuchen und namentlich ihre Entwickelung während des Ueberganges aus dem völlig ausgeruhten in den ermüdeten oder erschöpften Zustand zu verfolgen. So gewiss es ist, dass schon unter den günstigsten Verhältnissen die Ablenkbarkeit verschiedener Personen außerordentlich verschiedene Werthe darbietet, so gewiss ist es auch wohl andererseits, dass diese Unterschiede noch greller hervortreten werden, wenn wir auch die Veränderungen berücksichtigen, welche die geistige Widerstandsfähigkeit durch schädigende und schwächende Einflüsse erleidet.

Leider sind zur Zeit die Hülfsmittel, welche uns für die praktische Messung der Ablenkbarkeit zu Gebote stehen, noch äußerst unvollkommene. Am zweckmäßigsten wäre es ohne Zweifel, wenn wir überall ablenkende Reize von bestimmter, vergleichbarer Stärke in Anwendung ziehen könnten. Für feinere Messungen zu wissenschaftlichen Zwecken hat sich diese Forderung in der That mit recht gutem Erfolge durchführen lassen, indem die Ablenkung der Aufmerksamkeit durch Lichtreize von einer bestimmten Intensität an den Schwankungen der Empfindlichkeit für äußerst schwache Lichteindrücke gemessen wurde[1]). Dagegen bedarf es für unsere Zwecke weit gröberer Maßmethoden und demnach auch derberer ablenkender Reize. Als geistige Leistungen, deren Beeinflussung bestimmt werden soll, empfehlen sich am meisten die fortlaufenden Arbeiten. Die Ablenkung könnte durch kräftige Schall-, Licht- oder Inductionsreize geschehen. Das ist gelegentlich versucht, aber noch nicht so weit erprobt worden, dass wir schon über eine brauchbare und genügend begründete Methodik verfügten. Da andererseits auch die Stärkemessung bei jenen Reizen meist nicht in einwandsfreier Weise möglich ist, so habe ich bei einer Anzahl von Versuchen über diese Fragen zunächst einmal ganz von der Anwendung einfacher Sinnesreize abgesehen und mit Beeinflussungen gearbeitet, deren Angriffspunkt auf höheren psychischen Gebieten gelegen ist.

Schon Obersteiner und Buccola haben früher die Wirkung der Musik und des Vorlesens auf die Dauer der Reactionszeiten untersucht. In gleicher Weise begannen wir die Leistungsfähigkeit bei verschiedenen Arbeiten zu messen, während gleichzeitig vorgelesen wurde. Anfangs benutzten wir dabei zusammenhängende Lesestücke, späterhin aber die zerhackte, fortwährend abspringende, Erinnerungen weckende Lectüre von Büchmann's »Geflügelten Worten«. Natürlich ist hier von einer Vergleichbarkeit des ablenkenden Reizes nicht mehr die Rede. Da es sich aber bei den Versuchen überall nicht um einzelne Beobachtungen, sondern um lange fortgesetzte, gleichförmige Arbeit handelt, so wird die größere oder geringere Ablenkbarkeit durch die bunt zusammengewürfelten psychischen Eindrücke immerhin mit einiger Zuverlässigkeit zum Ausdruck kommen. Für ungebildetere Versuchspersonen wären Sprichwörtersammlungen, Sprüche und ähnliche Lesestoffe zu wählen, welche möglichst vielseitige Anklänge anzuregen geeignet erscheinen.

Wie ich nach einigen bei Ablenkungsversuchen gemachten

---

1) Bertels, Versuche über die Ablenkung der Aufmerksamkeit. Dissertation. Dorpat, 1889.

Erfahrungen vermuthe, wird sich hier wahrscheinlich der Messung bald eine eigenthümliche Schwierigkeit entgegenstellen, welche uns ihrerseits wieder auf eine recht interessante Eigenschaft unseres Seelenlebens hinweist. Es stellt sich nämlich heraus, dass wir uns bis zu einem gewissen Grade allmählich an die störenden Reize gewöhnen können. Diese Fähigkeit ist offenbar nur eine besondere Seite der Wirkungen, welche die Aufmerksamkeit auf unseren Wahrnehmungsvorgang ausübt. Wir haben früher gesehen, dass schwache Reize verstärkt werden, sobald sich die Aufmerksamkeit ihnen zuwendet. Umgekehrt werden alle diejenigen Reize abgeschwächt, welche keine derart bevorzugte Stellung in unserem Bewusstsein einnehmen.

Die Richtung unserer Aufmerksamkeit pflegt, abgesehen von der Stärke der Reize, wesentlich durch die inhaltlichen Beziehungen derselben zu früheren Erfahrungen bestimmt zu werden. Beherrschen uns Vorstellungen von besonderer Lebhaftigkeit, so werden diejenigen Eindrücke am leichtesten und sichersten erfasst, welche die meisten Anknüpfungen an jene darbieten. Sind gerade keine überwiegenden Vorstellungskreise in unserem Bewusstsein vorhanden, so pflegt in bekannter Umgebung das Ungewohnte, unter neuen Eindrücken dagegen das Bekannte unsere Aufmerksamkeit am stärksten zu erregen. Auf unserem täglichen Gange bemerken wir sofort das neue Schild des Nachbars, während wir alles Uebrige gar nicht beachten; im gleichgültigen Menschenschwarm der fremden Stadt fällt uns jedes bekannte Gesicht in die Augen. So kommt es, dass bei der Versuchsarbeit die neu hinzukommenden störenden Einflüsse zunächst vielleicht eine sehr starke ablenkende Wirkung entfalten. Nach und nach dagegen verlieren sie den »Reiz der Neuheit«, so dass wir lernen, sie immer weniger zu beachten, auch wenn uns das nun durch die Erweckung vielfacher Erinnerungen noch erschwert wird.

In welcher Weise sich dieser Vorgang der Gewöhnung an die Störung im Einzelnen vollzieht, bedarf noch der näheren Erforschung. Die Thatsache selbst ist aus dem täglichen Leben genugsam bekannt und hat sich auch in unseren Versuchen deutlich ergeben. Ohne Zweifel erfolgt die Gewöhnung bei verschiedenen Personen mit verschiedener Geschwindigkeit und verschiedener Vollständigkeit.

Wir wissen, dass sie unter Umständen geradezu ausbleiben kann, so dass bei Fortdauer der Störung nicht nur keine Besserung, sondern eine immer wachsende Verschlechterung der Arbeitsfähigkeit zu Stande kommt. Namentlich große psychische Erregbarkeit, wie wir sie in angeborenen oder erworbenen Krankheitszuständen so häufig vorfinden, pflegt die Ueberwindung störender Einflüsse bedeutend zu erschweren. Andererseits giebt es Beispiele von erstaunlicher Unempfindlichkeit gegen gewohnte Störungen. Ich erinnere mich eines neapolitanischen Jungen, der auf dem Toledo, an die Mauer gepresst, fast unter den Fußtritten des vorbeiströmenden Menschengewühls ruhig und tief den Schlaf des Gerechten schlief! Wir sind daher wohl berechtigt, die geistige Gewöhnungsfähigkeit ebenfalls als eine Grundeigenschaft der Persönlichkeit zu betrachten, welche wahrscheinlich in sehr nahen Beziehungen zu der früher besprochenen Widerstandsfähigkeit steht. Als Maß dieser Gewöhnungsfähigkeit würde die Steigerung der Arbeitsleistung nach längerer Einwirkung eines bestimmten störenden Reizes zu gelten haben, während die Widerstandsfähigkeit durch den umgekehrten Werth der Arbeitsverminderung gemessen wurde, welche der störende Einfluss im Beginne seiner Wirksamkeit herbeiführt. —

Wirft man einen Blick zurück auf unsere letzten Erörterungen, so wird man ohne weiteres zugeben müssen, dass es sich hier um Fragestellungen handelt, welche zum Theil noch niemals in dieser Form aufgeworfen, jedenfalls nicht genauer untersucht und am allerwenigsten für die Zwecke der Psychiatrie nutzbar gemacht worden sind. Es wird sich daher empfehlen, noch einmal übersichtlich alle die einzelnen Punkte zusammenzufassen, welche sich nach unseren Erfahrungen einer messenden Bestimmung zugänglich erwiesen haben.

1. Die Grundlage aller dieser Untersuchungen bildet die Feststellung der geistigen Leistungsfähigkeit. Dieselbe wird gemessen durch die Geschwindigkeit, mit welcher sich die verschiedensten einfachen psychischen Vorgänge abspielen. Als die drei Hauptrichtungen der geistigen Leistungsfähigkeit dürfen einstweilen die Auffassung von Sinnesreizen, die Verbindung von Vorstellungen und die Auslösung von Willensbewegungen gelten. Nach allen diesen Richtungen hin lassen sich schon mit den jetzt vorhandenen

Methoden Aufschlüsse gewinnen; außerdem aber ist die Möglichkeit weiterer Ausdehnung der Versuchsarten eine fast unbegrenzte. An zahlreichen Punkten ergeben sich dabei auch Einblicke in den qualitativen Ablauf der untersuchten Vorgänge. Die Veränderungen der geistigen Leistungsfähigkeit geben uns den Maßstab für die Bestimmung aller im Folgenden genannten psychophysischen Eigenschaften.

2. Die **Uebungsfähigkeit** wird gemessen durch die Zunahme der Leistungsfähigkeit unter dem Einflusse der Arbeit. Am zweckmäßigsten vergleicht man die durchschnittliche Anfangsleistung je zweier, binnen höchstens 24 Stunden auf einander folgender, unter sonst gleichen Bedingungen ausgeführter Versuchsreihen.

3. Die **Uebungsfestigkeit** oder das Generalgedächtniss drückt sich aus in der Erhöhung der Leistungsfähigkeit, welche nach einer längeren Arbeitspause gegenüber der ursprünglichen Anfangsleistung noch nachweisbar ist. Da die Uebungsfestigkeit im allgemeinen sehr langsam schwindet, so empfiehlt es sich, die Zwischenzeiten über Wochen oder Monate auszudehnen, wenn man ein Urtheil über den Verlauf dieser Abnahme gewinnen will. Einen anderen, umgekehrten Maßstab gewinnt man aus der Herabsetzung der Leistungsfähigkeit während längerer Zwischenzeit gegenüber der früher erreichten höchsten Leistung. Dabei sind aber die Ermüdungseinflüsse wesentlich mit zu berücksichtigen.

4. Die Leistungsfähigkeit des **Specialgedächtnisses** lässt sich beurtheilen aus der Zahl von Einzelerinnerungen (Sinneseindrücke, Vorstellungsverbindungen, Bewegungsempfindungen), welche nach einer bestimmten Zeit noch sicher im Gedächtnisse haften, also wiedererkannt oder wiedererzeugt werden können.

5. Die **Anregbarkeit** oder Empfänglichkeit kann gemessen werden an der Abnahme der Leistungsfähigkeit, welche durch das Einschieben einer Pause von mindestens 15—30 Minuten gegenüber dem ununterbrochenen Fortarbeiten herbeigeführt wird. Um die störenden Einflüsse der Ermüdung zu vermeiden, ist es dabei durchaus nothwendig, mit kürzeren und wenig anstrengenden Versuchsreihen zu arbeiten.

6. Die **Ermüdbarkeit** wird bestimmt aus der Abnahme der Leistungsfähigkeit bei länger fortgesetzter Arbeit. Da das Ergebniss

durch die Uebungswirkung theilweise verdeckt werden kann, ist es unerlässlich, entweder Prüfungsarbeiten zu wählen, welche bereits im höchsten Maße eingeübt sind, oder besser die Größe des Uebungseinflusses durch eigene Versuche zu messen und bei der endgültigen Berechnung zu berücksichtigen.

7. Die **Erholungsfähigkeit** ergibt sich aus dem Stande der Leistungsfähigkeit zu einer bestimmten Zeit nach einem Ermüdungsversuche. Die Pause zwischen diesem letzteren und der Prüfung wird zweckmäßig nicht über eine oder einige Stunden ausgedehnt werden, wenn man den Gang der Erholung selbst noch mit in den Versuch fassen will. Nur nach sehr schwerer Ermüdung, wie nach unseren Nachtversuchen, kann sich die Erholung so langsam vollziehen, dass die Schädigung erst nach mehreren Tagen vollständig ausgeglichen ist.

8. Die **Schlaftiefe** wird gemessen durch die Stärke der Reize, welche in jedem einzelnen Abschnitte des Schlafes gerade genügen, um das Erwachen herbeizuführen.

9. Die Größe der **Ablenkbarkeit** ist erkennbar aus der Herabsetzung der Leistungsfähigkeit unter der erstmaligen Einwirkung bestimmter Störungen. Sie darf als umgekehrtes Maß der geistigen Widerstandsfähigkeit gelten.

10. Die **Gewöhnungsfähigkeit** lässt sich bemessen nach dem Stande der Leistungsfähigkeit bei längerer Einwirkung jener Störungen. Je nachdem die Arbeitsleistung unter diesen Umständen sich allmählich bessert oder fortschreitend verschlechtert, werden wir positive oder negative Werthe der Gewöhnung in Rechnung zu stellen haben.

IV.
Der psychische »Status praesens«.

Es wird kaum bezweifelt werden, dass mit der hier gegebenen Aufzählung die Reihe der psychophysischen Eigenschaften, welche wir genauer zu bestimmen vermögen, nicht im entferntesten erschöpft ist. Sicherlich stehen wir erst am Anfange weitausschender Forschungen, deren Fortsetzung, wie ich hoffe, uns endlich dahin führen wird, das wirkliche Gefüge der psychischen Persönlichkeit klarer und zuverlässiger zu zergliedern, als das auf irgend einem anderen Wege überhaupt geschehen kann. Unter allen Umständen nehme ich für diese Untersuchungen den gerade heute unschätzbaren Vorzug in Anspruch, dass sie vollkommen frei sind von allen speculativen Voraussetzungen. Wir sind hier in der Lage, einfach thatsächliche Feststellungen machen zu können; wir messen und beschreiben, zunächst ganz unbekümmert um die weitere Deutung. Diese Art der psychologischen Forschung wird ihren Werth behalten, so lange nur die Gesetzmäßigkeit im Seelenleben zugegeben wird, mögen im übrigen die Anschauungen wechseln, so viel sie wollen. Was aber vor allem diese Pionirarbeit zum Range echter Wissenschaft erhebt, ist die Gewissheit, dass wir jeden Fuß breit eroberten Landes auch zu unserem Eigenthum machen können. Das kostbare Hülfsmittel des Versuches gibt die Möglichkeit an die Hand, durch immer veränderte Fragestellung jede Antwort von allen Seiten her derart zu prüfen, dass wir sicher sein können, schließlich zur Aufdeckung wirklicher Thatsachen zu gelangen.

Auf Schwierigkeiten und Misserfolge werden wir allerdings gefasst sein müssen. Die einfache Frage nach der Leistungsfähigkeit im Addiren ist mir unter den Händen zu einer ganzen Kette der verschiedenartigsten Probleme geworden; sie hat mich tief hineingeführt in die bisher kaum bearbeiteten Fragen der persönlichen und allgemeinen Bedingungen geistiger Thätigkeit überhaupt. Von allen Seiten her tauchen neue Verwickelungen auf, welche immer erst wieder durch besondere, umfangreiche Untersuchungen gelöst werden können. Andererseits ist es mir nicht selten begegnet, dass eine sorgfältig durchgeführte Versuchsreihe misslungen zu sein schien, insofern sie ein negatives oder auch ein gänzlich unerwartetes Ergebniss lieferte. Gerade solche, zunächst verlorene Versuche sind aber fast regelmäßig die lehrreichsten gewesen; sie sind es, welche mit einem Schlage zu wichtigen Erweiterungen der bis dahin festgehaltenen Anschauungen, zu überraschenden, aussichtsreicheren Wendungen der Fragestellung zu führen pflegen.

Wie mir scheint, deuten die mitgetheilten Erfahrungen darauf hin, dass auf unserem Forschungsgebiete der Kampf mit dem Objecte wirklich beginnt. So lange die Lösung wissenschaftlicher Fragen ganz einfach zu sein und auf der Hand zu liegen scheint, sollten wir kaum daran zweifeln, dass wir auch von der oberflächlichsten Kenntniss des Gegenstandes noch sehr weit entfernt sind. Die Schwierigkeiten stellen sich erst dann, aber dann auch unfehlbar ein, wenn wir daran gehen, ernsthaft in die sachliche Bearbeitung selbst einzutreten. Es geht uns dabei regelmäßig, wie dem unerfahrenen Bergsteiger. Aus der Ferne nehmen sich die Alpengipfel so einfach und harmlos aus, dass man meinen könnte, sie mit leichter Mühe zu bewältigen. Beginnen wir aber den Anstieg, so tauchen immer drohender und entmuthigender die zahllosen Hindernisse und Gefahren auf, die den anscheinenden Spaziergang zu einer Arbeit machen, welche die vollste Anspannung aller Kräfte und die unerschütterlichste Ausdauer erfordert. Wohl dem, den alles das nicht schreckt, der langsam vorwärts schreitet und die gewundenen Zickzackpfade nicht scheut! Je höher er steigt, desto mehr wird er der Schwierigkeiten Herr werden, desto klarer und großartiger wird sich ihm jetzt das Rundbild entwickeln, dessen Einzelheiten ihm durch den langen zurückgelegten Weg bekannt und vertraut geworden sind.

Leider können wir uns nicht rühmen, dem Gipfel, dem wir zustreben, schon ein erhebliches Stück näher gekommen zu sein. Immerhin liegen über sämmtliche von mir berührte Fragen zum mindesten einzelne Erfahrungen, meistens sogar bereits umfassende Untersuchungen vor, deren Ergebnisse nach und nach mitgetheilt werden sollen. So viel lässt sich daher mit Bestimmtheit sagen, dass die vorgeschlagenen Messungen nicht blos schöne Wünsche darstellen, sondern dass sie sich auch wirklich ausführen lassen, ja dass sie ungezählte Male thatsächlich ausgeführt worden sind. Selbstverständlich aber ist die Verwendbarkeit der Maßmethoden für die besonderen Zwecke des Irrenarztes einstweilen noch eine sehr beschränkte. Von den verschiedenen Stufen, welche die wissenschaftliche Entwickelung bis zur Erreichung dieses Zieles zu durchlaufen hat, darf heute nur die erste als theilweise überwunden gelten. Sie besteht darin, dass jede einzelne bestimmt umgrenzte Frage zunächst an einem Menschen mit möglichster Genauigkeit nach allen Richtungen hin untersucht wird. Alle Versuchsumstände müssen dabei gesondert studirt, alle zufälligen Nebeneinflüsse durch Häufung der Beobachtungen, alle dauernden Versuchsfehler durch geeignete

Aenderung der Bedingungen unschädlich gemacht werden. In diesem Stadium befinden sich zur Zeit die meisten der hier von mir besprochenen Fragen.

Die zweite Aufgabe wird darauf hinauslaufen, auf Grund der Erfahrungen und mit Hülfe der Methoden, welche durch die Voruntersuchung gewonnen wurden, Massenbeobachtungen an gesunden Menschen anzustellen, um einen Ueberblick über die Breite der persönlichen Eigenthümlichkeiten zu erhalten. Natürlich können sich diese Massenbeobachtungen immer nur auf die Gewinnung weniger Versuchsreihen beschränken, wenn sie praktisch durchführbar sein sollen. Es kommt somit darauf an, die Versuche derart anzuordnen, dass in möglichst kurzer Zeit und aus möglichst knappem Material möglichst zuverlässige und möglichst vielseitige Schlüsse gezogen werden können. An diesem Punkte liegen Schwierigkeiten, die grundsätzlich nur zum Theil und jedenfalls nur durch praktisches Herumprobiren einigermaßen überwunden werden können. Jedes abgekürzte Verfahren wird in ziemlich hohem Grade der Gefahr zufälliger Beeinflussungen ausgesetzt sein; umgekehrt aber wird eine gründliche Durchführung der Untersuchung bei zahlreichen Personen sich einfach als unmöglich erweisen. Das Ziel einer allgemein brauchbaren Maßmethode für die psychischen Grundeigenschaften kann daher nur erreicht werden, wenn wir die höchsten Anforderungen an Genauigkeit im einzelnen fallen lassen. Einigermaßen ausgleichen lässt sich dieser Mangel, der allen Massenbeobachtungen gemeinsam ist, durch möglichste Ausdehnung der Untersuchung auf zahlreiche Personen, namentlich aber durch größte Sorgfalt im Vorstudium der ganzen Frage. Haben wir einmal bei einem Menschen alle Seiten des Problems gründlich kennen gelernt, die Wirkung aller Nebeneinflüsse eingehend studirt, so werden wir auch im abgekürzten Verfahren vielfach Fehlervorgänge und Unvollkommenheiten richtig zu beurtheilen im Stande sein, welche sonst unsere Einsicht in den wahren Zusammenhang wesentlich trüben würden.

Ausgehend von diesen Ueberlegungen habe ich daher schon seit etwa zwei Jahren den Versuch gemacht, mir auf möglichst einfache Weise über einige der wichtigsten psychischen Grundeigenschaften bei einer größeren Anzahl von Personen Aufschlüsse zu verschaffen. Es handelte sich darum, die ersten Erfahrungen über die Möglichkeit einer raschen psychologischen Kennzeichnung des einzelnen Menschen zu sammeln. Bei dem heutigen Stande unseres Wissens können diese Bestrebungen natürlich noch nichts, als unvollkommene Ansätze liefern; dennoch glaube ich, dass es gelingen kann, diese Ansätze allmählich zu einer immerhin brauchbaren Methodik weiter zu entwickeln. Die Hauptschwierigkeit der Sache liegt, abgesehen von der Nothwendigkeit knappster Fassung, in dem Umstande, dass wir das Wesentliche noch nicht von dem Unwesentlichen zu scheiden vermögen. Da wir für unsere Zwecke nicht alles zugleich untersuchen können, so müssten wir uns auf diejenigen Punkte beschränken, welche für die Eigenart der Persönlichkeit kennzeichnende Bedeutung haben und womöglich Schlüsse auf weite Gebiete der Veranlagung gestatten. Eine solche Eigenschaft ist z. B. wahrscheinlich die Ermüdbarkeit. Ein wirklicher Ueberblick über das, worauf es bei einer psychologischen Untersuchung für unsere Zwecke ankommt, kann aber natürlich erst dann erreicht werden, wenn wir nicht nur die Beziehungen der einzelnen Eigenschaften nach allen Richtungen hin genau erforscht haben, sondern auch über ein umfangreiches Vergleichsmaterial von verschiedenen Personen verfügen.

Trotzdem somit unseren ersten Versuchen ein praktischer Werth noch in keiner Weise zugeschrieben werden kann, will ich doch nicht unterlassen, über die allgemeine Anordnung derselben zu berichten, um wenigstens zu zeigen, von welchen Gesichtspunkten ich mich zunächst habe leiten lassen. Die ganze Untersuchung erstreckte sich gewöhnlich über fünf auf einander folgende Tage; an jedem Tage wurde eine Stunde gearbeitet. Der größeren Einfachheit und Gleichförmigkeit halber zogen wir nur die fortlaufenden Methoden in Anwendung, da die Einführung schwierigerer Zeitmessungen die allgemeine Verwerthbarkeit der Prüfung voraussichtlich sehr beeinträchtigen würde. Die Versuche wurden stets genau zur gleichen Tagesstunde vorgenommen; am besten eignet sich dazu bei unseren Lebensgewohnheiten etwa die Zeit zwischen 5 und 7 Uhr Nachmittags. Die gesammte Vertheilung von Arbeit und Ruhe, Schlaf und Nahrungsaufnahme musste an den Versuchstagen nach Möglichkeit gleichartig gestaltet werden; der Genuss alkoholischer oder coffeïnhaltiger Getränke 3—4 Stunden vor den Versuchen wurde vermieden. Die Aufgaben für die einzelnen Versuchstage waren folgende:

1. Am ersten Tage wurden eine Stunde lang einstellige Zahlen in der früher geschilderten Weise schriftlich addirt. Aus diesem Versuche ergab sich zunächst die **Schnelligkeit** und dann die **Zuverlässigkeit** der Arbeitsleistung auf dem Gebiete der gewohnheitsmäßigen Association. Zugleich ließ sich aus dem Vergleiche der Endleistung dieses Versuches mit der Anfangsleistung des nächsten Tages ein Urtheil über die Größe der **Ermüdbarkeit** gewinnen.

2. Die Arbeit des zweiten Tages glich derjenigen des ersten, mit dem Unterschiede, dass während der zweiten halben Arbeitsstunde dem Rechnenden gleichzeitig vorgelesen wurde. Der Fortschritt in der Anfangsleistung dieses Tages gegenüber derjenigen des ersten lieferte uns ein Maß für die **Uebungsfähigkeit**. Die Beeinträchtigung der Arbeitsfähigkeit durch das störende Vorlesen ließ die Größe der **Ablenkbarkeit** erkennen. Dabei mussten natürlich die bereits festgestellten Wirkungen der Uebung und Ermüdung für die zweite halbe Arbeitsstunde mit berücksichtigt werden. Meist pflegte der Einfluss der Ablenkbarkeit gegen Ende des Versuches schon wieder abzunehmen, so dass der Unterschied in der Arbeitsleistung der dritten und vierten Viertelstunde dieses Tages auch einen gewissen Einblick in die **Gewöhnungsfähigkeit** der Versuchsperson gestattete. Dass uns im Ganzen die Methodik der Ablenkung noch nicht befriedigte, wurde schon früher erörtert.

3. Auch der dritte Tag brachte einen einstündigen Addirversuch, der aber nach je einer Viertelstunde durch eine Pause von 5 Minuten unterbrochen war. Hier lieferte zunächst der Vergleich der Anfangsleistung mit derjenigen der früheren Tage einen neuen Werth für die Uebungsfähigkeit. Ferner ließ sich aus dem Vergleiche der Anfangsleistung mit der Endleistung des zweiten Tages die Gesammtwirkung von Ablenkung und Ermüdung beurtheilen. Endlich wollten wir aus dem Vergleiche der Arbeitsfähigkeit vor und nach den einzelnen Pausen ein Maß für die **Erholungsfähigkeit** in den verschiedenen Stadien der Ermüdung

ableiten. Spätere Erfahrungen haben uns, wie bereits eingehend besprochen wurde, dargethan, dass diese Versuchsanordnung unzweckmäßig ist. Bei den kurzen und wenig anstrengenden Arbeitszeiten wirken die Pausen nicht als Erholung, sondern als Störung, freilich wegen der Nachdauer der Anregung nur in geringem Maße. Zuverlässige Schlüsse werden daher aus dem Ausfalle dieser vereinzelten Versuche überhaupt nicht gezogen werden können. Weit zweckmäßiger würde es sein, wenn man am zweiten Versuchstage nach der ersten Viertelstunde eine Pause von viertelstündiger Dauer, am dritten dagegen zur gleichen Zeit eine solche von 5 Minuten einschieben würde. Der Vergleich dieser beiden Versuche würde uns wahrscheinlich ein günstigeres Ergebniss nach der Pause am dritten als am zweiten Tage ergeben. Daraus ließe sich, namentlich unter gleichzeitiger Berücksichtigung des ersten Tages, ein Urtheil über die Größe und die Nachdauer der Anregung gewinnen. Die Untersuchung über die Erholungsfähigkeit würde dagegen besser an den Schluss des ersten Tages verlegt. Wie die Erfahrung gelehrt hat, wirkt nach einstündigem Addiren, also bei deutlicher Ermüdung, die viertelstündige Pause wesentlich nicht mehr als Störung. Wir würden daher nur nöthig haben, hier nach einer viertelstündigen Unterbrechung noch einmal eine Viertelstunde rechnen zu lassen. Die nunmehrige Besserung der Arbeitsleistung gibt ein Maß für die Erholungsfähigkeit. Zugleich lehrt uns ein Vergleich mit der Anfangsleistung des nächsten Tages, wie weit die Erholung etwa noch hätte fortschreiten können, welcher Bruchtheil der Gesammterholung also nach der ersten Viertelstunde der Ruhe erreicht wurde. Die Arbeitsleistung des dritten Tages könnte sich bei dieser Anordnung auf die halbe Stunde Addirens mit einer Pause von 5 Minuten beschränken.

4. Am vierten Tage kam eine neue Arbeit, das Auswendiglernen 12stelliger Zahlen, an die Reihe, welches eine Stunde lang fortgesetzt wurde. Dabei ließ sich die Leistungsfähigkeit auf diesem Gebiete überhaupt, wie der Einfluss der Ermüdung gegen das Ende der Arbeitszeit feststellen. Zur vollen Würdigung dieser letzteren Größe bedurfte es im Hinblicke auf die Uebungswirkungen freilich noch des Vergleiches mit der Anfangsleistung des

nächsten Tages, an welchem ebenfalls gelernt wurde. Für die nähere Deutung dieser Versuche wurde, wie das aus früheren Erörterungen hervorgeht, ein Anhalt aus der Wiederholungsgeschwindigkeit beim Aufsagen der Zahlenreihen gewonnen. Sehr langsames Wiederholen sprach für eine mehr **sensorische**, schnelles Hersagen dagegen für eine vorwiegend **motorische Lernmethode**. Unter Umständen konnte auch ein allmählicher Uebergang von dem ersteren zum letzteren Verhalten beobachtet werden, als Zeichen einer besonderen qualitativen Wirkung der Uebung. Allerdings pflegt sich dieser Uebergang niemals etwa in dem kurzen Zeitraume einer Versuchsstunde, sondern nur bei häufigerer Ausführung der Lernversuche zu vollziehen.

5. Der fünfte Tag sollte uns über den **Uebungseinfluss** beim Lernen Klarheit bringen. Es wurde daher zunächst wiederum eine halbe Stunde gelernt. Nach den schon beim Rechnen besprochenen Grundsätzen ließ sich durch Vergleich mit Anfangs- und Endleistung des voraufgehenden Tages die Größe des Uebungszuwachses wie die Ermüdbarkeit für die Lernarbeit berechnen. Außerdem wurde auf Andeutungen einer etwa eintretenden Aenderung in der Lernmethode geachtet. An das halbstündige Lernen schloss sich nach unserem ersten Versuchsplane noch einmal ein halbstündiges Addiren. Wir hofften in dem Ausfall dieser Arbeit den vermuthlich günstigen Einfluss aufzufinden, welchen ein Wechsel der Thätigkeit auf die Leistungsfähigkeit ausübt. Da jedoch die Bedeutung dieses Umstandes bisher noch nicht planmäßig untersucht wurde, so würde ich es für zweckmäßiger halten, für das abgekürzte Verfahren vorerst wenigstens von dieser Bestimmung abzusehen. Ebenso haben wir schon sehr bald einen ursprünglich ins Auge gefassten sechsten Versuchstag aufgegeben, an welchem Leistungsfähigkeit und Ermüdbarkeit für einen vorwiegend psychomotorischen Vorgang, nämlich das flüsternde Lesen, festgestellt werden sollte. Es ergab sich, dass die kennzeichnende Bedeutung der gewonnenen Werthe anscheinend nicht groß genug war, um die Ausdehnung der Prüfung auf einen weiteren vollen Tag zu lohnen.

Durch die hier näher geschilderte psychologische Versuchsanordnung erhalten wir über eine Anzahl jener früher besprochenen persönlichen Eigenschaften gewisse Aufschlüsse, während wir nach anderen Richtungen hin einstweilen im Stich gelassen werden. Wir erfahren nichts über die Uebungsfestigkeit, weil sich ein Urtheil über dieselbe erst innerhalb längerer Zeiträume gewinnen lässt. Dieser Mangel könnte nur dadurch beseitigt werden, dass man nach einer bestimmten Zwischenzeit, etwa nach 30 Tagen, noch einmal die Rechen- und Lerngeschwindigkeit feststellte, um die Abnahme gegenüber den früheren Werthen als umgekehrtes Maß der Uebungsfestigkeit zu benutzen. Ferner bleiben wir über das Verhalten des Specialgedächtnisses im Unklaren. Eine Untersuchung desselben würde die Einprägung ganz bestimmter, gut unterscheidbarer Einzelheiten erfordern. Die Zahlenreihen eignen sich für diesen Zweck nur schlecht, weil sie sehr schwierig auseinanderzuhalten sind. Weit besser würden sich sinnlose Silben verwenden lassen. Trotzdem möchte ich lieber ein noch anderes Verfahren in Vorschlag bringen, weil es mir gleichzeitig gewisse besondere Vortheile zu bieten scheint.

Versuche, die ich selbst schon vor langen Jahren ausführte und die neuerdings von Dr. Aschaffenburg wieder aufgenommen wurden, haben gezeigt, dass schon die einfache Aufzeichnung der Vorstellungen, welche nach einander in unserem Bewusstsein sich einstellen, unter Umständen von Interesse für die Beurtheilung des gesammten psychischen Verhaltens sein kann. Namentlich die Häufigkeit der Klangassociationen, die Wiederkehr der gleichen Vorstellungen, der größere oder geringere Zusammenhang der ganzen Kette erlauben gewisse Schlüsse von allgemeinerer Bedeutung.

Es scheint mir indessen möglich, diesem einfachen Versuche eine Gestaltung zu geben, welche uns noch tiefer in die Eigenthümlichkeiten des Einzelnen hineinführt. Wenn man nicht beliebige Vorstellungen, sondern solche bestimmter Art aufschreiben lässt, so wird sich in der erhaltenen Liste die Reichhaltigkeit unseres Ideenschatzes nach der vorgezeichneten Richtung hin ausdrücken. Es lassen sich eine ganze Reihe derartiger Abgrenzungen ausdenken, deren praktische Verwendbarkeit durch den Versuch erprobt werden muss. Ich selber möchte es nach einigen von mir gesammelten Erfahrungen vorläufig für das Zweckmäßigste halten, folgende Gruppen von Vorstellungen zu wählen: 1) Sinneseindrücke mit ausgesprochenen Farben, 2) Wahrnehmungen im Bereiche des Gehörs, 3) angenehme, 4) unangenehme Dinge, 5) Begriffe ohne sinnliche Wahrnehmbarkeit.

Meine eigenen Aufzeichnungen haben mir gezeigt, dass ich auf diese Weise durchschnittlich etwa 60—70 Worte in 5 Minuten niederschreiben konnte. Eine solche Reihe gibt schon einen interessanten Ueberblick nicht nur über den Vorstellungsverlauf im allgemeinen, sondern auch über die besondere Entwickelung der einzelnen Gruppen. Es würde sich daher empfehlen, diese Untersuchung unserem Plane an Stelle der wegfallenden zweiten halben Addirstunde des dritten Tages einzufügen. Dabei möchte ich vorschlagen, zunächst 5 Minuten lang fortlaufend beliebige Hauptwörter aufschreiben zu lassen, dann aber für je 5 Minuten nach einander die soeben besprochenen Aufgaben zu stellen. Wir würden auf diese Weise in erster Linie ein Urtheil über die Art der Vorstellungsverbindungen, die Stetigkeit oder Sprunghaftigkeit des Gedankenganges gewinnen, ferner die Reichhaltigkeit der farbigen und acustischen Erinnerungsbilder, die besonderen Neigungen und Abneigungen, sowie den Besitzstand an allgemeinen Begriffen annähernd vergleichen lernen, wenn auch naturgemäß in weiteren Schlüssen große Vorsicht geboten ist. Auch das Auftreten von Wiederholungen, große Einförmigkeit der Aufzählungen würde verwerthbar sein. Endlich aber kann die Anzahl der im einzelnen Zeitabschnitte aufgeschriebenen Wörter bis zu einem gewissen Grade auch als Maßstab für die Geschwindigkeit des Vorstellungsablaufes dienen. Namentlich bei den begrenzten Aufgaben schreibt man im allgemeinen erheblich schneller, als die gesuchten Vorstellungen auftauchen, so dass öfters Pausen entstehen. Erschwerung und Trägheit des Denkens kann somit leicht aus der geringen Menge des jeweils gelieferten Materials erkannt werden. Genauere Werthe würden sich etwa mit Hülfe der Stenographie oder noch besser des Phonographen erhalten lassen.

Um aber nun auch über das Specialgedächtniss etwas zu erfahren, würde es sich empfehlen, nach einer bestimmten Zwischenzeit, am besten statt der zweiten halben Addirstunde des fünften Tages, die ganze Reihe der Vorstellungsversuche noch einmal schriftlich wiederholen zu lassen. Die Versuchsperson müsste sich bemühen, wieder in Abschnitten von je 5 Minuten, so vollkommen wie ihr möglich alle die Vorstellungen zu Papier zu bringen, welche am dritten Tage in ihr aufgetaucht waren. Der Vergleich der beiden Reihen wird ergeben, wie weit die Lösung der Aufgabe gelungen ist, wie viel Altes vergessen, wie viel Neues hinzugefügt wurde, welche Bruchstücke unverändert wiederkehrten u. s. f.

Leider erscheint es zur Zeit nicht möglich, das abgekürzte Verfahren durch Ausdehnung der Untersuchung über andere Gebiete unseres Seelenlebens zu erweitern. Für die Auffassungsfähigkeit, die psychomotorische Leistungsfähigkeit gibt es noch keine bequemen, durchgearbeiteten Methoden. Das Verhalten der Uebung, Ermüdung, Erholung, Anregung, Ablenkung, Gewöhnung nach verschiedenen Seiten hin könnte nur durch sehr umfangreiche Versuchsreihen mit in den Bereich der Prüfung einbezogen werden. Die Fortsetzung der Einzelforschung wird lehren, wie weit etwa die Einführung weiterer Bestimmungen in den Versuchsplan neben oder an Stelle der bisher vorgeschlagenen zweckmäßig erscheint. Auch auf die Feststellung der Schlafcurven werden wir trotz ihrer großen Wichtigkeit wegen der entgegenstehenden praktischen Schwierigkeiten für die Massenbeobachtungen einstweilen verzichten müssen.

Es sei mir gestattet, nach diesen Erörterungen nochmals kurz den psychologischen Versuchsplan zusammenzustellen, wie er nach meinem Dafürhalten dem heutigen Standpunkte unserer Kenntnisse am meisten entsprechen würde:

Erster Versuchstag: Einstündiges Addiren — Viertelstündige Pause — Viertelstündiges Addiren.

Zweiter Tag: Viertelstündiges Addiren — Viertelstündige Pause — Viertelstündiges Addiren — Halbstündiges Addiren mit gleichzeitiger Ablenkung durch Vorlesen.

Dritter Tag: Viertelstündiges Addiren — Fünf Minuten Pause — Viertelstündiges Addiren — Je 5 Minuten Aufschreiben 1) beliebiger Hauptwörter, ferner solcher Dinge, welche 2) lebhafte Farben besitzen, 3) Geräusche erzeugen, 4) Lust oder 5) Unlust erregen, endlich 6) solcher, welche nicht sinnlich wahrnehmbar sind.

Vierter Tag: Einstündiges Lernen — Viertelstündige Pause — Viertelstündiges Lernen.

Fünfter Tag: Viertelstündiges Lernen — Viertelstündige Pause — Viertelstündiges Lernen — Wiederholung des Aufschreibeversuches vom dritten Tage, unter möglichster Erneuerung der gleichen Vorstellungen aus dem Gedächtnisse.

Wie ich schon an anderem Orte dargelegt habe, dürfen wir uns auch bei sorgfältigster Durchführung dieser Versuche in allen äußeren Einzelheiten durchaus nicht der Erwartung hingeben, dass dieselben ohne weiteres zuverlässige und praktisch brauchbare Zahlenwerthe liefern werden. Das wäre nur dann der Fall, wenn der psychische Allgemeinzustand bei Beginn jeder Versuchsreihe immer der gleiche wäre und wenn außer den von uns gewollten und vorausgesehenen Umständen keine anderen Einflüsse sonst den Ausfall der Beobachtungen verändern würden. Beide Bedingungen sind jedoch in der Regel keineswegs auch nur annähernd erfüllt. Sowohl die Verschiedenheiten der Tagesdisposition, die von mannigfachen unberechenbaren Ursachen abhängen, wie allerlei zufällige Nebenumstände, insbesondere die Schwankungen der Stimmung, können sehr erheblich auf die Versuchsergebnisse einwirken.

Gegen diese Fehlerquellen gibt es, außer peinlicher Einhaltung der gleichen äußeren Bedingungen, keinen anderen Schutz, als die Häufung und Wiederholung der Versuche. Je größer die Zahl der Personen ist, welche sich der Prüfung unterziehen, desto klarer wird sich allmählich das allgemeine gesetzmäßige Verhalten herausstellen, desto geringer wird das Gewicht einzelner, durch zufällige Störungen beeinträchtigter Versuchsreihen. Andererseits ist für die Zwecke der Individualpsychologie dringend eine mehrmalige Durchführung der ganzen Untersuchung anzurathen, wo sich in irgend einem Punkte eine auffallende oder verdächtige Abweichung gegenüber der Norm herauszustellen scheint. Erst die Wiederkehr des gleichen Verhaltens bei weiterer Prüfung berechtigt uns, den Zufall auszuschließen und das Bestehen einer besonderen persönlichen Eigenthümlichkeit anzunehmen. Natürlich wird es auch sonst empfehlenswerth sein, wo es irgend angeht, sich nicht mit einer einmaligen Prüfung zu begnügen. Die psychischen Eigenschaften sind keine feststehenden, unveränderlichen Größen; vielmehr sind sie häufigen Schwankungen unterworfen, die sich freilich im gewöhnlichen Laufe der Dinge innerhalb gewisser Grenzen halten. Gerade die Ausgiebigkeit dieser Schwankungen während kürzerer oder längerer Zeiträume, die Stetigkeit oder Ungleichmäßigkeit des psychischen Gesammtzustandes, gibt uns einen neuen, wichtigen Beitrag für die Beurtheilung der Persönlichkeit, der allerdings aus der einzelnen Versuchsreihe leider nicht erhoben werden kann.

Sobald sich unsere Methodik durch die Erfahrung am gesunden Menschen genügend erprobt hat, wird es möglich sein, auch das eigentliche letzte Ziel dieser Bestrebungen fester ins Auge zu fassen, die Erforschung der krankhaften Persönlichkeit, insbesondere der angeborenen krankhaften Veranlagung. Bei der Untersuchung zahlreicher Menschen werden wir ohnedies immer einzelne auffinden, welche nach irgend einer Richtung wesentlich von dem Verhalten der großen Mehrzahl abweichen. Erweist sich diese Abweichung als schädlich für das psychische Leben, und erreicht sie eine gewisse, freilich nur willkürlich festzusetzende Größe, so pflegen wir sie als krankhaft zu betrachten. Die Erfahrung lehrt, dass Personen mit derartigen krankhaften Einzelzügen im Ganzen der Gefahr einer allgemeineren geistigen Störung stärker ausgesetzt sind, als jene Naturen, deren Eigenschaften sich überall im Bereiche des Durchschnitts halten. Wir werden daher zunächst zu untersuchen haben, ob sich mit Hülfe der psychologischen Prüfung nicht vielleicht das Bestehen einzelner Abweichungen feststellen lässt, welche für die gewöhnliche Betrachtung gar nicht erkennbar sind. Wenn das gelänge, so würden wir durch die zahlenmäßigen Bestimmungen, welche uns nunmehr zu Gebote stehen, jedenfalls in die Lage kommen, weit genauer und zuverlässiger die Grenze zwischen Gesundheit und Krankheit abzustecken, als das bis jetzt jemals möglich war.

Weiterhin aber — und damit kehren wir zum Ausgangspunkte dieser Betrachtung zurück — dürfte sich uns die Aussicht eröffnen, endlich einmal die wirre Masse der krankhaft Veranlagten, der Entarteten in eine Reihe klar gekennzeichneter, wohl unterschiedener Einzelgruppen zu zerlegen. Es wäre denkbar, dass es gelänge, auf dem Wege der experimentellen Menschenkenntniss allmählich gewisse Hauptformen der psychischen Persönlichkeit aufzufinden, welche jeweils eine bestimmte Verbindung von Eigenschaften in besonderer Ausprägung darbieten. Auch auf psychischem Gebiete wird es Lang- und Kurzköpfe, Zwerge und Riesen, Blonde und Dunkle, Schlichthaarige und Wollhaarige geben, oder wie sonst die unterscheidenden Merkmale in der körperlichen Veranlagung nur immer herausgesucht werden mögen. Diese Typen des gesunden Seelenlebens werden uns den Schlüssel für das Verständniss des Krankhaften liefern und umgekehrt. Wahrscheinlich aber wird die Mannigfaltigkeit der Formen im Bereiche des Pathologischen noch weit größer sein als in der Breite des Normalen.

Schon die gewöhnliche klinische Betrachtung hat uns eine ganze Reihe eigenartiger krankhafter Veranlagungen auseinanderhalten gelehrt. Abgesehen von dem Formenreichthum der einfachen Imbecillität mit sehr verschiedengradiger Betheiligung der einzelnen geistigen Leistungen, kennen wir die hysterische, die epileptische, die impulsive, die depressive oder exaltirte Veranlagung; wir wissen, dass es Personen gibt, deren Entwickelung unweigerlich zum Auftreten von Zwangsvorstellungen oder Zwangshandlungen führt, Andere, welche nothwendig paranoisch, periodisch krank oder circulär werden u. s. f. Alle unsere Erfahrungen sprechen dafür, dass die große Mehrzahl der psychischen Erkrankungen sich von Jugend auf im Menschen vorbereitet und nicht erst durch äußere Einwirkungen in ihm erzeugt wird. Muss es da nicht als ein wichtiges und erstrebenswerthes Ziel gelten, diese Keime psychischer Störung erkennen zu lernen, bevor sie zu offenkundiger Geisteskrankheit herangewachsen sind? Ich weiß nicht, ob man meine Ansicht theilen wird, aber ich kann mich der Ueberzeugung nicht erwehren, dass der spätere Paranoiker von vornherein andere Züge darbieten muss, als die Hysterica oder als der periodisch Tobsüchtige. Ferner aber glaube ich, dass es nicht grundsätzlich unmöglich ist, diese feineren psychologischen Unterschiede aufzudecken. Man würde dann etwa vorhersagen können, dass die Gefahr einer endogenen Geistesstörung besteht und nach welcher Richtung hin sich dieselbe geltend zu machen droht. Ob freilich die Lösung dieser kühnen Aufgabe schon mit denjenigen Hülfsmitteln gewagt werden kann, die uns heute zu Gebote stehen, will ich gern dahingestellt sein lassen. Wenn aber das Ziel erreichbar ist, so werden wir ihm sicher auf keinem anderen Wege näher kommen, als auf demjenigen einer immer weiter vervollkommneten psychologischen Untersuchung. Ganz abgesehen indessen von dem, was die Zukunft etwa einst bringen wird, vermag uns die vorgeschlagene Prüfung beim Nachweise von krankhaften Abweichungen überhaupt zweifellos auch jetzt schon gute Dienste zu leisten. Besonders sind es natürlich die leichtesten Formen geistiger Erkrankung, welche durch dieses Hülfsmittel eine schärfere Beleuchtung erfahren könnten. Außer den verschiedenartigen angeborenen Schwächezuständen und Abnormitäten würden dabei namentlich auch die erworbenen Schwachsinnsformen in Betracht zu ziehen sein. Die ersten Grade der epileptischen und alkoholischen Demenz, die Remissionen der Paralytiker, die Ausgänge gewisser acuter Geistesstörungen, die »gesunden« Zwischenzeiten der periodisch Kranken würden bei genauer psychologischer Prüfung vielleicht doch wesentliche Abweichungen erkennen lassen, welche der gewöhnlichen Betrachtung entgehen. Wer wollte leugnen, dass bei der üblichen Unterhaltung mit solchen Kranken kaum mehr als die allergröbsten Veränderungen der geistigen Leistungsfähigkeit in ihren verschiedenen Beziehungen von uns festgestellt werden können! Für die Beurtheilung forensischer Fälle wäre natürlich die objective Messung der psychischen Grundeigenschaften ganz besonders werthvoll. Leider wird es hier nur allzu häufig am guten Willen der Versuchsperson fehlen, ohne den eine planmäßige und zuverlässige Untersuchung natürlich nicht möglich ist. Am wenigsten dürfte diese Schwierigkeit aus naheliegenden Gründen bei der Entscheidung über zweifelhafte Dispositionsfähigkeit ins Gewicht fallen.

V.
Ausblicke auf Behandlung und Vorbeugung.

Wer die Krankheiten gut erkennt, wird sie auch gut zu heilen verstehen. Dieser alte Satz pflegt sich bei jeder Bereicherung unserer diagnostischen Hülfsmittel innerhalb gewisser Grenzen neu zu bewähren; seine Wahrheit wird sich auch in der Entwickelungsgeschichte der psychologischen Untersuchungsmethoden nicht verleugnen. Die Aufklärung, welche wir durch das Experiment über Wesen und Zusammenhang der einzelnen psychischen Krankheitserscheinungen gewinnen, muss uns nach verschiedenen Richtungen hin auch Winke für unser ärztliches Handeln zu liefern im Stande sein. Vielfach werden wir freilich nur eine Bestätigung unserer sonstigen klinischen Erfahrungen erhalten. Die außerordentliche Wichtigkeit des Schlafes und der Nahrung für die geistige Leistungsfähigkeit, die große Ermüdbarkeit der Genesenden haben schon längst zu bestimmten Behandlungsmethoden geführt, bevor uns der Versuch eine Messung der hier in Betracht kommenden Größen gestattete. Dennoch werden wir vielleicht an der Hand des Experimentes mehr in Einzelfragen eindringen können. Wir werden erfahren, in welchem Maße körperliche Bewegung auch geistig ermüdend wirkt, welchen nachhaltigen Einfluss eine durchwachte Nacht haben kann, wie wichtig reichliche Nahrungszufuhr selbst am Morgen nach dem Schlafe für das Verhalten der geistigen Leistungsfähigkeit ist. Es wird uns klar, warum gerade bei manisch Erregten das »Austoben« im Herumlaufen verschlechternd wirken und durch Bettruhe oder verlängerte Bäder ersetzt werden muss, warum die Sondenfütterung in den Aufregungszuständen der Amentia und des Collapsdeliriums so häufig das beste Schlafmittel ist u. s. f. Auf Schritt und Tritt bietet sich hier für unser Eingreifen die Anknüpfung an die Erfahrungen des psychologischen Versuches.

In ganz besonderem Maße gilt das für die Handhabung derjenigen Arzneistoffe, welche unmittelbar den Ablauf unserer psychischen Vorgänge beeinflussen. Tag für Tag werden unsere Kranken mit derartigen Mitteln behandelt, ohne dass wir bisher im Stande wären, uns über die Einwirkungen derselben auf ihr Seelenleben genügende Rechenschaft zu geben. Auch das Durchprobiren am eigenen Körper vermag diese Lücke unseres Wissens nicht auszufüllen, da die einfache Selbstwahrnehmung uns erfahrungsgemäß nur ein äußerst unsicheres und verzerrtes Bild der Veränderungen unseres Innern liefert. Mit Hülfe des Versuches dagegen ist es möglich, allmählich die verwickelten Wirkungen in ihre einzelnen Theilerscheinungen aufzulösen und schließlich das Zustandekommen derselben in ihren Umrissen auch zahlenmäßig zu verfolgen. Derartige Untersuchungen wären vor allem für die

Kenntniss der Schlafmittel wichtig, deren Beurtheilung gerade hinsichtlich ihrer psychischen Wirkung so lange zu schwanken pflegt. Messungen der Schlaftiefe könnten uns darüber belehren, wie rasch und mit welcher Stärke die Erzeugung des Schlafes eintritt, wie lange der Einfluss des Mittels andauert, welche Unterschiede sich gegenüber dem natürlichen Verlaufe der Schlafcurve feststellen lassen. Leider sind solche Versuche noch immer mit erheblichen technischen Schwierigkeiten verknüpft, die sich nur durch sehr kostspielige Einrichtungen beseitigen lassen. Aus diesem Grunde liegen bis jetzt nur die Messungen Michelson's über den Ablauf des Paraldehydschlafes vor. Schon diese Erfahrungen haben jedoch gezeigt, dass auf dem angeführten Wege zweifellos Ergebnisse zu erreichen sind. Hoffentlich kommen wir auf ihm endlich einmal zu einer wissenschaftlichen Unterscheidung der verschiedenen Arten von Schlafstörung und damit auch zu einer besser begründeten Auswahl der Mittel, mit denen wir dieselben zu bekämpfen haben. Es ist gewiss nicht gleichgültig, ob wir es mit mangelhaftem Einschlafen, mit unruhigem, durch Träume gestörtem Schlafe oder endlich mit sehr frühzeitigem Erwachen zu thun haben, ob die Beeinträchtigung des Schlafes durch Angst, durch lebhafte Vorstellungen, Mangel des Müdigkeitsgefühls, motorische Unruhe, Schmerzen oder noch anderes bedingt wird. In jedem dieser Fälle ist vielleicht ein anderes Verfahren angezeigt, an Stelle unserer gewiss viel zu schablonenhaften Receptbehandlung.

Ein wenig weiter sind wir fortgeschritten in der Erforschung der psychischen Wirkungen, welche durch andere therapeutisch angewandte Mittel erzeugt werden. Ich verweise hier nur auf den Alkohol und das Morphium. Wir wissen jetzt wenigstens ungefähr, wann und in welcher Menge der Alkohol als Schlafmittel wirkt; wir können es verstehen, warum kleine Gaben in psychischen Spannungs- und Hemmungszuständen einen allerdings rasch vorübergehenden günstigen Einfluss zu haben pflegen. Es ist uns erklärlich, weshalb bei Trinkernaturen der mäßige Alkoholgenuss mit Nothwendigkeit wieder zum Rückfall führen muss, und wir begreifen einigermaßen die verhängnissvolle Bedeutung des Alkohols bei gewissen Schwachsinnigen. Ebenso lernen wir aus dem Versuche, dass das Morphium, in vollem Gegensatze zum Alkohol, zunächst keineswegs ein Schlafmittel, sondern nur ein Beruhigungsmittel ist, und wir gewinnen ein Verständniss für die durchaus eigenartige Anregung, welche der Morphinist in der Abstinenz durch die Einspritzung erhält, wie für die tiefgreifende, fast unheilbare Willensschwäche, die uns die Behandlung dieser Kranken so sehr zu erschweren pflegt. Schon aus diesen Beispielen dürfte die Nothwendigkeit erhellen, alle jene Mittel, mit denen wir das Seelenleben unserer Kranken zu bearbeiten gewöhnt sind, zuvor auf das Genaueste in ihren psychischen Wirkungen zu studiren. Soweit meine eigenen Kräfte reichen, werde ich zur Erfüllung dieser selbstverständlichen wissenschaftlichen Forderung beizutragen suchen.

Gerade die Erfahrungen über den Alkohol sind geeignet, unsere Aufmerksamkeit noch auf ein letztes Gebiet der irrenärztlichen Thätigkeit hinzuweisen, auf welchem der psychologische Versuch vielleicht ebenfalls nach manchen Richtungen hin werthvoll werden kann. Es ist wahrlich nicht die unwichtigste Seite unseres Berufes: ich meine die Vorbeugung des Irreseins. Wenn wir heute das erschreckende Anwachsen des Alkoholismus in unserem Volke mit ansehen, so muss sich uns die Frage aufdrängen, wie es möglich ist, dass ein verheerendes Gift tagtäglich in ungeheuren Mengen als selbstverständliches Genussmittel verzehrt wird, ein Gift, dessen vernichtende Folgen jedem Einzelnen von der Landstraße, vom Gerichtssaale, von Armen- und Arbeitshäusern her, aus Kranken- und Irrenanstalten sattsam bekannt sind. Ohne Zweifel ist eine der vielen Ursachen für diese erschütternde Thatsache in der ganz allgemeinen Unkenntniss über die wahren Wirkungen des Alkohols zu suchen. Nicht nur hält die überwiegende Mehrzahl der Laien und Aerzte den gewohnheitsmäßigen Genuss des Alkohols innerhalb sehr weiter Grenzen für vollständig harmlos, sondern das bekannte Kraftgefühl im Beginne der Wirkung hat zu dem verhängnissvollen Irrthume geführt, dass der Alkohol stärkend, kräftigend wirke. Die aufgeschwemmten Dickwänste der oberbayerischen Brauknechte gelten dabei vielfach als unwiderlegliche Bestätigung. Ungezählte Male ist meinen Mahnungen entgegengehalten worden, dass Bier und Wein ja »gesund« seien, dass ihre Anwendung »zur Stärkung« oder im Hinblicke auf die zu leistende schwere Arbeit unumgänglich nothwendig sei.

Der Versuch hat gezeigt, dass diese ganze Lehre und damit ein weitverbreiteter Beweggrund zum Alkoholgenusse auf dem Boden einer Selbsttäuschung erwachsen ist. Nur die centrale Auslösung von Bewegungen wird durch den Alkohol erleichtert. Von einer wirklichen Kraftsteigerung, einer Stärkung, kann überhaupt nicht oder doch nur vorübergehend die Rede sein. Dagegen folgt der Anregung unweigerlich und rasch eine ausgeprägte, nur sehr allmählich sich wieder ausgleichende Erschlaffung. Außerdem wird die Auffassungs- und Verstandesthätigkeit von Anfang an deutlich gelähmt, obgleich wir davon zunächst gar nichts wahrnehmen. Gerade das Gegentheil der volksthümlichen Ansicht entspricht somit dem thatsächlichen Verhalten. Ich muss gestehen, dass mich selbst in erster Linie meine eigenen, über ein Jahrzehnt sich erstreckenden Versuche und die aus ihnen sich ableitende Erkenntniss zum Alkoholgegner gemacht haben. Möchten viele, viele Andere den gleichen Weg gehen und zur Aufklärung der Massen über die wahre Natur der Alkoholwirkung nach Kräften beitragen, so wäre zu hoffen, dass es doch endlich gelingen könnte, eine der furchtbarsten Quellen menschlichen Elends und menschlicher Krankheit zu verstopfen oder doch wenigstens einzudämmen.

Weit unbedeutender zunächst und fernliegender erscheinen die Dienste, welche der psychologische Versuch für die Verhütung des Irreseins durch Begründung einer allgemeinen geistigen Hygiene etwa zu leisten im Stande wäre — fehlt es uns doch heute noch an den ersten Ansätzen zu einer solchen Wissenschaft! Es ist genau bekannt, welche Menge und Mischung der Nahrungsmittel für den gesunden Arbeiter zweckmäßig ist; wir wissen auch, wie sich der Herzkranke, der Magenleidende, der Diabetiker nähren soll, wie man sich für Radfahren und Rudern vorbereitet, ja sogar, welche Wärmegrade die Vorzüge der einzelnen Getränke am vollsten zur Geltung kommen lassen. In unseren Wohnungen sorgen wir für Licht und Luft, für Wärme und Reinlichkeit; wir canalisiren unsere Städte, bauen Wasserleitungen, lassen die Nahrungsmittel untersuchen und stellen den Wochenmarkt unter Polizeiaufsicht. Wer wollte aber behaupten, dass wir die gleiche Sorgfalt auch der Hygiene unseres Geistes, der Vorbeugung psychischer Schädigungen zuwenden!

Es ist wahr, dass die Pflege der körperlichen Gesundheit

zugleich die wichtigste Vorbedingung für das geistige Wohlbefinden bildet, und dass jede Bekämpfung von Krankheit, Elend und Noth geeignet ist, auch die verbreitetsten psychischen Ursachen des Irreseins, die depressiven Gemüthsbewegungen, wesentlich zu vermindern. Dennoch gibt es ein ausgedehntes Gebiet der Hygiene, auf welchem ausschließlich die genaue Kenntniss unseres Seelenlebens die Wurzeln des Uebels aufdecken und uns die Maßregeln zu ihrer Beseitigung an die Hand geben kann. Die Frage der geistigen Ueberanstrengung droht in unserem Zeitalter eine brennende zu werden. Eine der verbreitetsten psychischen Erkrankungen, die Neurasthenie, wird ziemlich allgemein auf chronische Ermüdung durch unvollkommenes Ausruhen bei zu starker geistiger Anstrengung zurückgeführt. Der gleichen Ursache wird vielfach auch ein beträchtlicher Antheil an der erschreckenden Zunahme anderer Geistesstörungen zugeschrieben, insofern das aufreibende Leben unserer Tage auf die Dauer eine Herabsetzung der Widerstandsfähigkeit unseres Nervensystems, eine Entartung erzeuge, welche auch den kommenden Geschlechtern sich mittheile.

Niemand wird leugnen wollen, dass wir es hier mit Fragen sehr ernster Natur zu thun haben. Jedenfalls erscheint es in hohem Grade wünschenswerth, zu erfahren, wie weit jene verbreiteten Anschauungen berechtigt sind. Wir müssen wissen, ob die Ursachen der Neurasthenie thatsächlich in der geistigen Ueberarbeitung liegen, und welches das Maß von Anstrengung ist, das ohne dauernde Schädigung ertragen werden kann. Es muss klar werden, welche Vertheilung von Thätigkeit und Erholung, von Schlaf und Nahrungsaufnahme nothwendig ist, um die geistige Arbeitsfähigkeit dauernd zu erhalten. Erst dann, wenn wir bis ins Einzelne alle die Bedingungen kennen, von denen unsere psychische Leistungsfähigkeit abhängig ist, wird es möglich sein, wenigstens im öffentlichen Leben die Arbeitsverhältnisse derart zu gestalten, dass sie den Anforderungen der geistigen Hygiene entsprechen, ganz ebenso wie wir mit dem Anwachsen der Städte daran gegangen sind, die frisch erprobten Grundsätze der körperlichen Gesundheitspflege in weitem Umfange überall zur Geltung zu bringen. Leider ist es wahr, dass uns eine sichere Antwort auf die oben aufgeworfenen Fragen heute noch fehlt. Gewähren kann sie uns nur der psychologische

Versuch. So lange jedoch noch keine beweisenden Untersuchungen vorliegen, lässt sich nicht zuverlässig auseinanderhalten, wie weit beim Zustandekommen der Neurasthenie im einzelnen Falle die einfache geistige Ueberarbeitung, und wie weit allerlei Nebeneinflüsse, namentlich gemüthliche Erregungen, Entziehung des Schlafes, Missbrauch von Reizmitteln u. s. f., daran betheiligt sind. Unter allen Umständen aber liegt die Möglichkeit einer Schädigung des Nervensystems durch Ueberbürdung nahe genug, um uns zu veranlassen, dieser Frage unsere vollste Aufmerksamkeit zuzuwenden.

Namentlich wird es unsere Aufgabe sein, die Leistungsfähigkeit des jugendlichen Gehirns im Verhältnisse zu den an sie gestellten Anforderungen zu prüfen. Wenn irgendwo, so muss im unentwickelten Körper die Ueberanstrengung eine wirkliche Gefahr bedeuten. Unter welchen Gesichtspunkten hier die Untersuchungen anzustellen wären, welche spärlichen Ergebnisse bisher auf diesem Gebiete erst vorliegen, habe ich bei anderer Gelegenheit[1]) eingehender besprochen. Es ist natürlich, dass gerade die Forderung, der Ueberbürdungsfrage durch den psychologischen Versuch näher zu treten, auf vielseitigen und hartnäckigen Widerstand stoßen muss, vor allem deshalb, weil von zahlreichen Schulmännern das Bestehen einer solchen Frage überhaupt in Abrede gestellt wird. Die Einrichtungen sind überall vortreffliche, alle Klagen unbegründet, die Besserungsvorschläge unausführbar. Es stände schlimm um unsere Jugend, wenn diese Auffassung wirklich die allgemeine wäre. Glücklicherweise ist das nicht der Fall. Aus Anlass meines Schriftchens über geistige Arbeit sind mir eine Reihe von Briefen zugegangen, aus denen ich ersehen habe, dass wir in Bezug auf die geistige Hygiene der Schulkinder doch noch nicht in der besten der möglichen Welten leben. Vor allen Dingen aber haben einsichtige Pädagogen schon seit langem sich bemüht, die Anforderungen der geistigen Erziehung mit der Leistungsfähigkeit ihrer Pflegebefohlenen in Einklang zu bringen. Das stärkste und zugleich schwächste Kampfmittel gegen meine Mahnungen ist gewiss der Einwand, dass die Schule selbst bereits in der gleichen Richtung Verbesserungen des Unterrichtsbetriebes durchgeführt habe.

---

1) Ueber geistige Arbeit. Jena 1894. S. 12 ff.

Wer aber gibt uns die Sicherheit dafür, dass das Nothwendige heute schon erreicht ist, dass wir durch das Festhalten am Hergebrachten unter den geänderten Verhältnissen nicht kostbare Volksgüter aufs Spiel setzen? Gewiss soll hier nicht der Verweichlichung und Verzärtelung das Wort geredet werden, aber wir müssen wenigstens wissen, bis zu welchem Punkte beim jugendlichen Gehirn die Anspannung und Ausnutzung der Arbeitsfähigkeit höchstens getrieben werden darf, um nicht zu dauernder Schädigung zu führen. Auch hier kann nur der Versuch entscheiden, der die Bedenken gegen den Unterrichtsbetrieb widerlegen oder bestätigen und der im letzteren Falle auch den Weg zu einer endgültigen Beseitigung der Missstände uns anzeigen wird. Jener Schulmann, der von der Vortrefflichkeit der jetzigen Verhältnisse überzeugt ist, sollte daher mit der gleichen Zuversicht zum beweisenden Versuche greifen, wie der unzufriedene Weltverbesserer.

Nach meinen über 6 Jahre sich erstreckenden, ausgedehnten Erfahrungen bei Erwachsenen muss ich es auch heute schon für äußerst wahrscheinlich halten, dass nur ein kleiner Theil der Arbeit in der Schule im Zustande geistiger Frische geleistet wird. Ich gebe ohne weiteres zu, dass eine größere Anzahl von Schülern den ihnen aufgezwungenen dauernden Kampf mit der Ermüdung ohne bleibenden Nachtheil erträgt. Ebenso sicher aber ist es — und hier liegt die Wichtigkeit dieser Frage für den Irrenarzt — dass es in jeder Klasse Kinder geben muss, welche nach ihrer gesammten Veranlagung außer Stande sind, den Anforderungen an ihre geistige Leistungsfähigkeit ohne ernstere Gefahren nachzukommen. In den Irrenanstalten des Deutschen Reiches befinden sich heute gegen 60 000 Geisteskranke. Dazu kommt mehr als die doppelte Zahl von Kranken, welche außerhalb jener Anstalten verpflegt werden, so dass wir den Gesammtbestand der Geistesgestörten bei uns auf fast 200 000 Menschen veranschlagen können. Nahezu alle diese Personen sind einmal Schulkinder gewesen. Bei der Mehrzahl derselben ist nach allgemeinen Erfahrungen das Irresein höchst wahrscheinlich aus einer krankhaften Veranlagung hervorgegangen, welche schon in der Jugend bestand, auch wenn sie noch nicht in deutlichen Krankheitszeichen erkennbar wurde. Wie ich denke, wird man zugeben, dass Kinder, die den Keim einer späteren

Geistesstörung in sich tragen, durch Anstrengungen schwer geschädigt werden können, welche von Gesunden leicht ausgeglichen werden. Eine Hauptgefahr liegt hier in dem Umstande, dass die geringe Widerstandsfähigkeit solcher Kinder häufig durch gute Auffassungsgabe und geistige Regsamkeit verdeckt wird. Der Lehrer hält sie nicht selten für besonders begabt; das rasche Nachlassen ihrer Leistungsfähigkeit erscheint ihm als Trägheit und Mangel an gutem Willen, dem durch kräftige Anregung nachgeholfen werden muss. Ebenso werden die Schwachen im Geiste gerade durch den tüchtigen und eifrigen Lehrer zu Anstrengungen aufgestachelt, welche unter Umständen weit über das Maß des Zulässigen hinausgehen. Ich selber erinnere mich bei einer nachträglichen Musterung meiner Schulkameraden einer Reihe von Knaben, die ich jetzt unbedingt als krankhaft veranlagt bezeichnen müsste. Sie waren der Schrecken der Schule; ihnen wurde die Schule zur Hölle.

Einen weit größeren Bruchtheil der Schüler, als die sicher krankhaften Kinder, die verkappten Idioten und schwachsinnigen Talente, die Hysterischen, die zukünftigen Paranoiker und Periodiker, bilden die nervös Belasteten. Aus ihnen rekrutiren sich späterhin jene zahlreichen Uebergangsformen zwischen geistiger Gesundheit und Krankheit, welche nicht in den Rahmen der Irrenstatistik fallen. Große Anregbarkeit und große Ermüdbarkeit sind auch bei ihnen die gefährlichste Mitgift. Wie viele dieser Kinder überanstrengen sich gewohnheitsmäßig, weil der Uebereifer das warnende Müdigkeitsgefühl verscheucht, wie viele werden wegen Flüchtigkeit und Zerstreutheit getadelt, wenn sie schon nach kurzer Zeit nicht mehr im Stande sind, ihre Gedanken zusammenzuhalten!

Im Großen und Ganzen wird der erfahrene Lehrer alle diese eigenartigen kindlichen Persönlichkeiten allmählich kennen und richtig beurtheilen lernen. Er wird darüber ins Klare kommen, dass sie nicht mit dem gleichen Maße gemessen werden können wie die Kräftigen und Gesunden. Wir sehen daher, dass heute schon, ganz abgesehen von den eigentlichen Idiotenschulen, in einer Reihe von Städten besondere Klassen für schwachbegabte Kinder eingerichtet worden sind. Allein es bleibt auf diesem Gebiete gewiss noch immer recht viel zu thun. Die Ausscheidung der Gefährdeten aus der Zahl der Rüstigen wäre die nächste Aufgabe; namentlich große Ermüdbarkeit sollte die ernsteste Beachtung finden. Wenn ich die bedeutenden Unterschiede betrachte, welche mir in diesem Punkte eine Reihe beliebig ausgewählter, aber sämmtlich recht leistungsfähiger Erwachsener dargeboten haben, so kann ich mich dem Gedanken nicht verschließen, dass bei den Kindern einer Klasse Abweichungen bestehen müssen, über deren Größe wir uns auch nicht im Entferntesten Rechenschaft geben. Solche Abweichungen aber gewinnen erhebliche praktische Bedeutung, sobald von allen Schülern die gleichen Leistungen gefordert werden. Was für den Einen Kinderspiel, das ist für den Andern vielleicht eine Anstrengung, von der er sich erst nach Stunden allmählich wieder zu erholen vermag.

Aus einer genauen Kenntniss der geistigen Leistungsfähigkeit unserer Schuljugend im allgemeinen und im einzelnen werden sich unschwer eine Reihe von praktischen Folgerungen für die Gestaltung von Unterricht und Erziehung ableiten lassen. Für uns Aerzte ergibt sich die Mahnung, bei allen im ungünstigen Sinne vom Durchschnitte abweichenden Schülern mit besonderer Sorgfalt die Vertheilung von Thätigkeit und Ruhe zu regeln, auf ausreichende Befriedigung des Schlafbedürfnisses und Kräftigung des gesammten Körpers bedacht zu sein. Wenn überhaupt, so ist auf diesem Wege, durch frühzeitige Erkennung und Bekämpfung der Gefahr, die Möglichkeit einer wirksamen Vorbeugung drohender geistiger Erkrankung gegeben. Ich muss es dahingestellt sein lassen, ob hier bei wirklich ernster Gefährdung Erfolge erreicht werden können. Im allgemeinen pflegen wir Irrenärzte der Ansicht zuzuneigen, dass zumeist das Schicksal des später Erkrankenden schon in der Jugend unabwendbar besiegelt sei. Dem gegenüber möchte ich zunächst auf die bekannte Erfahrung hinweisen, dass es zahlreiche Kranke gibt, welche in den geschützten Verhältnissen der Anstalt ohne nennenswerthe Störungen dahinleben, aber sofort schwere Krankheitserscheinungen darbieten, sobald die Anforderungen und Schädigungen der selbständigen Lebensführung an sie herantreten. Wenn wir aber einen solchen Einfluss äußerer Bedingungen auf bestehende Krankheitszustände tagtäglich beobachten können, sollten wir dann zweifeln, dass auch die Ausbildung der krankhaften Anlage durch ungünstige Einwirkungen gefördert, durch günstige Verhältnisse gehemmt werden könnte? Wie mir scheint, hätten wir angesichts der heutigen Irrenstatistik alle Ursache, jede auch noch so entfernte Handhabe begierig zu ergreifen, welche uns die Aussicht gewährt, der erschreckenden Ausbreitung der Geistesstörungen entgegenarbeiten zu können.

Es würde mich zu weit führen, an dieser Stelle im einzelnen zu zeigen, welchen Werth die psychologische Untersuchung gerade für die Lösung der hier vorgezeichneten prophylaktischen Aufgabe gewinnen könnte. Nur soviel sei angedeutet, dass sich nach meiner Ansicht dieses Hülfsmittel vor allem zur Beantwortung der Frage eignet, welche Schüler wegen ihrer ungünstigen Veranlagung durch geistige Ueberanstrengung gefährdet sind. Wenn man auch nur wenige Stunden im Jahre darauf verwenden würde, das Verhalten der Leistungsfähigkeit und namentlich der Ermüdbarkeit in den einzelnen Klassen zu messen, so würden sehr bald jene Kinder erkannt werden, welche dauernd auffallend ungünstige Ergebnisse liefern. Sicherlich würden sich unter ihnen manche finden, welche sonst nur als schlaff und flüchtig, aber gut begabt angesehen werden. Sodann aber ließe sich auf diese Weise feststellen, ob nicht bei einzelnen oder gar bei vielen von den Schülern im Laufe des Jahres die Ermüdbarkeit wächst, anstatt abzunehmen, ob während der Ferien eine vollständige Erholung eintritt, welche Beziehungen zwischen Lebensalter und Ermüdbarkeit bestehen u. s. f. Derartige Untersuchungen, welche die Grundlage einer geistigen Hygiene des Schulkindes bilden würden, könnten sehr wohl schon mit den uns heute zu Gebote stehenden Methoden ausgeführt werden. Veränderungen der Leistungsfähigkeit und Ermüdbarkeit lassen sich durch sie mit hinreichender Sicherheit bestimmen. Anders liegt die Frage, wenn es sich darum handelt, die Wirkung des einzelnen Unterrichtsabschnittes auf den geistigen Zustand der Schüler zu verfolgen. Für diesen Zweck müsste die Versuchsanordnung sich den Verhältnissen der wirklichen Schulstunde natürlich möglichst annähern. Bei gewissen Arbeiten, beim Dictiren, schriftlichen Uebersetzen und Rechnen lässt sich das verhältnissmäßig leicht erreichen, aber auch für andere Unterrichtsgegenstände würden wir um brauchbare Methoden nicht lange in Verlegenheit sein, wenn einmal die Schulmänner selbst sich dieser Frage annehmen wollten. —

Das Bild, welches ich bis hierher von der Verwendbarkeit der psychologischen Methoden für psychiatrische Zwecke zu zeichnen versucht habe, kann nothwendiger Weise nur ein verschwommenes und unsicheres sein. Es ist immer eine missliche Sache, zu prophezeien, wo jede neue Untersuchung der Entwickelung der Dinge eine völlig unerwartete Wendung geben kann. Dennoch war es vielleicht nützlich, sich darüber Rechenschaft zu geben, welches etwa für uns Irrenärzte die Fragestellungen sind, deren Bearbeitung wir zunächst in Angriff nehmen könnten. Bedenkt man, wie viel kostbare Zeit und Geduld heute auf Untersuchungen von zweifelhaftem Werthe verschwendet wird, so müsste es als ein Segen für unsere Wissenschaft erscheinen, wenn sich die rathlose Arbeitskraft neuen, lohnenderen Zielen zuwenden würde. Die Zukunft wird lehren, ob und wie weit die hier vorgeschlagenen Wege sich als gangbar erweisen werden. Mag auch die schaffensfrohe Zuversicht vielfach durch Hindernisse und Enttäuschungen erheblich herabgestimmt werden, mag ferner so manche weitaussehende Aufgabe in ihrer heutigen Gestalt thatsächlich unlösbar sein — so viel ist schon durch die bisher gewonnenen Erfahrungen sicher gestellt, dass der psychologische Versuch ein voll berechtigtes und unersetzliches Glied in der Reihe unserer wissenschaftlichen Forschungsmittel darstellt.

Das ist um so werthvoller, als in der Psychiatrie, mehr als in irgend einem anderen Zweige der Medicin, statt der einfachen Beobachtung die Deutung und das System die Herrschaft führt. In unseren psychologischen Darstellungen zum wenigsten leiden wir geradezu gewohnheitsmäßig unter einem Ueberflusse an Geist und Eigenart, deren kühne Willkürlichkeiten so lange freien Spielraum finden, bis ihnen endlich der langsame Fortschritt der wirklichen Erkenntniss das Feld beengen wird. Fast jeder Lehrer der Psychiatrie hält sich ohne weiteres für berechtigt, fast möchte man meinen verpflichtet, sich zunächst sein eigenes psychologisches Lehrgebäude zurecht zu zimmern, auf Grund roher Beobachtungen an Kranken und Thieren oder allenfalls einiger literarischer Studien. Welches Lehrbuch der inneren Medicin aber würde es wagen, etwa ein neues System der Physiologie zu verkünden, welches nicht im Laboratorium mühsam erarbeitet worden wäre?

Es ist die höchste Zeit, dass auch bei uns in psychologischen Fragen an die Stelle der geistreichen Behauptungen und tiefsinnigen Erfindungen die ernste, gewissenhafte Einzeluntersuchung trete. Mit dem Unbeweisbaren und Unwiderlegbaren kommen wir nicht mehr weiter. Wir brauchen Thatsachen und keine Theorien. Gewiss kann keine Wissenschaft zusammenfassende Anschauungen und vorläufige Annahmen gänzlich entbehren, allein wir dürfen dabei niemals vergessen, dass ihnen kein selbständiger, in sich gegründeter Werth zukommt. Sie sind nichts als Mittel zum Zweck; ihre Berechtigung kann immer nur darin liegen, dass sie zu bestimmten Fragestellungen und damit zu neuen Untersuchungen führen. Solcher Fragen sind hier, denke ich, genug aufgeworfen worden. Wir wollen nun daran gehen, sie auch zu beantworten, nicht am grünen Tische, sondern im Laboratorium, nicht mit glänzenden Einfällen, sondern durch Messung und Beobachtung.

Ueber
die psychischen Maſsprincipien und das Weber'sche Gesetz.

Discussion mit Elsas und Köhler.

Von

G. Th. Fechner.

Die vorliegende Abhandlung zerfällt in drei Abtheilungen. Unter I und III gilt es die Discussion mit den Verfassern beziehentlich einer Schrift (Elsas) und einer Abhandlung (Köhler), welche unabhängig von einander und in verschiedenem Sinne, die eine ganz, die andere nach Hauptpunkten sich gegnerisch gegen meine Ansichten über obige Gegenstände verhalten, indess die zwischeneingeschobene Abtheilung II, in Anschluss an I und vorgreifend auf III, eine Zusammenstellung dieser Ansichten in einer gegen früher abgeänderten Form enthält. Die erklärte Hauptabsicht dieser neuen Zusammenstellung ist: den Anfechtungen gegenüber, welche die Möglichkeit und Statthaftigkeit eines psychischen Maßes überhaupt nicht nur seitens Elsas' sondern auch vielfach sonst philosophischerseits erfahren hat, die Principien eines solchen Maßes einmal ohne Formelaufwand, hiermit leichter und allgemeiner fasslich, als in meinen früheren Schriften darzustellen, in welcher Hinsicht sie ein selbständiges Interesse in Anspruch nehmen kann, dabei aber auch manche fundamentale Punkte der psychischen Maßlehre, in Betreff deren meine Ansichten mit denen anderer Autoren, namentlich auch von Köhler, in Conflict kommen, einer neuen Erörterung zu unterziehen, was gestatten wird, durch Rückweis darauf die Erörterungen unter III abzukürzen. — Die Titel der Schrift von Elsas und der Abhandlung von Köhler stehen den darauf bezüglichen Discussionen unter I und III voran.

I. **Elsas.** Ueber die Psychophysik. Physikalische und erkenntnisstheoretische Betrachtungen. Von Dr. Adolf Elsas, Privatdocenten an der Universität zu Marburg. Elwert 1886.

1) Wieder einmal ein Schriftchen, in welchem bewiesen wird, dass es mit der ganzen, von mir aufgestellten Psychophysik, ja Psychophysik überhaupt, nichts ist, dass sie ganz in der Luft schwebt. Dabei fordert der Verfasser meinen Dank doch dadurch heraus, dass er (in der Vorrede) meine »psychophysischen Werke« einer entsprechenden Schätzung von seiner Seite versichert, als »Goethe's Aeußerungen über die Farbenlehre, die er bewundere, obwohl sie auf Anschauungen gegründet werden, die mit den Principien der Wissenschaft unvereinbar sind«. Ob ich das als ein Compliment anzusehen habe, ist mir freilich zweifelhaft.

Anfangs stand ich an, ob ich überhaupt auf die Angriffe des Verfassers erwiedern sollte, nicht sowohl wegen Missachtung derselben, als weil ich nicht nur selbst nachgerade von einem Streit ermüdet bin, der, ohne mich mit Hercules vergleichen zu wollen, etwas von dem Streit mit der Lernäischen Schlange oder mit Cacus hat, sondern auch voraussetzen muss, dass das Publicum von dem Zusehen dazu oder der Betheiligung daran ermüdet ist. Und kann man nicht einer Sache, die man für haltbar hält, zutrauen, dass sie gegen unhaltbare Angriffe ihren Bestand von selbst behaupten wird? Dazu kam noch eine äußere Schwierigkeit, von der ich unter III spreche. Inzwischen tritt die Opposition des Verfassers so entschieden auf; seine, in den zwei ersten Theilen seiner Schrift erhobenen Einwürfe gegen das System der von mir aufgestellten psychophysischen Formeln erscheinen zugleich so neu und fundamental, und nehmen sich so scharfsinnig aus, dass sie einer oberflächlichen Einsicht in dies System leicht imponiren können, und die allgemeine Bestreitung der Möglichkeit eines psychischen Maßes, auf welche der Verfasser im dritten Theile seiner Schrift eingeht, kommt der Abneigung der Philosophen gegen dieses Maß so sehr entgegen, dass sie wahrscheinlich gern von ihnen acceptirt wird. Und so will ich die von mir vertretene Lehre nicht noch zu guter letzt dem Verfasser gegenüber im Stich lassen. Wieland beginnt seinen Oberon mit den Verszeilen:

»Noch einmal sattelt mir den Hippogryphen, ihr Musen,
Zum Ritt ins alte romantische Land.«

Und so sattl' ich noch einmal — denn bei meinen 86 Jahren dürfte es das letztemal sein — mein Streitross zum Ritt in's romantische Land der Psychophysik. Man entschuldige diesen Scherz, wonach ich ernsthaft an die Sache gehe.

2) Der Verfasser selbst fasst im Vorwort (S. VI) den Gegenstand und das Resultat seiner Untersuchungen wörtlich so zusammen:

»Der Cardinalfragen sind zwei:

1) Sind die psychophysischen Maßformeln Fechner's mathematisch und physikalisch richtig aus den Datis abgeleitet? Ich antworte: Nein; aus demselben Weber'schen Gesetze fließen mehrere gleich richtige, sich aber unter einander widersprechende Gleichungen.

2) Ist denn überhaupt eine Psychophysik im Sinne Fechner's möglich? Nein; die Anwendung der Mathematik ist auf das Physikalische und Physiologische beschränkt, welches der Empfindung, sofern man diese psychisch sein lässt, correspondirt.«

Die Argumentation des Verfassers in Beantwortung seiner zwei Hauptfragen kommt, wenn ich nicht irre, — denn ganz klar ist mir das Schlussgefüge derselben doch nicht geworden — in Kürze auf folgendes hinaus, wobei es freilich nöthig ist, den Gang seiner Darstellung zu verlassen und Hinteres und Vorderes daraus zusammenzunehmen, um ein Resumé geben zu können.

3) Das Weber'sche Gesetz, die Hauptunterlage des psychischen Maßes, wird gemeinhin so gedeutet, dass gleichen Reizverhältnissen gleiche Unterschiede der Empfindungen entsprechen, und im Ausgange von dieser Deutung und im Sinne derselben wird das Maß der Empfindungsunterschiede und folgeweis Empfindungen selbst gewonnen. Die Reize aber haben gar keinen directen causalen Bezug zu den, von ihnen als ausgelöst angesehenen, Empfindungen, sondern nur zu den, von ihnen hervorgerufenen psychophysischen (kurz ps.ph.) Erregungen, welche nichts Anderes als physiologische Vorgänge sind, die, wie die Reize selbst, principiell eines Maßes nach den anerkannten Principien der Naturwissenschaft fähig sind, woraus dann auch die principielle Möglichkeit folgt, das Maß der Reize mit dem der von ihnen abhängigen physiologischen Vorgänge in Beziehung zu setzen. Das Webersche Gesetz ist also zunächst und principiell gar nicht als Gesetz einer

Beziehung zwischen den Reizen und psychischen Vorgängen, sondern zwischen den Reizen und den causal von ihnen abhängigen physiologischen Vorgängen anzusehen, hält sich insofern ganz im Gebiete des Physischen und Physiologischen und gibt in soweit gar keiner Ableitung eines psychischen Maßes Raum. Nun kann man aber eine solche dadurch als vermittelt ansehen, und so geschieht es allgemein bei Begründung eines psychischen Maßes auf das Weber'sche Gesetz, dass eine feste Beziehung zwischen der Intensität der ps.ph. Erregung (d. h. dem physiologischen Vorgange, auf welchen sie zurückkommt) und der Empfindung besteht, wodurch das Maß von der ersten auf letztere übertragbar wird. Das wäre ganz gut, wenn nur eine gründlichere Erwägung nicht zeigte, dass die Deutung des Weber'schen Gesetzes, wonach gleichen Reizverhältnissen und mithin gleichen ps.ph. Erregungsverhältnissen gleiche Empfindungsunterschiede entsprechen, eine ganz willkürliche wäre; warum nicht vielmehr gleiche Empfindungsverhältnisse oder irgend welche andre gleiche Empfindungsfunctionen (S. 19.22)? Nun will der Verfasser erklärtermaßen zeigen, dass aus diesen verschiedenen gleich möglichen Hypothesen »gleich richtige, aber sich unter einander widersprechende Gleichungen«, hiermit Maßformeln für die Empfindung abgeleitet werden können. Und wenn er dies wirklich zu zeigen vermag, so kann das Weber'sche Gesetz überhaupt nicht mehr als Grundlage für Gewinnung eines widerspruchslosen psychischen Maßes dienen, vielmehr nur die obige, von allen Hypothesen unabhängige, zweifelsfreie Deutung für die causale Abhängigkeit physiologischer innerer Vorgänge von den äußeren physischen Reizeinwirkungen in Anspruch nehmen.

Kürze halber will ich diese Widerlegungsweise des psychischen Maßes, in Ermangelung eines treffenderen Ausdrucks, die rechnerische gegenüber der unten zu betrachtenden aprioristischen nennen; da sie auf dem, im Rechnungswege constatirbaren Widerspruche zwischen den Consequenzen gleich möglicher Annahmen beruht. Der Verfasser hat freilich den vorigen Schlussweg nicht in derselben Form und Folge entwickelt, als hier zu möglichster Erleichterung der Einsicht geschehen; aber nach den, vorhin wörtlich angeführten Eingangserklärungen und anderen damit stimmenden Bemerkungen (z. B. S. 35) kann man ihn meines Erachtens nicht anders verstehen, wenn man ihn überhaupt verstehen will; oder wie? und man wird nur in diesem Verständniss wieder dadurch beirrt, dass man in den beiden ersten Abschnitten der Schrift, welche der vergleichenden Entwickelung der Consequenzen verschiedener Hypothesen gewidmet sind, von dem, was der Verfasser zeigen wollte, das Gegentheil gezeigt findet.

In der That, der Verfasser entwickelt und discutirt überhaupt nur folgende, unter Zuziehung gewisser Hülfsbetrachtungen aus dem Weber'schen Gesetz ableitbare Formelsysteme: 1) das von mir aufgestellte und S. 7 von ihm reproducirte, welches er nach S. 17 in sich widerspruchsvoll findet; 2) ein anderes, von ihm selbst unter Zuziehung einer eigenthümlichen Ansicht von der Natur der Unterschiedsschwelle versuchtes (S. 15), welches er aber (S. 17. 18) ebenfalls für in sich widerspruchsvoll erklärt; und 3) ein drittes, in dem er keinen inneren Widerspruch mehr findet, von dem er vielmehr (S. 22) selbst erklärt, dass die Formeln desselben »gut zusammenstimmen«.

Aber wenn sich dies so verhält, so sind ja die beiden ersten Formelsysteme, als in sich widerspruchsvoll, nicht gleich richtig, als das in sich widerspruchsfreie dritte, indess der rechnerische Beweis gleiche Richtigkeit verlangt, und fällt dieser Beweis hiermit in sich selbst zusammen. Vielmehr ersetzt sich hiernach mein System psychophysischer Formeln nur durch ein anderes (das dritte), welches aber eben so gut ein psychisches Maß, nur ein anderes als das meinige gewährt, und besteht somit das psychische Maß nur in anderer Form.

Ich weiß mir diesen Widerspruch, in den mir der Verfasser mit seinem von mir sog. rechnerischen Beweise gegen das psychische Maß zu gerathen scheint, nicht zu erklären, und muss es dahin stellen, welche Aufklärung er etwa selbst darüber zu geben vermag. So weit ich den Beweis verstehe, kann ich ihn nicht gelungen finden, indem ich der Ankündigung desselben im Vorworte S. III unter 1) factisch in den Ausführungen nicht entsprochen finde. Dies überhebt mich nun freilich nicht der Aufgabe, die im Laufe dieser Ausführungen gegen mein ps.ph. Formelsystem erhobenen Einwürfe zu berücksichtigen; wobei sich aber die Sache insofern umkehrt, als näher zugesehen nicht meine ps.ph. Formeln, sondern die des Verfassers (sammt seiner Ansicht von der Unterschiedsschwelle, die bei seinen Ableitungen eine große Rolle spielt) sich als unhaltbar erweisen. Jedoch hiervon erst unten.

4) Nun bleibt allerdings der Verfasser nicht bei dem rechnerischen Beweise stehen, sondern, nachdem er denselben in den beiden ersten Abschnitten seiner Schrift mit kritischem Eingehen auf meine Formeln geführt zu haben glaubt, sucht er im letzten a priori, d. i. durch begriffliche und erkenntnisstheoretische Betrachtungen, abschließend zu zeigen, dass ein psychisches Maß von exactem Charakter überhaupt nicht möglich ist. Dabei nimmt er historischen Rückgang auf Erklärungen von Dubois-Reymond, C. Stolz, H. Grassmann, Gauß, Kant, F. A. Müller über den Größenbegriff, legt besonderes Gewicht auf eine zu machende Unterscheidung zwischen Quantität und Quantum, führt die Begriffe der Causalität und Realität ins Feld, erklärt (S. 70) die Empfindung überhaupt für »kein Object wissenschaftlicher Erkenntniss«, u. s. w.

Auf diese aprioristische Beweisführung gegen die Möglichkeit eines psychischen Maßes einzugehen, überlasse ich aber denen, welche überhaupt Zutrauen zu solchen Beweisführungen haben, in denen Alles darauf ankommt, die Begriffe so zu definiren und zu wenden, dass das Erwünschte dabei herauskommt; und zweifle nicht, dass Viele dem Verfasser doch leichter und lieber darin beistimmen werden, als meinen mit Differentialen und Integralen verquickten, mathematischen Constructionen des psychischen Maßes, wenn sie diesen eben nicht zu folgen vermögen. Um nun wenigstens diese Schwierigkeit wegzuräumen, gebe ich unter II eine Construction desselben ohne Differentiale und Integrale, und bespreche überhaupt meine Ableitungs- und Fassungsweise des psychischen Maßes so zu sagen populärer als in früheren Darstellungen. Die Messung psychischer Werthe kommt danach im Princip ganz mit der Messung physischer Werthe überein, und möchte der Verfasser das psychische Maß philosophisch widerlegt haben, so werde ich ganz zufrieden sein, es in solchem Sinne factisch aufzeigen zu können.

5) Aber kommen wir nun zu den Einwürfen des Verfassers gegen meine ps.ph. Formeln.

Nach S. 17 sollen folgende Formeln, die er mir (mit Rückgang auf S. 7 und 8) unterlegt, einen flagranten Widerspruch enthalten:

$$\varDelta E = k \frac{\varDelta R}{R} = k \frac{R_2 - R_1}{R} \quad \ldots \quad 4)$$

$$E = k \log. \text{nat.} R \quad \ldots \ldots \quad 7a)$$

$$\varDelta E = E_2 - E_1 = k \text{ log. nat. } \frac{R_2}{R_1} \ldots 8)$$

worin $\varDelta$ das Zeichen für endliche Differenzen ist; E_2 und E_1 und R_2, R_1 respective verschiedene Empfindungen und dazu gehörige verschiedene Reize, k eine Constante bedeuten.

In der That würde nach diesen Gleichungen ein Widerspruch zwischen dem Werthe der Constante k in der Gleichung 4) und den von einander abhängigen Gleichungen 7 a) und 8) bestehen, wie der Verfasser S. 17 triftig nachweist; und noch einfacher übersieht man die Unvereinbarkeit von 4) und 8) daraus, dass der Werth von $\varDelta E$ in 4) mit dem Werthe von $\varDelta E$ in 8) nicht stimmt.

Aber wo in aller Welt habe ich denn die Gleichung 4)[1]) selbst aufgestellt! Sie wird mir nur vom Verfasser für meine Fundamentalformel als die allgemeinere, woraus diese folgen soll, untergeschoben. Aber nur die Fundamentalformel mit ihren unendlich kleinen Differenzen ist aus dem Weber'schen Gesetze unter Zuziehung des von mir sog. mathematischen Hülfsprincips (s. III [6]) ableitbar, nicht die endliche Differenzformel 4), welche eben damit, dass sie über die Gültigkeit des Hülfsprincips hinaus ausgedehnt ist, schon a priori als falsch anzusehen ist, aber auch zu unhaltbaren Folgerungen führt.

In der That, wie lässt sich daraus, dass nach dem Weber'schen Gesetze $\varDelta E$ constant ist, wenn $\frac{\varDelta R}{R}$ constant ist, folgern, was Gleichung 4) besagt, dass $\varDelta E$ dem $\frac{\varDelta R}{R}$ proportional geht, wenn dieser Werth nicht constant ist[2]). Dazu gibt es gar keinen exacten Schlussweg.

Allerdings führt 4) auf die Fundamentalformel zurück, wenn man $\varDelta$ in δ verwandelt, und ist insofern wirklich das Allgemeinere derselben, wird aber eben durch diese Verallgemeinerung unrichtig, und

---

1) Da Köhler (seine Abh. S. 585) dieselbe Formel aufstellt, so werde ich Anlass haben, unter III (**8**) darauf zurück zu kommen, wo ich diese Formel mit 𝔇 bezeichne.

2) Natürlich nämlich kann $\frac{\varDelta R}{R} = \frac{R_2 - R_1}{R}$ im Laufe der Reizscala jeden beliebigen Werth je nach Aenderung von R_1 und R_2 annehmen. Jedem anderen Werthe von $\frac{\varDelta R}{R}$ entspricht ein anderer Werth $\varDelta E$. Nun wäre zu beweisen, dass beide sich immer proportional ändern. Das ist aber nicht bewiesen, noch zu beweisen.

man kann also nicht umgekehrt die richtige Fundamentalformel durch Verwandlung von δ in Δ in eine richtige Differenzformel verwandeln, sondern blos durch Integrirung der Fundamentalformel zu einer richtigen Formel für endliche Differenzen von E und R kommen, wie es in meiner Unterschiedsformel, d. i. der Formel 8) geschieht. Zwischen einer Differentialformel und der daraus richtig abgeleiteten Integralformel aber kann selbstverständlich kein mathematischer Widerspruch bestehen. Also stimmt meine Fundamentalformel mit 8), aber weder die eine noch die andere mit 4); und kann diese nicht anders als falsch sein.

Jedoch der Verfasser findet noch einen zweiten Widerspruch in meinem Formelsystem. Danach soll, »wenn man zwei Reize R_1 und R_2 direct vergleicht, der Unterschied größer aufgefasst werden, als wenn man die Vergleichung durch Zwischenwerthe vornimmt, und zwar werde die Vergleichung um so ungenauer, je mehr Stufen man nimmt« (S. 26).

In der That folgert der Verfasser dies ganz richtig aus den Gleichungen für U_{12} und U_{23} (zum Schluss von S. 25), die er mir wieder unterlegt; nur dass auch diese Gleichungen nicht von mir aufgestellt sind, und weder mit den für den Empfindungsunterschied noch für die Unterschiedsempfindung (im Sinne der unter II zu besprechenden Unterscheidung) aufgestellten Gleichungen, d. i. weder mit der Unterschiedsformel noch Unterschiedsmaßformel zusammenfallen; diese aber lassen, wie man sich leicht überzeugen kann, eine genaue Uebereinstimmung der beiderlei Schätzungen im obigen Sinne finden. Möge der Verfasser nur in seinen Gleichungen für U_{12} und U_{23} die Constante C, wovon in meinen hierher zu ziehenden Formeln nichts zu finden und wovon ich die Herleitung nicht verstehe, weglassen, so wird damit auch die Unzuträglichkeit, die er findet, schwinden.

6) Endlich — denn weiter finde ich nichts, womit ich mich beim Verfasser abzufinden hätte, — soll ich (nach S. 26) gar nicht berechtigt sein, von der, für unendlich kleine Empfindungs- und Reizänderungen aufgestellten Differentialformel (meiner Fundamentalformel)

$$dE = \frac{k\,dR}{R} \quad \ldots \odot$$

durch Integration zu Formeln für endliche Größen dieser Werthe überzugehen, da diese, freilich in abstracto mögliche, Integration Resultate geben könne, die mit der erfahrungsmäßigen Wirklichkeit nicht stimmen. Der Verfasser macht in dieser Hinsicht ein Beispiel geltend, das ich, nur in einer, den fraglichen Punkt um so directer ins Licht stellenden, übrigens sachlich gleich geltenden, Form hier wiedergeben will.

Innerhalb der sog. Elasticitätsgrenze ist der kleine Zuwachs dL, den ein Draht von der Länge L durch den kleinen Zuwachs dP eines daran gehängten Gewichtes P erfährt, proportional einerseits diesem Zuwachs, anderseits der Länge des Drahtes, also $dL = kLdP$, wo k eine von L und P unabhängige Constante, mithin

$$dP = \frac{dL}{kL} \ldots \: ⚥$$

eine Gleichung, die ganz dieselbe Form als meine obige Differentialgleichung ⊙ hat, wenn wir E durch P, R durch L und k durch $\frac{1}{k}$ ersetzen. Wollten wir nun durch die, an sich mögliche, Integration dieser Gleichung über die Elasticitätsgrenze, welche bei gegebenem Draht auf gewisse Grenzen von P eingeschränkt ist, hinausgehen, so würden wir ein falsches Resultat erhalten, weil die Gleichung ⚥ eben nur für Werthe von P innerhalb dieser Grenzen aufstellbar ist. Denn über diese Grenzen hinaus gilt das Gsetze nicht mehr, dass dP constant ist, wenn $\frac{dL}{L}$ constant ist.

Nun aber, was folgt hieraus Anderes für uns, als dass auch die Gleichung ⊙ nur in solchen Grenzen von E und, sofern E von R abhängt, in solchen Grenzen von R integrirbar ist, soll sie anders ein richtiges Resultat geben, in welchen sie selbst richtig ist, d. h. in welchen das Weber'sche Gesetz gilt, von dem ⊙ abhängt, was von vorn herein zuzugeben und überall von mir zugegeben ist. Also tritt auch das falsche Resultat der Integration von ⚥ nicht erst durch die Integration, sondern durch die Falschheit von ⚥ selbst bei Ueberschreitung gewisser Grenzen von P ein. Nun gilt das Weber'sche Gesetz in der äußeren Psychophysik wirklich nur in gewissen Grenzen von R approximativ genug, um sich daran zu halten, und nirgends habe ich die, von ⊙ durch Integration abhängig gemachten Formeln über diese Grenze hinaus in der äußeren Psychophysik für gültig erklärt und gehalten, was nicht hindert, dass sie ein Interesse für die innere Psychophysik unter der Voraussetzung behalten, dass für diese die Beschränkung der Gültigkeit des Weber'schen Gesetzes nicht besteht; worauf aber hier nicht der Ort ist näher einzugehen.

Aber auch für die äußere Psychophysik, aus der das empirische psychische Maß zu nehmen, ist dessen Möglichkeit nicht auf die Gültigkeitsgrenzen des Weber'schen Gssetzes beschränkt, wie ich schon im 31. Kap. meiner Elemente gezeigt habe und worauf ich unter II zurückkommen werde. Sofern aber der Verfasser blos die Begründung des psychischen Maßes auf das Weber'sche Gesetz bespricht, hatte ich ihm hier auch blos in dieser Hinsicht Rede zu stehen.

7) Nach Vorigem glaube ich nicht nöthig zu haben, dem Verfasser in der Entwickelung des Formelsystems (S. 20), welches er dem meinigen vorzieht, zu folgen. Die Widersprüche, welche er in meinem Formelsystem findet, bestehen nicht; hingegen erscheint sein System von vorn herein unhaltbar, weil er zur Entwickelung desselben unhaltbare Annahmen zuzieht, einmal die Annahme, dass bei Aufsteigen der Empfindung der mitsteigende Reiz, dem sie zugehört, von einem constanten Ausgangswerthe R zu rechnen sei (S. 14), welche von seiner eigenthümlichen Ansicht über die Unterschiedsschwelle abhängt, deren Unstatthaftigkeit unten gezeigt wird; zweitens die mit dem mathematischen Hülfsprincip in Widerspruch stehende Annahme, dass die Gleichung 9 S. 12 aus dem Weber'schen Gesetze folge, was von ihr eben so wenig als von obiger Gleichung 4) gilt. Rücksichtslos auf diese principiellen Nachtheile aber stehen seine Formeln nach denselben Beziehungen, nach welchen eine Vergleichung mit der Erfahrung möglich ist, in Widerspruch mit derselben, nach welchen die meinigen die beste Einstimmung damit zeigen, so dass, wenn hiernach allein die Wahl zwischen beiden zu treffen wäre, die meinigen vorgezogen werden müssten.

In der That, nach den Formeln des Verfassers S. 20 ff. geht die bewusste Empfindung, bei Vernachlässigung des kleinen Reizschwellenwerthes R_0 gegen die Reize R_1, R_2, porportional dem Reize, das Verhältniss der Empfindungen proportional dem Verhältnisse der Reize, und (folgeweis aus No. 17) der empfundene Unterschied proportional dem Unterschiede der Reize. Aber wie erklärt sich hiernach, dass, wenn ein

Licht in ein ganz finsteres Zimmer gebracht und dann ein zweites gleiches hinzugbracht wird, der empfundene Helligkeitsunterschied, welchen das erste Licht gegen die vorherige Dunkelheit des Zimmers hervorbringt, sich beim Hinzubringen des zweiten Lichtes nicht verdoppelt, sondern der erste Zuwachs der Helligkeitsempfindung unverhältnissmäßig mehr beträgt als der zweite, ein Erfolg, der sich sehr wohl beurtheilen lässt, auch ohne schon ein eigentliches Maß der Helligkeitsempfindung zu haben? Denn es ist hiermit im Gebiete intensiver Empfindungen nicht anders als im Gebiete extensiver. Nimm statt der Helligkeitsschätzung zweier Lichter im ersten Gebiete die Längenschätzung zweier Maßstäbe im zweiten Gebiete. Ohne ihre Länge durch Superposition oder nach der Zahl ihrer Abtheilungen genau verglichen zu haben, wird sich doch beurtheilen lassen, ob der eine den andern in starkem oder schwachem Verhältniss, um viel oder wenig, übertrifft. Thatsachen, die eben hieher gehören, sind: dass das Bild eines Lichtes im Spiegel, trotz des sehr bedeutenden Verlustes, den es bei der Reflexion erfährt, uns kaum weniger hell als das Licht selbst erscheint, dass ein Concert von 400 Männerstimmen nicht sehr viel lauter als ein solches von 200 klingt, u. s. w. Thatsachen dieser Art, die schon das gewöhnliche Leben mit hinreichender Beweiskraft liefert, und die sich durch Experimente unter möglichst vergleichbaren Umständen und Zuziehung einer Mehrzahl von Beobachtern um so genauer constatiren lassen würden, haben mich von vorn herein abgehalten, der sich natürlich zuerst darbietenden, weil einfachsten Hypothese, dass die Empfindung und der Empfindungsunterschied respective dem Reize und Reizunterschiede proportional gehen, ernsthafte Beachtung zu schenken und Folge zu geben. Ich habe auch in meinen Schriften nicht verfehlt, diese Thatsachen als solche zu erwähnen, welche eben so natürlich aus meinen Maßformeln folgen, als sie zur Mitbegründung derselben gebraucht werden können. Mit welchem Rechte abstrahirt der Verfasser davon bei Vergleichung seines und meines Formelsystems? denn in der That scheinen sie nach dem Stillschweigen seines Schriftchens davon für ihn nicht zu existiren. Erkennt er ihre Beweiskraft für mein Formelsystem dem seinigen gegenüber nicht an, so hatte er sie zu widerlegen, aber ignoriren heißt nicht widerlegen.

Nun ist natürlich, wenn der Verfasser sowohl das aprioristische

Hülfsprincip, das mich bei Begründung meiner Fundamentalformel auf das Weber'sche Gesetz geleitet hat, als die schlagendsten experimentellen Bewährungen der von dieser Formel abhängigen Formeln ignorirt, dass dieselben ihm so zu sagen hülflos gegenüberstehen. Berücksichtige man eins und das andere, so wird sein eigenes Formelsystem von selbst fallen.

8) Hiernach habe ich noch der Ansicht des Verfassers über die Unterschiedsschwelle zu gedenken, welche nicht nur bei der Entwicklung seines Formelsystems eine wichtige Rolle spielt, sondern auch abgesehen von dem Streit zwischen unseren beiderseitigen Formelsystemen die Aufmerksamkeit in Anspruch nehmen kann.

Der Verfasser nimmt an, dass, wenn bei kleinem Intensitätsunterschiede zwischen zwei gleichartigen Reizen kein Unterschied zwischen den durch sie erweckten Empfindungen gefunden wird, dies daher rührt, dass ein solcher bei zu kleinem Reiz-Unterschiede nicht besteht. Wenig unterschiedene Reize geben nach ihm die gleiche Empfindung; und dies wäre freilich die einfachste Auffassung der Thatsache der Unterschiedsschwelle. Dabei stützt sich der Verfasser auf folgende Analogie (S. 39), mit der Vorbemerkung: »der empfindende Mensch sei ein Apparat, der einen äußeren Reiz anzeigt, und zugleich ein Beobachter, der diese Anzeige abliest«.

»Wenn ich auf die Schalen einer Wage beiderseits gleiche Gewichte lege, so stellt sich ihr Zeiger auf den Nullpunkt ein, und constatirt dadurch die Gleichheit der Belastungen. Lege ich nun auf die eine Schale ein Uebergewicht, so schlägt der Zeiger im Allgemeinen aus und constatirt damit die Veränderung der Belastung. Oder vielmehr der Beobachter constatirt die Veränderung auf Grund des Ausschlages. Indessen ergibt sich kein Unterschied in dem Zeigerstande, wenn die Veränderung der Belastung sehr gering genommen wurde, und wenn man dieser Erscheinung experimentirend nachforscht, findet man, dass das kleinste Gewicht, welches einen merklichen Ausschlag hervorbringt, zu der ursprünglichen Belastung in einem gesetzmäßigen Verhältniss steht.«

Aber sollte diese für den ersten Anblick scheinbare Analogie wirklich auch nur erläuternd für das Zustandekommen der Unterschieds-

---

1) Die vorher (S. 10) geltend gemachte Analogie kommt sachlich ganz auf dasselbe hinaus.

schwelle sein, so müsste der Zeiger der Wage nicht blos auf Null stehen bleiben, wenn man von diesem Stande als einem fest gewordenen ausgeht, sondern überhaupt bei kleiner Gewichtsverschiedenheit auf beiden Seiten, da die Unterschiedsschwelle überhaupt bei kleiner Reizverschiedenheit auf beiden Seiten, wenn nur beide Reize über ihrer Schwelle sind, besteht. Wenn die Sterne bei Tageslicht erlöschen, so hat zu keiner Zeit ein Ausgang von einer Gleichheit der Reizeinwirkung, um die sich's handelt, bestanden, und überhaupt ist ein solcher Ausgang nicht der allgemeine, vielmehr fast nur künstlich herzustellende Fall. Seien nun aber die beiden Gewichte von vorn herein ein wenig ungleich, so kann die Reibung, auf welche der Verfasser selbst als Grund des mangelnden Aufschlages bei zu kleiner Verschiedenheit provocirt, nicht machen, dass der Zeiger sich gerade auf Null einstellt, wenn er nach mehreren Schwankungen zur Ruhe kommt, sondern zufällig wird er beim einzelnen Versuch bald nach der einen, bald nach der anderen Seite ein wenig davon abweichen, und bei so oftmaliger Wiederholung, dass diese Zufälligkeiten sich im Mittel ausgleichen, wird der mittlere Ausschlag sicher nach der Seite gehen, auf welcher das größere Gewicht liegt, und nur dieser Ausschlag kann als maßgebend gelten.

Dazu trifft die Analogie, von welcher der Verfasser Gebrauch macht, noch nach einer anderen Seite fundamental nicht zu. Wenn ich ein Gewicht nur auf die eine beider Schalen lege, geht der Zeiger nach dieser Seite; wenn ich ein solches nur auf die andere beider Schalen lege, geht der Zeiger nach der entgegengesetzten Seite; lege ich aber gleichzeitig ein gleiches Gewicht auf jede beider Schalen, so heben sich die beiderseitigen Bewegungen auf und der Zeiger bleibt auf Null stehen. Also müssten sich in dem Fall, wo ich zwei gleichstarke Reize, deren jeder für sich Empfindung weckt, auf verschiedene gleich empfindliche Stellen des empfindenden Organes zugleich oder auch auf dieselbe Stelle nach einander applicire, beide Empfindungen aufheben und die Empfindung schweigen, sollte die Analogie zutreffen; statt dessen bestehen sie erstenfalls mit einander und zweitenfalls nach einander in gleicher Stärke, oder verstärken sich zweitenfalls, wenn bei Eintreffen des zweiten Reizes der erste noch fortbesteht, nach psychophysischen Gesetzen. Wie nun der Verfasser in einer nach zwei Seiten so ganz unzutreffenden Analogie eine Stütze für seine Auffassung der Unterschiedsschwelle und deren Einführungsweise in seine Formeln finden kann, ist schwer zu sagen. Ihr entgegen wird man unter II 3) eine andere Auffassungsweise der Unterschiedsschwelle finden, welcher man keinen entsprechenden Vorwurf wird machen können, und die überhaupt nicht auf bloßer Analogie beruht.

9) Mit Vorigem könnte ich nun wohl die Controverse mit Elsas für abgeschlossen halten, indess scheint mir die Frage, ob der rechnerische Beweis gegen die Möglichkeit eines psychischen Maßes, den ich nach der Elsas'schen Durchführungsweise nicht für gelungen halten kann, nicht in wirksamerer Weise wieder aufgenommen werden könne, damit noch nicht abgethan, und die Frage wichtig genug, um sie zum Schluss einer besonderen Erörterung zu unterziehen, deren sie mir in der That noch zu bedürfen scheint.

Es ist ja wahr, dass das Weber'sche Gesetz von vorn herein einer mehrfachen Auslegung fähig ist, und zwar gibt es folgende zwei Haupthypothesen, welche der Auslegung zu Grunde gelegt werden können, die ich kurz als Unterschiedshypothese und Verhältnisshypothese unterscheiden will.

Unter R_2, R_1, werden folgends wie bisher allgemein zwei verschiedene Reize, unter E_2, E_1 die zugehörigen Empfindungen verstanden; für $R_2 - R_1$ und $E_2 - E_1$ steht kurz respective ΔR, ΔE.

Unterschiedshypothese (kurz U.H.). Der Constanz des Reizverhältnisses $\frac{R_2}{R_1}$, oder, was damit solidarisch ist[1]), der Constanz des relativen Reizunterschiedes $\frac{\Delta R}{R}$ entspricht eine Constanz des Empfindungsunterschiedes ΔE.

Verhältnisshypothese (kurz V.H.). Der Constanz von $\frac{R_2}{R_1}$ oder damit solidarischen Constanz von $\frac{\Delta R}{R}$, entspricht eine Constanz des Empfindungsverhältnisses $\frac{E_2}{E_1}$ oder des damit solidarischen relativen Empfindungsunterschiedes $\frac{\Delta E}{E}$.

Dies sind die einfachsten Hypothesen, die sich aufstellen lassen, und ich glaube, dass man sich auf Prüfung derselben beschränken kann.

---

[1] Der Beweis dieser Solidarität ist unter III (4) geführt.

Die erste Hypothese ist die meinige und mein ganzes Formelsystem auf Grund derselben entwickelt. Zunächst zwar kann das Weber'sche Gesetz nicht auf Empfindungsunterschiede, sondern nur auf Unterschiedsempfindungen oder empfundene Unterschiede, nach der unter II zu besprechenden Unterscheidung, bezogen werden; aber ich zeige unter II (5) wie der Uebertrag des Gesetzes von den einen zu den andern zu machen. Dieselbe Hypothese wird von Wundt und Köhler getheilt, aber nur für Unterschiedsempfindungen, nicht ebenso für Empfindungsunterschiede, als überhaupt unserer Schätzung unzugänglich, für zweifelsfrei zugelassen.

Die Verhältnisshypothese ist schon früher von Plateau[1]) und Brentano (»In Sachen«, S. 21 ff.) aufgestellt, und auch Elsas bevorzugt dieselbe in dem von ihm bevorzugten Formelsystem. Plateau selbst zwar hat dieselbe wieder fallen lassen (»In Sachen« S. 22), nachdem die, nach der Methode der mittleren Abstufungen angestellten Versuche Delboeuf's zu einer erweiterten Bewährung des Weber-schen Gesetzes geführt haben, und ich habe ihm ohne genaueres Zusehen darin beigestimmt. Aber damit, dass Delboeuf's Versuche für das Weber'sche Gesetz entscheiden, entscheiden sie doch nicht gegen die Auslegbarkeit desselben nach der V. H., lassen vielmehr die Frage ebenso wie irgend welche andere Versuche, auf die sich das Weber'sche Gesetz stützen kann, nach wie vor bestehen. Die Elsas-sche Durchführung der V. H. führt angegebenermaßen zu erfahrungswidrigen Folgerungen; aber darauf ist nichts zu geben, weil die Durchführung unter Zuziehung unhaltbarer Annahmen geschehen ist, an die wir nicht gebunden sind; also gilt es erst, die Hypothese so zu sagen auf ihrem eigenen Boden zu prüfen, was ja sehr wohl geschehen kann und unten geschehen wird.

Um nun das Resultat davon vorweg auszusprechen, so erhält man nach der V.H. ein nicht minder gut in sich zusammenstimmendes System von Maßformeln für die Empfindungsfunctionen und Empfindung als nach der U.H. Aber die Ergebnisse der einen Hypothese stimmen nicht mit denen der andern; und Elsas schiene also zunächst damit Recht zu behalten, dass das Weber'sche Gesetz überhaupt nicht als Unterlage eines psychischen Maßes dienen könne, sofern

---

1) Poggend. Ann. CL. 1873. S. 485 ff.

zwei gleich mögliche Auslegungen desselben zu gleich gut in sich stimmenden Maßformeln führen, die nicht unter einander stimmen. Aber daraus, dass beide Hypothesen in abstracto gleich möglich sind, folgt noch nicht, dass sie auch mit Rücksicht auf die Erfahrung gleich möglich sind; es fragt sich also erst noch, und das ist die wesentliche Frage, von welcher der beiden Hypothesen die Consequenzen besser mit der Erfahrung stimmen. Sollte nun die V.H. in dieser Beziehung den Sieg behalten, so würde freilich mein ganzes, auf das Weber'sche Gesetz gegründetes Formelsystem, wie das von Wundt und Köhler, damit fallen, aber das psychische Maß damit nicht fallen, sondern eben nur nach den Formeln der V.H. auf das Weber'sche Gesetz zu gründen sein, und es ist unstreitig wichtig, zu untersuchen, wie es in dieser Hinsicht steht.

Die erfahrungsmäßigen Verhältnisse, welche ich unter 7) gegen die Elsas'sche Durchführung seines rechnerischen Beweises geltend machte, geben bei Verlassen seiner untriftigen Annahmen keinen Ausschlag mehr, indem sich ihnen nach beiden Hypothesen entsprechen lässt, und ich gestehe, bisher nur folgenden Punkt zu finden, an den sich eine erfahrungsmäßige Entscheidung knüpfen kann. Nach der U.H. wird die Empfindung bei einem endlichen Reizgrade Null, wird erst bei Uebersteigen dieses Grades bemerklich und gibt es also eine (endliche) Reizschwelle. Nach der V.H. wird die Empfindung zugleich mit dem Reize Null, wird schon bemerklich, wenn der Nullwerth des Reizes noch so wenig überschritten wird, und gibt es also keine (endliche) Reizschwelle. Factisch aber gibt es eine (endliche) Reizschwelle. Denn, mit welchem Reize wir zu thun haben mögen, er reicht hin, ihn bis unter eine gewisse endliche Größe zu verkleinern, oder, was damit äquivalent ist, ihn über eine gewisse endliche Grenze zu entfernen, so schwindet die Empfindung, und dies entscheidet für die U.H.

Man kann hiergegen etwa einwenden, die Reizschwelle beruhe blos darauf, dass der Reiz erst eine gewisse endliche Größe übersteigen müsse, um seine Wirkung bis zum Sensorium zu erstrecken; für die von ihm abhängige ps.ph. Erregung aber, von welcher die Empfindung unmittelbar abhänge, gäbe es keine endliche Schwelle, vielmehr fiele der Nullwerth der Empfindung mit dem Nullwerth der ps.ph. Erregung zusammen; ja es ist dies eine sehr verbreitete Ansicht. Aber abgesehen von dem unter II (9) geführten [Nachweise, dass wir zur Thatsache der äußeren Reizschwelle nicht ohne die Annahme einer innern ps.ph. Schwelle auskommen, kommt es bei dem psychischen Maße in der äußeren Psychophysik gar nicht darauf an, wie es sich mit der, uns empirisch unbekannt bleibenden ps.ph. Erregung verhält. Sondern, wenn sich das Weber'sche Gesetz in Bezug auf die äußeren Reize und die zugehörigen Unterschiedsempfindungen zugleich mit der Thatsache der äußeren Reizschwelle bestätigt, reicht dies hin, ein psychisches Maß auf Grund dieser Data zu gewinnen, ohne dass die Frage, ob eine innere Schwelle besteht, irgendwie ins Spiel kommt. Die Frage der inneren Schwelle hat bloß Bedeutung für die Frage, wiefern das, auf das Weber'sche Gesetz in der äußeren Psychophysik zu gründende, psychische Maß in die innere Psychophysik zu übertragen sei, wenn man statt des Reizes die ps.ph. Erregung in Betracht und Rechnung zieht. Sollte nun für die ps.ph. Erregung eine innere Schwelle fehlen, so würde diese Uebertragung nicht möglich sein, aber das, in der äußeren Psychophysik auf die Reizverhältnisse mit Zuziehung der Reizschwelle zu gründende psychische Maß nicht weniger bestehen. Inzwischen sprechen erwähntermaßen die unter II (9) zu entwickelnden Gründe auch für die Annahme einer inneren Schwelle. Gesetzt aber, dass man das vorige, erfahrungsmäßige Kriterium zu Gunsten der U.H. noch anzweifeln wollte, so müsste bei sachlich freistehender Wahl folgender formelle Gesichtspunkt den Ausschlag für diese Hypothese geben, womit Bemerkungen Wundt's in Phil. Stud. II. S. 24 wohl stimmen.

Seien drei, ihrer Größe nach auf einander folgende Reize A, B, C gegeben, wozu die Empfindungen a, b, c gehören; und seien die successiven Reizverhältnisse $\frac{B}{A}$, $\frac{C}{B}$ einander gleich, so wird man nach der U.H. die Empfindungsunterschiede $b-a$, $c-b$ einander gleich zu nehmen haben, und der Totalunterschied $c-a$ wird gleich der Summe der beiden Theilunterschiede sein. Nach der V.H. hingegen wird man $\frac{b}{a} = \frac{c}{b}$ zu nehmen haben und das totale Empfindungsverhältniss $\frac{c}{a}$ wird nicht gleich der Summe der beiden Theilverhältnisse $\frac{b}{a}$, $\frac{c}{b}$, sondern gleich dem Product derselben sein. Wohlan, auch die Maßbestimmungen der den Empfindungen a, b, c zugehörigen physischen Reize A, B, C würden sich, sachlich widerspruchslos, in doppelter

Weise vornehmen lassen, einmal so, dass der totale Unterschied $C-A$ als die Summe der beiden Theilunterschiede, zweitens so, dass das Totalverhältniss $\frac{C}{A}$ als Product der beiden Theilverhältnisse $\frac{B}{A}$, $\frac{C}{B}$ in Betracht und Rechnung gezogen wird; aber man verfährt auf physischem Gebiete überhaupt nur in erster Weise; und soweit ich es übersehe, würde man zwar theoretisch ebenso gut in zweiter Weise verfahren, aber damit nicht die praktischen Vorzüge der ersten Weise erreichen können.

Hiernach werde ich unter II von der V.H. überhaupt abstrahiren, was übrigens Niemand hindern kann, es mit derselben zu versuchen, wenn er glaubt, dass ein Gewinn dabei herauskommen könne.

Endlich wende ich mich noch zur Ableitung des Formelsystems der V.H.

Nach dieser Hypothese ist der relative Empfindungs-Unterschied constant, wenn der relative Reizunterschied constant ist, mithin
$$\frac{\Delta E}{E} \text{ constant, wenn } \frac{\Delta R}{R} \text{ constant}$$
ist. Daraus folgt, unter Zuziehung des mathematischen Hülfsprincips (Abth. III [6]), die Differentialformel
$$\frac{\delta E}{E} = p \frac{\delta R}{R} \ldots 1)$$
worin p constant ist; und hieraus durch Integration:
$$\log E = p (\log R - \log \mathfrak{R}) = p \log \frac{R}{\mathfrak{R}} = \log \left(\frac{R}{\mathfrak{R}}\right)^p \ldots 2)$$
worin $\mathfrak{R}$ der Werth von R ist, bei welchem $E=1$, mithin $\log E = o$. Das gibt:
$$E = \left(\frac{R}{\mathfrak{R}}\right)^p = \varkappa R^p \ldots 3)$$
worin $\varkappa = \left(\frac{1}{\mathfrak{R}}\right)^p$ ebenfalls constant ist, eine Formel, die mit der Plateau'schen (»In Sachen« S. 21) stimmt.

Hiernach
$$E_2 - E_1 = \Delta E = p \log \frac{R_2}{R_1} \ldots 4)$$
$$\frac{E_2}{E_1} = \left(\frac{R_2}{R_1}\right)^p \quad 5)$$

Soll nun $E = o$ sein, so kann dies, welchen Werth auch die Constanten $\varkappa$ und p haben mögen, nach Formel (3) nicht anders der Fall sein, als wenn der Reiz R oder die durch ihn vertretene ps.ph. Erregung null ist, also eine ps.ph. Schwelle nicht besteht.

Außerdem knüpft sich folgende Bemerkung an Formel (5):

Je nachdem $p = 1$, oder < 1, oder > 1, oder $= 0$, wächst E proportional mit R, oder in geringerem Verhältniss, oder in größerem Verhältniss als R, oder gar nicht mit R. Da das Zweite der Fall der Wirklichkeit ist, so müsste, wenn dies Formelsystem überhaupt Geltung hätte, $p < 1$ genommen werden.

Nach Allem also ist es nicht das Weber'sche Gesetz allein, sondern das Weber'sche Gesetz mit der Thatsache der äußeren Reizschwelle, worauf ein zweifelsfreies Empfindungsmaß in der äußeren Psychophysik begründet werden kann; und vom Anfange meiner Untersuchungen herein habe ich beide Bedingungen als Erfordernisse dazu zugezogen.

II. Fechner (Eigene Ansichten).

Nachdem ich mich schon im Eingange dieser Abhandlung über Anlass und Absicht der nachstehenden neuen Zusammenstellung meiner Ansichten über die psychischen Maßprincipien und das Webersche Gesetz erklärt habe, wende ich mich gleich zur Sache.

1) Ich gehe von einem Princip als allgemeinstem Maßprincip aus, wogegen, denk' ich, weder der Physiker noch Philosoph etwas einzuwenden finden wird.

Seien mehrere Werthe in irgend einem Gebiete gegeben, die sich insofern als Größen betrachten lassen, als sie wachsend und abnehmend gedacht werden können; sei die Möglichkeit gegeben, das Stattfinden der Gleichheit oder Ungleichheit zweier oder mehrerer dieser Werthe zu beurtheilen, wenn sie zugleich oder nach einander betrachtet werden, und seien n Werthe hierbei gleich gefunden oder auch, bei freigestellter Abänderung, gleich gemacht worden, so ist selbstverständlich, denn es ist dies Sache der Definition, mithin ein identischer Satz, dass ihre, mit ihrer Summe zusammenfallende Gesammtgröße gleich dem n-fachen jeder einzelnen ist, wonach jeder einzelne oder auch jeder bestimmte Bruchtheil oder jedes bestimmte Multiplum der gleich gefundenen Größen, was in der That willkürlich ist, als Einheit betrachtet werden kann, nach welcher die Gesammtgröße oder jeder Theil derselben zu messen ist. Die n gleichen Theile, aus welchen eine Gesammtgröße zusammengesetzt gedacht werden kann, stimmen natürlich an Größe mit den n gleichen Theilen zusammen, in welche sie zerlegbar gedacht werden kann.

Alle physikalische Messung gründet sich auf voriges Princip; auch die psychische wird sich darauf zu gründen haben, wenn nur der

Größenbegriff in obigem Sinne darauf Anwendung findet; und das gilt jedenfalls von den psychischen Werthen, mit denen wir in Folgendem zu thun haben werden; auf die Frage, ob nicht noch darüber hinaus, brauchen wir hier nicht einzugehen, so lange es sich nur um die Möglichkeit und Begründung eines psychischen Maßes überhaupt handelt. Nun tritt freilich der Anwendung dieses Princips schon auf physikalischem Gebiete die Schwierigkeit entgegen, dass die Gleichheit zweier oder mehrerer Größen sich nie absolut genau constatiren oder herstellen lässt, wovon abhängt, dass selbst die möglichst genauen, schließlich doch auf Gleichheitsbestimmungen beruhenden, physikalischen, geodätischen, astronomischen Maße noch mit einem sog. wahrscheinlichen Fehler, unter Umständen auch mit einem constanten Fehler behaftet bleiben. Aber das hindert nicht, dass Obiges die Principien aller exacten physikalischen Messung bleiben. Man muss nur bei empirischer Anwendung derselben durch möglichste Schärfe der Beobachtungsmittel die Fehler der Einzelbeobachtung auf das kleinstmögliche reduciren, die constanten Fehler da, wo es das Beobachtungsgebiet gestattet, durch Entgegensetzung möglichst compensiren, und durch Vervielfältigung der Beobachtungen und Mittelziehung die Genauigkeit möglichst steigern, worüber es nothlos ist, hier in's Detail einzugehen. Mit all' dem werden wir keine absolut genauen Maße erlangen, aber doch solche, welche nicht nur für die Praxis genügen können, wo es sich um Messung einzelner Gegenstände handelt, sondern auch zu allgemeineren Gesetzlichkeiten führen können, welche eine allgemeinere Einsicht in den Zusammenhang und die Auseinanderfolge der physischen Dinge begründen. Und auch all' das lässt sich auf das psychische Gebiet übertragen. Die Schwierigkeiten der empirischen Anwendung des allgemeinen Maßprincips sind nur auf psychischer Seite viel größer als auf physischer, daher die Ausführung des Maßes nach den zu Gebote stehenden psychophysischen Maßmethoden viel weniger einfach, das psychische Maß überhaupt in die Praxis des Lebens nicht sonderlich eingreifend, hingegen von eminenter wissenschaftlicher Wichtigkeit und Tragweite, nicht nur wegen der damit gegebenen gemeinsamen Unterordnung beider Gebiete unter dasselbe Princip mathematischer Bestimmtheit, sondern auch wegen der, in Zusammenhang mit der Gewinnung des Maßes sich von selbst ergebenden gesetzlichen Beziehung zwischen psychischen und physischen

Größen. Anstatt aber in Allgemeinheiten hierüber weiter vorzugehen, zeigen wir die Anwendung des Principes an einem besonders instructiven und zugleich historisch denkwürdigen Fall, von dem ich zwar in meinen früheren Darstellungen nicht ausgegangen bin, doch recht wohl hätte ausgehen können.

2) Lassen wir die erste Größenclasse der Sterne bei Seite, welche überhaupt nur die hellsten Sterne, aber von verschiedenster Helligkeit begreift, so finden die Astronomen einen ebenso großen Helligkeitsunterschied zwischen den Sternen zweiter und dritter, als dritter und vierter, vierter und fünfter Größe; sie normiren ja eben die Größenclassen hiernach. Aber, kann man sagen, um den Consequenzen dieser fundamentalen Thatsache auszuweichen, entweder: es sind nicht gleiche psychische, sondern gleiche physische (photometrische) Unterschiede, wodurch die verschiedenen Größenclassen von einander abstehen; oder: es ist überhaupt nur ein altes Herkommen, nach welchem die Sterne von verschiedener Helligkeit gegen einander in Classen geordnet sind, ohne dass die Gleichheit empfundener Unterschiede dabei eine Rolle spielt, worüber der Empfindung gar kein Urtheil zusteht. Denn es wird zwar zwischen zwei Sternen von den physischen Helligkeiten A und B derselbe Helligkeitsunterschied empfunden werden, als zwischen zwei anderen Sternen von denselben physischen Helligkeiten A und B; sind aber drei oder mehr Sterne $A, B, C \ldots$ von der Ordnung nach aufsteigender physischer Helligkeit gegeben, so wird es unmöglich sein zu sagen, ob der empfundene Helligkeitsunterschied zwischen B und C dem zwischen A und B gleich oder nicht gleich sei, überhaupt unmöglich sein, die Gleichheit empfundener Unterschiede oder auch Unterschiedsempfindungen (Ausdrücke, die ich gleichbedeutend brauche) in verschiedenen Theilen der Helligkeitsscala zu constatiren.

In der That ist der vorige Unterschied zu machen, und darin, ob das letztere wirklich unmöglich sei, liegt der cardo rei der Frage, ob überhaupt ein psychisches Maß unmöglich sei. Die Möglichkeit, den empfundenen Unterschied zwischen Helligkeiten in einem Theile der Helligkeitsscala dem empfundenen Unterschiede zwischen Helligkeiten in einem anderen Theile derselben gleich zu finden, wird nun aber eben durch die Thatsache der astronomischen Gleichschätzung solcher Unterschiede bewiesen, denn die beiden oben mit **Entweder Oder** versuchten Ablehnungen davon ersetzen sich leicht und entschieden durch ein **Weder Noch**.

In der That, was die erste anlangt, wonach es gleiche physische oder photometrische, nicht gleiche psychische oder empfundene Helligkeitsunterschiede sein sollen, wonach die Größenclassen der Sterne geordnet sind, so steht in entschiedenem Widerspruche damit, dass, nachdem diese Ordnung längst von den Astronomen nach bloßer Gleichheit empfundener Unterschiede ohne alles photometrische Maß festgestellt war, die erst später vorgenommene photometrische Prüfung ergab, dass gleichen Unterschieden der Größenclassen nicht gleiche **Unterschiede**, sondern, im Sinne des bekannten **Weber**'schen Gesetzes, gleiche **Verhältnisse** photometrischer Helligkeit entsprechen, was den Gang der Sterngrößenclassen und ihrer photometrischen Werthe gänzlich auseinanderfallen macht. Mit dem Umstande aber, dass diese Entdeckung erst später als die Feststellung der Sterngrößen geschah, war zugleich die andere Annahme ausgeschlossen, gegen die sich ohnehin die Astronomen wehren würden[1]), dass die Größenclassen von vornherein nach einer willkürlichen Convention ohne Gleichschätzung ihrer Abstände nach dem Urtheil der Empfindung (d. i. nach gleich empfundenen Unterschieden) unterschieden und nur aus Gewohnheit beibehalten worden seien, denn es wäre der unwahrscheinlichste Zufall, dass damit gerade das psychophysische Grundgesetz (**Weber**'sche Gesetz) getroffen worden.

Inzwischen haben wir uns in dieser Hinsicht nicht bloß auf Beobachtungen am Himmel und bloße Unwahrscheinlichkeit zu berufen, da vielmehr Versuche im Zimmer mit willkürlicher Abänderung der physischen Helligkeiten den directen Beweis dafür liefern, dass Unterschiedsempfindungen in verschiedenen Höhen der Helligkeitsscala gleich gefunden werden können, wobei sich dasselbe psychophysische Grundgesetz, wozu die Sterngrößenschätzungen führen, in den Grenzen, in denen es überhaupt Gültigkeit beanspruchen kann, bestätigt findet; es ist ja das einer der Wege der Constatirung des **Weber**'schen Gesetzes. Man erräth leicht, dass ich das, von **Wundt** als **Verfahren der mittleren Abstufungen** bezeichnete **Plateau-Delboeuf**'sche

---

[1]) Theilen sie doch jetzt behufs feinerer Bestimmungen die Unterschiede der Größenclassen nach bloßer Schätzung ohne photometrische Hülfe noch in Zehntel, und fügen hiernach der in einer ganzen Zahl ausgedrückten Größe eines Sternes noch eine Decimale bei.

Verfahren meine, wovon das Wesentliche dieses ist. Seien zwei Flächen A, B von verschiedener physischer Helligkeit gegeben, und sei B heller als A, so wird psychischerseits ein zugehöriger Helligkeitsunterschied empfunden werden. Gleichviel, welcher sei, so wird sich eine dritte noch hellere Fläche C hinzufügen und deren physische Helligkeit so lange abändern lassen, bis der auf B, C bezügliche Helligkeitsunterschied psychischerseits dem auf A, B bezüglichen gleich erscheint, wonach wir in den drei Flächen A, B, C die Verhältnisse dreier auf einander folgender Sterngrößen wiederfinden. Oder auch: zwischen zwei Flächen A, C von verschiedener physischer Helligkeit lässt sich eine dritte B so einschieben, dass der totale empfundene Helligkeitsunterschied bezüglich A und C sich in zwei gleich empfundene Unterschiede respective bezüglich A, B und B, C zerlegt, der totale bezüglich A, C also als durch 2 gemessen angesehen werden kann, wenn jeder der beiden Componenten der Werth 1 gegeben wird. Ganz entsprechend wird der empfundene, hiermit psychische Unterschied zwischen zweiter und vierter Größenclasse der Sterne sich in die zwei gleich empfundenen Unterschiede zwischen zweiter und dritter und zwischen dritter und vierter Größenclasse zerlegen lassen, und für doppelt so groß als jeder von diesen anzunehmen sein.

Zwar könnte man sagen: wenn der empfundene Unterschied bez. A, B gleich dem empfundenen Unterschiede bez. B, C gleich gefunden ist, so folgt daraus doch noch gar nicht, dass der totale empfundene Unterschied bez. A, C nach directem Vergleiche gerade das Doppelte jedes der beiden für sich empfundenen Theilunterschiede sei; er könnte eine ganz unbestimmte Function von beiden sein. Aber in der That kann man nicht so sagen, da man damit einen identischen Satz bestreiten würde. Auch im rein physischen Gebiete kann man nicht sagen: wenn drei Gewichte A, B, C vorliegen, und der Gewichtsunterschied zwischen A und B dem zwischen B und C gleich gefunden ist, so folgt daraus noch gar nicht, dass der Gewichtsunterschied zwischen A und C das Doppelte von jedem der beiden Theilunterschiede sei. Wir nennen aber eben einen ganzen Unterschied doppelt so groß als jeden der beiden gleichen Theilunterschiede, aus denen er im vorigen Sinne zusammengesetzt oder in die er zerlegbar gedacht werden kann; und ich wüsste nicht, warum dies im psychischen Gebiete anders als im physischen zu fassen wäre. Auch erlangen wir damit entsprechende

Vortheile der Bestimmtheit und Berechenbarkeit im psychischen als im physischen Gebiete. In der That, sei eine ganze Reihe von Sternen oder Flächen $A, B, C, D \ldots$ gegeben, deren physische wie zugehörige empfundene Helligkeiten der Ordnung nach wachsen, die Unterschiede bez. A, B und B, C u. s. w. aber seien gleich empfunden, so würde man, wenn der Einwand Recht hätte, nur sagen können, dass der psychische Unserschied zwischen zwei entfernten Gliedern größer sei als zwischen zwei näheren; aber was thut man mit solcher Unbestimmtheit? Nach unserer, in den allgemeinen Maßprincipien begründeten Fassung aber kann man jeden psychischen Unterschied als ein bestimmtes Multiplum des Unterschiedes zwischen den nächsten Gliedern ausdrücken, und wird damit wissen, dass, wenn ein empfundener Helligkeitsunterschied 2- oder 3mal so groß genannt wird, als ein anderer, wir den Uebergang zu ersterem durch Zwischen-Einschiebung von 2 oder 3, dem letzteren gleichen Helligkeitsunterschieden finden, was ein Factum ist, das für die Erfahrung und Rechnung verwerthbare Folgerungen zulässt.

Wenn ich mich im Vorigen zur Erläuterung, wie sich ein Maß der Unterschiedsempfindungen oder empfundenen Unterschiede gewinnen lässt, auf die Sterngrößenschätzungen und die Methode der mittleren Abstufungen bezogen habe, wo die Gleichheit größerer als nur eben merklicher Unterschiede geschätzt wird, so geschah es, weil mir die Erläuterung für diesen Fall am leichtesten eingänglich erscheint; man kann sich aber auch auf die Methode der eben merklichen Unterschiede beziehen, von der ich in den »Elementen« ausgegangen, indem sie für kleine empfundene Unterschiede dasselbe beweist, als die Sterngrößenschätzungen und die Methode d. m. A. für größere, d. i. die Möglichkeit der Gleichschätzung psychischer Unterschiede in verschiedenen Höhen der Reiz- und Empfindungsscala, woran die Möglichkeit des Maßes empfundener Unterschiede überhaupt in angegebener Weise geknüpft ist. Beide Methoden, die d. m. A. und die d. e. U. ergänzen sich in dieser Beziehung mit Vortheil. Freilich hat man die Möglichkeit der Gleichschätzung für sehr kleine, die sog. eben merklichen Unterschiede geleugnet, aber meines Erachtens müßiger Weise; denn: Erstens lässt sich die Prüfung des Weber'schen Gesetzes nach der Methode d. e. U. nicht anders als unter Voraussetzung solcher Möglichkeit ausführen und hätte die Constatirung desselben nach dieser Methode in den Grenzen seiner Gültigkeit nicht ohne diese Möglichkeit gelingen können. Zweitens, da die betreffende Möglichkeit durch die Methode der mittleren Abstufungen für größere empfundene Unterschiede direct erwiesen ist, so müssten erst bestimmte theoretische oder Erfahrungsgründe dafür vorliegen, dass sie doch über gewisse Grenzen der Kleinheit hinaus nicht reicht; es liegt aber nichts der Art vor. Drittens kann ich mich auf meine eigenen Beobachtungen berufen, sofern ich die Methode d. e. U. zur Constatirung des Weber'schen Gesetzes stets mit Rücksicht auf möglichste Gleichschätzung des kleinen empfundenen Unterschiedes in den verschiedenen Höhen der Reiz- und Empfindungsscala angewandt habe, wobei natürlich Irrthümer im Einzelnen als Beobachtungsfehler ebenso möglich sind, als bei der Methode der mittleren Abstufungen und bei Beobachtungsmethoden in irgend welchem Gebiete überhaupt, die man durch Vervielfältigung der Beobachtungen und Mittelziehung auf das kleinstmögliche zu reduciren suchen muss (vergl. »In Sachen« S. 42 f.). Endlich aber, wenn man alle diese Gründe für die Möglichkeit der Gleichschätzung eben merklicher Unterschiede nicht durchschlagend finden sollte, würde der Zweifel daran in sofern müßig bleiben, als abgesehen davon die Sterngrößenschätzungen und die Methode der mittleren Abstufungen, wobei diese Möglichkeit zweifellos bezüglich größerer Unterschiede besteht, für die Gewinnbarkeit des psychischen Maßes schon beweisend genug sind; und eben deshalb, weil hiergegen nicht derselbe Zweifel als bezüglich sehr kleiner merklicher Unterschiede erhoben werden kann, habe ich hier den Ausgang von jenen Beweismitteln genommen, wenn schon die Beziehung auf sehr kleine Unterschiede wegen des näher liegenden Uebergangs zu Differentialen, der zur Entwickelung allgemeiner Maßformeln (Fundamentalformel u. s. w.) führt, von anderer Seite in Vortheil bleibt.

3) Nach Vorigem also lässt sich jedenfalls für psychische, d. i. empfundene Unterschiede oder Unterschiedsempfindungen, auf Grund vorgenommener Gleichheitsbestimmungen in verschiedenen Höhen der Reiz- und Empfindungsscala, ein Maß derart finden, dass man sagen kann, wie viel mal eine kleinere Unterschiedsempfindung (bezüglich einander näher stehender physischer Werthe) in einer größeren (bezüglich ferner stehenden) enthalten ist. Damit ist dem all-

gemeinen Maßprincip entsprochen; wogegen meines Erachtens alle philosophischen Gegendemonstrationen nur Streiche in die Luft sind.

Nun lässt sich freilich leicht bemerken, dass mit dem Maße der empfundenen Unterschiede noch kein Maß der Empfindungen selbst, wozwischen der Unterschied empfunden wird, gegeben ist; aber es wird sich (unter den Paragraphen [4] bis [6]) zeigen lassen, wie von ersterem zu letzterem zu kommen ist; und ließe sich nicht dazu kommen, so würde schon in ersterem ein psychisches Maß gegeben, also der Aufgabe, ein solches überhaupt aufzuzeigen, entsprochen sein. Dazu lässt sich bemerken, dass das Maß der empfundenen Unterschiede, auch ohne von da bis zum Maße der Empfindungen selbst zu gelangen, und abgesehen davon sein, sogar ins Praktische übergreifendes, Interesse hat, wie sich nur eben an den darauf beruhenden Sterngrößenschätzungen bewiesen hat; zugleich ein Beweis, dass es nicht bloß in der Theorie besteht, sondern, so zu sagen, an dem größten Maßstabe, den es gibt, seine Ausführung gefunden hat.

Natürlich, da sinnliche Empfindungen, mit denen wir hier zu thun haben, durch physische Reize erweckt werden und durch Beziehung auf diesen Ursprung charakterisirt sind, kann auch das Maß der Empfindungen wie der dazwischen empfundenen Unterschiede nur mit Beziehung auf diesen Ursprung festgestellt werden, und können wir also auch von empfundenen Unterschieden zwischen verschiedenen Sterngrößenclassen, worauf deren Abstufung beruht, nur mit Beziehung auf die dabei entweder aufzeiglich unterliegenden oder durch ihre physische Lichtintensität charakterisirten Sterne sprechen.

In der That, wenn wir wissen, dass gleiche Unterschiedsempfindungen gleichen Reizverhältnissen zugehören, so werden wir nur nöthig haben, die, einem beliebigen Reizverhältnisse in einer beliebigen Höhe der Reiz- und Empfindungsscala zugehörige Unterschiedsempfindung als Einheit anzunehmen, um zur n-fachen U.E. dadurch zu gelangen, dass wir jenes Reizverhältniss n-mal mit sich selbst multipliciren, indem dann die U.E. bezüglich des Ausgangsreizes und des Schlussreizes, zu dem man durch Potenzirung mit dem Exponenten n gelangt, n-mal so groß als jene Einheit ist. Bei der Discussion mit Köhler wird hierauf unter III (2) zurückzukommen sein.

Inzwischen ist wichtig, ausdrücklich zu betonen, dass die Messbarkeit der Unterschiedsempfindungen doch keineswegs auf die Gültigkeit des Weber'schen Gesetzes beschränkt ist, ja principiell mit derselben gar nichts zu schaffen hat. Zugestandenermaßen ist das Weber'sche Gesetz für die äußere Psychophysik, in welche das experimentale psychische Maß fällt, nicht über gewisse Grenzen hinaus so weit zutreffend, um als Grundlage des Maßes dienen zu können, und scheint überall bei sehr hohen und sehr niedrigen Reizgraden gänzlich fehl zu schlagen. Wohlan, so weit es eben fehl schlägt, hat man es zu verlassen, und die anderweite Beziehung, die sich experimental zwischen psychischen Unterschieden und Reizunterschieden oder Reizverhältnissen in dem betreffenden Theile der auf einander bezogenen Reiz- und Empfindungsscala zeigt, für das psychische Maß zu Grunde zu legen.

Doch bleibt das Weber'sche Gesetz in den Grenzen seiner approximativen Gültigkeit, die für den Gesichtssinn ziemlich weit, für den Gehörssinn sehr weit gehen, namentlich in den Grenzen des gewöhnlichen Sinnengebrauches, immer die einfachste und wichtigste Unterlage für die Anwendung der psychischen Maßprincipien und Anknüpfung der psychophysischen Formeln, eine Wichtigkeit die um so mehr wächst, wenn man die, von mir statuirte, Uebertragbarkeit des für den äußeren Reiz nur approximativen Gesetzes als vollgültigen Gesetzes auf die vom äußeren Reize (und etwa vorhandenen inneren Reizen) abhängige psychophysische Erregung, hiermit von der äußeren in die innere Psychophysik zugibt. Dies geschieht nun freilich nicht überall; es ist aber nicht nöthig, hier auf den, nach anderer Beziehung freilich höchst wichtigen Streit darüber einzugehen, da sich die Frage der Möglichkeit des psychischen Maßes, um die es sich jetzt handelt, rücksichtslos darauf nach den angegebenen Thatsachen der äußeren Psychophysik entscheidet; und ich bemerke nur beiläufig, dass ich die, von mir in einem Capitel (XVII) meiner »Revision« besonders zusammengestellten Gründe für jene Uebertragbarkeit, sofern sie mit den Gründen für die Bevorzugung der sog. psychophysischen vor der sog. physiologischen Ansicht zusammenfallen, bis jetzt durch nichts widerlegt finde.

4) Um nun von dem Maße der Unterschiedsempfindungen oder empfundenen Unterschiede zum Maße der Empfindungen zu gelangen, sind noch einige Forerörterungen nöthig, wobei es gelten wird, das

Dasein und die Natur der sog. Unterschiedsschwelle und der, zwischen Unterschiedsempfindungen und Empfindungen noch zwischenstehenden Empfindungsunterschiede zu besprechen.

Thatsächlich findet sich, dass ein Unterschied zwischen Empfindungen, kurz ein Empfindungsunterschied, bestehen kann, ohne dass doch dieser Unterschied in's Bewusstsein tritt, ohne dass er, wie ich sage, empfunden wird, einen empfundenen Unterschied, eine Unterschiedsempfindung gibt. Unmittelbar einleuchtend wird die Nothwendigkeit dieser Unterscheidung zwischen Empfindungsunterschieden und Unterschiedsempfindungen oder empfundenen Unterschieden durch die Bemerkung, dass, wenn zwei Empfindungen in verschiedene Menschen fallen oder in demselben Menschen die eine vergessen ist, während die andere entsteht, der wirkliche Unterschied derselben, d. i. Empfindungsunterschied, noch so groß sein kann, ohne dass er eine Unterschiedsempfindung begründet, da nicht einmal ein Vergleich der Empfindungen möglich ist. Aber auch, wenn ein solcher sehr wohl möglich ist, wenn z. B. zwei Flächen von physisch unterschiedener Helligkeit zugleich in's Gesichtsfeld fallen, oder gar an einander grenzen und, ihrem physischen Unterschiede entsprechend, psychisch verschiedene Helligkeiten geben, wird doch selbst bei geschärftester Aufmerksamkeit kein Unterschied dazwischen wahrgenommen, so lange der Unterschied der physischen Helligkeiten nicht eine gewisse Grenze, die sog. Unterschiedsschwelle, oder das Verhältniss derselben nicht eine gewisse Grenze, die sog. Verhältnissschwelle, übersteigt. Man kann sich auf die eine oder andere Schwelle beziehen, da mit der einen die andere von selbst gegeben ist, wenn die Reize, zwischen denen der betreffende Unterschied oder das betreffende Verhältniss besteht, bekannt sind. Halten wir uns wie gewöhnlich an die Unterschiedsschwelle. Eins der instructivsten und jedem offen liegenden Beispiele hiervon gewährt der Umstand, dass die Sterne bei Tage Licht gesehen, d. i. von der umgebenden Himmelshelligkeit nicht unterschieden werden, sofern der physische Helligkeitsunterschied derselben von der umgebenden Helligkeit die Unterschiedsschwelle nicht übersteigt.

Unstreitig bedeutet die Thatsache der Unterschiedsschwelle einen Schätzungsfehler. Ein Unterschied der, von verschieden starken Reizen abhängigen, Empfindungen ist (nach Ablehnung der Elsasschen Hypothese unter I [7]) da, aber er scheint uns nicht vorhanden. Man kann nach dem Grunde dieses Irrthums fragen. Köhler, ohne sich direct darüber ausgesprochen zu haben, wird ihn in Anschluss an Wundt, und um mit seiner Auffassung der Reizschwelle (Phil. Stud. III. 594,595) in Zusammenhang zu bleiben, nur in Apperceptions- (Aufmerksamkeits-) Verhältnissen suchen können und, wenn ich nicht irre, etwa so fassen: Ein stärkerer Reizunterschied (Contrast) wird stärker appercipirt, d. h. ruft (unwillkürlich) eine stärkere Aufmerksamkeit hervor; fällt nun der Reizunterschied unter eine gewisse Grenze, so wird die Aufmerksamkeit so geschwächt, dass die Wahrnehmung des, doch wirklich vorhandenen, Unterschiedes schwindet. Aber diese Auffassung stimmt nicht mit der Thatsache, dass, wenn wir die, unwillkürlich nur schwach in Anspruch genommene Aufmerksamkeit für irgendwelche Stellen des Himmels willkürlich noch so sehr verstärken, die Sterne am Tage verschwunden bleiben. Der Grund ist also meines Erachtens anders zu suchen. Aber ehe ich darauf komme, spreche ich noch von anderen Fällen falscher Schätzung des Empfindungsunterschiedes, wo der Grund des Irrthums offen zu Tage liegt, was uns erleichtern wird, auf den Grund des Irrthums bei der Unterschiedsschwelle zu kommen.

Seien zwei Reize A, B nach einander auf dieselbe Stelle eines Empfindungsorganes angebracht, so wird der Unterschied derselben doch verschieden groß empfunden, je. nachdem A dem B vorangeht oder umgekehrt, einmal, weil wir die frühere Empfindung doch nur nach einer nicht ganz haltbaren Erinnerung mit der späteren vergleichen können, zweitens, weil durch die Einwirkung des vorangehenden Reizes der Zustand des Empfindungsorganes, wovon dessen Empfindlichkeit abhängt, schon in gewisser Weise verändert ist, verschieden aber, je nachdem der stärkere oder schwächere Reiz vorangeht. Sofern bei methodischen Versuchen diese Umstände regelmäßig wiederkehren, beruht der sog. constante Zeitfehler darauf, wozu es in Fällen, wo die verschiedenen Reize auf verschiedene Stellen des empfindenden Organs wirken, noch einen constanten Raumfehler gibt, wenn die verschiedenen Stellen mit verschiedener Empfindlichkeit begabt sind. Ueberhaupt aber führt der Umstand, dass die Reize, von denen verschieden große Empfindungen abhängen, und folgeweis diese Empfindungen selbst, nicht zeitlich-räumlich coincidiren, mithin sich nicht unmittelbar superponiren, Schätzungsfehler ihres Unterschiedes mit, von denen ich kurz sage, dass sie von zeitlich-räumlicher Differenz abhängen[1].

Nun ist bei dem Einflusse der constanten Zeit- und Raumfehler auf die Schätzung des Unterschiedes ein Einfluss je nach ihrer **Richtung** auf die Richtung des Schätzungsfehlers und je nach ihrer **Größe** auf die Größe desselben zu unterscheiden. Der erste lässt sich bei methodischem Verfahren durch Combinirung von Versuchen mit entgegengesetzter Zeit- und Raumlage so weit compensiren, dass er in den mittleren Resultaten als beseitigt angesehen werden kann; aber damit besteht der zweite noch fort und lässt sich nicht compensiren, so lange der zeitlich-räumliche Unterschied noch besteht. Ein solcher aber **muss** bei Empfindungen von der Classe der intensiven, die wir hier immer im Auge haben, bestehen, wenn die Empfindungen überhaupt unterschieden werden sollen; da sie sonst einheitlich zusammenfließen würden, so dass die **Möglichkeit** der Unterscheidung zugleich einen **Irrthum** derselben begründet.

Hiernach ist meine Ansicht[2]: dass das Dasein der Unterschiedsschwelle (resp. Verhältnissschwelle) auf der nicht beseitigbaren zeitlich-räumlichen Nichtcoincidenz der Reize, mithin ps.ph. Erregungen beruht, von welchen die in Betracht gezogenen verschiedenen Empfindungen abhängen, und ich stütze diese Ansicht auf folgende drei Gründe. **Erstens** hängt sie in angegebener Weise mit der nicht zu beanstandenden Auffassung der constanten Zeit- und Raumfehler zusammen, und dient nur zur Vervollständigung derselben. Während

---

1) Wenn ich von zeitlich-räumlicher Differenz der Empfindungen respective Reize, wovon sie abhängen, spreche, so ist dieser kurze Ausdruck dahin zu verstehen, dass **entweder** eine zeitliche, **oder** räumliche Verschiedenheit, oder eine solche nach beiden Beziehungen zugleich für die Empfindungen respective Reize besteht. Nun kann man es mit einer triftigen metaphysischen Auffassung (freilich wo ist eine solche?) von Seele und Raum unvereinbar finden, überhaupt von räumlich localisirten psychischen Thätigkeiten oder Phänomenen zu sprechen. Wohl, es kommt hier nichts darauf an; dann verstehe man unter räumlich verschiedenen Empfindungen eben nur solche, die an räumlich verschiedenen psychophysischen Erregungen hängen, und würde dann freilich consequenter Weise auch zu leugnen haben, dass die Gedanken und Empfindungen in verschiedenen Menschen und in den Geschöpfen verschiedener Planeten räumlich verschieden localisirt sind.

2) Da mir dieselbe früher noch nicht zur Klarheit gekommen, findet sie sich hier zum ersten Male ausgesprochen und begründet.

durch die constanten Zeit- und Raumfehler je nach den entgegengesetzten Zeit- und Raumlagen, die doch nur durch deren Nichtcoincidenz möglich sind, Abweichungen von den wahren Empfindungsunterschieden nach entgegengesetzten Richtungen entstehen, bleibt beiderlei Lagen gemein, dass eine Nichtcoincidenz überhaupt besteht; und hieran hängt auch etwas Gemeinsames, dass nämlich eine Abweichung von der wahren Größe des Unterschiedes stattfindet, worunter die Thatsache der Unterschiedsschwelle nur als der Grenzfall begriffen ist, dass uns ein sehr kleiner wirklicher Unterschied als ganz fehlend erscheint, indess größere Unterschiede, voraussetzlich (wie nach unten folgenden Formeln) nur vermindert dadurch erscheinen. — Zweitens hängt die Größe der Unterschiedsschwelle factisch von den zeitlich-räumlichen Verhältnissen der Reize wesentlich mit ab, und steigt unter sonst gleichen Umständen mit der zeitlich-räumlichen Differenz; was in den extremen Fällen, wo die verschiedenen Empfindungen in verschiedene Menschen fallen, oder die eine vergessen ist, wenn die andere besteht, bis zur Unmöglichkeit der Unterscheidung wegen Unmöglichkeit des Vergleiches geht. — Drittens hat sich die Ansicht auf die directe Aussage des Experimentes im Gebiete der extensiven Empfindungen zu stützen, wo Experimente darüber wirklich möglich sind, und von wo die Uebertragung auf das Gebiet der intensiven Empfindungen, für das keine entsprechenden Versuche zu Gebote stehen, natürlich ist. Man kann nämlich im extensiven Gebiete zwei Maßstäbe einmal abgesondert von einander betrachten, das anderemal in Superposition über einander, ohne dass sie letzterenfalls unterschiedslos verfließen, wovon das Entsprechende im intensiven Gebiete nicht geht. Seien also, um von bestimmten Vorstellungen auszugehen, zwei ungetheilte Maßstäbe, der eine von 100, der andere von 101 Linien Länge, gegeben. Denken wir sie uns erst auseinanderliegend, am besten, zur Vermeidung jeder Annäherung an Coincidenz, in Verlängerung von einander gelegt, so wird es im Allgemeinen unmöglich sein, durch Hin- und Herblicken den zwischen ihren Längen bestehenden kleinen Unterschied zu erkennen [1]). Ist nun unsere Ansicht richtig, so muss er aber sofort erkannt werden, wenn man beide

---

1) Am schärfsten beweisen Versuche nach der Methode der mittleren Fehler wo die Aufgabe gestellt wird, zwei, in Verlängerung von einander angebrachte Längen oder Distancen einander gleich zu machen, dass Längen- oder Distanzunter-

Maßstäbe so superponirt, dass der eine um 1 Linie über den andern hinausragt; und in der That werden dann noch viel kleinere Unterschiede als 1 Linie erkannt, indem der Unterschied der Maßstäbe dann überhaupt ebenso leicht erkannt wird, als wenn er eine Raumgröße für sich darstellte.

Vielleicht sagt man: wenn ich bei zwei auseinanderliegenden Maßstäben, die sich in der Länge nur wenig oder gar nicht unterscheiden, ungewiss bin, welcher von beiden, und ob einer von beiden, länger als der andere ist, so schätze ich sie deshalb noch nicht **gleich**, und die vorige Analogie trifft also insofern nicht zu, als die Unterschiedsschwelle auf einer wirklichen **Gleichschätzung** wenig unterschiedener Reize und mithin davon abhängiger Empfindungen beruht. Aber in der That ist es in dieser Hinsicht mit intensiven Reizgrößen nicht anders als mit extensiven Längen. Wenn ich zwei wenig oder gar nicht unterschiedene Gewichte sei es zugleich oder nach einander hebe, zwei wenig oder nicht in der physischen Helligkeit unterschiedene Flächen nach oder neben einander betrachte, so findet ganz eben so wenig als bei den auseinanderliegenden Maßstäben eine **absolute Gleichschätzung** derselben, sondern nur eine entsprechende **Unsicherheit** als bei dem Vergleiche der Längen statt; natürlich, da die entsprechende Ursache d. i. die zeitlich-räumliche Nichtcoincidenz dafür vorliegt. Aus diesem Gesichtspunkte kann man es als Sache einer Unterschiedsschwelle von unendlicher Größe betrachten, wenn bei Empfindungen, die in zwei verschiedene Menschen fallen, jeder von beiden ungewiss bleibt, ob seine Empfindung mit der des anderen zusammentrifft, oder nach der einen oder anderen Seite davon abweicht.

Schon früher wurde übrigens erinnert, dass wir ja auch auf physikalischem Gebiete unsere, auf Gleichheitsbestimmungen beruhenden, genauest möglichen Maße noch mit wahrscheinlichen Fehlern behaftet finden, welche, auch wo sie nicht berechnet sind, doch vorhanden sind, und eine entsprechende Unsicherheit der Gleichheitsbestimmung hier beweisen, als der Gleichschätzung im psychischen Gebiete zukommt.

Nach Zusammenstellung der vorigen drei Gründe glaube ich wohl, dass man der betreffenden Ansicht über die Natur der Unterschieds-

---

schiede, wenn sie zu klein sind, nicht erkannt werden, indem der, nach Elimination zufälliger und constanter Fehler übrig bleibende sog. reine mittlere Fehler eben nur daher rühren kann, dass er nicht erkannt wird, sonst würde man ihn nicht begehen.

schwelle einiges Zutrauen schenken, und die unter I (S. 172) besprochene Ansicht von Elsas dafür Preis geben kann, indess ich es allerdings Köhler überlassen muss, wiefern er seine, mir doch nicht genau bekannte, Ansicht dagegen zu halten gedenkt.

5) Im Vorigen ist gezeigt worden, dass wir zwar zur Gewinnung eines Maßes der Unterschiedsempfindungen nicht der vorgängigen Kenntniss des Weber'schen oder irgend eines anderen ps.ph. Gesetzes bedürfen; indess wir aber, wenn jenes Gesetz einmal für einen gewissen Theil der auf einander bezüglichen Scala von Reiz und Empfindung, kurz psychophysischen Scala, constatirt ist, das Maß innerhalb dieses Theiles der Scala darauf stützen können; und dies wird für alles Folgende vorausgesetzt werden.

Ließe sich nun das Weber'sche Gesetz von Unterschiedsempfindungen auf Empfindungsunterschiede übertragen, so würden wir auf Grund desselben in ganz entsprechender Weise als früher für jene ein Maß für diese erhalten. Eine solche Uebertragung aber erscheint aus folgendem Gesichtspunkte statthaft. Die Elimination constanter Zeit- und Raumfehler ist schon zur Gültigkeit des Weber'schen Gesetzes für Unterschiedsempfindungen vorausgesetzt; und unter dieser Voraussetzung besteht das Weber'sche Gesetz für die Unterschiedsempfindungen unabhängig von der Größe der Unterschiedsschwelle[1]) und kann hiermit auch für den Fall, dass sie auf Null (hiermit die Verhältnissschwelle auf 1) herabkommt, in Anspruch genommen werden, womit der von ihr abhängige Schätzungsfehler wegfällt, die Unterschiedsempfindung mit dem Empfindungsunterschiede zusammenfällt und dieselbe Ausführung des Maßes, welche auf Unterschiedsempfindungen anwendbar ist, auf Empfindungsunterschiede anwendbar wird. Eine Rechtfertigung der betreffenden Uebertragbarkeit nur in anderer Form ist schon in den »Elem.« II. S. 85 gegeben, womit auch zu vergleichen »In Sachen« S. 11 und 46.

Wenn also z. B. für drei Sterne von den physischen Helligkeiten A, B, C das Weber'sche Gesetz sich in der Art bestätigt, dass bei Gleichheit von $\frac{B}{A}$ mit $\frac{C}{B}$ die Unterschiedsempfindung bez. A, B der

---

[1]) In der That, bei verschiedenen Menschen, bei verschiedenen Zuständen der Empfindlichkeit, bei verschiedenen zeitlich-räumlichen Verhältnissen, unter denen die Reize einwirken, nimmt die Unterschieds- wie Verhältnissschwelle verschiedene Werthe an, ohne zu hindern, dass das Weber'sche Gesetz dabei gültig bleibe.

Unterschiedsempfindung bez. *B, C* gleich gefunden wird, so kann man nach der Uebertragung des Weber'schen Gesetzes von den Unterschiedsempfindungen auf Empfindungsunterschiede schließen, dass auch der Empfindungsunterschied bez. *A, B* gleich dem E.U. bez. *B, C* ist, und kann hiernach ein Maß der Empfindungsunterschiede in ganz entsprechender Weise erhalten, als wir ein solches für Unterschiedsempfindungen erhalten haben, ohne dass es nöthig sein dürfte, dies nochmals auszuführen. Doch wird sich ein Anlass zu solcher Ausführung unter (6) von selbst finden. Man übersieht dabei leicht, dass dem Maße der Empfindungsunterschiede ebenso eine Einheit ihrer Art unterliegt, als dem der Unterschiedsempfindungen; nur dass beide von einander abweichen. Es ist aber zur Gewinnung des Maßes der Empfindungsunterschiede keineswegs nöthig, das Verhältniss zu kennen, in welchem die Einheit der Empfindungsunterschiede zur Einheit der Unterschiedsempfindungen steht, und mithin beiderlei Maße überhaupt zu einander stehen; es genügt bei den einen wie bei den anderen, in angeführter Weise das Verhältniss der Einzelmaße zur willkürlich gewählten Einheit ihrer Art bestimmen zu können.

Inzwischen finde ich, um dies doch gelegentlich beizufügen, nach einem, hier nicht zu reproducirenden Gange (in den »Elem.« und »In Sachen«), dass, wenn R_1, R_2 zwei verschiedene Reize sind, v die, von den zeitlich-räumlichen Verhältnissen der Reize abhängige Verhältnissschwelle, und k eine, von den absoluten Reizgrößen unabhängige, von der willkürlichen Empfindungseinheit abhängige, Constante bedeutet, man für den Empfindungsunterschied U und die zugehörige Unterschiedsempfindung u folgende Gleichungen erhält:

$$U = k \log \frac{R_2}{R_1} \; ; \quad u = k \log \frac{R_2}{R_1 v}$$
$$U - u = k \log v.$$

Die Formel für U entspricht meiner Unterschiedsformel, die Formel für u meiner Unterschiedsmaßformel.

Aus der Gleichung für $U - u$ folgt, dass allgemein der Empfindungsunterschied U die Unterschiedsempfindung u um einen gewissen, dem Logarithmus der Verhältnissschwelle v proportionalen Werth übertrifft, für den Fall jedoch damit zusammenfällt, dass die Verhältnissschwelle $= 1$ ist, was mit dem Nullwerthe der Unterschiedsschwelle solidarisch ist.

Es verdient Rücksicht, dass die Alteration, welche die wirklichen Empfindungsunterschiede im Uebergange zu empfundenen Unterschieden durch den Einfluss zeitlich-räumlicher Nichtcoincidenz der Reize und mithin Empfindungen erfahren, nicht die **Empfindungen selbst** betrifft; sie bleiben, bei falscher Schätzung ihres Unterschiedes, was sie an sich im Moment ihrer Entstehung und während ihrer Dauer sind; und ein entsprechender Unterschied als zwischen Unterschiedsempfindungen und Empfindungsunterschieden ist bei ihnen nicht zu machen, natürlich, da der Grund einer solchen Unterscheidung, die zeitlich-räumliche Nichtcoincidenz für jede Empfindung insbesondere wegfällt. Jeder Reiz, wie die davon abhängige ps.ph. Erregung und Empfindung fällt doch während der Dauer derselben mit sich selbst zusammen; und wenn wir zwei Empfindungen nicht ausdrücklich mit einander vergleichen, was im gewöhnlichen Leben überhaupt nur ausnahmsweise geschieht, besteht jede richtig für sich, wie sie ist, und besteht mithin ihr Unterschied richtig, wie er ist. Der **Vergleich** zweier Empfindungen aber, um uns ihrer Gleichheit oder Verschiedenheit bewusst zu werden, kann überhaupt nicht unmittelbar bei ihrer Auffassung geschehen, und in der Erinnerung kann jede von beiden falsch gegen die andere geschätzt werden; denn selbst über die zweiteingetretene müssen wir im Moment, wo wir von ihrer unmittelbaren Auffassung zu ihrer Vergleichung mit der ersteingetretenen übergehen, erinnernd hinausgehen.

Man kann nun sagen: wenn es nicht zeitlich-räumliche Verhältnisse sind, so können es aber Aufmerksamkeits- (sog. Apperceptions-) verhältnisse sein, wodurch die Empfindungen abgeändert werden, und muss man also appercipirte, d. i. durch Aufmerksamkeit in's Bewusstsein gerufene oder dadurch in der Klarheit und Intensität gesteigerte Empfindungen von nicht appercipirten, doch in der Seele bestehenden unterscheiden. Kann doch eine Empfindung bei fehlender Aufmerksamkeit auf einen Reiz, der die Empfindung zu erwecken im Stande ist, ganz aus dem Bewusstsein schwinden, und bei vorhandener Aufmerksamkeit je nach dem Grade derselben mit verschiedener Klarheit und Intensität in's Bewusstsein treten. Wohl, erstenfalls, wenn sie ganz aus dem Bewusstsein schwindet, sage ich: sie ist eben nicht da, wenn schon eine unvollständige ps.ph. Bedingung zu ihrem Erscheinen da sein kann; und zweitenfalls: sie ist eben mit dem Grade der Klarheit und Intensität da, den ihr der Grad der darauf bezüglichen Aufmerksamkeit verleiht. Von einer Empfindung aber, die vermöge nicht hinreichender Aufmerksamkeit in der Art aus dem Bewusstsein schwindet, dass wir weder von ihrer Qualität etwas aussagen, noch sie ihrer Quantität nach mit andern gleichartigen Empfindungen vergleichen können, als von einer in der Seele doch vorhandenen zu sprechen, schiene mir ein in's Dunkle oder Unfassliche führender Sprachgebrauch.

Köhler freilich sagt (S. 578 seiner Abh.): »Unsere Empfindungen existiren für uns nur nach der Quantität und Qualität, wie wir sie auffassen; wie sie sich abgesehen von unserer Apperception verhalten, bleibt uns völlig unbekannt.« Meinerseits würde ich sagen: abgesehen von ihrer Auffassung und dem Grade der Aufmerksamkeit, womit wir sie auffassen, existiren Empfindungen überhaupt nicht, und kann also von einem Wie ihres Verhaltens abgesehen davon nicht die Rede sein. Hingegen kann nach der Uebertragbarkeit des Weber'schen Gesetzes von Unterschiedsempfindungen auf Empfindungsunterschiede und den unter (10) und (11) aufgestellten Sätzen über die Aufmerksamkeit allerdings nicht nur von Verhältnissen der Empfindungsunterschiede und Empfindungen, wie sie unter Mitrücksicht auf die Aufmerksamkeit wirklich sind, die Rede sein, sondern lassen sich auch gesetzliche Bestimmungen darüber geben.

6) Aus der Messbarkeit der Empfindungsunterschiede unter (5) folgt nun die der Empfindungen auf Grund einer einfachen Thatsache und eines einfachen mathematischen Satzes.

Ersteres die, der Thatsache der Unterschiedsschwelle analoge, Thatsache der einfachen Reizschwelle, wonach ein Reiz, der im Stande ist, eine bestimmte Art von Empfindungen hervorzurufen, doch erst eine gewisse Größe, d. i. eben die Reizschwelle, übersteigen muss, ehe die Empfindung anfängt, gespürt zu werden, hiermit den Nullwerth einer wirklichen Empfindung zu übersteigen. Man kann nach dem Grunde der Reizschwelle eben so fragen, als nach dem der Unterschiedsschwelle gefragt wurde, und es wird auf diese Frage zurückzukommen sein; zunächst aber handelt es sich nur um die jedenfalls bestehende Thatsache. Der mathematische Satz ist dieser: die Unterschiede gegebener Werthe von Null fallen mit den betreffenden Werthen selbst zusammen, $a - 0$ ist $= a$; $b - 0$ ist $= b$ u. s. w.

Sei nun innerhalb der Gültigkeitsgrenzen des Weber'schen Gesetzes eine Reihe der Ordnung nach aufsteigender willkürlich abänderbarer Reize
$$A, B, C, D, E \ldots$$
gegeben, denen die sich mit abändernden Empfindungen
$$a, b, c, d, e \ldots$$
zugehören; so werden wir es durch Abänderung der Werthe der oberen Reihe dahin bringen können, dass
$$\frac{B}{A} = \frac{C}{B} = \frac{D}{C} \text{ u. s. w.},$$
dass mithin nach dem Weber'schen Gesetze die zugehörigen Unterschiedsempfindungen gleich werden, und nach der Uebertragbarkeit des Weber'schen Gesetzes von Unterschiedsempfindungen auf Empfindungsunterschiede auch die successiven Empfindungsunterschiede
$$b-a,\ c-b,\ d-c,\ e-d$$
gleich werden. Dann wird nach unserem allgemeinen Maßprincip der Empfindungsunterschied zwischen irgend einem Gliede der Reihe, sagen wir c, und dem oberen Endgliede, kurz der Empfindungsunterschied $e-c$ aus den zwei gleichen Empfindungsunterschieden $d-c$, $e-d$ zusammengesetzt, mithin doppelt so groß sein, als jeder von beiden, womit wir zunächst ein Maß des Empfindungsunterschiedes $e-c$, unter Annahme von $d-c$ als Einheit erhalten; denn wir werden danach sagen können, der Empfindungsunterschied $e-c$ sei $=2$, wenn der E.U. $d-c$ als 1 genommen wird. Dasselbe wird aber auch noch richtig bleiben, wenn bei Gleichheit der successiven Reizverhältnisse, wovon die Gleichheit der successiven Empfindungsunterschiede abhängt, eine der Empfindungen, sagen wir wieder c, den Nullwerth, hiermit C den Schwellenwerth hat, ein Fall, der sich bei freigestellter Abänderung der Reize immer herstellen lässt. Auch dann wird $e-c$ zweimal so groß als $d-c$, hiermit solidarisch aber e zweimal so groß als d sein, weil ja $c=0$; und sollte die Reihe der großen und kleinen Buchstaben noch in entsprechender Weise über E und e hinaus fortgesetzt werden, so würde nach entsprechender Herleitung die dem Reize F zugehörige Empfindung f dreimal so groß als die Empfindung d sein, womit dem Princip eines Maßes der Empfindung entsprochen ist.

Diese Ableitung des Empfindungsmaßes erscheint freilich sehr umständlich, wogegen die, davon abhängige, Maßformel

$$E = k \log \frac{R}{\mathfrak{R}}$$

worin $\mathfrak{R}$ der Schwellenwerth des Reizes ist, sehr einfach ist. Hier aber sollte es sich wesentlich eben nur um Verdeutlichung des Principes des Empfindungsmaßes handeln, wozu eine Bezugnahme auf diese Formel nicht dienen kann; indess die Ableitung der Formel nur auf Grund des Principes zu geschehen hatte.

Natürlich werden die Empfindungen d, e, welche den Reizen D, E oberhalb des Schwellenwerthes C zugehören, positive Werthe erhalten, wogegen die Empfindungen $0-a$, $0-b$, welche den Reizen A, B unterhalb des Schwellenwerthes C zugehören, und gar nicht in's Bewusstsein fallen, consequentermaßen (wie auch nach voriger Formel) negative Werthe annehmen, um so größere, je weiter sie wegen Sinkens der Reize unter den Schwellenwerth, von wo an ein Merklichwerden der Empfindung erst beginnt, von diesem Merklichwerden entfernt sind. Ueber meine demgemäße Deutung dieser negativen Empfindungswerthe habe ich mich wiederholten Anfechtungen gegenüber wiederholt in früheren Schriften (Elem. II. 39 ff., In Sachen 48 ff., Revision 206 ff.) ausgesprochen und werde unter III (3) Anlass haben, Köhler gegenüber nochmals darauf zurückzukommen, ohne etwas von meinen früher geäußerten Ansichten darüber zurücknehmen zu können.

In m. Elem. I. 60 habe ich die successiven einander gleichen Differenzen $d-c$, $e-d$ u. s. w. als gleiche Incremente, aus denen die Empfindung vom Nullwerth $c=0$ an erwächst, bezeichnet, und hiernach das Princip des Empfindungsmaßes sachlich gleichgeltend mit voriger Darstellung so formulirt:

»Principiell also wird unser Maß der Empfindung darauf hinauskommen, jede Empfindung in gleiche Abtheilungen, d. h. die gleichen Incremente, aus denen sie vom Nullzustande erwächst, zu zerlegen, und die Zahl dieser gleichen Abtheilungen als wie durch die Zolle eines Maßstabes, durch die Zahl der zugehörigen variablen Reizzuwüchse bestimmt zu halten, welche die gleichen Empfindungszuwüchse hervorzubringen im Stande sind.«

Damit stimmt folgende Erklärung, Elem. II. 191, für den allgemeinen Fall, dass die Beziehung zwischen gegebenen Empfindungsunterschieden und zugehörigen Reizverhältnissen oder relativen Reizunterschieden im Uebergange zu verschiedenen Höhen der Reiz- und Empfindungsscala variirt, also nicht allgemein dem Weber'schen Gesetze entspricht.

»Das Wesentliche, worauf sich unser Princip in seiner vollen Allgemeinheit stützt, ist nur die Möglichkeit, die Gleichheit kleiner Aenderungen, Zuwüchse der Empfindung für gegebene Reizzuwüchse in verschiedenen Theilen der Reizscala zu constatiren, wofür uns nicht nur eine, sondern drei gute Methoden zu Gebote stehen. Indem wir die ganze Empfindung aus constanten Zuwüchsen $\delta\gamma$ von Null an, welche als Function zugehöriger Reizzuwüchse $\delta\beta$ in den verschiedenen Theilen der Reizscala bestimmt sind, erwachsen denken, erhalten wir den Maßwerth der ganzen Empfindung γ durch Summation ihrer Zuwüchse von Null bis zum Werthe γ, welcher einem gegebenen Reize β entspricht, oder allgemeiner den Unterschied $\gamma - \gamma^1$ zweier Empfindungen, welche den Reizen β, β^1 entsprechen, als Summe der in das zugehörige Intervall fallenden Zuwüchse.«

Es folgen noch Erläuterungen und Anwendungen, die ich hier übergehe.

7) Nachdem im Vorigen der Aufgabe genügt ist, ohne Formelaufwand zu zeigen, nach welchen Principien sowohl ein Maß der Unterschiedsempfindungen als Empfindungsunterschiede als Empfindungen in Bezug auf Einheiten ihrer Art zu gewinnen, unterlasse ich es, auch auf die von diesen Principien abhängige Entwickelung der betreffenden Formeln einzugehen, von welchen die wichtigsten die sog. Fundamentalformel, Maßformel, Unterschiedsformel und Unterschiedsmaßformel sind. Man findet diese Entwickelung theils in den ersten Capiteln des II. Bandes meiner »Elemente«, theils, in kürzerer und bequemerer Uebersicht, in meiner Schrift »In Sachen« S. 7 ff. Ich habe bisher keinen Anlass gefunden, von diesen Formeln abzugehen, und nur in Betreff ihrer Ableitung aus formellem Gesichtspunkte folgendes zu bemerken.

In den »Elementen« habe ich das, direct nur an Unterschiedsempfindungen bewährbare Weber'sche Gesetz von vorn herein auf Empfindungsunterschiede übertragen, und hiernach Fundamentalformel, Maßformel und Unterschiedsformel abgeleitet, ohne diese Uebertragbarkeit vorher begründet zu haben. Doch begründet dies in sofern keinen **sachlichen** Einwand gegen die Gültigkeit dieser Formeln, als die Rechtfertigung der betreffenden Uebertragbarkeit in den Elementen selbst (II. S. 85) nachgetragen und durch weitere Betrachtungen in »In Sachen« S. 11. 46 gestützt worden ist; indess ein formaler Einwand wohl gegen die Nachträglichkeit selbst erhoben werden kann, dem in dieser Abh. von vornherein dadurch begegnet ist, dass die Beziehung des Weber'schen Gesetzes von vorn herein auf Unterschiedsempfindungen geschah und von da zur Uebertragung auf Empfindungsunterschiede geschritten wurde.

Zunächst könnte man meinen, da das Weber'sche Gesetz direct doch nur an Unterschiedsempfindungen bewährbar ist, müsste die darauf bezügliche Unterschiedsmaßformel auch direct, ohne erst durch die Uebertragung auf Empfindungsunterschiede durchzugehen, aus dem Weber'schen Gesetze ableitbar sein. Aber Unterschiedsempfindungen sind durch die Unterschieds- und Verhältnissschwelle complicirt, welche Complication bei den Empfindungsunterschieden wegfällt, und formell wird doch der Fortschritt von den einfachen zu den zusammengesetzten Formeln im Vortheil bleiben.

Hiernach gehe ich noch zu manchen Betrachtungen über, welche zur Vervollständigung der bisher gepflogenen dienen.

8) Wundt (Phil. Stud. II. S. 3. 23) unterscheidet ein Weber'sches und ein Fechner'sches »Maßprincip« aus folgendem Gesichtspunkte. »Nach dem Weber'schen Princip können eben merkliche Unterschiede der Empfindung in Bezug auf den Grad ihrer Merklichkeit einander gleich gesetzt werden; wogegen nach dem Fechner'schen gleich merkliche Unterschiede [d. h. nach mir gleich große Unterschiedsempfindungen] als gleich große Unterschiede von Empfindungen [nach mir kurz als gleiche Empfindungsunterschiede] betrachtet werden können.« Gegen das Weber'sche Princip lasse sich nichts einwenden, wogegen das Fechner'sche discussionsfähig und nur unter beschränkenden Bedingungen zuzulassen sei, auf deren Untersuchung Wundt eingeht.

Sollte nun wirklich ein Fechner'sches Maßprincip von einem Weber'schen zu unterscheiden sein, so möchte ich es doch in voriger Weise nicht scharf genug definirt finden, um Missverständnisse auszuschließen, und glaube auch, dass es sachlich nicht ganz mit dem, mir von Wundt zugeschriebenen übereinstimmt, wenn schon es eine leichte Verwechselung damit zulassen mag. Factisch besteht mein Maßprincip, wenn von einem solchen als einem vom Weber'schen unterscheidbaren die Rede sein soll, nur in der, unter (5) und (6) besprochenen, Ansicht von der Uebertragbarkeit des Weber'schen Gesetzes von Unterschiedsempfindungen auf Empfindungsunterschiede, welche Uebertragbarkeit allerdings mit dem, direct auf Unterschiedsempfindungen bezüglichen, Weber'schen Gesetze nicht von selbst gegeben ist, daher es einer Begründung derselben bedurfte, worüber die betreffenden Nummern nachzusehen.

Nun gehört schon zur Constatirung des Weber'schen Gesetzes, sogar in seinen ausgezeichnetsten Fällen, die Erfüllung gewisser Bedingungen, als wie die Erhaltung gleichförmiger äußerer Versuchsverhältnisse und eines gleichförmigen Zustandes der Aufmerksamkeit, die Compensation constanter und zufälliger Fehler. Wenn sich aber das Weber'sche Gesetz unter Einhaltung solcher Bedingungen bezüglich der Unterschiedsempfindungen bestätigt, vermöchte ich keine beschränkenden Bedingungen seiner Uebertragbarkeit auf Empfindungsunterschiede weiter anzuerkennen; und da Wundt doch solche nach seiner Fassung des Fechner'schen Maßprincips für dessen Gültigkeit findet, so muss ich allerdings glauben, dass eine sachliche Differenz in dieser Hinsicht zwischen uns besteht, zu deren Hervorhebung die Bemerkung beitragen mag, dass die, von mir angenommene Uebertragbarkeit des Weber'schen Gesetzes von Unterschiedsempfindungen auf Empfindungsunterschiede unter keinen Umständen auf eine Identificirung beider hinausläuft; sondern unter allen Umständen bleiben nach (5) die Unterschiedsempfindungen u kleiner als die Empfindungsunterschiede U. Da mir nach Allem eine volle Klarheit darüber mangelt, wiefern das, mir von Wundt zugeschriebene, Princip mit dem, wozu ich mich bekenne, zusammentrifft oder nicht, unterlasse ich es, auf weitere Erörterungen darüber einzugehen, und möchte nur bemerken, dass ich jedenfalls der Gleichung (Phil. Stud. II, S. 6.27)

$$k\frac{\varDelta R}{R} = \varDelta E,$$

welche Wundt nach seiner Fassung meines Maßprincips mit demselben in Beziehung setzt, nicht zuzustimmen vermöchte, sofern sie sich auf endliche Differenzen bezieht. Hierüber aber sind bestimmtere Erklärungen unter I (5) und III (6) gegeben.

9) Wie man gesehen hat, kann ein Empfindungsmaß nicht ohne Bestimmung der Reizschwelle, d. h. des Reizwerthes, bei welchem die Empfindung Null ist, erlangt werden. Nun lässt sich fragen, ob das Dasein einer Reizschwelle nicht blos davon abhängt, dass der Reiz erst eine gewisse Stärke übersteigen muss, um durch die äußeren Zwischenmittel und den Sinnesnerven durch bis zum Sensorium (Gehirn) als dem Ort, wo überhaupt nur ps.ph. Erregungen zu suchen sind, zu gelangen, ob aber auch, wenn er dahin gelangt ist, und eine ps.ph. Erregung hervorgerufen hat, diese erst einen gewissen endlichen Werth, eine sog. **innere** oder **psychophysische** Schwelle übersteigen muss, um eine merkliche Empfindung zu geben, oder ob schon die kleinste ps.ph. Erregung eine entsprechend kleinste Empfindung hervorruft. Diese Frage ist an sich wichtig; die Möglichkeit eines Empfindungsmaßes aber hängt, wie schon unter I. (9) bemerkt, nicht an ihrer Entscheidung, da vielmehr die Thatsache der äußeren Reizschwelle, d. h., welche sich auf den äußeren Reiz bezieht, gleichviel ob eine innere oder psychophysische besteht, zur Begründung eines Empfindungsmaßes in angegebener Weise hinreicht.

Aber gehen wir doch näher auf die betreffende Frage ein, um damit zugleich die Beziehung der verschiedenen Schwellen zu einander in's Licht zu setzen.

Die Unterschiedsschwelle anlangend, so ist nicht möglich, das Dasein derselben eben so, wie es bei der Reizschwelle wenigstens möglich **scheint**, blos darauf zu schieben, dass die Reize, welche den zu unterscheidenden Empfindungen zugehören, nicht bis zum Sensorium gelangt sind, mithin keine ps.ph. Erregungen erweckt haben, da der Umstand selbst, dass die zu unterscheidenden Empfindungen für das Bewusstsein vorhanden sind, beweist, dass auch die körperlichen Bedingungen dazu, die wir psychophysische nennen, vorhanden sein müssen. Die Unterschiedsschwelle ist also jedenfalls eine innere, d. h. nicht blos für den Unterschied von Reizen, sondern von ps.ph. Erregungen gültige. Das Dasein der Unterschiedsschwelle ließ sich nun davon abhängig machen, dass die Reize und mithin davon abhängigen ps.ph. Erregungen, an welche sich Empfindungen verschiedener Größe bei gleicher Art knüpfen, nicht zeitlich-räumlich coincidiren. Hiergegen lässt sich das Dasein der, auf Empfindungen bezüglichen sei es äußeren oder inneren Schwelle, nicht von einer entsprechenden

Ursache abhängig machen, da besprochenermaßen jeder Reiz, mithin die davon abhängige ps.ph. Erregung und Empfindung mit sich selbst coincidirt; und dies könnte als ein Grund angesehen werden, die Reizschwelle blos als eine äußere in obigem Sinne gelten zu lassen. Allein es wird sich zeigen lassen, dass, wenn es auch Fälle geben kann, wo der Reiz sich wirklich nicht bis zum Sensorium fortpflanzt (s. Revision S. 240), doch auch in dem Falle, wo er sich bis dahin fortpflanzt, aus einem anderen Grunde als dem der zeitlich-räumlichen Nichtcoincidenz eine gewisse Größe der, durch den Reiz erweckten, ps.ph. Erregung, kurz innere oder ps.ph. Schwelle überstiegen werden muss, um die zugehörige Empfindung bemerklich werden zu lassen.

Man muss nämlich berücksichtigen, dass, wenn während des wachen Zustandes ein Reiz seine Wirkung bis zum Sensorium erstreckt, er dasselbe **nicht psychophysisch leer, sondern schon von irgendwelchen ps.ph. Erregungen eingenommen** findet; und zwar liegt dies im Begriff des wachen Zustandes selbst, sofern sich dieser eben dadurch vom Zustande des traumlosen Schlafes unterscheidet, dass wir dabei in irgendwelchen Bewusstseinsvorgängen begriffen sind, welche das Dasein von ps.ph. Vorgängen voraussetzen, insofern wir Bewusstseinsvorgänge überhaupt an solche geknüpft halten.

Kürze halber werde ich die schon vorhandene ps.ph. Erregung des Sensoriums, zu welcher die durch den Reiz erweckte zutritt, die **vorgängige**, die durch den zutretenden Reiz erweckte die **zutretende** nennen, wobei indess zu berücksichtigen, dass auch während der **Dauer** einer Reizeinwirkung eine davon unabhängige ps.ph. Erregung des Sensorium besteht, welche unter entsprechende Gesichtspunkten als die vorgängige tritt, aber vielmehr als **mitgehende** zu bezeichnen wäre. Wo also Kürze halber blos **vorgängige** Erregung genannt wird, ist die Uebertragbarkeit auf **mitgehende** vorausgesetzt.

Die vorgängige (resp. mitgehende) ps.ph. Erregung setzt sich gemeinhin aus verschiedenartigen Componenten zusammen. Wir sind im wachen Zustande theils in einem, mit einer gewissen Intensität von statten gehenden Vorstellungslaufe begriffen, theils macht sich dieses oder jenes Gemeingefühl geltend, theils sind wir **abgesehen von dem zutretenden äußeren Reize** schon von diesen oder jenen anderen äußeren Reizen afficirt, welche bis zum Sensorium gelangen.

Alles das führt ps.ph. Erregungen verschiedener Art mit sich, so dass die ganze vorgängige ps.ph. Erregung gemeinhin eine Mischung von solchen ist, die ihrer Art nach mit der zutretenden nicht oder nicht vollständig übereinstimmen. Zwar auch, wenn die ganze vorgängige ps.ph. Erregung nur in einer einzigen, von der zutretenden der Art nach verschiedenen, bestände, würden die folgenden Principien noch gelten, doch bleiben wir bei dem allgemeineren und der Wirklichkeit unstreitig in der Regel mehr entsprechenden Falle einer vorgängigen Mischung stehen.

Nun lässt sich aus einfachen, aber fundamentalen Thatsachen der Satz ableiten, dass die durch den Empfindungsreiz zutretende ps.ph. Erregung einen gewissen Grad der Stärke, welcher mit der Stärke der vorgängigen Erregung zugleich wächst, d. i. die von mir sog. Mischungsschwelle, übersteigen muss, wenn die Empfindung, welche der Reiz für sich erwecken würde, ihrer Qualität nach spürbar und ihrer Quantität nach mit anderen Empfindungen vergleichbar in's Bewusstsein treten soll. Unterhalb dieses Grades der Stärke wird zwar die psychische Erregung, welche der vorgängigen ps.ph. Erregung zugehört, durch den Zutritt einer neuen ps.ph. Erregung als verstärkt und ihrer Qualität nach als modificirt anzunehmen sein, ohne dass wir aber diesen psychischen Zuwachs und diese psychische Qualitätsänderung abgesondert in's Bewusstsein zu nehmen vermögen, was ich kurz dadurch bezeichne, dass die Empfindung, welche der betreffende Reiz für sich erwecken würde, unbewusst in der vorgängigen psychischen Erregung (dem vorgängigen resp. mitgehenden Bewusstseinszustande) aufgeht, so lange die Mischungsschwelle nicht überschritten ist. Als besonders auffassbar tritt die Empfindung erst mit Uebersteigen dieser Schwelle hervor.

Das Wesentlichste, was hierüber zu sagen, ist schon in meinen Erörterungen über die Mischungsschwelle in »In Sachen« S. 105 f. und in »Revision« S. 178 ff. enthalten, ohne bisher Beachtung gefunden zu haben. Zur Erläuterung der Thatsache der Mischungsschwelle ging ich da von folgendem Beispiele aus.

»In einem starken Geräusch, wie es etwa von einer aufgeregten Volksmasse hervorgebracht wird, kann ein Violinenton als solcher ganz unhörbar untergehen, indess er doch zur Hörbarkeit des Geräusches beiträgt. Soll er aber seiner Qualität und Quantität nach besonders erkannt werden, so muss entweder das mitgehende Geräusch wegfallen, oder er muss sich mit einem gewissen Grade der Stärke, d. i. um die Mischungsschwelle, über das mitgehende Geräusch erheben. Entsprechend mit Geruchs- und Geschmacksreizen.«

Die vorgängige oder in diesem Beispiele vielmehr mitgehende ps.ph. Erregung ist hier durch eine, von einem äußeren Reize, dem Geräusche, abhängige Erregung repräsentirt; aber nur deshalb ist dies Beispiel gewählt, weil die Thatsache der Mischungsschwelle dadurch so zu sagen aufzeiglich wird; jedoch leuchtet ein, dass eine, durch innere Gründe verursachte, vorgängige oder mitgehende ps.ph. Erregung dasselbe leisten muss.

Während nun die Qualität des psychischen Zustandes, der sich an eine vorgängige oder mitgehende ps.ph. Erregung knüpft, durch den Einfluss einer zutretenden ps.ph. Erregung, welche die Mischungsschwelle nicht erreicht, modificirt wird, ohne dass wir die von der letzteren abhängige psychische Erregung von der vorgängigen oder mitgehenden, in der sie unbewusst aufgeht, zu unterscheiden wissen, wird umgekehrt bei Uebersteigen der Mischungsschwelle die ihrer Qualität nach unterscheidbar gewordene psychische Erregung, welche an der zutretenden ps.ph. Erregung hängt, durch die concurrirende vorgängige oder mitgehende beeinflusst. So, wenn der Violinenton bei mäßigem Geräusche die Mischungsschwelle übersteigt und als Violinenton erkannt wird, erscheint er doch durch das mitgehende Geräusch gestört, und können überhaupt Töne durch solche Störung den Eindruck der Rauhheit machen. Allgemein und gründlich gefasst können daher mit einander zusammentreffende Empfindungen verschiedener Art gegenseitig als mitgehend und zutretend gefasst werden.

In dem vorigen Beispiele sind beide in Concurrenz tretende ps.ph. Erregungen zwar verschiedener Art, aber aus demselben Sinnesgebiete genommen. Doch ist letzteres wieder nicht wesentlich. Gesetzt, jemand ist ganz in das Hören eines Concertes vertieft, so wird die Wirkung schwacher oder mäßiger Gesichtsreize unbewusst darin aufgehen, wie denn der aufmerksame Hörer in einem hellen Concertsaale vom Dasein der Helligkeit kein Sonderbewusstsein hat, wogegen der Eintritt eines starken Blitzes das Sonderbewusstsein der Helligkeit bei ihm sofort wachrufen kann. Doch ist auch die mäßige Helligkeit des Concertsaales, indem sie in dem Gehörseindruck unbewusst aufgeht, nicht einflusslos auf denselben, denn in einem hellen Concertsaale hört sich dasselbe Concert bei demselben Grade der Aufmerksamkeit doch anders an, als in völliger Dunkelheit; der Gehörseindruck wird durch den Gesichtseindruck unter der Mischungsschwelle immerhin etwas modificirt, oder durch den darin aufgehenden Gesichtseindruck gestört. Natürlich kommen hierbei Aufmerksamkeitsverhältnisse mit in's Spiel, aber nicht in Widerspruch, sondern Hand in Hand mit der Thatsache der Mischungsschwelle. Durch, sei es willkürlich oder unwillkürlich verstärkte Aufmerksamkeit auf einen Reiz kann nämlich die Gesammtintensität des darauf bezüglichen Bewusstseins so verstärkt werden, dass die Mischungsschwelle überstiegen wird, wobei die in meiner »Revision« S. 269 ff. entwickelten und folgends unter (10) und (11) recapitulirten Betrachtungen über die Rolle der Aufmerksamkeit in Rücksicht kommen.

Hiernach ist zugegeben, dass jede ps.ph. Erregung, mag sie klein oder groß sein, auch eine psychische Leistung, d. i. Steigerung der Bewusstseinsthätigkeit, mitführt, und es insofern gar keine innere d. h. für ps.ph. Erregungen gültige, Schwelle gibt, nur dass die Empfindung, um deren Erkenntniss und Maß es sich in unseren Maßformeln für Empfindung handelt, nicht eher einen Gewinn davon hat, als bis die Mischungsschwelle überstiegen ist, bis dahin ist ein positiver Gewinn blos für die vorgängige psychische Erregung in Anspruch zu nehmen, und besteht allerdings für die betreffende Empfindung insofern eine innere oder ps.ph. Schwelle, als erst eine gewisse Größe der zur Empfindung gehörigen ps.ph. Erregung, d. i. eben die Mischungsschwelle, überstiegen werden muss, bevor die betreffende Empfindung ihrer Qualität und Quantität nach unterscheidbar in's Bewusstsein tritt. Ja, bevor die Mischungsschwelle erreicht ist, mithin noch etwas an der Größe der ps.ph. Erregung fehlt, von wo an die Empfindung als besonders unterscheidbar auftritt, fehlt auch noch etwas an dem Zustandekommen dieser Empfindung, was in entsprechendem Sinne durch negative Empfindungswerthe auszudrücken ist, als oben bei Bezugnahme auf die Reizschwelle statt auf die Mischungsschwelle besprochen wurde.

Wie wir nun bei gleichartigen Empfindungen statt der Unterschiedsschwelle auch die Verhältnissschwelle in Betracht ziehen können, welche überstiegen werden muss, um eine erkennbare Unterschiedsempfindung zu haben, so entsprechend statt der Mischungsschwelle als Unterschied psychophysischer Erregungen (Unterschiedsmischungsschwelle) das Verhältniss derselben (Verhältnissmischungsschwelle), was überstiegen werden muss, um eine besonders auffassbare Empfindung zu erhalten, was aber nur ein formell verschiedener Ausdruck derselben Thatsache ist.

Durch vorstehende Betrachtungen wird nichts in unseren auf das Weber'sche Gesetz gegründeten Maßformeln für Empfindungen, Empfindungsunterschiede und empfundene Unterschiede geändert, sondern die Deutung dieses Gesetzes und dieser Formeln blos dahin bestimmt, dass als die Empfindungen, worauf sich das Gesetz und die Formeln beziehen, nicht die, in einem vorgängigen oder mitgehenden Bewusstseinszustande aufgehenden, sondern die besonders auffassbaren Empfindungen zu verstehen sind, wobei die Mischungsschwelle an die Stelle der Reizschwelle tritt, was ich schon früher (Revision S. 180) mit der Bemerkung begleitet habe, dass die Schwelle, um die es sich hierbei handelt, nicht als eine absolut unveränderliche anzusehen sei, sondern sich mit dem Werthe der vorgängigen ps.ph. Erregung ändern müsse.

Unstreitig wird man zugestehen müssen, dass die Mischungsschwelle im angegebenen Sinne keine Fiction, sondern eine Thatsache ist, welcher Rechnung zu tragen ist. Sofern dies aber seitens Anderer bisher nicht geschehen ist, darf ich behaupten, dass alle Besprechungen der Frage, ob eine innere Schwelle bestehe, welche bisher seitens Anderer vorliegen, nicht nur unvollständig, sondern auch unzulänglich geblieben sind.

10) Schon mehrmals war Anlass, der Aufmerksamkeit als einer, bei unseren ps.ph. Versuchen mitspielenden, und in den darauf bezüglichen Betrachtungen zu berücksichtigenden, psychischen Thätigkeit zu gedenken. Zur Klarstellung meiner Ansichten über die Rolle, welche ich der Aufmerksamkeit hierbei beilege, mögen folgende Bemerkungen dienen.

Die Aufmerksamkeit ist ein durch Selbstbeobachtung in uns aufzeiglicher, psychischer Act, der sich ebenso aufzeiglich nicht nur auf sinnliche Empfindungen, welche durch äußere Reize erweckt werden, sondern auch auf innerlich erzeugte Vorstellungen, kurz auf psychische Phänomene jeder Art, allgemein mit $\mathfrak{P}$ zu bezeichnen, beziehen kann. Wenn wir sagen, dass sie sich auf einen Reiz richte oder beziehe, heißt dies eigentlich nur, dass sie sich auf die dadurch erweckte Empfindung beziehe, welche unter den Begriff des $\mathfrak{P}$ mitgehört. Ich stelle nun, auf Grund schon früherer eingehenderer Erörterungen hierüber im XIX. Cap. meiner »Revision« S. 269 ff. folgende Sätze auf.

1) Ein und dasselbe $\mathfrak{P}$ kann mit verschiedener Aufmerksamkeit aufgefasst, oder, in Anschluss an den Sprachgebrauch Wundt's, verschieden appercipirt werden[1]. Es ist aber dabei die Stärke oder Intensität der Aufmerksamkeit, heiße sie zugleich der Sache und Intensität nach $\mathfrak{A}$, von der Stärke oder Intensität des Phänomens $\mathfrak{P}$ unterscheidbar, wie uns die innere Erfahrung lehrt. Ich weiß z. B., wenn ich einen Schall höre, sehr wohl zu unterscheiden, ob die Schallempfindung $\mathfrak{P}$ oder die Aufmerksamkeit $\mathfrak{A}$ sich verstärkt resp. schwächt; ob beide zugleich sich verstärken oder schwächen, oder, was ja auch vorkommen kann, die eine sich verstärkt, während die andere sich gleich bleibt oder sich schwächt.

2) Die Gesammtintensität des Bewusstseins, welche bei Auffassung eines $\mathfrak{P}$ thätig ist, heiße sie $\mathfrak{B}$, setzt sich aus der Intensität der $\mathfrak{A}$, welche dabei verwendet wird, und der Intensität des $\mathfrak{P}$, auf welches sie bezogen ist, kurz aus $\mathfrak{A}$ und $\mathfrak{P}$ als aus zwei Componenten zusammen, und kann eben sowohl seitens der einen als anderen, als beiden zugleich sich ändern.

3) Unter gewöhnlichen Umständen wird die Intensität eines $\mathfrak{P}$ nicht merklich oder erheblich durch Verstärkung der darauf gerichteten $\mathfrak{A}$ verstärkt. Indessen lassen die bekannten Versuche Meyer's schließen, dass eine solche Verstärkung doch nicht überhaupt fehlt (Revision S. 72). Auch in diesem Falle aber bleibt die verstärkte $\mathfrak{A}$ von dem verstärkten $\mathfrak{P}$ unterscheidbar und nimmt die, auf letzteres bezogene, Gesammtintensität des Bewusstseins $\mathfrak{B}$ von beiden Seiten zugleich zu.

---

[1] Nach »Physiol. Psychol.« 2. Aufl. II. S. 20 (Anmerk.) versteht Wundt unter Apperception psychischer Werthe »die Erfassung derselben durch die Aufmerksamkeit« gegenüber »dem einfachen Bewusstwerden, dem Percipiren«, indess er sie nach »Philos. Stud.« II. S. 33 »mit Rücksicht auf ihren Effect als denjenigen Vorgang definirt, durch welchen die Klarheit einer, im Bewusstsein anwesenden, zuvor percipirten, Vorstellung erhöht werde«. Dies in Kürze. Eingehender behandelt Wundt den Begriff und das Wesen der Apperception am o. a. O. (Ph.Ps. II) von S. 204 an.

4) Quantitative oder qualitative Verschiedenheit (Contrast), sowie Wechsel von ℌ's ruft bezüglich derselben (bei zeitlichem Wechsel bez. des späteren) unwillkürlich eine stärkere 𝔄 hervor als Gleichförmigkeit. Es scheint aber (nach »Revis.« S. 282) unter sonst gleichen Umständen auch die absolute Stärke der ℌ's unwillkürlich mitbestimmend für die Stärke der darauf bezogenen 𝔄.

5) Die 𝔄 bez. eines ℌ kann aber auch willkürlich verstärkt oder geschwächt, und der unwillkürliche Grad derselben dadurch abgeändert werden.

Eine Folgerung hiervon ist, dass die 𝔄 bei Versuchen mit abgeänderten Reizgrößen, welche unwillkürlich eine Veränderung des Grades der darauf bezogenen 𝔄 mitführen würden, doch willkürlich (eine Willkür, die bei fortgesetzten Versuchen leicht zur Gewöhnung wird) auf demselben Stande erhalten werden kann.

6) Die 𝔄 kann in größerer oder geringerer Stärke einem ℌ zugewandt, darauf bezogen, aber auch davon abgewandt, davon abgezogen sein. Die Zuwendung mit größerer oder geringerer Stärke der 𝔄 zu einem ℌ (sei es willkürlich oder unwillkürlich) ist aber im Allgemeinen antagonistisch mit einer entsprechenden Abziehung derselben von einem anderen ℌ (oder anderen ℌ's) oder mindestens Schwächung der auf letzteres bezogenen 𝔄 verbunden; und umgekehrt die Abwendung oder Schwächung einerseits mit einer Zuwendung oder Verstärkung andererseits; so dass die Gesammtintensität des Bewusstseins bez. beider ℌ's sich nicht nothwendig damit ändert.

7) Wenn die Stärke der, einem ℌ zugewandten 𝔄 als positiv gefasst wird, ist sie in Abwendung davon bezüglich desselben ℌ als negativ zu fassen, und zwar in um so größeren negativen Werthen auszudrücken, je stärker sie abgezogen ist. Zwischen Zuwendung und Abwendung der 𝔄 bezüglich eines ℌ liegt der Nullwerth derselben bez. dieses ℌ, bei welchem die der 𝔄 unterliegende ps.ph. Thätigkeit ihren Schwellenwerth erreicht.

8) So wie nämlich psychischerseits bei einem mit einem gewissen 𝔄-Grade aufgefassten ℌ die Componenten 𝔄 und ℌ zu unterscheiden sind, so auch die körperlichen Bedingungen oder ps.ph. Unterlagen von 𝔄 und ℌ, welche zugleich der Sache und Intensität nach resp. mit A und P bezeichnet werden mögen. Zur Gesammtintensität des Bewusstseins 𝔅 bez. eines gegebenen ℌ gehört ein, aus A und P zusam-

mengesetzes B, welches nach Erörterungen in »Revision« S. 276 vielmehr durch AB als $A+B$ zu repräsentiren ist.

9) Ein $\mathfrak{P}$ kann bei gegebenem $\mathfrak{A}$ und mithin A eben sowohl aus dem Bewusstsein schwinden, und hiermit negative Werthe annehmen, wenn sein P unter einen gegebenen Werth, die Schwelle p fällt, als wenn bei gegebenem P die $\mathfrak{A}$ und hiermit A unter einen gegebenen Werth, die Schwelle a fällt. In jedem Falle schwindet es dann, wenn die Gesammtintensität des Bewusstseins bezüglich $\mathfrak{P}$ einen negativen Werth annimmt, d. i., wenn die zu dieser Gesammtintensität gehörige ps.ph. Thätigkeit $B = AP$ unter eine gewisse Grenze, die Schwelle $b = ap$ sinkt.

10) Wenn mehrere an sich unterscheidbare $\mathfrak{P}$'s in Verbindung aufgefasst werden, so kann die Unterscheidung eines jeden von den übrigen durch willkürliche Verstärkung der $\mathfrak{A}$ bez. desselben erleichtert werden, z. B. dadurch ein gewisser Ton aus einem Gemisch anderer Töne herausgehört werden, der ohne besonders auf ihn gerichtete $\mathfrak{A}$ im Gemisch der übrigen Töne ununterscheidbar untergehen, d. i. unter seine Mischungsschwelle fallen würde. Nun kann man fragen, wie lässt sich die $\mathfrak{A}$ auf ein $\mathfrak{P}$ richten, dessen Dasein uns eben wegen dieses Untergehens noch nicht bekannt ist. Aber sie kann mittelbar darauf gerichtet werden, indem sie auf die vorweg genommene Vorstellung desselben gerichtet wird.

11) Wenn ein $\mathfrak{P}$ sich aus verschiedenen $\mathfrak{P}$'s zusammensetzt, die unter erforderlichen Bedingungen, welche aber nicht immer vorhanden zu sein brauchen, unterschieden werden können, so sprechen wir von um so größerer Deutlichkeit des zusammengesetzten $\mathfrak{P}$, je mehr von diesen Bestandtheilen und je schärfer sie unterschieden werden. — Wenn ein $\mathfrak{P}$ mit anderen, unter erforderlichen Bedingungen davon unterscheidbaren $\mathfrak{P}$'s zugleich im Bewusstsein ist, so sprechen wir von um so größerer Klarheit des betreffenden $\mathfrak{P}$, von je mehr der anderen $\mathfrak{P}$'s und je schärfer es sich davon unterscheidet. Die Bedingungen größerer Deutlichkeit und Klarheit liegen in Verhältnissen der P und A, welche den betreffenden $\mathfrak{P}$'s und darauf bezogenen $\mathfrak{A}$'s unterliegen, und gestatten eine Casuistik, auf die aber hier nicht einzugehen ist.

12) Die vorigen Verhältnisse lassen sich im Zusammenhang durch folgende Formeln (»Revis.« 274) repräsentiren, worin a, p, b respective Schwellenwerthe von A, P, B sind.

$$\mathfrak{P} = k \log \frac{P}{p} \quad \ldots \ldots \ldots (1)$$

$$\mathfrak{A} = k \log \frac{A}{a} \quad \ldots \ldots \ldots (2)$$

$$\mathfrak{B} = k \log \frac{B}{b} = k \log \frac{AP}{ap} \quad \ldots \ldots (3)$$

Für Werthe von P, A, B, welche respectiv kleiner als ihre Schwellenwerthe sind, nehmen $\mathfrak{P}$, $\mathfrak{A}$, $\mathfrak{B}$ negative, hiermit unmögliche Werthe in demselben Sinne an, den ich überall negativen psychischen Werthen beilege. — Formel (1) stimmt mit meiner Maßformel und gilt für die Stärke des $\mathfrak{P}$ in Abhängigkeit von der Stärke der ps.ph. Erregung bei gleichgehaltenem $\mathfrak{A}$; oder bei Abänderung des $\mathfrak{A}$ insoweit, als $\mathfrak{P}$ nicht dadurch verändert wird; Formel (2) gilt für die Abhängigkeit der $\mathfrak{A}$ von der ihr unterliegenden ps.ph. Thätigkeit bei Gleichheit des $\mathfrak{P}$; Formel (3) endlich gibt die Stärke des gesammten, bezüglich der Auffassung von $\mathfrak{P}$ thätigen Bewusstseins, in Abhängigkeit von beiden Componenten desselben und den unterliegenden ps.ph. Thätigkeiten. Auf eine noch speciellere Discussion dieser Formeln ist in »Revision« eingegangen.

13) Um schließlich noch einmal auf die obige Auffassung der inneren Schwelle (S. 202 ff.) zurückzukommen, so kann man dagegen einwenden, dass sie nicht fundamental sei, indem sie uns in den zwei wichtigen Fällen im Stiche oder in Unsicherheit lasse, wo der Mensch zum ersten Male, d. i. zum Leben, und wo er aus einem traumlosen Schlafe erwacht, sofern beidesfalls kein vorgängiges Bewusstsein, mithin keine vorgängige ps.ph. Erregung da sei, und nun die Frage bleibe, ob mit dem Beginn der ps.ph. Erregung Bewusstsein beginne oder diese Erregung erst dazu einen gewissen endlichen Werth, eine Schwelle erreichen müsse. In der That kann die aufgestellte Ansicht ihre volle Allgemeinheit nur erlangen, wenn die Psychophysik selbst in einer Allgemeinheit gefasst wird, in der ich sie freilich sachlich von jeher gefasst habe, ohne bisher darin den Anschluss gefunden zu haben, den ich zuversichtlich noch von der Zukunft erwarte. Hiernach ist die ganze materielle Welt ein psychophysisches System, worin das des Menschen theilhaft einbegriffen ist. Soll sich nun das Bewusstsein des Menschen als Sonderbewusstsein aus dem nie schlafenden Bewusstsein des allgemeinen Geistes, der an das allgemeine System geknüpft ist, herausheben, so muss die ps.ph. Erregung des Menschen ein gewisses

Verhältniss zur ps.ph. Erregung des allgemeinen Systems, worein er eingetaucht ist, übersteigen, welches unter das Princip der Mischungsschwelle tritt. Es kann aber um so weniger meine Absicht sein, die allgemeine Ansicht, in welche diese hineintritt, hier näher begründen oder ausführen zu wollen, als es anderwärts zur Genüge von mir geschehen ist, und zwar in nächstem Anschlusse an die Psychophysik engeren Sinnes, die ich unter Psychophysik schlechthin verstehe, kurz in »Revision« S. 13 ff., eingehender im 45. und 46. Cap. des II. Theils der »Elemente«, indess ich von naturphilosophischen Schriften hier nur auf »die Tagesansicht gegenüber der Nachtansicht« als die letzte, und den X. Abschn. des Schriftchens »Ueber die Seelenfrage« (Leipzig, Amelang), als den fundamentalsten verweisen will. Nun wird mir freilich die Unterstützung und Ergänzung, welche sich Glauben und Wissen in diesen Schriften zur Begründung einer allgemeinen Weltansicht leisten, nur eben (seitens v. E.) als »Vermengung von Glauben und Wissen« vorgerückt; es würde aber nicht nur nicht hier am Orte, sondern meines Erachtens überhaupt überflüssig sein, mich gegen diese factische Untriftigkeit zu wehren.

III. Köhler. Ueber die hauptsächlichsten Versuche einer Formulirung des psychophysischen Gesetzes von Weber. Alfred Köhler. Philos. Stud. Band III. 1886. S. 573 ff.

Nach Vorausschickung einer Einleitung »Ueber die Messbarkeit der Empfindungen« unterwirft der Verf. in dieser Abh. die mathematischen Formulirungen des Weber'schen Gesetzes seitens Fechner, Wundt, Bernstein, Delboeuf, Brentano, Plateau, Helmholtz, Langer, G. E. Müller einer eingehenden kritischen Besprechung. Nun habe ich, abgesehen natürlich von Fechner (mir selbst), schon früher (in »In Sachen« und in »Revision«) dasselbe in Bezug auf sämmtliche vorgenannte Autoren gethan; und da der Verf. sich doch veranlasst gesehen hat, die Besprechung darüber neu aufzunehmen, so habe ich natürlich zu schließen, dass er die meinige nicht zulänglich gefunden hat; kann auch den Gesichtspunkt davon leicht darin erkennen, dass er meinen psychophysischen Principien die von Wundt, so weit sie von den meinigen abweichen, und zumeist auch die von Delboeuf vorzieht, und darin Anlass gefunden

Ueber die psychischen Maßprincipien und das Weber'sche Gesetz.

hat, die Formulirungen des Weber'schen Gesetzes im Sinne dieser Abweichungen, sowie nach selbständigem Ermessen, nochmals durchzunehmen, wogegen ich natürlich nichts haben kann. Nun würde es aber, wenn mir folgender kurze Ausdruck gestattet sein soll, für mich an sich tädiös sein, eine schon früher von mir gewaschene Wäsche nochmals vergleichend mit dem Verf. durchzuwaschen; ich vermöchte aber auch seinen eingehenden Erörterungen in dieser Hinsicht schon aus dem äußeren Grunde nicht eben so eingehend zu folgen, dass eine rückfällige Erschwerung meines Augenleidens es mir überhaupt ausnehmend erschwert, längeren und namentlich mit Formeln durchsetzten Abhandlungen zu folgen. Also habe ich, abgesehen von einigen flüchtigen Einblicken in den übrigen Theil der Abh. des Verf. (wobei sich die Bemerkung unter (8) darbot), nur seine Einleitung über die Messbarkeit der Empfindungen und seine ersten Abschnitte betreffs der Formulirung des Weber'schen Gesetzes von mir und von Wundt, näher eingesehen, glaube aber auch, dass dies für den Zweck der hier beabsichtigten Discussion genügen konnte, ohne nöthig zu haben, der Durchführung der Ansichten des Verf. ins Einzelne nachzugehen. Natürlich wird dies Andere nicht abhalten können, dem Verf. in dem von mir nicht eingesehenen Theile seiner Abh. zu folgen, der ja in diesen oder jenen Beziehungen sehr triftig über mich hinausgegangen sein und mich selbst berichtigt haben kann, indess ich meinerseits in Bezug auf den von mir eingesehenen Theil folgende Bemerkungen nicht unterdrücken möchte.

(1)

Wenn ich nicht irre, stimmen die unter II von mir entwickelten Ansichten betreffs der allgemeinsten psychischen Maßprincipien wohl mit denen überein, welche Wundt in seiner Physiol. Psychologie vertritt und in einer Abhandlung seiner Philos. Stud. II, S. 1 ff. theils weiter ausgeführt, theils genauer bestimmt hat, hiernach auch mit denen des Verf., sofern sich dieser in allen Hauptpunkten an Wundt anschließt, und begegne ich also keinem entsprechenden Widerstreit mit diesen Autoren, als mit Elsas. Aber in der Ausführung der gemeinsamen Maßprincipien haben sich doch auch wesentliche Punkte der Abweichung zwischen uns ergeben, welche unter II theils ausdrücklich von mir hervorgehoben sind, theils denen, welche die Abhandlungen von Wundt und Köhler studirt haben, von selbst als solche auffallen müssen. Sie betreffen insbesondere den Ursprung und die Natur der Schwellen, die Deutung der negativen Empfindungswerthe und die Berücksichtigung der Aufmerksamkeits- (Apperceptions-) Verhältnisse bei den psychischen Maßnahmen. Diese Punkte hängen mehr oder weniger zusammen und greifen in einander über, so dass man je nach den beiderseitig verschiedenen Auffassungen derselben und darauf bezüglichen Ausdrucksweisen im Grunde zwei verschiedene Systeme von Ansichten einander gegenüber hat, deren jedes in seinem eigenen Zusammenhange verfolgt sein will. Es dürften aber im Vorigen (unter II) mit den hier noch folgenden Ergänzungen dazu meinerseits und den betreffenden Abhandlungen von Wundt und Köhler anderseits die Akten zur Kenntnissnahme von den beiderseitigen Systemen schon hinreichend vorliegen oder von gegentheiliger Seite leicht dahin ergänzt werden können, um das Publicum in den Stand zu setzen, Stellung dazu zu nehmen.

Ohne nun hier auf Punkte der Abweichung zurückkommen zu wollen, die schon unter II zur Sprache gekommen sind, gehe ich noch auf die folgenden ein.

(2)

Nach den Auseinandersetzungen in meinen früheren Schriften und oben unter II kann ein Maß psychischer Werthe, seien es Empfindungen, Empfindungsunterschiede oder Unterschiedsempfindungen, nicht ohne Mitbezug auf die ihnen unterliegenden Reizwerthe oder Reizfunctionen erhalten werden. Nach dem Verf. aber (S. 575. 597) ist, um eine Maßbeziehung zwischen Reiz und Empfindung aufstellen zu können, schon nöthig, »dass man die Empfindung an sich selbst messen könne«; er statuirt also ein von den Maßen physischer Werthe, Reize, unabhängiges psychisches Maß, und zwar, wie aus seinen Ausführungen hervorgeht, nicht blos für Empfindungen, sondern auch Empfindungsunterschiede und Unterschiedsempfindungen, auf welche (letztere) sich das von ihm discutirte Weber'sche Gesetz direct bezieht. Ist die betreffende Beziehung zwischen psychischen und physischen Maßwerthen einmal festgestellt, so kann man dann allerdings, nachdem erst ein psychisches Maß zur Gewinnung der betreffenden Beziehung nöthig war, umgekehrt nach dieser Beziehung auch ein psychisches Maß auf die, den psychischen Werthen zugehörigen, physischen Maßwerthe gründen, aber die psychische Messbarkeit an sich bleibt doch die erste Voraussetzung dazu. Der Verf. schließt sich in dieser Beziehung ganz an Delboeuf an und erläutert (S. 575) nach dessen Vorgange die Sache wesentlich wie folgt:

Um mit dem Thermometer die Wärme zu messen, muss man zuvor eine Maßscala der Wärme und des Thermometers (der Ausdehnung des Quecksilbers) für sich haben. Um mit dem Barometer Bergeshöhen zu messen, muss man zuvor eine Maßscala von Höhen im Raume und eine solche des Barometers für sich haben. Dann kann man beide auf einander beziehen und von diesen Beziehungen Nutzen für das Maß der Wärme durch das Thermometer und der Bergeshöhen durch das Barometer ziehen; aber zuvor war doch nöthig, die Wärme und die Bergeshöhen für sich messen zu können, um diese Beziehungen zu gewinnen.

Das ist nun zwar richtig, ist aber nur eine Analogie, die, wenn wir den Sachverhalt direct in's Auge fassen, **eben in dem Punkte, worauf es ankommt, nicht zutrifft**. Die Wärme nämlich kann man, etwa durch Quantitäten geschmolzenen Eises, ohne Thermometer, die Bergeshöhen ohne Barometer direct mit einem räumlichen Maßstabe messen, aber psychische Werthe, wie die vorgenannten, kann man von vorn herein nicht ohne Beziehung zu den physischen Werthen, an denen sie hängen, messen, wie man auch Zeitwerthe nicht an sich ohne die Raumwerthe der Uhr, oder an welchen Raumwerthen sie sonst hängen, messen kann, **was von vorn herein ein Beweis ist, dass die Analogie, auf die sich der Verf. im Anschluss an Delboeuf beruft, nicht allgemein maßgebend sein kann**, da sie nicht einmal für das physische Gebiet, wozu das Zeitmaß gehört, allgemein zutrifft.

Aber lassen wir die, jedenfalls nicht durchschlagende, Analogie und wenden uns direct zu der Weise, wie der Verf. sein psychisches Maß gewinnt (S. 576. 577), um zu sehen, ob er damit seiner eigenen Ansicht gerecht wird.

Hiernach wird das Maß einer gegebenen Unterschiedsempfindung[1]

---

[1] Ich setze nach der, unter II besprochenen Unterscheidung zwischen Unterschiedsempfindungen und Empfindungsunterschieden, »Unterschiedsempfindung«

(U.E.) durch die Angabe erhalten, wie vielmal die Einheit der betreffenden U.E. in der ganzen U.E. enthalten ist. Eine solche Einheit gewinnen wir experimentell durch die ebenmerkliche U.E., die dem ebenmerklichen Reizunterschiede entspricht. Indem wir nun auf psychischer Seite immer um diese gleich merklich gehaltene kleine U.E. fortschreiten, und die dazu gehörigen physischen Reizwerthe markiren, erhalten wir in der Zahl der gleichen psychischen Fortschritte, heiße sie n, das Maß der ganzen U.E., in welcher die n-Theil-Unterschiedsempfindungen begriffen sind, und können zugleich aus der Beziehung zwischen den zu einander gehörigen gleichen psychischen und dazu markirten physischen Werthen, durch welche der Fortschritt geschieht, ein Gesetz dieser Beziehung, also auch das Weber'sche, sofern es besteht, gewinnen.

Ich denke, der Verf. wird mit dieser, aus zwei Paragraphen zusammengezogenen, Darstellung seines Maßprincips, als sachlich zutreffend, einverstanden sein, und ich selbst bin weit entfernt, gegen diese Gewinnungsweise eines psychischen Maßes etwas einzuwenden, da ich vielmehr darin wesentlich nur meine eigene Weise dieser Gewinnung, wie ich sie vorlängst schon in den »Elementen« bezüglich der Empfindungen auseinandergesetzt und in dieser Abh. unter II S. 198 resumirt habe, wiederfinde; nur finde ich zugleich, dass der Verf. darin seiner eigenen Ansicht nicht gerecht wird, indem er zur Erlangung des Maßes der Unterschiedsempfindungen die Markirung der zu den gleichen psychischen Fortschritten zugehörigen Reizwerthe ausdrücklich vorschreibt. Nun setze ich voraus, der Verf. werde sagen, diese Markirung sei blos zur Gewinnung der Beziehung zwischen psychischen und physischen Werthen nöthig, das psychische Maß, diesfalls das der Unterschiedsempfindungen, aber werde schon unabhängig davon durch die Zahl n der gleichen psychischen Fortschritte erhalten, welche zur ganzen U.E. führen. Aber es ist ein Irrthum, dass diese Zahl n sich ohne jene Markirung oder überhaupt ohne Kenntniss der zu den psychischen Fortschritten gehörigen Reizwerthe erhalten lassen, worüber ich schon Bemerkungen unter II S. 186 gemacht habe, denen ich die folgenden zufüge.

---

für das, vom Verf. gebrauchte Wort »Empfindungsunterschied«, weil es in diesem Zusammenhange sachlich dasselbe bedeutet, indem das empirische Maß, auf das sich der Verf. bezieht, direct nur auf Unterschiedsempfindungen gehen kann.

Ueber die psychischen Maßprincipien und das Weber'sche Gesetz.

Seien zwei, ihrer Größe nach von einander entfernte, Reize r_o, r_n (z. B. Sterngrößen) gegeben, und werde die dazu gehörige volle U.E. mit $\mathfrak{E}$. (n) bezeichnet, so hindert in der That nichts, sich dazu die Einheit, nach der dieser Werth zu messen, experimentell in der ebenmerklichen U.E. als Zubehör zum ebenmerklichen Reizunterschiede, oder, was der Verf. auch zulässt, in einer, bei der Methode der mittleren Abstufungen zu gewinnenden gleich merklichen U.E., welche einem gegebenen Reizverhältnisse entspricht, zu geben; aber um zu erfahren, wie oft der letztere in $\mathfrak{E}$. (n) enthalten sei, müssten wir nach dem Verf. die gleichen psychischen Fortschritte im reinen Bewusstsein, d. i. ohne die, zwischen r_o und r_n inneliegenden Reize, welche den gleichen Fortschritten zugehören, zu markiren, so oft aneinandersetzen, bis die mit $\mathfrak{E}$. (n) bezeichnete volle U.E. erreicht ist. Aber er möge selbst versuchen, ob es ohne Anhalt an die zwischenliegenden Reize gelingt. Ohne solchen Anhalt fließen die psychischen Fortschritte unterschiedslos in einander über; wir wissen nicht, wo einer anfängt und endigt, können also das Postulat des Verf., ihr n zu bestimmen, nicht erfüllen, sondern haben einen ähnlichen Fall, als wenn wir die Höhe eines Thurmes nach Ersteigen einer ersten Stufe übrigens durch Ersteigen in der Luft bestimmen wollten. Auch liegt von vorn herein eine Inconsequenz darin, dass, während das psychische Maß principiell für sich, ohne Beziehung zu den unterliegenden physischen Werthen, gewinnbar sein soll, doch zur Gewinnung der psychischen Einheit eine solche Bezugnahme nicht nur zugelassen, sondern ausdrücklich gefordert wird; und in der That, wie sollte sonst ein bestimmter Begriff oder eine bestimmte Vorstellung mit dieser Einheit verbunden werden.

Schon oben (wie früher in »Elem.« I, 56) habe ich übrigens erinnert, dass es sich in diesen Beziehungen mit dem psychischen Empfindungsmaße analog als mit dem physischen Zeitmaße verhält. Auch Zeitwerthe können wir nicht abstract ohne Beziehung zu Raumwerthen messen, mit denen sie verknüpft sind, sei es, dass wir diese am Himmel oder an einer Uhr ablesen. Nun findet freilich der Unterschied statt, dass sich im ganzen Laufe der Zeitscala gleiche Zeitunterschiede an gleiche Raumunterschiede einer guten Uhr knüpfen, wogegen im Laufe der Empfindungsscala sich, soweit das Weber'sche Gesetz besteht, gleiche Unterschiedsempfindungen an immer wachsende Reizdifferenzen knüpfen; aber dieser Unterschied ist nicht principiell oder wesentlich, denn auch den Ziffernkreis einer Uhr könnte man, statt in gleiche, in ungleiche Theile theilen, und er würde noch eben so gut und genau, nur umständlicher, zum Zeitmaß benutzt werden können, als bei der Gleichtheilung, wenn nur die Beziehung der successiven gleichen Zeitunterschiede zu den ungleichen Raumunterschieden, mit denen in Zusammenhang sie verlaufen, bekannt wäre.

Es ist bei dieser ganzen Angelegenheit wichtig, eine Verwechselung in folgender Beziehung zu vermeiden. In sofern fällt das Maß psychischer Werthe ganz auf psychische Seite, als sie, ohne Rücksicht auf mitgehende physische Werthe, auf eine psychische Einheit ihrer Art zu beziehen sind, und anders ist das psychische Maß von mir nie gefasst worden; aber etwas Anderes ist's, zu behaupten, dass diese, für das psychische Gebiet geltende Beziehung ohne Vermittelung der Beziehung psychischer Werthe zu den physischen Werthen, woran sie hängen, gewonnen werden könne; und dass die Gewinnung letzter Beziehung schon die Gewinnung der ersten voraussetze, was nach den entschiedenen Aeußerungen des Verf. offenbar seine Ansicht ist. Namentlich kann seine Erläuterung derselben durch die Delboeuf'schen Beispiele keinen Zweifel darüber lassen. Dabei frage ich mich aber, ob der Verf. wirklich jener Verwechselung ganz entgangen ist, da ich mir sonst seine Opposition in dieser Angelegenheit kaum erklären könnte. Noch Niemand sonst ist es doch eingefallen, dass ein psychisches Maß auf rein psychischem Gebiete zu erlangen sei; und jedenfalls in dieser Beziehung kann sich der Verf. nicht auf Wundt berufen, der (nach Phil. Stud. II, 19) ausdrücklich eine, mit der meinigen übereinstimmende, Ansicht ausspricht.

(3)

Auf S. 593 nimmt der Verf. die Opposition gegen meine Deutung negativer Empfindungswerthe, die ich von gegnerischer Seite zu erfahren gewohnt bin, seinerseits wieder auf. Nur dass er, wie mir schon früher seitens Delboeuf begegnet ist, eine Ansicht als die meinige erklärt, von der ich gerade die entgegengesetzte behauptet und sogar ausdrücklich so ausgesprochen habe, dass eigentlich gar kein Missverständniss möglich war. Also muss ich den Verf. einiger Nachlässigkeit in dieser Hinsicht zeihen. In der That, auf S. 592 erklärt der Verf., meine Ansicht nur so verstehen zu können, dass »der negativen Empfindung ein Substrat im Gebiet des Realen oder des in der Anschauung Wirklichen entspreche«. Hiermit vergleiche man folgenden Ausspruch von mir in »Revision« S. 212: »In jedem Falle hüte man sich vor einer Verwechselung der mathematischen Existenz, die ich den negativen Empfindungswerthen beilege, mit einer realen. Die erstere lege ich denselben insofern bei, als sie zur mathematischen Bezeichnung der Unmöglichkeit von Empfindungen gegebener Art bei unzureichenden Bedingungen dazu dienen, womit denselben aber die reale Existenz nicht nur nicht zugesprochen, sondern ausdrücklich abgesprochen wird. Doch ist die betreffende Verwechselung gewöhnlich, ja so zu sagen hergebracht.« Hienach die Erwähnung Delboeuf's zum Belege davon.

Kann man sich wohl deutlicher ausdrücken? Und sachlich in demselben Sinne sind die negativen Empfindungswerthe nicht nur a. a. O., sondern auch in meinen früheren Besprechungen derselben in den »Elem.« II, 39 ff. und »In Sachen« 88 ff. verstanden.

Durch dieses fundamentale Missverständniss meiner Ansicht geräth nun die ganze Opposition, welche der Verf. in dieser Angelegenheit gegen mich führt, von vorn herein in Verwirrung, und schiene es zunächst am einfachsten, von derselben ganz zu abstrahiren; indess ist aus der Verwirrung leicht herauszukommen, indem man bei näherem Zusehen bemerkt, dass der Verf. Gegner meiner wirklichen Ansicht ist, wenn schon er sie nicht für die meinige hält, der Ansicht nämlich, dass die negativen Empfindungswerthe als imaginäre oder unmögliche zu deuten sind. Die negativen sind ihm vielmehr, so weit er überhaupt negative Empfindungswerthe zulässt, gleich real wie die positiven, und er erklärt sich nicht nur selbst in diesem Sinne, sondern führt auch (S. 591 f.) zur Unterstützung seiner Ansicht abstract mathematische Erklärungen über den Gegensatz des Positiven und Negativen und den Begriff des Imaginären von Harnack und Hankel d. J. in's Feld, worauf ich Anlass nehme wie folgt zu entgegnen.

Reale Raum- und Zeitlängen haben ihrer absoluten Größe nach keinen Gegensatz, da absolute Größe überhaupt keinen solchen hat, und der Gegensatz der Vorzeichen findet also auch auf ihre absolute Größe keine Anwendung; conventionell fasst man sie als positiv auf.

Wohl aber können sie, von einem Punkte aus nach entgegengesetzten Richtungen verfolgt, durch + und — unterschieden werden, und behalten dabei doch beiderseits reale Werthe. Wie kommt nun eine Licht- oder Tonempfindung dazu, als positive für real, als negative für imaginär zu gelten? Ich erwiedere: dadurch, dass sie ihrer Natur nach weder einen Gegensatz der absoluten Größe, noch der Richtung hat. Wenn also doch eine Untersuchung auf negative Werthe derselben unter gegebenen Bedingungen führt, wie es bei meinen Untersuchungen der Fall ist, so können eben nur Empfindungen, die unter diesen Bedingungen nicht in Wirklichkeit vorkommen können, darunter zu verstehen sein.

Dem gegenüber sieht der Verf. (S. 594. 595) den Gegensatz zwischen positiven und negativen Empfindungen durch den Gegensatz zwischen appercipirten und nicht appercipirten Empfindungen gedeckt, mit der Bemerkung, dass sich eben so wohl verschiedene Grade der Nichtapperception als der Apperception unterscheiden lassen, was ich nach dem Begriffe der Apperception (s. II S. 208 f.) doch nicht anders deuten kann, als dass positive Empfindungen solche sind, die durch hinreichende Aufmerksamkeit darauf in's Bewusstsein treten; negative solche, welche durch mehr oder weniger abgezogene Aufmerksamkeit aus dem Bewusstsein schwinden. Oder nicht so? »Der Gegensatz zwischen appercipirten und nicht appercipirten Empfindungen aber ist [nach dem Wortlaut des Verf.] als ein realer zu fassen«, was meines Erachtens nur so zu deuten, dass die nicht appercipirten negativen Empfindungen den appercipirten positiven eben so real gegenüberstehen, wie positive Zeit- und Raumstrecken den negativen. Hiegegen meinerseits Folgendes:

a) Wenn man den Einfluss der Reizgröße auf die Merklichkeit oder Nichtmerklichkeit der Empfindung untersucht, muss man, da die Aufmerksamkeit doch thatsächlich Miteinfluss darauf hat, dieselbe bei den Versuchen mit den verschiedenen Reizgrößen in gleichförmigem Zustande erhalten. Nun bemerkt zwar der Verf.: »eine stärkere Empfindung werde mehr appercipirt«; unwillkürlich ja; aber wir haben uns bei den Versuchen nicht diesem unwillkürlichen Einflusse zu überlassen, und thun es auch nicht, sondern halten den Zustand der Aufmerksamkeit, mag es Reize über oder unter der Schwelle gelten, möglichst vergleichbar (s. II, S. 209, Satz 5); und da in diesem Falle die Empfindung doch auch erlischt, wenn der Reiz von hohem Werthe bis zu einer gewissen endlichen Grenze, der Schwelle, herabkommt, hiemit die Empfindung von positiven Werthen bis Null herabkommt, wird man ihr nach ihrem functionellen Zusammenhange mit dem Reize bei weiterem Herabgehen des Reizes unter die Schwelle nur wachsende negative Werthe beilegen können; also kann ein Unterschied zwischen positiven und negativen Empfindungen jedenfalls nicht allein von dem, bei guten Versuchen ausgeschlossenen, Gegensatze der Apperception und Nichtapperception abhängig gemacht werden.

Hiegegen lässt sich nicht entgegnen, was der Verf. vielleicht entgegnen möchte: die Existenz der Reizschwelle komme darauf zurück, dass der Reiz unterhalb einer gewissen Größe seine Wirkung gar nicht bis zum Sensorium erstrecke; bei dem Grade der Stärke (der Reizschwelle), wo er dazu fähig werde, beginne die Empfindung mit Null, steige bei weiterer Verstärkung desselben mit positiven Werthen auf, bleibe hingegen unterhalb desselben Null. Inzwischen ist es doch nicht nur an sich triftiger, zu sagen, sie bleibe um so mehr hinter dem Eintritt in die Realität zurück, je weiter ihr Reiz unter die Schwelle fällt (wie es meinem Begriffe von der Imaginarität entspricht, der nicht durch Null, sondern durch wachsende negative Werthe repräsentirbar ist, wenn wachsende positive als real gefasst werden); sondern wenn die Aufgabe gestellt wird, die Abhängigkeit der Empfindung von der Stärke des Reizes durch eine allgemeine Formel auszudrücken, müssen die Reizwerthe unter der Schwelle ebensowohl als die Werthe darüber unter diese Formel gehören; und der Verf. möge doch versuchen, eine Formel aufzustellen, in welcher dem continuirlichen Sinken des Reizes unter die Schwelle, möchte diese auch in der angegebenen Weise gefasst werden, continuirliche Nullwerthe der Empfindung entsprechen. Nun kann dasselbe, was durch Verkleinerung des Reizes bei irgendwelcher Anbringungsweise desselben geleistet wird, auch durch Entfernung des Reizes oder eingeschobene Hindernisse der Zuleitung zum Gehirn geleistet werden; diese Gründe der Schwächung werden sich aber eben deshalb immer einer gewissen Verkleinerung des Reizes äquivalent setzen lassen. Uebrigens können hierbei auch die Betrachtungen unter II (**9**) mit berücksichtigt werden, nach welchen es zur äußeren Reizschwelle eine innere psychophysische gibt, die nicht von mangelhafter Zuleitung abhängt; aber da das Maß der Empfindung factisch nicht als Function der ps.ph. Erregung, sondern des Reizes gewonnen wird, sind auch die positiven und negativen Empfindungswerthe als Function des Reizes und der Reizschwelle, welchen Ursprung sie immer habe, aufzufassen.

b) Nun ist allerdings richtig, dass Empfindungen bei gleichgehaltenem Reize auch durch abgezogene Aufmerksamkeit aus dem Bewusstsein schwinden, mithin nicht appercipirt werden können, und ich theile vollkommen die Ansicht, dass der Gegensatz zwischen Zuwendung und Abwendung der Aufmerksamkeit durch $+$, $-$ zu repräsentiren sei, wie es auch unter II (**10**) und (**11**) von mir geschehen ist, sehe aber durchaus nicht ein, wiefern die mehr oder weniger nicht appercipirten Empfindungen des Verf., d. i. von denen die Aufmerksamkeit mehr oder weniger abgezogen ist (was mir bei gleicher sachlicher Bedeutung unmittelbar verständlicher scheint) sich von den, mehr oder weniger hinter dem Eintritt in die Realität zurückbleibenden, d. i. nach mir imaginären, unterscheiden und darauf Anspruch machen können, für eben so real zu gelten, als die, welche durch hinreichende Aufmerksamkeit in's Bewusstsein treten. Als percipirt kann der Verf. sie nach der unter II S. 208 gegebenen Erklärung der Perception doch auch nicht fassen. Oder sollte der Verf. mit den verschiedenen Graden der Nichtapperception einer Empfindung wirklich noch etwas Anderes meinen, als mehr oder weniger abgezogene Aufmerksamkeit davon?

Unstreitig kann man verlangen, dass dem mathematischen Gegensatze der Vorzeichen $+$, $-$, oder damit gleichgeltenden Werthgegensatze positiv und negativ, in allen Anwendungen etwas Gemeinsames entspreche; d. i. aber eben nur die Bedeutung eines Gegensatzes; und dass ein, durch $+$ und $-$ bezeichneter, Gegensatz im Gebiete realer Werthe vorkommt, hindert nicht, dass ein solcher auch zwischen realen und imaginären Werthen vorkommt, in welchem jedem positiven Werthe ein gleich großer negativer entspricht.

Doch verfolgen wir die Einwände des Verf. gegen die imaginäre Bedeutung negativer Empfindungswerthe weiter.

Wahr ist, dass, wenn man früher »die mit $\sqrt{-1}$ zusammengesetzten Zahlen« für unmögliche erklärt hat, dies nicht mehr angeht, nachdem man eine anschauliche Darstellung derselben als realer Werthe gefunden hat. Aber wie soll daraus folgen, dass negative Empfindungen, d. i. mit $\sqrt{-1}$ zusammengesetzte Zahlwerthe derselben, nicht als unmögliche gelten können. Jene anschauliche Darstellung der mit $\sqrt{-1}$ behafteten Werthe als realer Werthe kommt bekanntlich darauf zurück, dass Werthe, die für eine gewisse Ebene unmöglich sind, noch in einer darauf senkrechten Ebene als wirkliche für die Anschauung dargestellt werden können, aber doch nur deshalb, weil eine wirkliche Ebene dazu da ist. Aber zum Reiche der als real mit + bezeichneten Empfindungen gibt es überhaupt kein anderes, worin die negativen als reale gesucht werden können; sie bleiben also eben so imaginär, wie die mit $\sqrt{-1}$ multiplicirten Werthe imaginär bleiben würden, wenn es zur Ebene, worin die positiven Werthe anschaulich repräsentirbar sind, keine darauf senkrechte wirkliche gäbe. Hier wie vorhin ist es also eine unzutreffende Analogie, welche es verbieten soll, negative Empfindungen als unmögliche oder imaginäre zu fassen: factisch verhalten sich Empfindungen in betreffender Hinsicht eben anders als Raum- und Zeitstrecken.

Man muss sich dabei überall wohl hüten, den mathematischen Gegensatz zwischen den, conventionell als positiv mit + bezeichneten, realen und den imaginären Werthen mit dem Gegensatze zwischen positiven Werthen und Null gleichbedeutend oder analog zu halten. Letzteres ist eigentlich gar kein Gegensatz, wenigstens kein solcher, der durch +, — zu bezeichnen. Hingegen verhält es sich mit dem Gegensatze zwischen realen und imaginären Werthen so: Jedem, als real mit + bezeichneten, Werthe entspricht imaginär statt 0 ein negativer Werth von gleicher Größe, welcher eine eben so große Entfernung vom Eintritt in die Wirklichkeit oder eben so große Vertiefung unter den Nullwerth, als der entsprechende positive eine Erhebung darüber bedeutet; wonach auch dieser Gegensatz zwischen real und imaginär durch Linien, die in derselben Ebene von demselben Punkte nach entgegengesetzten Richtungen gezogen werden, so gut graphisch repräsentirt werden kann, als wenn es sich um einen Gegensatz innerhalb eines Gebietes realer Werthe handelte. Ja, näher zugesehen, steht gar keine andere Bezeichnung als + und — für den absoluten Gegensatz zwischen real und imaginär zu Gebote. Denn $\sqrt{-1}$ und $\sqrt{+1} = 1$ bilden nicht nur keinen reinen Gegensatz an sich, wie

$+\sqrt{1}$ und $-\sqrt{1}$, d. i. wie $+1$ und -1, sondern $\sqrt{-1}$ ist auch bemerktermaßen nur ein Ausdruck für Unmöglichkeit oder Imaginarität eines Werthes in der Ebene, auf die man die Untersuchung bezieht, ohne die Möglichkeit oder Realität desselben in einer anderen Ebene damit auszuschließen.

Hiezu noch Folgendes: Nicht nur der Verf. (S. 593), sondern auch, wie ich mich erinnere, schon früher Delboeuf, weisen darauf hin, dass in der Geometrie eine beliebige Verschiebung des Punktes, von welchem aus der Richtungsgegensatz in einer Linie gerechnet werde, möglich sei; wovon das Entsprechende nicht bei Empfindungen oberhalb und unterhalb der Reizschwelle gelte, die einander als positive und negative gegenüberstehen sollen. In der That aber scheint mir in dieser Hinsicht kein wesentlicher Unterschied zu bestehen. Bemerken wir nur, dass jene willkürliche Verschiebbarkeit des Nullpunktes zwischen positiven und negativen Raumstrecken blos in der abstracten Geometrie stattfindet und ganz das Entsprechende in der abstracten Psychophysik darin hat, dass wir je nach willkürlich abgeändert gedachter Empfindlichkeit den Schwellenwerth bei diesem oder jenem Reize annehmen können, wogegen man, wenn es sich um Probleme der Wirklichkeit handelt, beidesfalls in gleichem Sinne genöthigt ist, von einem bestimmten, nicht willkürlich verschiebbaren, sondern durch die Sachlage der Umstände gegebenen, Nullpunkt auszugehen, was sich leicht durch, doch wohl überflüssig scheinende, Beispiele erläutern ließe. Wenn man aber freilich eine Analogie zwischen dem, in abstracter Geometrie willkürlich verschiebbaren Nullpunkt mit dem in angewandter Psychophysik nicht verschiebbaren Nullpunkt sucht, so ist natürlich, dass man sie nicht findet.

Es wäre unstreitig erwünscht, wenn die Controverse über die negativen Empfindungswerthe endlich einmal ein Ende fände; aber nach meinen bisherigen Erfahrungen wird wohl noch mein Schatten davor keine Ruhe haben.

(4)

Von vorn herein (S. 580) stellt der Verf. als fundamentale Formeln für das Weber'sche Gesetz auf:

$$\frac{\varDelta r}{r} = C; \quad \varDelta s = c,$$

worin »r die Größe des Reizes, welcher eine Empfindung von der

Stärke s auslöst, Δr den Zuwachs zum Reize, der nöthig ist, um eine ebenmerkliche oder überhaupt gleich merkliche Aenderung Δs der Empfindung hervorzurufen«; C und c (wofür der Verf. Const. und const. hat), zwei von einander verschiedene Constanten bezeichnen[1]).

Zu näherer Bestimmtheit möge bemerkt werden, dass, wenn r_2 der größere, r_1 der kleinere beider Reize ist, und Δr immer als positiv zählen soll, man $\Delta r_2 = r - r_1$ zu setzen und für r im Nenner den kleineren beider Reize zu nehmen, mithin $\frac{\Delta r}{r} = \frac{r_2 - r_1}{r_1} = C$ zu setzen hat, eine Gleichung, die natürlich von selbst die Gleichung $\Delta r = rC$ mitführt.

Nun scheint nach dieser Ausdrucksweise des Weber'schen Gesetzes dasselbe für den particulären Fall, dass $r = 0$, Schiffbruch zu erleiden, indem nach der Form $\frac{\Delta r}{r} = C$ die, bei endlichen Werthen von r endliche, Constante C bei $r = 0$ unendlich wird; nach der Form $\Delta r = rC$ aber, wie der Verf. S. 581 bemerkt, »zum Reiz $r = 0$ der Zuwachs $\Delta r = 0$ kommen muss, damit die Empfindung um die constante Zunahme Δs wachse, was natürlich sinnlos ist«. Beides dieselbe Schwierigkeit, nur in verschiedener Form.

Nun erinnert der Verf. mit Recht, diese Schwierigkeit könne nur scheinbar sein, da sie sich in der durch

$$\frac{\Delta z}{z} = C; \quad \Delta l = c$$

ausdrückbaren Beziehung zwischen Zahl z und Logarithmus l wiederfinde. Natürlich kann sie auch beidesfalls nur die gleiche Lösung finden, und diese soll sich nach dem Verf. »sehr einfach« dadurch ergeben, dass der Nullwerth von z, respective von r, nicht als absolut Null, sondern als etwas unendlich kleines zu fassen sei. Aber nicht nur vermisse ich den Beweis hiervon, sondern finde auch die Schwierigkeit dadurch nicht wirklich gelöst. Denn, ersetzen wir nach erster Ausdrucksweise derselben in der Gleichung $\frac{\Delta r}{r}$ (oder $\frac{\Delta z}{z}$) $= C$ den Nullwerth von r durch einen unendlich kleinen Werth, so wird, wenn Δr immer noch

---

[1]) Mit dem von mir unter II eingehaltenen Sprachgebrauch verglichen bedeutet die eine »gleich merkliche Aenderung Δs der Empfindung« des Verf.'s nicht einen gleich großen *Empfindungsunterschied*, sondern eine gleich große *Unterschiedsempfindung*.

endlich ist, die, endlich bleiben sollende, Constante C so gut ∞, als wenn r geradezu Null gesetzt würde. Nach der anderen (Köhler'schen) Ausdrucksweise aber würde man, wenn nach Ersatz von $r = 0$ durch einen unendlich kleinen Werth die Gleichungen haben:
$$\varDelta r = Cdr; \quad \varDelta s = c,$$
d. h. zu einer unendlich kleinen Aenderung von r eine endliche Veränderung von s gehören, was jedenfalls unstatthaft ist.

Die Schwierigkeit löst sich aber meines Erachtens wie folgt. Gehen wir von der Gleichung $\frac{\varDelta r}{r} = C$ bei einem beliebigen endlichen Werthe von r aus, so kann diese Gleichung bei gleichzeitiger Aenderung von $\varDelta r$ und r allgemein nur bestehen, wenn das Ausgangs-$\varDelta$ und Ausgangs-r mit demselben m multiplicirt werden. Soll nun $r = 0$ werden, so muss $m = 0$ genommen werden. Das gibt
$$\frac{0 \cdot \varDelta r}{0 \cdot r} = \frac{0}{0} = C,$$
ein an sich unbestimmter endlicher Werth, welcher aber, nach seiner Herleitungsweise aus dem bei endlichen Werthen von r stattfindenden C, mit demselben gleich zu nehmen ist.

Auf dasselbe kommt man, wenn in den Ausdruck des Weber'schen Gesetzes statt der Constanz des relativen Reizunterschiedes $\frac{\varDelta r}{r} = C$ die Constanz des Reizverhältnisses $\frac{r_2}{r_1} = C$ eingeführt wird. Um von einem endlichen r_1 auf $r_1 = 0$ zu kommen, muss zur Erfüllung des Weber'schen Gesetzes nicht nur r_1, sondern auch r_2 mit Null multiplicirt, und der Ausdruck $\frac{0}{0} = C$ mit dem bei endlichen Werthen von r zu erhaltenden gleich genommen werden.

Mit Vorigem steht in Zusammenhang, dass in unserer Fundamentalformel
$$ds = k\frac{dr}{r} \ \cdots \odot,$$
welche das Weber'sche Gesetz in sich aufnimmt, ds keineswegs bei $r = 0$ unendlich wird, indem, um dem Weber'schen Gesetze zu genügen, dr mit r zugleich Null gesetzt werden muss.

(5)

Von vorn herein fragt sich, wie die beiden Ausdrucksweisen des Weber'schen Gesetzes zusammenhängen:

α) dass bei Gleichheit des Reizverhältnisses $\frac{r_2}{r_1} = C$,

β) dass bei Gleichheit des relativen Reizunterschiedes
$$\frac{\varDelta r}{r} = \frac{r_2 - r_1}{r_1} = C$$
die Unterschiedsempfindung $\varDelta s$ constant bleibt.

Da $\quad \frac{r_2}{r_1} = \frac{r_1 + \varDelta r}{r_1} = 1 + \frac{\varDelta r}{r_1}$,

so ist natürlich, wenn $\frac{r_2}{r_1}$ constant ist, auch der ihm gleiche Werth $1 + \frac{\varDelta r}{r_1}$, und nach Abzug des constanten 1, der Werth $\frac{\varDelta r}{r_1}$ constant; und gehören also
$$\frac{r_2}{r_1} = C; \quad \frac{\varDelta r}{r_1} = C_1 \quad \text{und} \quad \varDelta s = c$$
zusammen, wo C_1 ebenso constant als C, nur eine andere Constante ist.

(6)

Auf S. 585 leitet der Verf. aus seinem, unter (**4**) angegebenen Ausdrucke des Weber'schen Gesetzes, welcher direct nur besagt, dass $\varDelta s$ constant bleibt, wenn $\frac{\varDelta r}{r}$ constant bleibt, den Ausdruck ab:
$$\varDelta s = k \frac{\varDelta r}{r} \cdots \text{☽},$$
wonach $\varDelta s$ dem $\frac{\varDelta r}{r}$ proportional geht, und sieht meine Fundamentalformel
$$ds = k \frac{dr}{r} \cdots \odot$$
nur als den besonderen Fall von ☽ an, wo $\varDelta$ in d übergeht, d. h. die Differenzen $\varDelta s$, $\varDelta r$ unendlich klein werden. Aber nur ⊙ ist richtig und ☽ falsch, worüber die, schon in der Controverse mit Elsas S.166f. gemachten, Bemerkungen hier mit eingesehen werden können; der directe Beweis aber, dass ⊙ und ☽ nicht mit einander stimmen, ist, dass die Integration von ⊙ zweifellos zur Gleichung
$$\varDelta s = s_2 - s_1 = k \log. \text{nat.} \frac{r_2}{r_1} \cdots \text{♀},$$
führt, welche mit ☽ unverträglich ist. Ich denke, der Verf. wird, wenn er der Ableitung der vorigen Formel (meiner Unterschiedsformel) in meinen »Elem.« II, S. 14. 89 mit Rücksicht darauf nachgehen will, dass dabei andere Buchstaben und Logarithmen gebraucht sind, nichts

dagegen einzuwenden finden, oder die Integrationen für s_1 und s_2 selbst leicht vornehmen können. Hingegen gestehe ich, die Ableitung von ☽ seitens des Verf.'s, wonach man $\frac{\varDelta r}{r} = C$ mit einer neuen Constante k von der Art multipliciren soll, dass $kC = c$, nicht zu verstehen. Sie scheint mir das zu Beweisende vorauszusetzen; nämlich, dass es eine Constante k gibt, welche in den Fällen, wo eine Veränderlichkeit von $\frac{\varDelta r}{r}$ vorausgesetzt wird, wie es in der Gleichung ☽ der Fall ist, das Verlangte leistet.

Die Ableitung von ☉ aus dem Weber'schen Gesetze ist unter Zuziehung des, von mir sog. mathematischen Hülfsprincipes geschehen, und, nachdem schon früher Gelegenheit war, darauf Bezug zu nehmen, will ich hier das, in »Elem.« II, S. 6 ff. und S. 10 darüber Gesagte zurückrufen. Das Princip selbst ist da S. 7 so ausgesprochen:

»Die beziehungsweisen Aenderungen, Zuwüchse zweier von einander abhängiger continuirlicher Größen, von einem constanten Ausgangswerthe an oder innerhalb eines Theiles der Größen verfolgt, gehen einander merklich proportional, so lange sie sehr klein bleiben, wie auch das Abhängigkeitsverhältniss zwischen den Größen beschaffen sein mag, und wie sehr der beziehungsweise Gang der Größen im Ganzen und nach größeren Theilen von dem Gesetze der Proportionalität abweichen mag.« Wonach sich unbedenklich der Satz aussprechen lässt: »Die Aenderungen der Empfindung sind den Aenderungen der Reizgröße merklich proportional, so lange die Aenderungen beiderseits sehr klein bleiben.«

Was aber von sehr kleinen endlichen Aenderungen »merklich« gilt, gilt streng von unendlich kleinen, sog. Differenzialen.

Nach dem Weber'schen Gesetze nun bleibt $\varDelta s$ constant, wenn $\frac{\varDelta r}{r}$ constant bleibt, welche absolute Werthe auch $\varDelta r$ und r annehmen mögen, und nach dem Hülfsprincip bleiben die Aenderungen $\varDelta s$ proportional mit $\varDelta r$, von irgend einem Ausgangswerthe r an gerechnet, so lange sie sehr klein, streng genommen unendlich klein, bleiben. Beide Bedingungen aber lassen sich in einer Gleichung zwischen $\varDelta s$ und $\varDelta r$ im Zusammenhange nur erfüllen, wenn man setzt

$$ds = k\frac{dr}{r} \cdots \odot.$$

In der That wird dem Weber'schen Gesetze dann dadurch genügt, dass ds constant bleibt, so lange $\frac{dr}{r}$ constant bleibt, dem Hülfsprincip aber dadurch, dass, sofern dr unendlich klein gegen den Reiz r, zu welchem es den Zuwachs bildet, r dadurch als unverändert gelten kann, was nicht mehr der Fall ist, wenn man dr mit $\varDelta r$ vertauschte, hiemit $)\!)$ statt $\odot$ nehmen wollte. Hienach hindert nichts, eine Gleichung für endliche Differenzen $\varDelta s$ durch Integration von $\odot$ abzuleiten, die nur eben nicht mit $)\!)$ stimmt.

(7)

Auf S. 574 führt der Verf. eine Stelle aus meiner Schift »In Sachen« S. 1 als »Auseinandersetzung meines Maßprincipes« an, die vielmehr nur als kurze Erinnerung an die wirkliche Auseinandersetzung desselben in meinen »Elementen« anzusehen ist[1]. Bei Rückgang auf diese aber konnte meines Erachtens mein Maßprincip weder missverstanden, noch unklar oder von zweifelhafter Auslegung gefunden werden, wie es vom Verf. (S. 574. 576) geschehen ist, indem er jene Stelle durch Aeußerungen wie folgt commentirt: »Entweder tritt bei Fechner nicht klar hervor, worauf es ankommt, oder er glaubt der eigentlichen Frage durch sein Maßprincip zu entgehen......« »Hiemit scheint mir Fechner zuzugeben« u. s. w...... »Es wird klar, dass sich Fechner in den angegebenen Worten mindestens ungenau ausgedrückt hat.« Ich leugne in der That, dass so halbe und zweifelnde Ausdrücke auf die Auseinandersetzung meines Maßprincipes, wie sie in den »Elementen« gegeben ist, und wodurch jene Stelle zu commentiren war, triftige Anwendung finden, glaube aber den Grund der Aeußerungen des Verf.'s darin suchen zu können, dass er weder in der betreffenden Stelle, noch in den »Elementen« auf seine, unter (2) besprochene, Ansicht eingegangen findet, wonach ein psychisches Maß für sich ohne Beziehung zu den unterliegenden physischen Maßwerthen soll erhalten werden können. Diese Ansicht als richtig angenommen, mag es freilich schwer sein, sich in meine entgegengesetzte Ansicht zu finden.

---

[1] Schon in »Revis.« S. 303 hatte ich Anlass, mich in derselben Beziehung über Delboeuf zu beschweren; nur konnte ich damals, wegen mangelhaften Citates von seiner Seite, die betreffende Stelle in meinen Schriften nicht wieder auffinden.

(8)

Auf S. 638 bemerkt der Verf., es liege offenbar ein Versehen meinerseits vor, wenn ich (»Revis.« S. 204) G. E. Müller gegenüber behaupte, dass in seiner sog. corrigirten Maßformel

$$s = k \log \varphi(r)$$

die Empfindung nicht mit dem Reize r zugleich Null gesetzt werden könne. Denn der Gleichung

$$0 = k \log \varphi(0)$$

werde entsprochen, sobald $\varphi(0) = 1$ ist, und dieser Fall sei möglich, indem wir ihn z. B. in der Delboeuf'schen Formel

$$\varphi(r) = \frac{c+r}{c} = 1 + \frac{r}{c} \text{ (worin } c \text{ constant)}$$

haben, welche, sofern $s = k \log \varphi(r)$, zur Gleichung

$$s = k \log\left(1 + \frac{r}{c}\right)$$

führt.

Dies scheint zunächst einleuchtend, geht aber doch nicht an. Denn eine Gleichung wie letztere ist deshalb unstatthaft, weil danach der absolute Werth der Empfindung s von der Einheit abhängig wird, in der man r ausdrücken will. Dies aber kann man nur vermeiden, wenn man, wie ich fordere, s bei einem endlichen Reizwerthe ϱ Null werden lässt, wie es in meiner Maßformel

$$s = k \log \frac{r}{\varrho}$$

der Fall ist, indem r und ϱ natürlich in derselben Einheit auszudrücken sind, und demgemäß $\frac{r}{\varrho}$ sich mit Aenderung dieser Einheit nicht ändert. Ich habe aber zuzugeben, dass diese Betrachtung in meiner »Revision« noch fehlte und damit allerdings dem Einwande des Verf. noch Raum blieb.

ÉTUDE CRITIQUE ET CLINIQUE

DE LA DOCTRINE

DES

LOCALISATIONS MOTRICES

ÉTUDE CRITIQUE ET CLINIQUE

DE LA DOCTRINE

DES

LOCALISATIONS MOTRICES

DANS L'ÉCORCE DES HÉMISPHÈRES CÉRÉBRAUX DE L'HOMME

PAR MM.

J.-M. CHARCOT ET **A. PITRES**
Professeur de clinique des maladies   Professeur de clinique médicale
nerveuses à la Faculté de médecine de Paris.   à la Faculté de médecine de Bordeaux.

EXTRAIT DE LA REVUE DE MÉDECINE
Nos 5, 6, 8 et 10 de l'année 1883.

PARIS

ANCIENNE LIBRAIRIE GERMER BAILLIÈRE ET Cie
FÉLIX ALCAN, ÉDITEUR
108, BOULEVARD SAINT-GERMAIN, 108

1883

ÉTUDE CRITIQUE ET CLINIQUE
DE
LA DOCTRINE DES LOCALISATIONS MOTRICES

INTRODUCTION

Dès le début de nos recherches sur les localisations corticales motrices, nous nous sommes efforcés de préciser exactement les termes du problème dont nous poursuivions la solution. Dégagés de toute idée préconçue, négligeant à dessein les données fournies par l'expérimentation chez les animaux, nous avons demandé à la méthode anatomo-clinique la réponse à cette question : *Les lésions des circonvolutions cérébrales peuvent-elles produire, chez l'homme, des troubles du mouvement, et, si oui, existe-t-il un rapport constant entre le siège des lésions corticales et la distribution des phénomènes paralytiques ou convulsifs qui en sont la conséquence ?*

Posée en ces termes, la question ne pouvait être résolue que par la comparaison attentive, dans un grand nombre de cas, des symptômes observés pendant la vie des malades et des lésions rencontrées après leur mort. Nous sommes entrés résolument dans cette voie. Les principes de la méthode à suivre ont été nettement affirmés par l'un de nous dans les discussions soutenues à la Société de Biologie en 1875 et 1876 et dans les leçons professées en 1875 [1]. Un peu plus tard, dans le mémoire que nous avons publié en commun en 1877 [2], nous nous sommes attachés à réunir un certain nombre de documents précis et à tirer de leur comparaison les conclusions qui nous paraissaient pouvoir en être rigoureusement déduites. Pour des raisons qu'il est inutile de répéter ici, ces documents étaient relativement peu nombreux. Aussi, bien que nous nous fussions tenus systématiquement à l'écart de toute discussion théorique, bien que nous eus-

---

1. Charcot, *Les localisations cérébrales* (*Revue scientifique*, novembre 1876).
2. Charcot et Pitres, *Contribution à l'étude des localisations dans l'écorce des hémisphères du cerveau* (*Revue mensuelle de médecine et de chirurgie*, t. I, 1877).

sions fait tous nos efforts pour ne rien avancer qui ne parût justifié par l'étude des observations que nous avions entre les mains, nous attendions cependant avec une curiosité anxieuse que de nouveaux faits fussent publiés et qu'ils viennent confirmer nos idées ou détruire l'édifice que nous avions laborieusement élevé. Ces faits nouveaux sont arrivés avec une abondance inespérée : le dossier des localisations corticales s'est rapidement accru, et dès 1878 [1] nous avons pu soumettre à un contrôle sévère les conclusions de notre travail de l'année précédente. Analysant alors cinquante-six observations nouvelles, publiées en France ou à l'étranger et entourées pour la plupart des garanties de précision qui sont indispensables à l'étude actuelle de la pathologie cérébrale, nous avons eu la satisfaction de constater que presque toutes confirmaient les opinions que nous avions soutenues.

Depuis ce moment, le nombre des médecins convaincus de l'exactitude de la doctrine des localisations corticales motrices s'est considérablement accru. Les ouvrages de MM. Ferrier [2], de Boyer [3], Nothnagel [4], Exner [5], Wernicke [6] ont vulgarisé les principes sur lesquels repose la doctrine nouvelle et les faits anatomo-cliniques qui lui servent de base. Mais il faut bien avouer que l'accord n'est pas encore unanime, que les preuves accumulées depuis quelques années n'ont pas entraîné toutes les convictions et qu'il reste encore quelques adversaires à combattre et beaucoup d'hésitants à convaincre.

Les adversaires déclarés sont peu nombreux, et presque tous se placent sur un terrain sur lequel il ne nous convient pas de les suivre. Les uns en effet fondent leur opposition sur des idées philosophiques ou sur des subtilités doctrinales que nous refusons absolument de discuter. Les autres s'appuient sur les résultats souvent contradictoires et toujours complexes d'expériences pratiquées sur des animaux relativement inférieurs et leurs arguments ne sont pas de nature à ébranler nos convictions.

L'expérimentation physiologique a rendu d'immenses services; mais elle a son domaine, au delà duquel elle ne saurait parler en

---

1. Charcot et Pitres, *Nouvelle contribution à l'étude des localisations motrices dans l'écorce des hémisphères du cerveau* (Revue mensuelle de médecine et de chirurgie, 1878, 1879, t. II et III).
2. David Ferrier, *De la localisation des maladies cérébrales*, trad. franc. par M. de Varigny, Paris, 1880.
3. H.-Cl. de Boyer, *Etudes cliniques sur les lésions corticales des hémisphères cérébraux*, Th. doct. Paris, 1879.
4. Hermann Nothnagel, *Topische Diagnostic der Gehirnkrankheiten*, Berlin, 1879.
5. Sigmund Exner, *Untersuchungen über der Localisation der Functionen der Gross hirnrinae der Menschen*, Wien, 1881.
6. Wernicke, *Lehrbuch die Gehirnkrankheiten*, t. II, 1882.

souveraine. Elle peut fournir, et elle a déjà fourni, des renseignements précieux sur les fonctions du cerveau chez le singe, le chien, le lapin, le cobaye, etc., mais elle est incapable de donner la moindre notion définitive sur les fonctions du cerveau de l'homme. Tout le monde sait comment Flourens et Magendie ont été induits en erreur pour avoir étendu à tous les animaux supérieurs les résultats d'expériences pratiquées sur des pigeons, des poules ou des lapins. Les fautes du passé doivent servir à l'enseignement de l'avenir, et dans fe cas actuel, elles doivent nous mettre en garde contre les prétentions de certains physiologistes qui ne tendraient à rien moins qu'à refuser toute autonomie aux recherches cliniques. C'est là une tendance fâcheuse, contre laquelle on ne saurait protester avec trop d'énergie. Les études pathologiques bien dirigées ont une valeur scientifique tout aussi grande que les études expérimentales. Elles n'ont pas besoin d'être tenues en tutelle. Elles doivent seules intervenir dans la discussion et la solution de certains problèmes, et, particulièrement dans le cas qui nous occupe, elles peuvent seules fournir des données précises pour la détermination de la topographie fonctionnelle du cerveau de l'homme.

Si la doctrine des localisations corticales ne compte qu'un nombre relativement restreint de contradicteurs, il est juste de reconnaître que beaucoup de personnes restent encore incertaines, hésitantes, attendant pour prendre un parti que la vérité s'impose par le fait seul de la multipticité et de la concordance des observations confirmatives. Le travail qu'on va lire a surtout pour but de dissiper les derniers scrupules de ces hésitants. Il est basé sur l'analyse de près de deux cents observations de lésions corticales recueillies chez l'homme et publiées dans le cours de ces quatre dernières années (du commencement de 1879 à la fin de 1882). Nous nous sommes efforcés d'y réunir tous les cas de lésions corticales pures qui sont parvenus à notre connaissance dans ce laps de temps. Dans une étude critique du genre de celle que nous entreprenons, les faits contradictoires ou donnés comme tels ont une importance plus grande encore, si c'est possible, que les cas confirmatifs. Aussi nous les avons recherchés avec soin, et nous les analyserons en détail dans une des parties de ce mémoire.

Nous diviserons notre travail en quatre chapitres. Dans le premier, nous analyserons les observations de lésions destructives de l'écorce siégeant en dehors de la *zone motrice* et n'étant pas accompagnées de troubles de la motilité. Le deuxième sera consacré à l'analyse des observations de lésions destructives de l'écorce siégeant dans la *zone motrice* et étant accompagnées de troubles paralytiques. Dans le troisième nous réunirons les observations relatives à l'étude des rapports de l'épilepsie partielle avec les lésions irritatives de l'écorce cérébrale. Enfin dans le quatrième nous étudierons les observations contradictoires ou données comme telles.

CHAPITRE I

DES LÉSIONS DESTRUCTIVES DE L'ÉCORCE, SIÉGEANT EN DEHORS DE LA ZONE MOTRICE ET NE S'ACCOMPAGNANT PAS DE TROUBLES DU MOUVEMENT.

La plus grande partie des circonvolutions cérébrales de l'homme n'a pas d'action directe sur la motilité volontaire. Nous disions en 1877 que le lobe sphénoïdal, le lobe occipital, le lobule pariétal supérieur, le lobule du pli courbe, le lobule de l'insula, le lobule cunéiforme, le lobule carré, le lobule orbitaire et la partie antérieure des premières, deuxième et troisième circonvolutions frontales pouvaient être détruits par des ramollissements, comprimés par des tumeurs, irrités par des esquilles osseuses ou par des épanchements sanguins, sans qu'il en résultât de *troubles paralytiques permanents*. Nous ne possédions alors que huit observations régulières pour appuyer ces propositions. Mais les faits se sont multipliés depuis; nous en citions dix-neuf nouveaux en 1878, et nous pouvons en ajouter aujourd'hui quarante-quatre autres du même genre. Voici le résumé de ces observations nouvelles.

A. *Lésions des lobes préfrontaux*. — Nous appelons *lobe préfrontal* toute la partie de l'hémisphère cérébral qui est située en avant de la coupe pédiculo-frontale, c'est-à-dire de la coupe parallèle au sillon de Rolando, passant par les pieds des trois circonvolutions frontales. Les lésions destructives de cette portion antérieure du lobe frontal ne déterminent par elles-mêmes aucun trouble paralytique, ainsi que le démontrent les observations suivantes.

Obs. I. — *Ramollissement des deux tiers postérieurs de la deuxième frontale gauche et d'une portion de la troisième sans symptômes moteurs* (inédite).

En décembre 1879, M. le Dr Courtin envoya au laboratoire de l'un de nous un cerveau sur l'hémisphère gauche duquel on trouvait un large foyer de ramollissement cortical, jaune, occupant les deux tiers postérieurs de la deuxième circonvolution frontale, et la partie moyenne de la troisième frontale. Le pied de cette dernière circonvolution était intact (fig. 1.) Pas d'autres lésions de l'écorce ni des masses centrales. Le malade était mort d'une affection chirurgicale et n'avait présenté pendant son séjour à l'hôpital aucun phénomène moteur ou sensitif, aucun trouble de la parole de nature à faire supposer l'existence d'une lésion quelconque des centres nerveux.

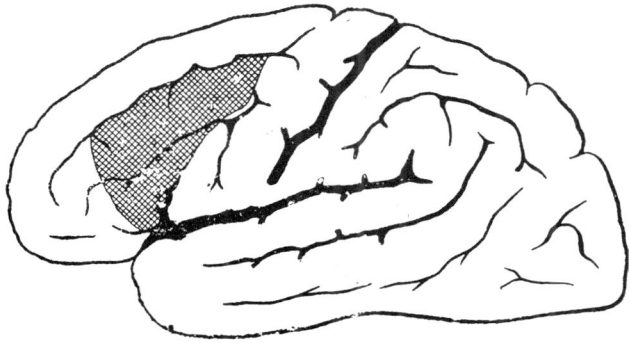

Fig. 1.

Obs. II. — *Carie du frontal droit, ulcération de la dure-mère, mise à nu de la deuxième circonvolution frontale et d'une partie de la première, sans paralysie*, par **M. T. Pétrina**. (*Ueber Sensibilitätstörungen bei Hirnrindenläsionen*, Prague, 1881, obs. VII, page 18.)

Enfant de sept ans, entré à l'hôpital le 2 juillet 1879, pour une ulcération scrofuleuse du frontal droit. La plaie osseuse, de 3 centimètres de diamètre, laisse à nu la dure-mère; à son centre, on aperçoit les circonvolutions cérébrales baignées de pus. Le petit malade ne présente aucun trouble appréciable de la motilité ni de la sensibilité. Mort de pneumonie caséeuse le 31 août.

Autopsie. — La portion du cerveau mise à nu et baignée par le pus est ramollie; à son niveau la pie-mère est adhérente aux parties sous-jacentes. Elle correspond à la partie antérieure du lobe frontal droit et comprend, dans une largeur de 15 millimètres, l'écorce de la deuxième circonvolution frontale et un peu celle de la première frontale. Ventricule latéral droit dilaté; épendyme granuleux; épanchement louche verdâtre dans le quatrième ventricule; cervelet mou et congestionné. Protubérance et moelle saines.

Obs. III. — *Lésion du lobe préfrontal gauche sans paralysie*, par **M. Brunton**. (*The Lancet*, 1881, t. I, page 253.)

Un homme se tire un coup de pistolet pour se suicider. La balle pénètre dans le front et se perd dans le crâne.

Le malade guérit si complètement qu'il peut reprendre ses affaires, se marier et devenir père de plusieurs enfants. Activité cérébrale et motilité normales. Mort vingt-neuf ans après la tentative de suicide.

A l'*autopsie*, on trouva la balle logée dans le frontal, dont elle avait déprimé la table interne, comprimant et détruisant *in situ* les méninges dans le point correspondant, et détruisant aussi une partie des deuxième et troisième circonvolutions frontales gauches.

Obs. IV. — *Abcès de la région préfrontale du cerveau sans paralysie*, par **M. Gauché**. (Soc. anat., 26 juillet 1878, et *Progrès médical*, 1879, page 87.)

Enfant, douze ans, mort de phthisie pulmonaire sans avoir présenté pendant la vie aucun phénomène paralytique. A l'*autopsie*, on trouve un abcès occupant les portions antérieures de l'hémisphère droit et s'enfonçant dans la substance blanche du centre ovale jusqu'au voisinage de l'extrémité antérieure du corps strié sans atteindre cet organe.

Obs. V. — *Lésion ancienne du lobe frontal gauche sans paralysie*, par **M. Poncet**. (Soc. de biologie de Paris, séance du 10 avril 1880, et *Gaz. méd. de Paris*, 1880, page 259.)

Un jeune soldat, incorporé depuis trois ans, entre à l'hôpital pour une fièvre typhoïde au cours de laquelle il succombe. Douze ans auparavant, il était tombé au fond d'un puits, se brisant le front et perdant, dit-on, une partie de sa cervelle. Entré au régiment, il avait pu faire son service : son intelligence était peu développée, mais il pouvait apprendre et réciter sa théorie. Il était fortement gaucher et paraissait tres gêné dans la position de l'arme sur l'épaule gauche. Jamais il n'avait eu d'attaques épileptiformes. A l'*autopsie*, on trouve une fracture consolidée du frontal gauche et une perte de substance du lobe frontal gauche qu'on peut évaluer à 9 centimètres cubes. Cette perte de substance porte sur la région moyenne de la première frontale, entraînant le corps calleux jusqu'au ventricule. La deuxième frontale est atrophiée dans son tiers moyen. La troisième frontale et la frontale ascendante sont normales.

Obs. VI. — *Ancien foyer hémorrhagique de la première et de la deuxième circonvolution frontale droite n'ayant jamais déterminé de troubles du mouvement; épilepsie, etc.*, par **MM. Bourneville et Harranger**. (Soc. anat., 14 mars 1879, et *Progrès médical*, 1879, p. 686.)

Jeune fille, dix-neuf ans, sujette depuis l'âge de sept ans à des vertiges et à des accès épileptiques ayant présenté la forme et la marche propres à l'épilepsie idiopathique. Affaiblissement ancien et progressif de l'intelligence et de la mémoire. On n'a jamais observé chez cette malade de paralysie hémiplégique ou localisée. Mort en état de mal épileptique.

A l'*autopie*, on trouve, outre quelques malformations du crâne et une vascularisation diffuse de la pie-mère, une dépression limitée, située dans le sillon qui sépare la circonvolution frontale supérieure de la circonvolution frontale moyenne, à un centimètre environ en avant de la frontale ascendante. Cette dépression a l'aspect d'un ancien foyer hémorrhagique avec coloration ocreuse et induration des tissus voisins ; elle s'étend en profondeur jusqu'à l'épendyme qui tapisse la corne antérieure du ventricule latéral et présente la forme d'un cône à sommet tronqué dont la base répondrait à la périphérie de l'hémisphère.

Obs. VII. — *Aphasie subite sans paralysie, méningite tuberculeuse sur la troisième circonvolution frontale gauche*, par **M. Bernheim**. Contribution à l'étude des localisations cérébrales, 1878. (Extrait de la Revue médicale de l'Est, obs. II, page 8 du tirage à part.)

Homme, trente-trois ans, éprouve, dans le cours d'une tuberculose pulmonaire chronique, une céphalagie frontale opiniâtre et quelques jours après devient aphasique. Tous les mouvements sont libres, la face n'est pas déviée, la force est égale des deux côtés du corps ; mais le malade ne peut prononcer aucun mot, bien qu'il comprenne tout ce qu'on lui dit. Mort une semaine après.

Autopsie. — Congestion méningée intense ; granulations miliaires le long du trajet des vaisseaux dans la scissure de sylvius. A la partie postérieure de la troisième circonvolution frontale gauche existe une masse indurée formée par la pie-mère et l'arachnoïde, épaissies et infiltrées de pus et de granulations tuberculeuses. Cette masse adhère au tissu cérébral sous-jacent, de telle sorte que le quart postérieur de cette troisième circonvolution est presque totalement détruit. Les circonvolutions ascendantes sont intactes dans toute leur étendue. En avant de la frontale ascendante existe une circonvolution transversale constituant une véritable circonvolution frontale ascendante supplémentaire. Cette circonvolution est saine dans toute son étendue. Ramollissement superficiel de la substance grise de l'insula.

Obs. VIII. — *Ramollissement inflammatoire des pieds des première et deuxième frontales ; absence de troubles moteurs*, par **M. Chalot**, de Montpellier. (Société de chirurgie, 24 juillet 1878, et *Gaz hôp.*, 1878, p. 1131.)

Homme, 25 ans, reçoit un coup de pioche qui fait une plaie sur le pariétal droit. Pendant neuf jours, tout va bien ; le dixieme jour, frisson suivi de céphalalgie. On applique une couronne de trépan au milieu de la plaie. La dure-mère saine est incisée, et l'opérateur trouvant les circonvolutions saines, ne va pas plus loin. Quelques heures après, frissons, fièvre, symptômes d'encéphalite. Mort cinq jours après sans avoir présenté de symptômes paralytiques ni convulsifs.

Autopsie. — Méningite du lobe préfrontal droit ; ramollissement inflammatoire des première et deuxième frontales ou, pour être plus précis, du tiers inférieur du pied de la première et de la moitié supérieure du pied de la deuxième, ayant détruit la substance grise corticale et mettant à nu la substance blanche sous-jacente. La frontale ascendante et les autres circonvolutions sont absolument saines.

Obs. IX. — *Tumeur de l'extrémité postérieure de la première circonvolution frontale sans symptômes moteurs*, par **M. Obersteiner**. (*Wiener mediz Jahrb.*, herausgegeben von Stricker, 1878, page 286; cité d'après Exner, *loc. cit.*, p. 98, obs. n° 45.)

Aucun trouble de la motilité ni de la sensibilité. Petite tumeur entourée d'un foyer d'encéphalite de un centimètre de diamètre, siégeant à l'extrémité postérieure de la première circonvolution frontale en avant de la circonvolution frontale ascendante. Ce foyer s'enfonce à travers la substance corticale jusqu'à la substance blanche sous-jacente.

Obs. X. — *Foyer de ramollissement sur la partie moyenne de la deuxième frontale droite; aucun phénomène de paralysie*, par **M. Blaise** (*Contrib. à l'étude des localis. cérébr.* [*Gaz. hebd. sc. méd. de Montpellier*, 1882, n° 40, obs. IX, page 475].)

Homme, 80 ans, a eu en 1879 une légère attaque qui n'a entrainé aucune paralysie. En 1880, albuminurie, œdème des membres inférieurs Accidents urémiques. Mort sans qu'on ait observé à aucun moment de troubles de la motilité ou de la sensibilité.

Autopsie. — Sur l'hémisphère droit, on constate l'existence d'un foyer de ramollissement cortical qui n'empiète pas sur la substance blanche sous-jacente. Ce foyer de la surface d'une pièce de un franc est situé sur la partie moyenne de la deuxième circonvolution frontale.

Obs. XI. — *Lésion du lobe frontal gauche. Aphasie sans paralysie motrice*, par **M. Nothnagel**. (*Topische Diagnostik des Gehirnkrankheiten*, Berlin, 1879, page 426.)

Un professeur instruit et disert a une attaque subite de perte de connaissance. Il en revient sans qu'il persiste aucun trouble moteur; mais il conserve de l'aphasie, qui se dissippe graduellement. Mort 7 ans après de broncho-pneumonie.

Autopsie. — Pie-mère normale; circonvolutions de la connexité saines. Dans l'hémisphère gauche existe un foyer de 3 centimètres de long sur 2 de large, rempli par un liquide jaune sale et occupant la circonvolution orbitaire latérale et la circonvolution antérieure de l'opercule gauche. La surface de la troisième circonvolution frontale est comprise dans la lésion. Le reste du cerveau ne présente rien qui mérite d'être signalé.

Obs. XII. — *Tuberculose pulmonaire et méningée; thombrose de l'artère cérébrale antérieure gauche; ramollissement cérébral sur la face interne des hémisphères*, par **M. Picot**. (*Gaz. hebd. des sciences médicales de Bordeaux*, IIe année, 2 avril 1881, page 541.)

Homme, 25 ans, atteint de tuberculose pulmonaire et de mal de Pott.

Pas de troubles de la sensibilité ni de la motilité constatés pendant la vie.

Autopsie. *Hémisphère gauche :* Thrombose de la cérébrale antérieure ramollissement cortical occupant la moitié antérieure du corps calleux et de la circonvolution du corps calleux et les portions contiguës de la première circonvolution frontale interne (fig. 2). Le lobule paracentral est épargné.

Hémisphère droit : Amas de granulations tuberculeuses confluentes autour de l'artère cérébrale antérieure et ramollissement superficiel de la portion antéro-interne de l'hémisphère.

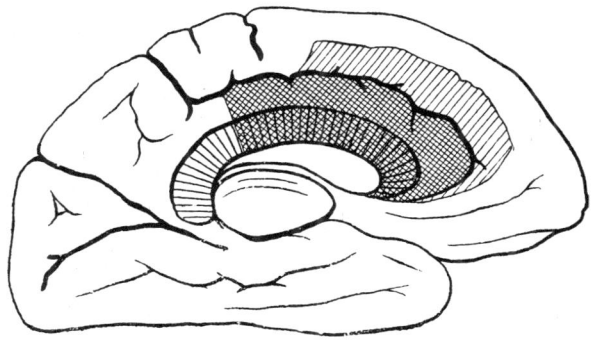

Fig. 2.

Obs. XIII. — *Sarcome des lobes orbitaires du cerveau sans paralysie motrice*, par **M. Otto**. (*Virchow's Archiv*, septembre 1882, anal. in *Brain*, n° 20, 1883, page 571.)

Homme, trente-sept ans, atteint de délire de persécution avec hallucination de la vue et de l'ouïe sans paralysie motrice car il s'occupait à des travaux de jardinage. Céphalalgie intense, diarrhée, mort.

A l'*autopsie*, tumeur irrégulière, de 6 centimètres de longueur sur 5 de largeur et 3 d'épaisseur, située entre la dure-mère et la face inférieure des lobes orbitaires, depuis le trou borgne jusqu'à la selle turcique, remplie à son centre de liquide puriforme, adhérente en arrière à la substance cérébrale ramollie dans toute l'étendue des *gyri recti*.

Les observations qu'on vient de lire prouvent, si nous ne nous trompons, que les lobes préfrontaux ne renferment pas d'*organes moteurs*, ou plutôt que, chez l'homme, l'intégrité de ces lobes n'est pas une des conditions nécessaires de la production des mouvements volontaires, puisque leur destruction n'est pas suivie de paralysie motrice.

En s'appuyant sur le résultat des expériences de M. Ferrier, quelques auteurs ont cru pouvoir placer sur les pieds des circonvolutions frontales un certain nombre de centres moteurs. MM. Carville et Duret [1], Pozzi [2], Duval [3], etc., ont figuré, par exemple, un centre moteur de la tête sur le pied de la première circonvolution frontale, et sur le pied de la deuxième des centres moteurs pour les muscles de la face ou des lèvres. Les faits pathologiques recueillis chez l'homme ne justifient pas, à notre avis, la manière de voir de ces auteurs. Dans plusieurs des cas que nous venons de rapporter, les pieds des circonvolutions frontales étaient altérés ou détruits sans qu'on ait observé pour cela des troubles de la motilité de la tête ou de la face. M. Nothnagel [4] est arrivé déjà, sur ce sujet, à des conclusions semblables à celles que nous croyons devoir soutenir : il pense, comme nous, que les lésions destructives des circonvolutions frontales ne provoquent pas de troubles de la motilité, « alors même qu'elles s'étendent jusqu'aux pieds de ces circonvolutions. »

B. *Lésions des lobes occipitaux.* — De même que les lobes préfrontaux, les lobes occipitaux, dans toute leur étendue, sont indépendants de la motricité volontaire. Ils peuvent être profondément altérés sans qu'il en résulte aucun trouble appréciable du mouvement, aucune paralysie motrice. Quelques auteurs ont été conduits à penser que les lésions des lobes occipitaux pouvaient produire des troubles sensitifs. Nous laisserons de côté la discussion de ces opinions, désirant nous borner exclusivement dans le présent travail à l'étude des troubles moteurs d'origine corticale.

Obs. XIV. — *Abcès du lobe occipital droit, absence d'hémiplégie,* par **M. A. Pitres.** (*Progrès médical,* 1880, p. 643.)

Homme, mort de phthisie pulmonaire sans avoir présenté aucun trouble appréciable de la motilité. A l'*autopsie,* on trouve dans le lobe occipital droit un abcès du volume d'une grosse noisette, entouré d'une membrane pyogénique épaisse de 2 millimètres, placé au centre du lobe occipital, dont presque toute la substance blanche est détruite, et s'étendant jusqu'au voisinage immédiat de la corne postérieure du ventricule atéral.

Obs. XV. — *Ramollissement latent du lobe occipital droit,* par de **Boyer** (Th. doct., 1879, obs. XXXI, page 58.)

Homme, quatre-vingt-deux ans, mort d'ostéomalacie sénile sans para-

---

1. *Archives de physiologie,* 1875.
2. *Archives générales de médecine,* 1877.
3. Article Système nerveux du *Dictionnaire de médecine et de chirurgie pratiques.*
4. Nothnagel, *Topische diagnostik der Gehirnkrankheiten,* Berlin, 1879, pages 424 et 438.

lysie ni troubles cérébraux. A l'*autopsie*, large plaque jaune occupant la face interne de l'hémisphère droit et comprenant la moitié postérieure de l'avant-coin (lobe carré) tout le coin et les circonvolutions occipitales internes (fig. 3). L'altération s'étend sur la face externe de l'hémisphère, où elle détruit les circonvolutions situées en arrière de la scissure interpariétale.

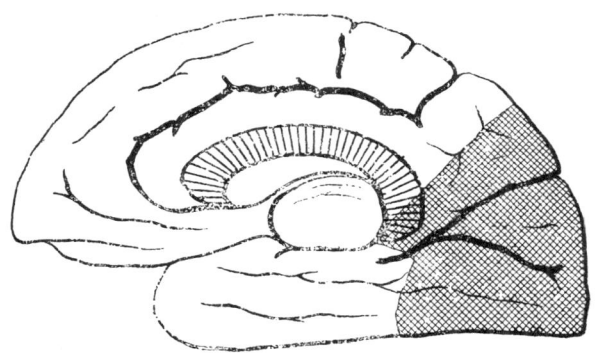

Fig. 3.

Obs. XVI. — *Contusion et fissure du crâne, pachyméningite hémorrhagique chronique, ramollissement cortical du lobe occipital droit sans troubles de la motilité*, par **M. T. Pétrina**. (*Ueber Sensibilitätstörungen beim Hirnrindenläsionen*. (Prague, 1881, obs. VIII, p. 21.)

Homme, cinquante-trois ans, entre à l'hôpital en juillet 1879, pour une faiblesse générale et des troubles de la vision survenus à la suite d'une chute dans un escalier qui a eu lieu six mois auparavant. Il n'existe aucun trouble de la motilité. La sensibilité cutanée est normale. Mort de pneumonie.

Autopsie. — Fissure du crâne à droite de la suture lambdoïde. Méninges injectées. Pie-mère adhérente au lobe occipital droit. Les circonvolutions occipitales externes sont ramollies par places et recouvertes par une nappe néo-membraneuse de couleur brunâtre, qui s'enfonce aussi dans les sillons qui séparent les circonvolutions occipitales. Sur une coupe, on voit que la substance corticale des circonvolutions occipitales moyenne et inférieure est colorée en jaune brunâtre. Les autres parties du cerveau (écorce, centre ovale, ganglions centraux) sont normales.

Les observations récentes confirment, on le voit, en ce qui concerne les lobes occipitaux, les conclusions auxquelles nous étions arrivés en 1877 et 1878. Les lobes occipitaux ne font pas partie de la zone motrice corticale.

C. *Lésions des lobes temporo-sphénoïdaux*. — Il a été publié dans ces quatre dernières années un nombre relativement considérable d'observations de lésions destructives des lobes temporaux sans qu'aucun trouble paralytique ait pu faire supposer pendant la vie l'existence d'une lésion cérébrale.

Obs. XVII. — *Lésion très étendue du lobe sphénoïdal du cerveau sans troubles du mouvement*, par **M. Variot**. (Société de biologie, séance du 7 juin 1879.)

Homme, vingt ans; se tire un coup de revolver dans l'oreille droite le 3 juin, à huit heures du matin. A dix heures, on le porte à l'hôpital. Il se plaint de douleurs très violentes dans la tête. Aucune paralysie ni faciale ni autre; tous les membres sont parfaitement libres. Aucun trouble de la sensibilité cutanée; l'ouïe est abolie du côté droit. Mort le 5 juin.

Autopsie. — Fracture comminutive du rocher; la balle est appliquée contre la face antérieure du rocher, sous la dure-mère. La dure-mère est déchirée, et à ce niveau il y a un léger épanchement de sang dans la fosse sphénoïdale. La partie inférieure du lobe sphénoïdal est dans un état d'attrition complète. Les circonvolutions sont réduites en bouillie.

Obs. XVIII. — *Plaie contuse du cerveau avec destruction du lobe sphénoïdal droit, absence des troubles fonctionnels*, par **M. Morache**. (Société d'anat. et de physiol. de Bordeaux, séance du 16 mai 1882, et *Journal de méd. de Bordeaux*, 3 septembre 1882, XIIe année, page 49.)

Homme, vingt-deux ans; reçoit le 2 mai deux coups de *quillon* de baïonnette sur la partie latérale droite du crâne.

Aussitôt après, perte de connaissance, qui dure trois heures : hémorrhagie abondante. Le malade est transporté à l'hôpital. Le 3 mai, on constate une fracture du crâne avec enfoncement dans la région temporale droite. Le malade a repris connaissance; il raconte les détails de la querelle qui a précédé la blessure; il ne se plaint que d'une céphalalgie assez modérée et d'un peu de faiblesse, bien explicable par l'hémorrhagie. La sensibilité générale, les sensibilités spéciales, la motilité sont intactes.

Le malade a survécu jusqu'au 13 mai. Le 9, un érysipèle se déclarait, et la mort est survenue sans qu'on ait jamais noté le moindre trouble de la motilité ni de la sensibilité.

Autopsie. — Fracture avec enfoncement au niveau de l'angle antéro-inférieur du pariétal droit, intéressant en même temps la partie voisine du frontal et la grande aile du sphénoïde.

A la partie inférieure et antérieure du lobe sphénoïdal droit existe une plaie profonde, qui a détruit près de la moitié antérieure de ce lobe (fig. 4-1).

Obs. XIX. — *Vaste ramollissement et abcès considérable du lobe sphénoïdal gauche, pas de troubles de la motilité ni de la sensibilité*, par **MM. Verdalle et Prioleau.** (*Journal de médecine de Bordeaux*, XIe année, n° 49, 2 juillet 1882, page 539.)

Femme, trente-six ans. Otite interne purulente. Entrée à l'hôpital dans un état d'hébétude et de somnolence qui ne permet pas d'obtenir d'elle de renseignements sur les débuts de sa maladie. A tout ce qu'on lui demande, elle répond par des plaintes inarticulées ou par cette seule phrase : « Mon Dieu ! que je souffre de la tête. »

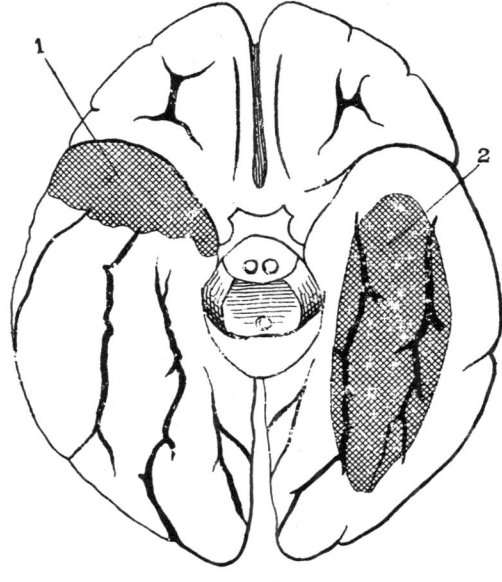

Fig. 4.

Aucune paralysie de la motilité ; la malade a pu se mettre au lit toute seule ; elle porte les mains à sa tête. La sensibilité est conservée aussi. Mort le lendemain de l'entrée à l'hôpital.

Autopsie. — Hémisphère droit sain. Hémisphère gauche : méningite purulente de la base. La surface du lobe sphénoïdal est de couleur verdâtre. Au centre de ce lobe existe un abcès volumineux, rempli d'un pus extrêmement fétide, qui s'est ouvert une issue dans le ventricule latéral par un trajet fistuleux (fig. 4-2). Carie du rocher.

Obs. XX. — *Ramollissement latent du gyrus uncinatus gauche*, par de **Boyer.** (Th. doct., 1879, obs. XIX, page 52.)

Malade mort de pellagre dans le service de M. Bouchard, à Bicêtre, en 1877. Absence de paralysie. Un petit ramollissement gros comme une noisette siège sur le gyrus uncinatus gauche (fig. 5-1).

Obs. XXI. — *Ramollissement latent du lobe sphénoïdal*, par de **Boyer**. (Th. doct., 1879, obs. XX, p. 52.)

Malade mort dans le service de M. Legrand du Saulle, à Bicêtre, en 1877. Absence de paralysie.

Petit foyer de ramollissement sur la cinquième circonvolution temporale à gauche (fig. 5-2).

Obs. XXII. — *Ramollissement latent du lobule lingual*, par de **Boyer**. (Th. doct., 1879, obs. XXI, p. 52.)

Malade mort dans le service de M. Bouchard, à Bicêtre, en décembre 1877. Pas de paralysie ni de troubles de la sensibilité. Un petit foyer ancien (plaque jaune) sur le lobule lingual à droite (fig. 5-4).

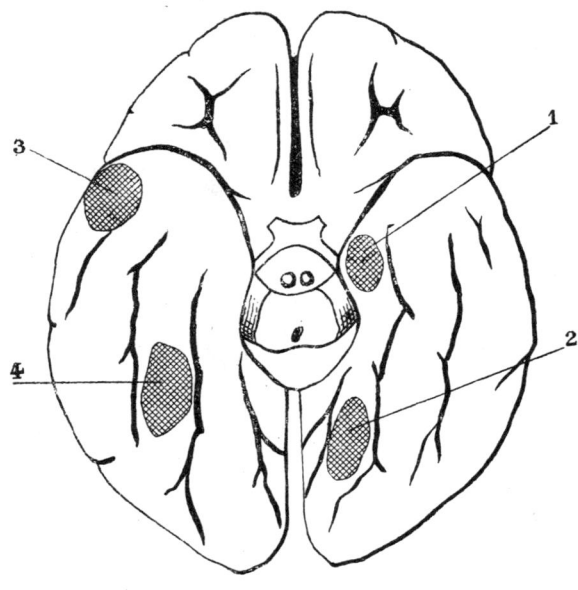

Fig. 5.

Obs. XXIII. — *Ramollissement latent sur le lobe sphénoïdal*, par de **Boyer**. (Th. doct., 1879, obs. XXII, p. 52.)

Malade mort à l'Hôtel-Dieu en 1878, service de M. Frémy. Un petit foyer de ramollissement siège sur l'extrémité antérieure de la troisième circonvolution temporale, à droite (fig. 5-3).

Obs. XXIV. — *Sarcome occupant la partie postérieure des deux premières circonvolutions temporo-sphénoïdales gauches, surdité cérébrale, absence de paralysie motrice*, par **Giraudeau**. (*Revue de médecine*, 1882, page 448.)

— 15 —

Femme, quarante-six ans, sujette depuis trois mois à des céphalalgies très violentes; surdité psychique; vue intacte ; sensibilités tactile, olfactive et gustative conservées. Motilité intacte des deux côtés; réflexes rotuliens normaux.

Autopsie. — Tumeur du volume d'une noix, occupant la partie postérieure des deux premières circonvolutions temporo-sphénoïdales, placée à cheval sur le scissure parallèle et s'enfonçant jusque dans la substance blanche sous-jacente (fig. 6). A son niveau, les circonvolutions ne sont pas refoulées mais *détruites*. L'examen histologique démontre que cette tumeur est un sarcome névroglique.

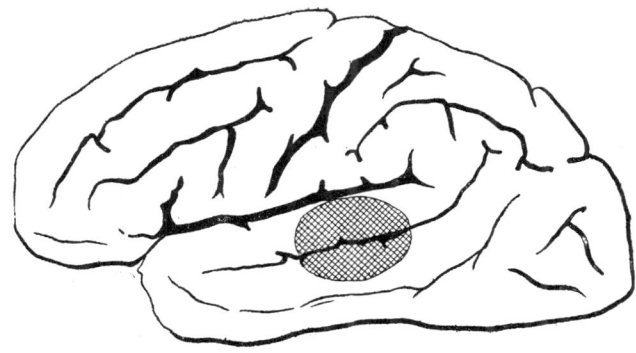

Fig. 6.

Obs. XXV. — *Sarcome du lobe sphénoïdal droit sans paralysie*, par **de Boyer**. (*Bull. Soc. anat.*, janvier 1878, résumé en th. doct., 1879, obs. IX, p. 48.)

Tumeur latente, de nature sarcomateuse, occupant les 2e, 3e et 4e circonvolutions temporales et empiétant à peine sur le lobule lingual. Pendant la vie, pas de phénomènes moteurs, mais accidents méningés peu prononcés. Sensibilité assez bien conservée. Quelques troubles de la vision.

Obs. XXVI. — *Destruction du lobe sphénoïdal droit sans phénomènes moteurs*, par Voisin, cité par **de Boyer**. (Th. doct., page 51, obs. XVI.)

Un idiot meurt dans le service de M. Voisin, sans avoir présenté de paralysie de la motilité. A l'*autopsie*, ramollissement et méningite de la partie antérieure des trois circonvolutions temporales du côté droit.

Obs. XXVII. — *Ramollissement cortical des deux lobes sphénoïdaux sans paralysie*, par Voisin, cité par **de Boyer**. (Th. doct., obs. XV, p. 51.)

Idiot mort dans le service de M. Voisin, sans avoir présenté de paralysie motrice. A l'*autopsie*, méningite et ramollissement cortical des deux lobes temporaux, qui sont presque désorganisés. La lésion est plus étendue à gauche qu'à droite (fig. 7).

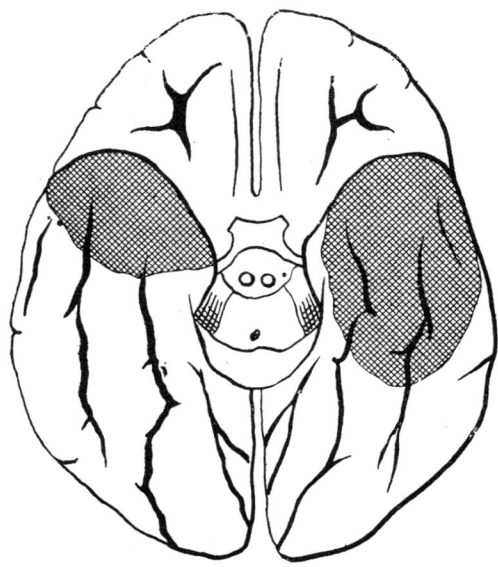

Fig. 7.

Obs. XXVIII. — *Abcès du lobe sphénoïdal droit sans paralysie*, par M. **Edward Seaton**. *The Lancet*, 1881, t. I, p. 95.

Jeune homme, seize ans, souffrant depuis trois mois de symptômes vagues : étourdissements, vertiges, céphalalgie violente, assoupissement. Quelques jours avant sa mort, il put encore faire une longue course à pied. La veille de la mort, on remarqua une certaine raideur des muscles de la nuque et du dos.

Autopsie. — Abcès contenant environ une once de pus crémeux, creusé dans le lobe temporo-sphénoïdal droit et ouvert dans le ventricule latéral.

Obs. XXIX. — *Encéphalite suppurative du lobe temporal gauche, absence de paralysie*, par M. **Roberto Cobianchi**. *Del ramollimento cerebrale nei-Vecchi* [*Riv. Clin. di Bologna*, 1882, obs. VII, page 21 du tirage à part].)

Femme, soixante-quatre ans entrée à l'hôpital pour se faire traiter de la gale et du scorbut. Après la guérison de la gale, elle tombe subitement dans un état soporeux, qui persiste plusieurs jours sans paralysie.

Autopsie. — Ramollissement par encéphalite de la presque totalité de la substance blanche du lobe temporal gauche, avec encéphalite suppurative autour du foyer; méningite aiguë avec exsudat séro-fibrineux, surtout au niveau du vermis inférieur du cervelet. Liquide séro-purulent dans la cavité du ventricule latéral droit. Rien d'anormal dans les ganglions centraux.

Obs. XXX. — *Foyers symétriques des lobes temporo-sphénoïdaux, sans hémiplégie*, par **M. Estorc**. (*Loc. cit.; Montpellier médical*, juin 1882, t. 48, page 539, obs. XIII.)

Homme, soixante-huit ans, dans le cours d'une affection cardiaque mal compensée, est frappé d'une attaque d'apoplexie avec résolution des quatre membres et un peu de déviation de la face à gauche. Dix minutes après l'asymétrie faciale a disparu, le malade remue ses membres, s'agite et prononce des paroles incohérentes. Mort le 10 août, sans avoir présenté de phénomènes paralytiques.

Autopsie. — Vaste foyer de ramollissement, occupant la face interne et la face inférieure du lobe temporo-sphénoïdal droit et détruisant la substance de ce lobe, jusqu'à la scissure parallèle. Le lobe occipital est lui-même atteint dans son extrémité postérieure au-dessous de la scissure calcarine. Une foyer moins étendu, ayant détruit l'hippocampe et les parties contiguës de l'écorce, existe dans l'hémisphère gauche.

Les observations qui viennent d'être résumées démontrent de la façon la plus évidente que les destructions étendues ou limitées profondes ou superficielles, brusques ou progressives des lobes temporo-sphénoïdaux peuvent ne donner lieu à aucune espèce de paralysie. Les lobes temporo-sphénoïdaux ne font donc pas partie de la zone motrice corticale.

D. *Lésions des lobes pariétaux.* — Les lésions isolées des lobes pariétaux sont relativement moins fréquentes que celles des lobes temporo-sphénoïdaux. Nous n'avons pas trouvé d'observation nouvelle de lésions isolées du lobule pariétal supérieur ni du lobule quadrilatère. Les trois observations suivantes se rapportent à des lésions isolées du lobule pariétal inférieur.

Obs. XXXI. — *Ramollissements du pli courbe gauche sans paralysie*, par **M. Estorc**. (*Montpellier médical*, février 1881, obs. IV, page 138.)

Femme, soixante-quinze ans; meurt de broncho-pneumonie. Elle était à l'hôpital depuis quatre ans et n'avait jamais présenté la moindre paralysie; on n'avait également observé chez elle aucune altération de la sensibilité.

A l'*autopsie*, foyer superficiel de ramollissement, situé à gauche, dans le pli courbe; il est de forme triangulaire et occupe en hauteur toute l'étendue de la portion verticale de la scissure parallèle; ses dimensions antéro-postérieures diminuent de bas en haut et sont à peine au maximum de un centimètre.

Obs. XXXII. — *Ramollissement du lobule pariétal inférieur droit sans paralysie*, par **M. Blaise.** (*Contrib. à l'étude des localisations cérébrales* [*Gaz. hebd. des sc. médic. de Montpellier*, n° 37, 1882, obs. III, page 436].)

Homme, quatre-vingt-un an, démence sénile assez prononcée sans qu'il existe aucun trouble de la sensibilité ni de la motilité. Des renseignements fournis, soit par les parents, soit par le malade lui-même, il résulte que cet homme n'aurait jamais été malade et n'aurait jamais eu d'attaque. Mort de pneumonie.

Autopsie. — Sur l'hémisphère droit existe un foyer de ramollissement cortical, occupant le pli courbe et s'étendant en haut jusqu'à la scissure interpariétale, qu'il dépasse de 3 à 4 millimètres. Ce foyer ne comprend que la substance grise, sauf au niveau du pli courbe, où il entraîne légèrement la substance blanche. Pas d'autres lésions corticale. Un foyer linéaire ocreux se trouve à la face externe des noyaux lenticulaires droit et gauche.

Obs. XXXIII. — *Ramollissement rouge du lobule du pli courbe et du pli courbe gauche, absence d'hémiplégie, cécité et surdité psychiques avec blépharoptose droite incomplète*, par M. **A. Chauffard.** (*Revue de médecine*, 1881, page 940.)

Homme, quarante-quatre ans, entré à l'hôpital pour une affection du cœur. Tout d'un coup, sans prodromes et sans perte de connaissance, surviennent des symptômes curieux de cécité et de surdité psychiques décrits avec détails dans l'observation. Au point de vue de la motricité, le malade a conservé tous les mouvements de ses membres. Seulement, « l'œil droit semble moins largement ouvert que celui du côté opposé et cligne à demi, comme si la paupière supérieure était légèrement abaissée. » Mort trois jours après le début des accidents.

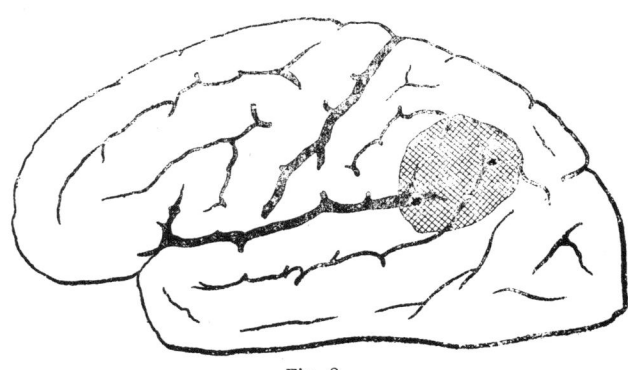

Fig. 8.

Autopsie. — Intégrité des méninges des deux côtés, de l'hémisphère droit et du mésocéphale. Sur l'hémisphère gauche existe un foyer de ramollissement rouge, circulaire, de la largeur d'une pièce d'argent de cinq francs, occupant le lobule du pli courbe et le pli courbe lui-même (fig. 8). Ce foyer occupe toute l'épaisseur de la substance grise corticale et empiète même très légèrement sur les fibres blanches sous-jacentes. Il n'est rien dit de l'état des ganglions centraux.

Il est certain que les lobules pariétaux peuvent être altérés ou détruits sans qu'il se produise de paralysie dans les membres ou dans la face inférieure du côté opposé du corps. Mais quelques auteurs ont pensé qu'il existait un rapport entre l'intégrité du pli courbe et la conservation de la motilité de la paupière supérieure du côté opposé. MM. Grasset [1] et Landouzy [2] ont soutenu cette opinion, et, parmi les faits connus jusqu'à ce jour, quelques-uns semblent de nature à la confirmer.

Malheureusement tous les faits ne sont pas concordants, et dans un bon nombre d'observations de lésions destructives du pli courbe ou du lobule pariétal inférieur en totalité on n'a rencontré aucun trouble de la motilité de la paupière supérieure du côté opposé, et, par exemple, dans les trois observations qui précèdent, le ptosis n'est signalé qu'une seule fois. Nous rapporterons plus loin plusieurs observations [3], dans lesquelles des lésions destructives étendues de la région pariétale inférieure n'ont été suivies d'aucune paralysie de la paupière. Il y a là, il faut savoir le reconnaître, une inconnue qui nous échappe. Le ptosis d'origine cérébrale ne paraît pas avoir de rapport constant avec les lésions d'une région déterminée de l'écorce ; on l'observe *quelquefois mais non toujours*, à la suite des lésions du pli courbe. On peut l'observer aussi consécutivement à des lésions corticales siégeant sur d'autres parties du cerveau.

Il devient dès lors impossible, en bonne logique scientifique, de rattacher le ptosis d'origine cérébrale à la destruction d'un point unique de l'écorce. Les recherches de MM. Grasset et Landouzy ont eu le mérite d'appeler l'attention sur un symptôme peu connu des affections cérébrales; mais leur tentative de localisation d'un centre cortical présidant à la motilité du rameau palpébral de la troisième paire ne repose pas encore sur des bases solides.

Nous devons faire les mêmes réserves en ce qui concerne la déviation conjuguée de la tête et des yeux. MM. Landouzy [4], et Grasset rattachent ce symptôme à des lésions de la région pariétale infé-

---

1. Grasset, *Progrès médical*, 1876, p. 406.
2. Landouzy, *De la blépharoptose cérébrale*, in *Archives de médecine*, 1877.
3. Voyez les obs. XXXVII, XXXVIII, XXXIX, XLIII.
4. Landouzy, *De la déviation conjuguée des yeux et de la rotation de la tête, etc.* (*Bul. Soc. anat.*, 18 avril 1879 et tirage à part avec schema).

rieure. « Quand la déviation conjuguée doit être attribuée à une lésion corticale, dit M. Grasset, l'altération siège le plus souvent dans les circonvolutions qui coiffent le fond de la scissure de Sylvius et le pli courbe [1]. » Pour M. Landouzy le centre cortical de la rotation conjuguée se trouverait sur le lobule pariétal inférieur et, d'une façon plus précise, sur le pied du lobule pariétal inférieur. Ces tentatives de localisation ne nous paraissent pas encore suffisamment justifiées. La rotation conjuguée de la tête et des yeux ne se comporte pas comme les autres troubles paralytiques d'origine corticale. Elle est rare à la suite de lésions purement corticales, quel que soit leur siège. Elle ne persiste jamais d'une façon permanente, comme le font les paralysies tenant à la destruction des centres moteurs des circonvolutions. De plus, il existe un très grand nombre d'observations de lésions destructives des lobules pariétaux, dans lesquelles ce symptôme n'a pas été relevé. Dans ces conditions, il nous semble impossible d'admettre quant à présent un rapport directement saisissable entre la déviation conjuguée et la destruction des lobules pariétaux. A notre avis, la déviation conjuguée, en dépit de l'intérêt que peut présenter son étude séméiologique, ne paraît pas avoir encore suffisamment fait ses preuves d'utilité dans le diagnostic topographique des lésions de l'écorce.

E. *Lésions du lobule de l'insula.* — Les lésions isolées et purement corticales des circonvolutions de l'insula sont excessivement rares; aussi on est loin d'être encore définitivement fixé sur les réactions pathologiques de cette région du cerveau. En ce qui concerne les phénomènes moteurs, nous pensons que l'insula de Reil fait partie de la zone dite *latente* et que ses lésions destructives ne provoquent pas directement de phénomènes moteurs. Cette opinion est fondée sur l'étude d'un certain nombre d'observations dans lesquelles des lésions du lobe frontal ou du lobe sphénoïdal s'étendant jusqu'au lobule de l'insula n'ont été accompagnées d'aucune paralysie permanente. Il n'existe malheureusement pas à notre connaissance d'observations récentes de lésions isolées de l'insula d'après lesquelles on puisse établir la symptomatologie des altérations de cette région de l'écorce. Les trois observations publiées récemment par MM. Raymond et Brodeur se rapportent à des cas complexes. Dans les deux premières il s'agit d'hémorrhagies sous-corticales ayant refoulé l'avant-mur en dedans et comprimé la région capsulaire, ce qui suffit parfaitement à

---

1. Grasset, *De la déviation conjuguée de la tête et des yeux*, communication faite à l'Académie de Montpellier, séance du 5 mai 1879, page 10 du tirage à part.

rendre compte des troubles paralytiques observés chez les malades. La troisième, plus simple en apparence, est loin d'être à l'abri de toute critique. En voici le résumé.

Obs. XXXIV. — *Ramollissement du lobule de l'insula*, par **MM. Raymond et Brodeur**. *(Revue de médecine*, 1882, page 586.)

Homme, soixante-onze ans, eut successivement, à quelques mois d'intervalle, trois attaques d'hémiplégie gauche. Après les deux premières attaques, la motilité revint progressivement, et le malade mourut trois jours seulement après la troisième.

Autopsie. — Ramollissement cortical du lobule de l'insula avec intégrité de la capsule et des noyaux centraux. Pas d'atrophie du pédoncule : pyramides antérieures égales et symétriques.

Rien ne prouve que dans ce cas la paralysie ait été la conséquence *directe* de la lésion destructive de l'insula. Le fait que les deux premières attaques n'ont été suivies que de paralysies transitoires est de nature à faire supposer que la paralysie ne dépendait pas directement de la destruction de l'écorce, car, s'il en avait été ainsi, la paralysie aurait persisté et serait devenue permanente, puisque les lésions elles-mêmes étaient permanentes.

En résumé, nous pensons que les lésions des circonvolutions de l'insula ne produisent pas par elles-mêmes des troubles moteurs. Mais il serait à désirer que cette opinion fût appuyée sur un certain nombre d'observation de lésions isolées de cette région, et ces observations n'existent pas encore dans la science.

F. *Lésions multiples de la zone non motrice.* — Les lésions multiples de la zone non motrice ont tout autant d'importance que les lésions limitées et isolées de telle ou telle région corticale. Les lésions destructives les plus étendues sont les plus favorables à la détermination de l'aire de la zone non motrice. S'il est vrai que certaines régions de l'écorce ne servent en aucune façon à la production des mouvements volontaires, il est de toute évidence que ces régions doivent pouvoir être détruites simultanément sans qu'il se produise de troubles moteurs. Dans ce cas particulier, plus la destruction sera étendue, plus le cas sera démonstratif et à ce point de vue, les observations suivantes méritent d'être consignées.

Obs. XXXV. — *Fracture de la base du crâne, conservation des mouvements, destruction des circonvolutions frontales inférieures et temporales*, par **MM. Wannebroucq et Kelsch**. (*Progrès médical*, 1881, page 95.)

Homme, quarante-cinq ans, renversé par un cheval le 8 décembre 1876.

Aussitôt après l'accident, perte de connaissance; petite plaie contuse au milieu de la région occipitale. Le lendemain, le malade a repris connaissance. Il est somnolent, mais il répond aux questions qu'on lui pose. Sensibilité intacte. Il n'y a aucune trace de paralysie. Les mouvements commandés sont exécutés par le malade. Le 10, agitation, pouls fréquent petit ; pupilles inégales et dilatées ; paupière supérieure gauche abaissée. Mort.

Autopsie. — Fracture étoilée de l'occipital. Epanchement sanguin en nappe, étalé entre la dure-mère et l'arachnoïde au niveau des lobes occipitaux et s'étendant même sur toute la surface de l'hémisphère gauche et sur la tente du cervelet. En enlevant le cerveau, on constate que les circonvolutions frontales inférieures (circonvolutions olfactive, deuxième et troisième frontales inférieures) et les deux tiers antérieurs des circonvolutions temporales moyennes et inférieures sont détruits par une contusion profonde. Les portions contuses sont broyées et littéralement réduites en une bouillie rouge lie de vin.

Obs. XXXVI. — *Lésion des lobes préfrontaux et sphénoïdaux par un coup de pistolet, absence de paralysie* par **M. R.-W. Amidon.** (A contribution to the study of cerebral localisation [*The journal of nervous and mental disease,* january 1880, p. 43, obs. VI].)

La balle traversa le cerveau d'un côté à l'autre en passant à la partie inférieure des lobes frontaux et sphénoïdaux et en détruisant sur son passage les nerfs olfactifs. Perte de connaissance. Absence de paralysie et de spasmes. Quelques minutes avant de mourir le malade parla distinctement et chercha à se masturber.

Obs. XXXVII. — *Lypémanie sans paralysie limitée, plusieurs plaques jaunes en dehors de la zone motrice,* par **M. Clovis Gallopain.** (*Annales médico-psychologiques,* 1879, t. II, page 180.)

Homme, 25 ans, atteint de lypémanie avec accès d'agitation. Mort de tuberculose pulmonaire. Il n'a présenté aucun trouble dans les mouvements des yeux. La vue était bonne des deux côtés; les pupilles étaient égales. L'observation ne signale pas de phénomènes paralytiques.

Autopsie. — Hémisphère droit : Ramollissement de la moitié antérieure des première et deuxième frontales, et du pli courbe. Hémisphère gauche : Plusieurs plaques jaunes peu étendues sur le lobe occipital et sur la face interne de la première frontale. Cervelet et bulbe sains.

Obs. XXXVIII. — *Ramollissement du lobule du pli courbe et de la première temporale sans paralysie,* par **M. Estorc.** (*Montpellier médical,* octobre 1881, obs. VIII, page 322.)

Femme, 70 ans, gâteuse, radoteuse, morte de pneumonie, sans avoir jamais présenté le moindre signe de paralysie.

A l'*autopsie*, on trouve deux foyers corticaux de ramollissement dans l hémisphère gauche. Le premier siège dans le lobule du pli courbe; il est de faible dimension et effleure en bas la lèvre supérieure de la scissure de Sylvius. Le deuxième, un peu plus étendu, est situé à l'extrémité postérieure de la première circonvolution temporale; il occupe exactement l'angle formé par la réunion des branches ascendantes et horizontales de la scissure parallèle.

Obs. XXXIX. — *Ramollissement du lobule pariétal inférieur et des circonvolutions sphénoïdales contiguës, absence d'hémiplégie*, par **M. A. Pitres**. (*Progrès médical*, 1880, page 643.)

Homme, 59 ans, mort de gangrènes spontanée sans avoir jamais présenté aucune paralysie appréciable. A l'*autopsie*, on trouve un ramollissement cortical, ancien, à fond jaunâtre, anfractueux, occupant tout le lobule pariétal inférieur, depuis son pied jusqu'à l'origine des circonvolutions occipitales, et s'étendant au tiers postérieur des première et deuxième

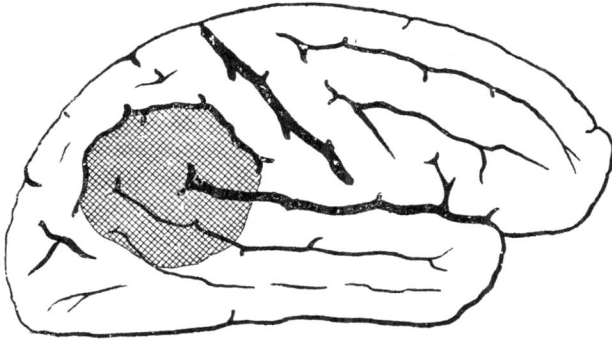

Fig. 9.

circonvolutions sphénoïdales (fig. 9). La plaque ramollie est séparée du ventricule par une épaisseur de trois millimètres de substance blanche non altérée. La protubérance, le bulbe, ne présentent ni asymétrie ni bande grise de dégénération secondaire. La moelle est normale; sur des coupes minces de cet organe pratiquées après durcissement et préparées pour l'examen microscopique d'après les procédés ordinaires, on ne voit pas trace d'altération des cordons latéraux.

Obs. XL. — *Attaque suivie de mort sans phénomènes paralytiques, autopsie, deux foyers d'hémorrhagies capillaires dans la zone latente*, par **M. H. Blaise**. (*Contr. à l'étude des localis. cérébr.* [*Gaz. hebd. sc. méd. de Montpellier*, 1882, n. 40, obs. VII, page 472].)

Homme, 74 ans. Le 15 juin 1880 attaque avec perte de connaissance qui dure une demi-heure. Lorsque l'état apoplectique a cessé, on ne constate aucun trouble de la motilité et de la sensibilité. Le lendemain au soir, le malade succombe, enlevé par une congestion pulmonaire, sans avoir présenté aucun phénomène paralytique.

Autopsie : Dans l'*hémisphère droit*, foyer d'hémorrhagie capillaire de la largeur d'une pièce de 5 francs, occupant la partie supérieure de la scissure perpendiculaire interne et débordant un peu en dehors sur la scissure perpendiculaire externe. Dans l'*hémisphère gauche* on trouve un foyer analogue au-dessus de la scissure interpariétale et dans la moitié postérieure du lobule pariétal supérieur.

Obs. XLI. — *Tumeurs des lobes frontaux et du lobe occipital droit sans hémiplégie*, par **M. James Russel**. (*The British medical journal*, 1881, t. II, p. 775.)

Homme, cinquante-cinq ans, indifférent à tout ce qui se passe autour de lui, plongé dans une espèce d'état léthargique avec affaiblissement de l'intelligence. Aucun trouble moteur. Interrogé, il répond lentement mais clairement aux questions posées. Céphalalgie frontale, faiblesse de la vue. Ces symptômes persistèrent jusqu'à la mort ; tout à fait dans les derniers jours, il y eut un peu de paralysie du moteur oculaire commun du côté gauche.

A l'*autopsie*, tumeur du volume d'une orange à la partie antérieure du lobe frontal droit. Une autre tumeur moins volumineuse existe dans le point symétrique du lobe frontal gauche et une troisième à l'extrémité du lobe occipital droit. Tout le reste de l'encéphale est normal, et l'examen nécroscopique ne donne pas la raison de la paralysie du nerf moteur oculaire commun.

Obs. XLII. — *Fracture du crâne : contusion cérébrale des lobules orbitaires et du lobe temporo-sphénoïdal droit sans phénomène paralytiques*, par **M. Ch. Féré**. (Soc. anat., 7 mars 1879, et *Progrès médical*, 1879, p. 832.)

Homme, quarante et un ans, trouvé le 2 mars 1879 dans un chantier, sur un tas de moellons et de plâtras, au pied d'une échelle du haut de laquelle il a vraisemblablement fait une chute. Face couverte d'ecchymoses.

Le 3 mars, le malade parle sans embarras ; il comprend les questions qu'on lui pose ; il remue bien les bras et les jambes, et la sensibilité est conservée sous toutes ses formes. Dyspnée intense ; emphysème sous-cutané ; pneumo-thorax double ; fracture de côtes. Mort le 4 sans avoir présenté de paralysie de la motilité, ni de la sensibilité, ni de déviation de la face ou des yeux, ni de troubles de la parole.

Autopsie. — Fracture du crâne ; pie-mère infiltrée de sang. Sur l'hémisphère gauche, au niveau des circonvolutions orbitaires, on trouve deux plaques à contours irréguliers, formées par une mince couche de tissu ramolli et rougeâtre qui s'enlève sous un filet d'eau et laisse une surface inégale et tomenteuse. L'une, de la largeur d'une pièce d'un franc, se trouve sur la face inférieure du lobule orbitaire ; l'autre, de la largeur d'une pièce de vingt centimes, est située plus en arrière et en dehors, dans le point où la troisième circonvolution frontale se continue avec la troisième circonvolution orbitaire. Sur l'hémisphère droit, il existe deux plaques semblables, la première à la face inférieure du lobule orbitaire, la seconde beaucoup plus étendue, couvrant la moitié antérieure de la face inférieure du lobe temporo-sphénoïdal.

Léger épanchement de sang entre les lames du vermis inférieur du cervelet. Dans les masses centrales et les ventricules, il n'existe aucune lésion appréciable.

Obs. XLIII. — *Foyers de ramollissement de la partie moyenne de la troisième frontale et de la partie postérieure du pli courbe, absence de troubles moteurs ou sensitifs*, par **Ballet**. (*Rech. anat.-clin. sur le faisceau sensitif*, th. doct., Paris, 1881, p. 138, obs. XXXIII.)

Femme, quatre-vingt-trois ans, entrée à la Salpêtrière pour une chute de l'utérus. Eschare sacrée très étendue.

Le 24 février, la motilité est intacte. La sensibilité, méthodiquement explorée, ne présente aucun trouble. Mort le 28 février.

Autopsie. — Double foyer de ramollissement ancien dans l'hémisphère gauche. Le premier occupe les deux tiers antérieurs de la troisième circonvolution frontale; le second, du volume d'une noix, occupe la partie inférieure de la racine postérieure du pli courbe, sans atteindre le pli courbe lui-même. Chacun de ces foyers s'étend assez profondément (3 et 4 centimètres) dans le centre ovale sous-jacent.

Obs. XLIV. — *Cysticerques du cerveau : neuf kystes tous situés en dehors de la zone motrice : aucun symptôme moteur*, par **M. J. Grasset**. (*Montpellier médical*, 1879, t. 42, p. 453.)

Homme, soixante-six ans, mort de pneumonie. Il est formellement spécifié dans l'observation qu'à plusieurs reprises on a noté l'absence de toute paralysie.

A l'*autopsie*, on trouve neuf kystes hydatiques de la pie-mère, du volume d'une petite noisette environ, logés dans les sillons et refoulant la substance cérébrale des circonvolutions.

Dans l'*hémisphère gauche*, cinq kystes; le premier entre les circonvolutions occipitales, le deuxième entre les circonvolutions temporales, le troisième dans la scissure interpariétale, le quatrième dans le fond de la scissure de sylvius en arrière de la pariétale ascendante, le cinquième à la face inférieure de la première circonvolution frontale interne.

Dans l'*hémisphère droit*, quatre kystes, le premier entre les première et deuxième circonvolutions frontales, le deuxième entre les deuxième et troisième frontales, les deux derniers dans le lobe occipital.

Les quarante-quatre observations résumées dans les paragraphes précédents prouvent qu'il existe des régions du cerveau dont la destruction n'est suivie d'aucun trouble permanent de la motilité volontaire. Les lésions isolées des lobes préfrontaux, des lobes pariétaux, des lobes sphénoïdaux ou des lobes occipitaux ne donnent lieu par elles-mêmes à aucune paralysie motrice permanente. Les circonvolutions cérébrales dont l'intégrité est nécessaire à la production des mouvements volontaires, chez l'homme sont les circonvolutions frontale et pariétale ascendantes et le lobule paracentral. Quelque étendue que soit une lésion corticale, si elle n'intéresse pas, directement ou par compression ou irritation de voisinage, les circonvolutions ascendantes, elle ne provoque pas de troubles du mouvement.

Dans son travail récent sur les *localisations des fonctions cérébrales chez l'homme*, M. Exner [1] admet que l'étendue de l'aire de la zone dite *latente* n'est pas égale sur les deux hémisphères. D'après cet auteur, la zone motrice serait plus étendue dans l'hémisphère gauche que dans l'hémisphère droit, et dès lors la zone latente aurait plus d'extension dans l'hémisphère droit que dans le gauche. Les faits qui viennent d'être rapportés ne légitiment pas cette opinion. Au point de vue de l'extension de la zone non motrice, les deux hémisphères nous paraissent devoir être considérés comme symétriques. Des deux côtés, la zone non motrice comprend toutes les circonvolutions, sauf les deux circonvolutions ascendantes et le lobule paracentral.

CHAPITRE II

DES LÉSIONS DESTRUCTIVES DE L'ÉCORCE SIÉGEANT DANS LA ZONE MOTRICE ET S'ACCOMPAGNANT DE PHÉNOMÈNES PARALYTIQUES PERMANENTS.

La zone motrice corticale comprend les deux circonvolutions ascendantes et les parties qui leur sont immédiatement contiguës.

Les lésions destructives de cette zone motrice s'accompagnent toujours de paralysies permanentes et provoquent à la longue des contractures tardives des muscles paralysés et des dégénérations secondaires de la moelle épinière. Les paralysies d'origine corticale se montrent du côté du corps opposé à l'hémisphère sur lequel siège la lésion : leur distribution et leur extension sont en rapport direct avec la topographie et l'étendue en surface ou en profondeur des lésions qui leur ont donné naissance. Telles sont les propositions fondamentales que nous avons développées dans nos précédents travaux et qui se trouvent confirmées par l'analyse des faits récemment publiés.

Pour mettre un peu d'ordre dans l'étude de ces faits, nous nous occuperons séparément des cas dans lesquels les lésions de la zone

---

1. Exner, *Untersuchungen über die Localisation des Functionen in der Grosshirnrinde der Menschen*, Wien, 1881, page 17.

motrice ont provoqué : 1° des hémiplégies totales, 2° des monoplégies associées, 3° des monoplégies pures, 4° des contractures tardives et des dégénérations secondaires de la moelle.

§ 1. — *Lésions de la zone motrice ayant déterminé des hémiplégies totales.*

Il n'est pas douteux aujourd'hui que les lésions purement corticales peuvent produire des hémiplégies totales et permanentes du côté opposé du corps. Nous en avons rapporté cinq exemples de ce genre en 1877 et quatorze en 1878. Plusieurs observations ont été publiées depuis cette époque. Voici le résumé de celles qui sont parvenues à notre connaissance.

Obs. XLV. — *Hémiplégie gauche totale : vaste ramollissement cortical des territoires irrigués par la sylvienne et la cérébrale postérieure droites,* par **M. S. Sorel** (*Revue mensuelle de médecine et de chirurgie*, 1880, page 545, observation II.)

Homme, quatre-vingt-dix ans, frappé d'hémiplégie gauche totale et complète, avec diminution de la sensibilité, sans contractures ni convulsions. Mort sept jours après.

Autopsie. — Vaste ramollissement cortical de l'hémisphère droit, comprenant toute l'étendue vascularisée par les artères sylvienne et cérébrale postérieure, c'est-à-dire les lobes occipital, temporo-sphénoïdal, la face externe du lobe pariétal, la troisième circonvolution frontale et le lobule de l'insula. Le ramollissement porte à la fois sur l'écorce et sur la substance blanche sous-jacente. Le corps opto-strié et la capsule interne sont normaux.

Obs. XLVI. — *Hémiplégie gauche complète. Ramollissement cortical du lobule de l'insula et de la moitié inférieure des circonvolutions ascendantes,* par **M. E. Desnos** (Soc. anat., 18 juin 1880, et *Progrès médical*, 1881, page 263).

Femme, dix-neuf ans, entrée à l'hôpital pour une phthisie pulmonaire avancée. Un matin, elle se réveille avec une hémiplégie gauche complète accompagnée de contracture des membres paralysés. Paralysie faciale gauche ; pointe de la langue déviée vers la droite ; paupière supérieure gauche légèrement abaissée ; un peu de strabisme interne de l'œil gauche avec rétrécissement pupillaire très prononcé. Mort sept jours après le début de l'hémiplégie.

Autopsie. — Oblitération de la sylvienne gauche à trois centimètres de son origine, au delà par conséquent de la naissance des branches centrales. Le caillot oblitérant se prolonge dans les deuxième et troisième branches corticales de la sylvienne. A cette oblitération correspond un vaste ramollissement cortical occupant tout le lobule de l'insula et la moitié inférieure des circonvolutions frontale et pariétale ascendantes. Les masses centrales sont saines.

Obs. XLVII. — *Hémiplégie et hémianesthésie du côté droit avec aphasie. Ramollissement de la circonvolution frontale ascendante gauche*, par **M. Tripier** (*Revue mens. de méd. et de chir.*, 1880, page 134).

Femme, cinquante-sept ans, frappée d'apoplexie le 7 mai 1878. Hémiplégie droite totale avec aphasie ; paralysie faciale inférieure droite, la paupière droite est étalée sur le globe de l'œil ; inertie complète du membre supérieur droit : le membre inférieur du même côté possède encore quelques mouvements ; sensibilité notablement diminuée dans tout le côté droit. Le 10, la malade se lève seule pour aller à la chaise, mais le membre supérieur est toujours aussi paralysé ; l'aphasie persiste. Le 23, les phénomènes paralytiques sont dans le même état ; l'aphasie diminue, car la malade prononce parfaitement quelques mots. Mort le 27.

Autopsie. — Ramollissement jaune verdâtre avec pointillé rouge de la presque totalité de la circonvolution frontale ascendante. Les deux extrémités de cette circonvolution (2 centimètres en haut, 1 cent. en bas) sont seules épargnées. Le ramollissement est exactement limité à la frontale ascendante, sauf au niveau du pied de la deuxième frontale, qui est ramolli dans une étendue de 1 centimètre. Le pied de la troisième frontale, la pariétale ascendante, le lobule de l'insula et les autres parties de l'écorce ne présentent aucune lésion : masses centrales saines.

Obs. XLVIII. — *Hémiplégie gauche totale et complète ; ramollissement de la pariétale ascendante et des parties postérieures de l'hémisphère droit*, par **M. Ballet** (Th. doct., Paris, 1881, page 188).

Femme, quatre-vingt-deux ans, hémiplégie gauche complète, accentuée surtout à la face et au membre supérieur. Le membre inférieur, quoique beaucoup plus faible que le droit, est encore capable de mouvements assez étendus. Les membres paralysés ont une certaine rigidité. Mort sept jours après le début de la paralysie.

Autopsie. — Vaste ramollissement de l'hémisphère droit, occupant toute la circonvolution pariétale ascendante, les deux lobules pariétaux et tout le lobe sphéno occipital, sauf la circonvolution de l'hippocampe. Capsule interne et masses centrales saines.

Obs. XLIX. — *Hémiplégie droite, ramollissement du lobe frontal*, par **M. Ballet** (Th. doct., Paris, 1881, page 172).

Femme, quatre-vingt-quatre ans, frappée d'apoplexie le 19 septembre. Hémiplégie droite totale. La bouche est déviée à gauche, la commissure labiale droite affaissée, le sillon naso-labial droit moins marqué que le gauche et à demi effacé. La malade fume la pipe à droite ; elle ne peut pas tirer la langue. Le membre supérieur droit retombe flasque quand on le soulève. Il n'y a pas de contracture ni de raideur articulaire. Le membre inférieur est flasque aussi, un peu moins que le supérieur, et capable de petits mouvements. Mort le 27 septembre.

Autopsie. — Ramollissement cortical de l'hémisphère gauche, occupant : 1º les deux circonvolutions antérieures du lobule de l'insula ; 2º toute la troisième circonvolution frontale et un point très étroit du pied des première et deuxième frontales; 3° les trois quarts inférieurs de la circonvolution frontale ascendante, dans la partie de cette circonvolution qui regarde en avant. Il comprend toute la profondeur de la substance corticale qui tombe en bouillie et une faible épaisseur de la substance blanche sous-jacente. Les autres parties du cerveau sont saines.

Obs. L. — *Aphasie; hémiplégie droite; ramollissement de la troisième circonvolution frontale de l'insula et d'autres points de la région fronto-pariétale gauche*, par **M. Magnan** (*De l'aphasie simple et de l'aphasie avec incohérence*, Soc. biol. de Paris, séance du 28 décembre 1878, et *Gaz. méd. Paris*, 1879, page 652, obs. II).

Femme, soixante-cinq ans, hémiplégie droite avec aphasie. A l'autopsie, ramollissement occupant les deuxième et troisième frontales, les trois premières digitations et le bord antérieur de la quatrième digitation de l'insula, le tiers inférieur des circonvolutions ascendantes, une bonne partie des deux lobules pariétaux. Cette vaste plaque de ramollissement comprend toute l'épaisseur de la couche corticale et pénètre profondément à travers l'insula jusqu'à l'avant-mur.

Obs. LI. — *Aphasie avec incohérence; monoplégie brachiale, puis hémiplégie droite; ramollissements corticaux multiples*, par **M. Magnan** (*loc. cit.*, obs. III; *Gaz. méd. de Paris*, 1880, page 7).

Homme, quarante-deux ans, aphasie avec incohérence. Le membre supérieur droit est parésié; la main est pendante sans mouvements, et les bras soulevés retombent inertes; sensibilité conservée. Quelques jours après, attaque apoplectiforme suivie d'une hémiplégie droite totale.

Autopsie. — Sur l'hémisphère gauche, on trouve plusieurs foyers de ramollissements corticaux. Le premier occupe le tiers postérieur de la troisième frontale, les troisième et quatrième digitations de l'insula, la première circonvolution temporale; le deuxième porte sur la première circonvolution frontale dans presque toute son étendue et sur l'extrémité supérieure de la frontale ascendante; le troisième atteint le lobule lingual. En outre, on trouve de petites plaques jaunes dans la scissure inter-pariétale, dans le sillon qui sépare la pariétale ascendante du lobule pariétal inférieur, etc.

Du côté droit, on trouve encore un foyer de ramollissement sur le lobe temporal.

Obs. LII. — *Hémiplégie gauche, lésions destructives multiples de l'écorce de l'hémisphère droit*, par **M. James Schaw** (*Brain*, 1882, page 257).

Femme, quarante-six ans, mélancolie ancienne avec idées de suicide; phthisie pulmonaire; hémiplégie gauche totale sans contracture.

Autopsie. — Plusieurs foyers de ramollissement corticaux de l'hémisphère droit : 1° au voisinage du pied de la troisième frontale; 2° sur la partie antérieure de la même circonvolution ; 3° sur les deux tiers supérieurs de la frontale ascendante; 4° sur tout le lobule pariétal inférieur et une partie du lobule pariétal supérieur. (L'extension des lésions dans le centre ovale n'est pas indiquée).

Obs. LIII. — *Hémiplégie droite; ramollissement des trois quarts inférieurs de la circonvolution pariétale ascendante gauche*, par **M. Picot** (*Gaz. hebd. des sc. méd. de Bordeaux*, 15 janvier 1881, page 403).

Homme, soixante-cinq ans; hémiplégie droite totale (face et membres), relativement plus marquée au membre supérieur qu'au membre inférieur. Sensibilité intacte; intelligence conservée. Mort quatorze jours après le début.

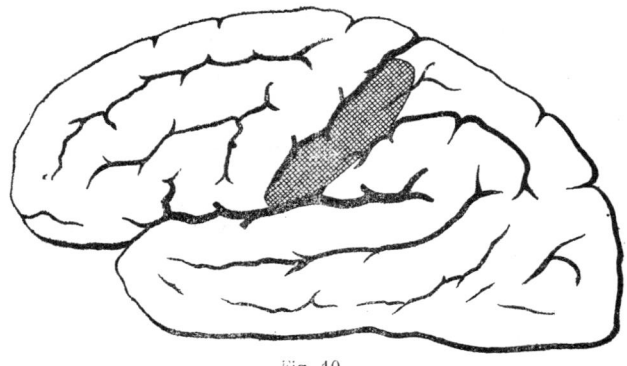

Fig. 10.

Autopsie. — Hémisphère gauche, ramollissement rouge récent exactement limité aux trois quarts inférieurs de la circonvolution pariétale ascendante. (Fig. 10.) Masses centrales saines. Sur l'hémisphère droit, on trouve un ramollissement, récent aussi, du lobe carré, n'atteignant pas le lobule paracentral et ne s'étant révélé pendant la vie pas aucun symptôme.

Obs. LIV. — *Hémiplégie droite survenue sans ictus apoplectique; déviation conjuguée de la tête et des yeux; ramollissement de la zone motrice et du lobule du pli courbe de l'hémisphère gauche*, par **M. Blaise** (*Contrib. à l'étude des localis. cérébr.* [*Gaz. hebd. sc. méd. de Montpellier*, n° 40, 1882, obs. X, page 475]).

Homme, soixante-quatorze ans, hémiplégie droite débutant sans ictus apoplectique par le membre supérieur droit, étendue le lendemain matin à tout le côté droit, mais avec une prédominance marquée à la face et au membre supérieur. Le surlendemain, nystagmus horizontal et déviation conjuguée de la tête et des yeux à gauche. Mort le cinquième jour.

Autopsie. — Ramollissement du tiers inférieur de la frontale et de la pariétale ascendantes, plus marqué encore sur les faisceaux blancs sous-jacents que sur l'écorce. Second foyer occupant le lobule du pli courbe et la moitié antérieure du pli courbe lui-même.

Obs. LV. — *Hémiplégie droite; foyer kystique ayant détruit à gauche les faisceaux frontaux et pariétaux moyens et inférieurs*, par **M. Estorc** (*loc. cit.; Montpellier médical*, juin 1882, t. 48, obs. XII, page 536).

Femme, trente-deux ans, atteinte d'une insuffisance mitrale ancienne.

Sans perdre connaissance, elle devient progressivement hémiplégique du côté droit dans les premiers jours de juin 1879.

L'hémiplégie est totale (face et membres), mais incomplète, car la malade peut exécuter quelques mouvements avec les membres paralysés. Mort le 8 août, d'accidents asystoliques.

Autopsie. — Hémisphère droit sain. Hémisphère gauche : kyste rempli d'un liquide citrin transparent (60 grammes), à parois lisses, ayant détruit sur les coupes frontale et pariétale le faisceau moyen et une partie des faisceaux supérieur et inférieur. La substance corticale et les noyaux de la base sont intacts.

A côté de ces faits de destruction totale ou assez étendue de la zone motrice, nous croyons pouvoir légitimement placer les observations suivantes, dans lesquelles les circonvolutions motrices, ayant conservé leur consistance et leur aspect ordinaire, étaient cependant privées par des oblitérations vasculaires de leur irrigation sanguine normale.

Obs. LVI. — *Oblitération embolique des branches corticales de la sylvienne. Aphasie et hémiplégie droite*, par **M. Beaumanoir** (*Archives de médecine navale*, 1879, t. XXXII, page 456). — La même observation est reproduite in *Bull. Soc. anat.*, 5 novembre 1880, et *Progrès médical*, 1881, page 366.

Homme, trente-six ans, atteint de tuberculose pulmonaire et de fistule à l'anus. Le 3 septembre 1879, en se promenant après déjeuner, il tombe tout à coup, sans pousser un cri. Porté dans son lit, on constate qu'il est aphasique et qu'il a une hémiplégie droite totale (face et membres). Le 6, ces symptômes persistent, et on note de plus une légère contracture des muscles fléchisseurs du coude droit et un commencement d'eschare à la région fessière droite. Mort le 7.

Autopsie. Oblitération, par des caillots d'apparence fibrineuse, de l'artère sylvienne gauche, au delà du chevelu qui s'enfonce dans les masses centrales au niveau de l'espace perforé antérieur. Le tronc de la sylvienne se divise en trois branches corticales (et non en quatre, comme c'est la disposition la plus fréquente), et chacune de ces trois branches est oblitérée par une prolongation du caillot principal. « Pas de ramollissement apparent des régions auxquelles se rendent les artères oblitérées. L'arrêt de la circulation ne date, il est vrai que de quatre jours ; mais l'examen microscopique n'a pas été fait. » Quelques plaques rouges de la dimension d'une pièce de vingt centimes sur la face convexe des lobes frontal et pariétal. Intégrité parfaite des masses centrales.

Obs. LVII. — *Carcinome colloïde de l'estomac et du péritoine ; aphasie et hémiplégie droite ultimes par thrombose cachectique des artères cérébrales*, par **M. Merklen** (Soc. anat., 5 novembre 1880, et *Progrès médical*, 1881, page 370).

Femme, cinquante ans. Cancer colloïde de l'estomac avec généralisation au péritoine. Quatre jours avant la mort (le 11 novembre), difficulté de la parole. Le lendemain 12, l'aphasie est beaucoup plus prononcée : la malade ne peut prononcer que le mot *oui*. Le 13, hémiparésie droite ; le 14, hémiplégie droite absolue, portant sur la face et les membres. Mort.

Autopsie. — Du côté du cerveau, on trouve plusieurs foyers de ramollissement superficiel siégeant : 1° au niveau du pli sourcilier du côté gauche ; 2° au niveau du pli courbe et de l'extrémité postérieure de la première circonvolution temporo-sphénoidale ; 3° au niveau de la corne occipitale du côté droit. La plupart des vaisseaux et surtout l'artère sylvienne gauche sont dilatés, bleuâtres, remplis de caillots évidemment thrombosiques.

Les noyaux centraux et la capsule interne ne présentent aucune trace de ramollissement ni à droite ni à gauche.

M. Merklen apprécie très justement les résultats de cette observation au point de vue de la doctrine des localisations cérébrales. « Sous l'influence, dit-il, des altérations du sang résultant de la cachexie, des thromboses multiples des artères cérébrales se sont formées peu avant la mort et se sont révélées cliniquement par de l'aphasie, de l'hémiplégie droite, des troubles mal déterminés de la sensibilité ; anatomiquement par divers foyers de ramollissement.... Les thromboses développées peu avant la mort n'ont pas eu le temps de déterminer dans toutes les régions correspondant aux vaisseaux oblitérés les lésions caractéristiques du ramollissement, et cependant elles se sont manifestées par des troubles fonctionnels incontestables. »

Lorsque les artères oblitérées sont d'un petit volume, la destruction nécrobiotique des circonvolutions sous-jacentes ne se produit pas fatalement. Les réseaux circulatoires voisins peuvent rétablir par des voies collatérales la circulation sanguine un moment interrompue, et les parties correspondantes du cerveau peuvent retrouver leur activité fonctionnelle. L'observation suivante est très instructive à ce point de vue. Elle montre en effet que l'oblitération d'une petite artère corticale peut provoquer une paralysie transitoire susceptible de se dissiper et de guérir complètement si la circulation collatérale s'établit avec assez de rapidité pour que les circonvolutions sous-jacentes échappent au ramollissement.

Obs. LVIII. — *Monoplégie brachiale transitoire ; rétablissement de la fonction au bout de deux jours ; oblitération d'une branche corticale de l'artère sylvienne, sans ramollissement apparent des circonvolutions correspondantes,* par **M. A. Poulin** (Bull. Soc. anat. de Paris, 1878, page 577).

Homme, tuberculeux, frappé le 10 décembre, sans perte de connaissance, d'une paralysie complète du bras gauche sans contracture. Pas de paralysie faciale ni de paralysie du membre inférieur. Le 12 décembre, le malade peut faire quelques mouvements de l'avant-bras et du bras ; les mouvements de la main et des doigts sont impossibles. Le 14, les mouvements sont revenus dans la main. Mort le 17.

Autopsie. — L'écorce cérébrale est saine; pas de ramollissement superficiel. La branche de la sylvienne qui se rend au sillon de Rolando et se divise à ce niveau en deux rameaux pour les circonvolutions pré et post-rolandiques est oblitérée par un caillot blanc qui occupe le tronc de la branche et ses deux bifurcations.

L'auteur fait suivre cette observation de quelques réflexions très justes. Il interprète la paralysie par la cessation brusque de la circulation dans le territoire correspondant à l'artère oblitérée et attribue la disparition de cette paralysie au rétablissement de la circulation par les anastomoses avec les territoires vasculaires voisins, avant que la mortification ait eu le temps de se produire. Il ajoute même : « S'il n'y a pas eu de paralysie du membre inférieur chez notre sujet, c'est que vraisemblablement la pariétale ascendante recevait quelques vaisseaux d'une autre branche artérielle. »

Pour terminer l'énumération des faits relatifs à l'hémiplégie totale d'origine corticale, il ne nous reste plus à signaler que quelques observations dans lesquelles l'hémiplégie partielle au début ne s'est définitivement constituée qu'après une série de poussées successives. Cette évolution graduelle des accidents indique une lésion destructive, envahissant progressivement la zone motrice corticale ou les faisceaux sous-jacents du centre ovale. Tant que la lésion est limitée, la paralysie qu'elle provoque reste partielle, et l'hémiplégie ne devient totale que lorsque la lésion a envahi une grande partie de la zone motrice. Voici le résumé de trois observations dans lesquelles des tumeurs ou tubercules des circonvolutions ont provoqué des hémiplégies qui se sont établies graduellement.

Obs. LIX. — *Hémiplégie progressive ; tumeur de la zone motrice*, par **MM. Berdinel** et **Delotte** (Bull. Soc. anat. Paris, 1878, page 204).

Femme, quarante-six ans; affaiblissement graduel de la main gauche, sans troubles de sensibilité. Quelques jours après, paralysie faciale inférieure gauche, puis parésie du membre inférieur gauche. Plus tard, hémiplégie gauche totale et complète.

Autopsie. — Tumeur volumineuse située au-dessous des circonvolutions ascendantes dans les faisceaux frontal et pariétal moyens ; trois autres tumeurs plus petites existent, l'une dans le lobule pariétal supérieur, les deux autres dans le lobe sphénoïdal.

Obs. LX. — *Tumeur cérébrale, hémiplégie droite, aphasie,* par **M. Duvernoy** (Bull. Soc. anat., 1879, page 243).

Homme, cinquante-sept ans. Hémiplégie droite à début lent et progressif. Le malade s'est aperçu tout d'abord qu'il ne pouvait plus remuer aussi facilement que d'habitude les doigts de la main droite. Quelques jours plus tard, il a remarqué que la jambe du même côté ne pouvait plus le soutenir comme auparavant. Enfin, plus tard encore, les symptômes paralytiques s'accentuèrent, et l'aphasie apparut : le malade commença par bredouiller, puis il perdit complètement l'usage de la parole. La mort eut lieu sans qu'il se fût jamais produit de vomissements ni de convulsions.

Autopsie. — Dans l'hémisphère gauche, au-dessous de la circonvolution frontale ascendante, et coiffée pour ainsi dire par cette circonvolution déplissée et ramollie, existe une tumeur du volume d'une grosse orange, qui refoule en arrière la circonvolution pariétale ascendante et en avant les circonvolutions frontales antéro-postérieures, particulièrement la circonvolution de Broca.

Obs. LXI. — *Hémiplégie droite totale; méningite tuberculeuse avec lésions corticales de la zone motrice gauche,* par **M. Ch.-K. Mills** (*Five cases of disease of the Brain,* etc. [*Brain,* 1880, obs. III, page 554]).

Homme, trente ans ; hémiplégie progressive débutant par le bras droit et gagnant la moitié droite de la face et le membre inférieur droit. De temps en temps, la jambe droite seule, ou en même temps que la main du même côté, est le siège de secousses ou de tremblements convulsifs.

Autopsie. — Méningite tuberculeuse avec adhérences des méninges et ramollissement cortical au niveau des circonvolutions ascendantes et du lobule paracentral gauches.

Nous venons d'énumérer toutes les observations d'hémiplégies totales provoquées par des lésions des circonvolutions qui ont été publiées à notre connaissance dans ces quatre dernières années. Il résulte de leur étude que toujours l'hémiplégie d'origine corticale a été le résultat de lésions étendues des circonvolutions ascendantes. Il est vrai que l'extension des lésions n'est pas toujours aussi grande que semblerait devoir l'indiquer la théorie. Mais il faut tenir compte, dans les cas où la mort a suivi de près l'ictus apoplectique, des troubles circulatoires qui peuvent se produire au voisinage du foyer principal et qui sont de nature à modifier profondément les fonctions de l'écorce à une certaine distance au delà des points détruits. Dans les cas anciens, il faut tenir compte aussi de l'extension du foyer dans la profondeur des faisceaux blancs du centre ovale, fait dont on a malheureusement souvent oublié de tenir compte dans les détails des autopsies. Il y a là deux causes d'erreur qui compliquent les résultats et dont il est difficile de faire exactement la part dans l'interprétation des cas qui nous occupent, surtout quand il s'agit des cas récents.

On peut cependant conclure, d'après l'étude des faits connus jusqu'à ce jour, que les lésions corticales susceptibles de donner lieu à des hémiplégies totales permanentes siègent toujours sur la zone motrice et qu'elles occupent la totalité ou tout au moins une bonne partie de la surface de cette zone motrice.

§ 2. — *Lésions de la zone motrice ayant déterminé des monoplégies associées.*

Il existe deux formes cliniques de monoplégies associées Dans l'une, les deux membres d'un côté du corps sont paralysés, la face conservant sa motilité normale ; dans l'autre, la paralysie porte sur une moitié de la face et sur le membre supérieur correspondant, le membre inférieur conservant l'intégrité de ses mouvements.

Ces deux formes d'associations paralytiques sont produites par des lésions occupant des sièges différents. Les paralysies de la face et du membre supérieur correspondent à des lésions de l'extrémité inférieure de la zone motrice ; les paralysies associées des deux membres du même côté correspondent à des lésions de l'extrémité supérieure de la zone motrice. Telles sont les conclusions auxquelles nous a conduit l'analyse des dix-sept observations régulières de monoplégies associées contenues dans nos travaux antérieurs.

Les observations plus récentes confirment, ainsi qu'on va le voir, les règles que nous avons posées antérieurement.

A. — *Observations nouvelles de monoplégies associées des membres.*

Quand, à la suite d'une lésion cérébrale, les membres d'un côté du corps sont et restent paralysés, la face conservant sa motilité normale, on peut presque sûrement en conclure que la lésion provocatrice occupe la moitié supérieure de la zone motrice corticale du côté opposé aux membres paralysés. L'exactitude de cette règle est démontrée par les observations suivantes :

Obs. LXII. — *Monoplégies associées des membres du côté gauche, plaque de méningite tuberculeuse à l'extrémité supérieure de la zone motrice,* par **MM. Barié et du Castel.** (*Bull. Soc. anat.*, 1881, page 463, et *Progrès médical*, 1882, page 146).

Homme, vingt-sept ans, atteint de phthisie pulmonaire à la troisième période. Il y a six jours, en traversant une rue, il fut pris d'étourdissement, sinon de perte complète de connaissance : il tomba par terre, et en revenant à lui il était paralysé de la jambe gauche. Quelques jours plus tard, il ressentit des picotements et de l'engourdissement dans le membre supérieur gauche : ce membre devint parétique, et deux jours après il était tout à fait paralysé. Pas de paralysie faciale. Somnolence, coma, mort.

Autopsie. — Sur l'hémisphère droit, à l'extrémité supérieure du sillon de Rolando, existe une plaque de méningite fibrino-purulente de deux à trois millimètres d'épaisseur, adhérente à la substance cérébrale sous-jacente et appliquée sur la partie supérieure des circonvolutions frontale et pariétale ascendantes. Cette plaque se continue sur la face interne de l'hémisphère, où elle recouvre le lobule paracentral. Pas de méningite diffuse sur le reste de l'encéphale.

Obs. LXIII. — *Monoplégie crurale gauche, puis paralysie des deux membres du côté gauche ; lésion corticale de l'hémisphère cérébral droit au niveau du lobule paracentral et de la partie supérieure des circonvolutions frontale et pariétale ascendantes*, par **MM. Gouguenheim** et **Ménard** (*Soc. méd. des hôpit.*, séance du 22 février 1878, et *Union médicale*, 1878, t. XXV, page 691).

Homme, quarante-cinq ans, alcoolisé chronique ; prétend que le 9 février 1870 son pied a tourné pendant son travail et qu'il a pris une entorse. A l'examen, le 13 février, on ne trouve ancien signe d'entorse, mais une paralysie du membre inférieur gauche. Le membre inférieur droit et les deux membres supérieurs sont normaux. Sensibilité conservée. Le 15, ce membre inférieur gauche est complètement flasque ; le bras correspondant est indemne. Le 16, la paralysie s'est étendue au membre supérieur gauche ; mais la face est épargnée. Le malade peut siffler et fermer également bien les deux yeux. Mort le 17.

Autopsie. — Arachnoïde opaline sur toute la convexité des hémisphères cérébraux ; granulations tuberculeuses disséminées de la pie-mère. A l'extrémité supéro-interne des circonvolutions ascendantes de l'hémisphère droit, la pie-mère est doublée d'une fausse membrane jaunâtre, adhérente à la surface cérébrale, dont l'altération est superficielle. Le corps strié, la couche optique, le cervelet, la protubérance, le bulbe ne présentent rien d'anormal.

Obs. LXIV. — *Monoplégies associées des membres du côté droit ; ramollissement du lobule paracentral et de la partie supérieure des circonvolutions ascendantes à gauche*, par **M. Grasset** (*Etudes cliniques et anatomo-pathologiques*, Montpellier, 1878, page 8).

Homme, soixante-dix-huit ans, hémiplégie droite très nette portant sur le bras et la jambe, mais laissant la face dans un état complet d'intégrité. Il y avait un peu de diminution de la sensibilité de ce côté sans anesthésie véritable. Durée, quelques jours seulement.

Autopsie. — Ramollissement cortical occupant le lobule paracentral et les parties contiguës du lobule carré et de la première circonvolution frontale (fig. 11). L'extrémité supérieure des circonvolutions ascendantes était lésée.

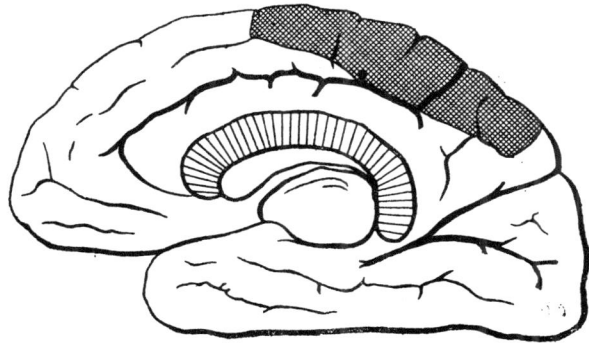

Fig. 11.

Obs. LXV. — *Hémiplégie gauche limitée aux membres et persistante, foyer cicatriciel à l'extrémité supérieure des circonvolutions ascendantes*, par **M. Estorc** (loc. cit.; *Montpellier médical*, mai 1802, t. 48, page 496, obs. X).

Homme, soixante-quatorze ans : paralysie limitée aux membres du côté gauche et persistant depuis deux ans (il n'est pas dit dans l'observation s'il y avait de la contracture secondaire). Mort rapide à la suite d'une attaque d'apoplexie accompagnée d'hémiplégie droite.

Autopsie. — Vaste foyer hémorrhagique dans l'hémisphère gauche avec inondation ventriculaire récente. *Hémisphère droit*[1] : foyer cicatriciel ayant détruit l'extrémité supérieure des circonvolutions marginales, qui sont affaissées et rétractées à cet endroit. Ce foyer intéresse toute l'épaisseurs de la substance grise et le tiers environ des faisceaux blancs sous-jacents.

Obs. LXVI. — *Convulsions épileptiformes du membre supérieur droit, hémiplégie des membres du côté droit; plaque de méningite tuberculeuse à l'extrémité supérieure de la zone motrice*, par **M. S. Sorel** (*Revue mensuelle de médecine et de chirurgie*, 1880, page 542).

Homme, trente ans; est pris dans la rue de convulsions épileptiformes à deux reprises différentes : transporté à l'hôpital, on constata des convulsions cloniques du membre supérieur droit avec rotation de la tête et déviation conjuguée des yeux vers le côté droit.

Le lendemain, la connaissance est revenue : Hémiplégie flasque des

---

1. Dans le texte original, une faute d'impression a fait substituer le mot *gauche* au mot *droit*. Il n'est pas douteux qu'il s'agisse bien réellement d'une faute d'impression; le titre de l'observation, la description antérieure des lésions de l'hémisphère gauche, ne peuvent laisser la moindre incertitude à ce sujet.

membres du côté droit avec affaiblissement de la sensibilité; rien d'anormal à la face. Articulation des mots possible, mais difficile. Céphalalgie pariétale gauche. Mort deux jours après sans avoir eu de nouvelles convulsions.

Autopsie. — Plaque de méningite tuberculeuse adhérente à la substance cérébrale au niveau du quart supérieur de la circonvolution frontale ascendante gauche et s'étendent sur le pied de la première frontale et sur le lobule paracentral. Au-dessous, la substance grise est ramollie, et même la substance blanche est intéressée dans une petite épaisseur. Un second foyer plus petit et plus superficiel se trouve sur la deuxième frontale. Granulations miliaires dans les poumons.

Obs. LXVII. — *Gomme syphilitique de la première circonvolution frontale gauche empiétant légèrement sur le lobule paracentral, hémiplégie droite sans paralysie faciale,* par **M. Gilles de La Tourette** (*Soc. anat. de Paris*, séance du 7 octobre 1881, et *Progrès médical*, 1882, page 346).

Femme, trente-quatre ans, entrée à l'hôpital le 4 septembre. Depuis quatre jours, paralysie complète et flaccide des membres du côté droit, aphasie, rotation de la tête vers le côté droit et déviation conjuguée des yeux du même côté.

Pas de paralysie de la face, de la langue ni du voile du palais. Sensibilité générale conservée : sens spéciaux intacts. Mort le 11 septembre.

Autopsie. — Tumeur adhérente aux méninges, du volume d'une noix, située au niveau de la face externe et de l'extrémité postérieure de la première circonvolution frontale droite au voisinage du lobule paracentral. Au point où elle touche la première circonvolution frontale, la substance grise paraît exulcérée et ramollie superficiellement. Le cervelet, le bulbe et la moelle sont sains.

Obs. LXVIII. — *Monoplégie associée des membres du côté gauche. Lésion corticale limitée de l'extrémité supérieure des circonvolutions ascendantes droites,* par **M. David Ferrier** (*Brain*, 1880, p. 128).

Homme, quarante ans; se plaint le 24 octobre 1879 d'engourdissement du membre inférieur gauche et d'un peu d'inhabilité à mouvoir ce membre. Deux jours après, monoplégie crurale complète. Le 28 octobre, le malade prétend que sa main gauche devient comme sa jambe, et le 31 elle est en effet complètement paralysée.

Le 6 novembre, mouvements convulsifs des membres du côté gauche. Les jours suivants, on constate une paralysie flaccide de ces membres sans traces de paralysie faciale ni de déviation de la langue. Mort le 24 novembre.

Autopsie. — Masse caséeuse étalée au-dessus du lobule paracentral droit et de la partie supérieure des circonvolutions ascendantes du même côté, adhérente à la substance grise sous-jacente, dont elle ne peut être séparée que par arrachement. Cette plaque recouvre tout le lobule paracentral.

Sur la face convexe de l'hémisphère, elle s'enfonce dans le sillon de Rolando et s'y prolonge jusqu'à une distance de deux pouces environ.

Le reste de l'encéphale est sain. Les lésions sont purement corticales ; la substance blanche sous-jacente est injectée, mais non ramollie.

Obs. LXIX. — *Monoplégie du membre inférieur gauche, attaques d'épilepsie partielle, extension de la paralysie au membre supérieur gauche : plaque de méningite tuberculeuse localisée au voisinage du lobule paracentral,* par **M. Gilbert Ballet** (observation faisant partie d'un mémoire encore inédit et qui sera publié prochainement dans les *Archives de neurologie*).

Femme, trente-cinq ans, entrée le 8 mars 1882 dans le service de M. Charcot. A éprouvé il y a trois mois un engourdissement avec parésie de la jambe gauche, quinze jours après, attaque épileptiforme à type hémiplégique gauche. Pendant la semaine suivante, deux autres attaques épileptiformes eurent lieu ; à la suite de la dernière, le bras gauche reste paralysé.

Le 9 mars, on constate une paralysie complète du membre inférieur gauche et une paralysie incomplète du membre supérieur du même côté. Sensibilité générale et spéciale intacte dans tous ses modes. Tuberculose pulmonaire. Mort le 14 mars.

Autopsie. — Adhérences de la pie-mère sur la face interne de l'hémisphère droit au niveau du lobule paracentral et de la partie supérieure des circonvolutions frontale et pariétale ascendantes. En ce point, la pie-mère est est épaisse, jaunâtre, infiltrée de granulations tuberculeuses, très adhérente à la substance cérébrale sous-jacente. Une coupe transversale (coupe pédiculo-frontale) montre que l'infiltration tuberculeuse pénètre profondément la substance grise et un peu la substance blanche au niveau du lobule paracentral, qui est pour ainsi dire réduit à l'état de masse tuberculeuse. En dehors du lobule paracentral et de l'extrémité supérieure des circonvolutions ascendantes on ne découvre aucune altération appréciable ni à la surface ni dans la profondeur de l'encéphale.

Obs. LXX. — *Monoplégie du membre inférieur gauche ; extension de la paralysie au membre supérieur du même côté : ramollissement du lobule paracentral,* par **M. Gilbert Ballet** (*Loc. cit.*).

Femme très âgée ; ressent le 2 avril une sorte d'engourdissement suivi de parésie dans le membre inférieur gauche. Le 4 avril, ce membre est tout à fait impotent, incapable d'exécuter aucun mouvement volontaire. Le membre supérieur gauche au contraire et la face sont complètement indemnes. Le 8 avril, la motilité du bras gauche est altérée, les mouvements de la main et de l'avant-bras sont conservés, mais ceux du bras sont nuls ; le malade ne peut pas porter la main à la bouche. Pas de déviation des traits du visage. Le 9, la paralysie des membres du côté gauche est complète ; rien de nouveau à la face. Mort le 14, sans avoir présenté rien de particulier du côté de la face.

Autopsie. — *Hémisphère gauche* absolument sain. *Hémisphère droit* :

Le lobule paracentral a conservé sa forme, mais sa substance offre un aspect spongieux un peu rougeâtre, et elle a une consistance comme gélatineuse. Cette altération dépasse un peu en arrière le sillon de séparation d'avec le lobule carré, et sur la convexité les deux circonvolutions ascendantes sont également altérées dans l'étendue de deux centimètres environ à partir de la scissure interhémisphérique. Les autres circonvolutions, les masses centrales, la protubérance, le bulbe n'offrent aucune altération.

En somme, dans les neuf observations nouvelles de monoplégies associées des membres resultant de lésions corticales et publiées dans ces dernières années, les lésions siégeaient toujours sur la partie supérieure des circonvolutions ascendantes ou sur le lobule paracentral, ce qui confirme pleinement la règle formulée au début de ce paragraphe.

B. — *Observations nouvelles de monoplégies associées du membre supérieur et de la moitié correspondante de la face.*

Quand, à la suite d'une lésion cérébrale, il se produit une paralysie du membre supérieur d'un côté et de la moitié correspondante de la face, les membres inférieurs conservant leur motilité, on est en droit d'en conclure que la lésion provocative siège sur la moitié inférieure de la zone motrice corticale du côté opposé, ainsi que le démontrent les observations suivantes :

Obs. LXXI. — *Monoplégies associées du membre supérieur gauche et de la face : ramollissement du tiers inférieur de la zone motrice,* par **MM. Wannebroucq** et **Kelsch** (*Contribution à l'étude des localisations cérébrales*, Progrès médical, 1881, page 121).

Homme, cinquante-cinq ans. Paralysie flaccide récente du membre supérieur gauche ; paralysie faciale inférieure gauche. Déviation conjuguée des yeux et rotation de la tête vers la droite. Pas de paralysie des membres inférieurs. Mort deux jours après, avec les mêmes symptômes.

Autopsie. — Ramollissement rouge siégeant sur l'hémisphère droit et occupant : l'extrémité postérieure des deux dernières circonvolutions frontales externes, le tiers inférieur des deux circonvolutions frontale et pariétale ascendantes, tout le lobule du pli courbe et le tiers antérieur du pli courbe lui-même. Masses centrales saines.

Obs. LXXII — *Monoplégies associées du membre supérieur gauche et de la face : ramollissement cortical étendu, occupant dans la zone motrice les deux tiers inférieurs de la frontale ascendante,* par **M. Ballet** (Th. doct. Paris, 1882, page 186).

Femme, soixante-trois ans. Hémiplégie gauche partielle à début progressif.

Paralysie faciale gauche et paralysie complète du membre supérieur gauche avec légère raideur du coude. Pas de différences appréciables dans l'état de la motilité des deux membres inférieurs. Mort vingt-sept jours après le début des accidents.

Autopsie. — Dans l'hémisphère droit, on trouve trois foyers de ramollissement corticaux. Le premier occupe les trois quarts inférieurs de la circonvolution frontale ascendante et toute l'étendue des 2e et 3e frontales ; le deuxième intéresse la partie moyenne des lobules pariétaux et la partie la plus reculée de la première circonvolution temporo-sphénoïdale ; le troisième est situé à la face interne de l'hémisphère, où il a détruit le coin et les portions contiguës des convolutions sphéno-occipitales. Les masses centrales et la capsule interne sont saines.

Sur l'hémisphère gauche, on trouve un petit foyer de ramollissement, large comme une pièce de deux francs, placé à la partie supérieure du lobule pariétal et intéressant légèrement la circonvolution pariétale ascendante. (Le degré d'altération de cette circonvolution n'est pas indiqué.)

Obs. LXXIII. — *Hémiplégie et hémianesthésie gauches avec prédominance des symptômes à la face et au membre supérieur : foyer de ramollissement du tiers inférieur des circonvolutions ascendantes*, par **M. T. Pétrina** (*loc. cit.*, obs. II, page 5).

Homme, soixante-sept ans, frappé d'apoplexie en décembre 1880. Il resta douze heures dans le coma, et, quand il revint à lui, on constata une paralysie du côté gauche de la face et du membre supérieur gauche. Il entra à l'hôpital le 28 février 1881, et l'examen fait à cette époque révéla les particularités suivantes :

Paralysie faciale inférieure gauche avec ptosis de la paupière supérieure du même côté ; pupilles égales. Parésie du membre supérieur gauche. Très léger affaiblissement du membre inférieur gauche. Le malade traîne un peu la jambe en marchant et se tient moins solidement sur la jambe gauche seule que sur la droite. Anesthésie de la moitié gauche de la face et du membre supérieur gauche. Mort le 7 mars.

Autopsie. — Foyer de ramollissement nécrobiotique siégeant entre les lèvres du sillon de Rolando et intéressant le tiers inférieur des circonvolutions frontale et pariétale ascendantes. La lésion est purement corticale. Oblitération thrombosique des artères correspondantes.

Ainsi les trois observations nouvelles de monoplégies associées de la face et du membre supérieur correspondent toutes à des lésions limitées de l'extrémité inférieure de la zone motrice, ce qui confirme la règle que nous avons formulée plus haut.

§ 3. — *Lésions de la zone motrice ayant déterminé des monoplégies pures.*

L'histoire des monoplégies d'origine corticale est certainement un des points les plus intéressants de l'étude des localisations motrices dans l'écorce du cerveau. Les faits sur lesquels repose cette histoire ont la valeur de véritables expériences pratiquées sur l'homme. De petits foyers de ramollissement, très limités, détruisent tout aussi sûrement les fonctions des portions ramollies des circonvolutions que pourrait le faire le scalpel de l'expérimentateur. En comparant entre elles un nombre suffisant d'observations de ce genre, on doit arriver à déterminer sur le cerveau de l'homme la topographie des centres moteurs corticaux avec autant de précision que cela pourrait être fait sur les animaux par la méthode des vivisections. Les observations connues jusqu'à ce jour sont assez concordantes pour qu'on puisse d'ores et déjà diviser la zone motrice en un certain nombre de territoires fonctionnellement distincts. Peut-être pourra-t on plus tard multiplier le nombre de ces centres corticaux ; peut-être pourra-t-on établir des divisions secondaires dans les centres connus. Toujours est-il que pour le moment on est en mesure de fixer jusqu'à un certain point la topographie des régions corticales qui président à la motilité volontaire des muscles des membres et de la face du côté opposé du corps.

Il va de soi que cette topographie ne saurait être qu'approximative. Il est impossible, et il sera vraisemblablement toujours impossible d'apporter une certitude géométrique dans la solution des problèmes qui nous occupent. Les sciences biologiques ne comportent pas cette précision absolue. Tout est changeant, mobile et personnel dans une certaine mesure, chez les êtres vivants. Le cerveau est construit dans chaque espèce animale sur un type général uniforme. Mais le détail de ses dispositions extérieures est à un certain degré variable. Les circonvolutions ne sont pas identiquement pareilles chez tous les individus d'une même espèce : elles varient chez un même sujet d'un hémisphère à l'autre. Il est certain qu'à ces différences morphologiques correspondent des différences analogues dans l'étendue et la distribution des territoires corticaux pourvus de fonctions distinctes, et que par conséquent on ne saurait fixer les limites absolues de tel ou tel de ces territoires. Hâtons-nous d'ajouter cependant que les variations individuelles ne sont pas tellement étendues qu'on ne puisse établir des lois et déterminer avec une précision relative la topographie vulgaire de quelques centres moteurs corticaux.

Sous ce nom de *centres moteurs corticaux*, nous entendons désigner simplement les parties des circonvolutions cérébrales dont la destruction provoque nécessairement des paralysies motrices dans tel ou tel groupe musculaire du côté opposé du corps. Nous ne recherchons rien autre chose que les lois de coexistence de certaines lésions avec certains symptômes. Les interprétations théoriques nous préoccupent fort peu quant à présent, et nous ne voulons pas entrer dans les discussions très complexes qu'elles peuvent soulever. Il nous suffit de savoir que telles parties des circonvolutions ne peuvent être détruites chez l'homme sans qu'il en résulte certains troubles de la motilité volontaire, pour que nous donnions à ces parties le nom de *centres moteurs corticaux*, bien que nous ne soyons pas encore fixés d'une façon positive sur la nature des rapports qui unissent, dans l'espèce, l'organe à la fonction.

Nous avons essayé de montrer dans nos précédents travaux que certaines lésions très limitées de l'écorce pouvaient provoquer des paralysies isolées de la langue, de la face, du membre supérieur ou du membre inférieur, selon le siège qu'occupaient ces lésions sur la zone motrice. Les observations publiées depuis quatre ans nous ont permis de vérifier quelques-unes de nos assertions; mais nous ne pouvons les contrôler toutes, car nous n'avons pas trouvé d'observations nouvelles de monoplégie de la langue. Il existe en revanche plusieurs faits relatifs à des cas de monoplégie faciale, brachiale ou crurale dont nous devons donner les résumés.

A. — *Observations nouvelles de monoplégies faciales.*

D'après nos observations antérieures, la région de l'écorce dont la destruction est susceptible de provoquer la paralysie de la partie inférieure de la face du côté opposé, occupe l'extrémité inférieure des deux circonvolutions ascendantes et plus spécialement de la frontale ascendante. Six observations nouvelles confirment cette proposition.

Obs. LXXIV. — *Monoplégie faciale gauche. Hémorrhagie corticale de l'extrémité inférieure de la circonvolution frontale ascendante droite*, par **M. Ballet** (*Progrès médical*, 1880, page 762).

Femme, soixante-onze ans. Le 2 août, elle s'est subitement affaissée sans perdre connaissance. Le lendemain matin, on la trouve dans l'état suivant : paralysie faciale inférieure gauche très marquée, langue fortement déviée vers la gauche; pas de déviation conjuguée de la face et des yeux.

La motilité des membres paraît à peu près intacte. Peut-être le membre supérieur gauche est-il légèrement parésié; dans tous les cas, la malade le meut avec une assez grande facilité. Il n'y a aucune différence dans la motilité des membres inférieurs. Le soir, il existe de la déviation conjuguée de la tête et des yeux vers le côté droit. Le membre supérieur gauche est plus nettement parésié que le matin. Mort le 6 août.

Autopsie. — Pas de lésions de l'hémisphère gauche. Sur la face externe de l'hémisphère droit, on trouve un foyer hémorrhagique cortical du volume d'une grosse noix, renfermant un caillot rouge, récent, du poids de cinq grammes, occupant la partie inférieure de la circonvolution frontale ascendante (fig. 12). Sur des coupes méthodiques, on constate que l'hé-

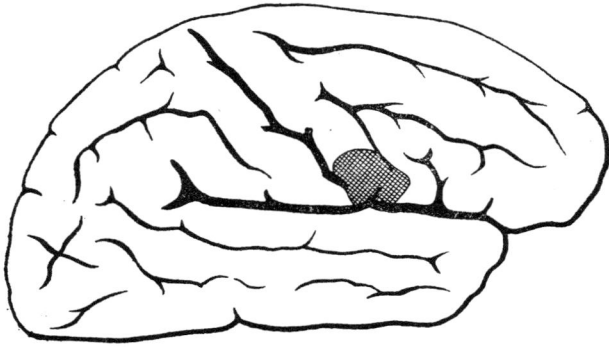

Fig. 12.

morrhagie a détruit le faisceau frontal inférieur et empiété sur le faisceau pariétal correspondant, sans pénétrer assez profondément pour atteindre les noyaux gris centraux.

Obs. LXXV. — *Aphasie, paralysie faciale droite, ramollissement du pied de la troisième frontale gauche*, par **M. T. Pétrina** (*loc. cit.*, obs. III, page 7).

Femme, vingt ans, entrée à l'hôpital pour une insuffisance mitrale. Quelque temps auparavant, elle avait perdu subitement connaissance et était restée aphasique. Lors de l'entrée à l'hôpital, le 6 février 1879, on constate : aphasie et agraphie, paralysie faciale droite. Aucun trouble paralytique dans les membres. Anesthésie de la moitié droite de la face et de la partie supérieure droite du tronc. Mort des progrès de l'affection du cœur.

Autopsie. — Petit foyer de ramollissement ocreux, de 15 millimètres de diamètre, occupant exactement le pied de la troisième circonvolution frontale et la portion immédiatement contiguë de la frontale ascendante. La lésion est purement corticale. Le reste du cerveau est normal.

Obs. LXXVI. — *Monoplégie faciale droite, aphasie, plaque jaune de la troisième circonvolution frontale et de la frontale ascendante*, par **M. Nothnagel** (*Topische Diagnostik der Gehirnkrankheiten*, Berlin, 1879, page 427).

Homme, vingt-huit ans, droitier, atteint d'une affection cardiaque mal compensée dont il finit par mourir après avoir eu des embolies multiples et de l'asystolie. Après une perte subite de connaissance, il reste aphasique, avec légère paralysie du facial inférieur droit. Pas la moindre paralysie dans les membres. Anesthésie générale prédominante du côté droit, sans aucun trouble des sens spéciaux. Peu à peu, l'aphasie diminue ; mais, après quelques jours, elle augmente de nouveau. La paralysie faciale persiste jusqu'à la mort.

Autopsie — Plaque jaune, corticale, de 1 millim. à 1 millim. et demi d'épaisseur, occupant la moitié antérieure du tiers moyen de la circonvolution frontale ascendante, le fond du sillon précentral, une petite partie du pied de la deuxième circonvolution frontale et la partie le plus postérieure (pars opercularis) de la troisième. Le reste du cerveau sain.

Obs. LXXVII. — *Monoplégie faciale inférieure gauche : lésions multiples de l'écorce, un des foyers occupant la partie inférieure de la frontale ascendante droite*, par **M. Nothnagel** (*loc. cit.*, page 411).

Homme, 38 ans, entré à l'hôpital pour une insuffisance aortique. Depuis quatre semaines, faiblesse de la vue, surtout de l'œil droit ; pas d'hémianopsie ; milieux de l'œil normaux. Le 27 mai survient une paralysie faciale inférieure gauche sans aucun autre trouble moteur ou sensitif. La joue gauche est plus rouge et plus chaude que la droite. La paralysie persiste jusqu'au 6 avril, jour où la malade meurt subitement.

Autopsie. — Hémorrhagie méningée toute récente, pouvant expliquer la mort rapide. *Hémisphère droit :* Adhérences de la pie-mère au niveau de la partie postérieure de la troisième circonvolution frontale et de la moitié antérieure du tiers inférieur de la frontale ascendante. Au-dessous de ces points, foyer de ramollissement s'étendant à travers le centre ovale jusqu'à la tête du noyau coudé, qui est intact. — *Hémisphère gauche :* Un autre foyer de ramollissement occupant la troisième circonvolution frontale en respectant son pied. D'autres foyers existent sur la première circonvolution occipitale, sur la partie postérieure du lobule pariétal supérieur et sur la partie antérieure du coin. Le reste du cerveau est sain.

Obs. LXXVIII. — *Paralysie faciale gauche : tumeur du lobe sphénoïdal atteignant l'extrémité inférieure des circonvolutions ascendantes*, par **M. Thomas Buzzard** (*Brain*, 1881, page 130).

Homme, vingt-sept ans, sujet à des vertiges depuis plusieurs années. Pas de paralysie des membres. Une semaine avant sa mort, il put chasser un jour pendant huit heures consécutives. Céphalalgie intense, mais intermittente. Légère paralysie faciale gauche.

Autopsie. — Gliome mou, infiltré de kystes et de petits foyers hémorrhagiques occupant tout le lobe temporo-sphénoïdal ; la tumeur se confond progressivement avec les parties voisines. Elle s'étend jusqu'à l'extrémité inférieure des circonvolutions ascendantes.

Obs. LXXIX. — *Traumatisme du cerveau par un coup de feu. Lésion de l'extrémité inférieure de la frontale ascendante gauche : paralysie faciale droite*, par **M. R.-W. Amidon** (*A contribution to the study* *of cerebral localization* [*The journal of nervous and mental disease*, january 1880, page 43, obs. V]).

Aphasie, agraphie, paralysie faciale droite, secousses dans le pouce droit. A l'*autopsie*, désorganisation du cerveau dans une largeur de 4 centimètres, allant depuis la partie antérieure du lobe frontal gauche jusqu'aux scissures de Sylvius et de Rolando. L'image annexée à l'observation montre que la lésion occupait la troisième frontale dans toute son étendue et la portion correspondante de l'extrémité inférieure de la pariétale ascendante.

Ainsi, dans les six observations de monoplégie faciale, qui sont parvenues à notre connaissance depuis 1878, la lésion atteignait toujours l'extrémité inférieure de la circonvolution frontale ascendante. La concordance de ces observations leur donne une très grande valeur, et nous croyons pouvoir en déduire que le centre cortical présidant aux mouvements volontaires de la face siège dans l'extrémité inférieure de la circonvolution frontale ascendante, du côté opposé.

B. — *Observations nouvelles de monoplégies brachiales.*

Les monoplégies brachiales paraissent être les plus fréquentes de toutes les monoplégies d'origine corticale. D'après les observations que nous avions entre les mains en 1877, nous avions cru pouvoir rattacher ces monoplégies à des lésions limitées du tiers moyen de la circonvolution frontale ascendante du côté opposé. Cette opinion a été vivement attaquée. Malgré les contestations dont elle a été l'objet, nous n'avons pas pensé devoir la modifier en 1878.

Les faits publiés depuis confirment en général l'opinion que nous avons soutenue. Mais, ainsi qu'on va le voir, deux d'entre eux semblent démontrer que les lésions susceptibles de provoquer les monoplégies brachiales peuvent siéger un peu au-dessus du tiers moyen de la circonvolution frontale ascendante.

Obs. LXXX. — *Epilepsie partielle débutant par le membre supérieur gauche, plus tard monoplégie brachiale gauche. Autopsie : gliome du tiers moyen des circonvolutions ascendantes droites*, par **M. Franz Müller** (de Graz) [*Zur Jackson'schen Epilepsie und Localisation des Armcentrums*, communication au congrès médical de Londres, 1881].

Homme, soixante-un ans ; éprouve en octobre 1879 des douleurs dans la main gauche. En avril 1880 survient un violent accès de convulsions cloniques débutant par le membre supérieur gauche, s'étendant ensuite à la face et au membre inférieur du même côté et durant une demi-heure. Jusqu'au mois de novembre 1880, plusieurs accès semblables se produisent.

A partir du mois de novembre, les accès convulsifs disparaissent; mais le membre supérieur gauche reste complètement paralysé, les muscles du visage et du membre inférieur gauche conservant leur motilité. Dans les derniers jours seulement, on nota un peu de chûte de la paupière et de myosis. Mort le 2 avril 1881.

Autopsie. — Gliome de l'écorce siégeant au niveau de la partie moyenne des circonvolutions ascendantes et s'enfonçant en forme de coin dans la substance blanche jusqu'à la base de la frontale ascendante (fig. 13). Le

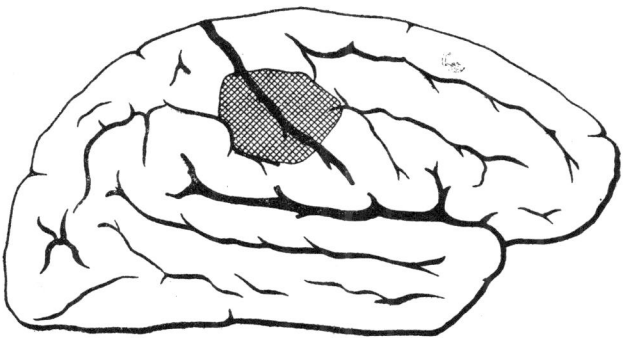

Fig. 13.

reste du cerveau est sain. Pas de traces de dégénération secondaire dans le pédoncule.

Obs. LXXXI. — *Monoplégie brachiale gauche, abcès de la circonvolution frontale ascendante droite,* par **M. Binswanger** de Breslau (*Ærtz. Zeitsch.*, 1879). (Nous rapportons cette observation d'après l'analyse qu'en a donnée le *Lyon médical*, 1881, t. 1, page 33).

Homme, cinquante-un ans, fièvre, abattement, anorexie, diarrhée. Pas d'autres symptômes cérébraux qu'une paralysie du bras gauche sans trouble de la sensibilité. Un accès épileptiforme survint dans le cours de la maladie, qui dura quatre semaines.

A l'*autopsie*, on trouva dans la partie centrale de la circonvolution frontale ascendante droite un foyer purulent à paroi dure et fibreuse. — Otite tuberculeuse.

Obs. LXXXII. — *Monoplégie brachiale avec hémiplégie faciale incomplète, foyer de ramollissement rouge au milieu de la circonvolution frontale ascendante du côté opposé,* par **M. J.-B. Gauché** (Société de biologie de Paris, séance du 17 mai 1879, et *Gaz. méd. Paris*, 1879, page 309).

Homme, quarante-un ans, entré à l'hôpital comme tuberculeux. Le 6 janvier, il se réveille atteint de paralysie du membre supérieur gauche.

Tandis que le bras droit et les membres inférieurs se meuvent sous l'influence de la volonté, le bras gauche, soustrait à son empire, retombe inerte quand on le soulève. Pas d'anesthésie. Le lendemain, paralysie incomplète et légère de la moitié gauche de la face. Mort le 9.

Autopsie. — Au niveau du tiers moyen de la frontale ascendante (fig. 14)

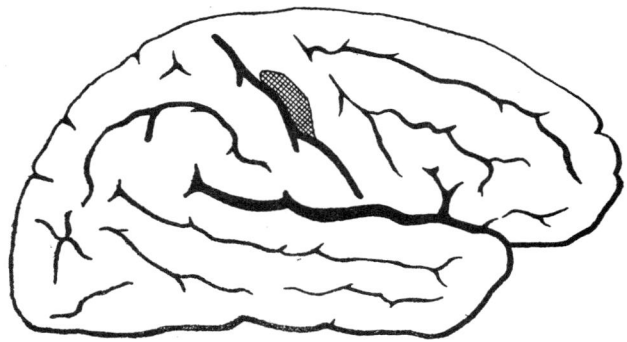

Fig. 14.

existe une zone de teinte rosée, molle au toucher, tranchant bien nettement par sa couleur et sa consistance avec les parties voisines restées saines. En arrière, cette zone s'étend un peu sur la pariétale ascendante. Intégrité complète des noyaux centraux.

OBS. LXXXIII. — *Monoplégie brachiale droite. Tumeurs multiples de l'hémisphère gauche, l'une d'elles siégeant dans la portion moyenne de la frontale ascendante*, par **M. Bouzol.** (*Lyon médical*, 1880, t. II, page 271).

Homme, vingt-cinq ans, entré à l'hôpital pour des accidents pulmonaires. Le 22 janvier 1880, il s'aperçoit que son bras droit est paralysé et ne peut exécuter les mouvements volontaires même les plus faibles. Ce membre est analgésique. Absolument rien d'anormal du côté du tronc, de la face et du membre inférieur. Mort le 27 janvier.

Autopsie. — Plusieurs tumeurs (sarcomes télangiectasiques) dans les poumons et dans l'hémisphère gauche du cerveau. L'une de ces dernières est située dans la deuxième circonvolution temporale, l'autre sur la frontale ascendante, au point où elle reçoit le pied de la deuxième frontale. Elle a le volume d'une petite noix. Une troisième tumeur, de la grosseur d'un pois, existe dans le lobe sphénoïdal. (La profondeur des altérations, l'état des noyaux centraux ne sont pas indiqués dans l'observation.)

OBS. LXXXIV. — *Monoplégie brachiale droite chez un ancien syphilitique. Plaque de méningite gommeuse sur la partie supérieure de la circonvolution frontale ascendante gauche*, par **M. H. Leloir** (Soc. Anat., janvier 1879, et *Progrès médical*, 1879, page 525).

Homme, cinquante-deux ans : syphilis ancienne : est pris en 1874 de violents maux de tête qui précédèrent de plusieurs mois un engourdissement progressif avec amaigrissement du bras droit, survenu sans autre prodome, sans convulsions ni contractures. La parésie du membre supérieurs droit a persisté jusqu'à la mort. Pas de phénomènes paralytiques à la face ni aux membres inférieurs. Mort de tuberculose miliaire aiguë.

Autopsie. — Sur la face convexe de l'hémisphère gauche, au niveau du tiers supérieur de la circonvolution frontale ascendante et à six millimètres de la grande scissure inter-hémisphérique, existait une plaque de méningite, épaisse de trois millimètres environ, du diamètre d'une pièce d'argent de 50 centimes, à surface rugueuse et d'aspect grisâtre. Cette plaque adhérait à la substance cérébrale, de telle sorte qu'en la détachant avec précaution on entraînait avec elle toute la substance grise correspondante et un milimètre environ de la substance blanche. Le reste de l'encéphale était normal.

OBS. LXXXV. — *Contracture du bras gauche par contusion cérébrale au niveau de la circonvolution frontale ascendante droite*, par **M. Barbe** (*Soc. anat.*, 17 juin 1881, et *Progrès médical*, 1882, page 87)

Femme, soixante-dix-sept ans; fait une chute dans un escalier; perte de connaissance; résolution musculaire des membres, sauf du membre supérieur gauche, qui est fortement contracturé, à tel point qu'on ne peut étendre l'avant-bras sur le bras.

La bouche est déviée du côté gauche. Le malade survit cinq jours, pendant lesquels la connaissance revient, la déviation de la bouche se dissipe, mais la contracture du membre supérieur gauche persiste jusqu'à la fin.

Autopsie. — Un peu de pachyméningite interne : épanchement sanguin en nappe sous-arachnoïdien autour de l'hémisphère droit; foyer de contusion cérébrale du volume d'une noix, rougeâtre, limité à la partie supérieure et antérieure de la circonvolution frontale ascendante droite et s'étendant dans le pied de la première circonvolution frontale correspondante.

OBS. LXXXVI. — *Monoplégie brachiale, amélioration progressive. Ramollissement dans le faisceau pédiculo-frontal moyen*, par **M. Pitres** (*Progrès médical*, 1880, page 644).

Femme, soixante-dix ans, parésie du bras gauche survenue sans perte de connaissance ni convulsion. Le lendemain ce membre est inerte et flaccide; la motilité des autres membres est conservée intacte. Les jours suivants, la paralysie s'amende progressivement, et quinze jours après le début des accidents le malade peut étendre volontairement la main sur l'avant-bras, fléchir l'avant-bras sur le bras et même exécuter un petit mouvement de flexion des doigts. Pas de contracture. Mort de pleurésie diaphragmatique.

Autopsie. — Hémisphère gauche normal. Hémisphère droit : écorce saine. *Coupe pédiculo-frontale :* au centre du faisceau pédiculo-frontal moyen, à deux centimètres environ au-dessous de la substance grise corticale, existe un foyer de ramollissement isolé dans la substance blanche, du volume d'une toute petite noisette, à bords déchiquetés et anfractueux. Autour de lui, la substance cérébrale paraît intacte. *Coupe frontale* saine. *Coupe pariétale :* lacune linéaire de 1 cent. de long. et 2 mill. de profondeur, celluleuse, à parois ocreuses, siégeant immédiatement au-dessous de la substance grise de la circonvolution crétée. Cette lésion est évidemment très ancienne.

Dans le corps opto-strié, on trouve çà et là quelques petites lacunes ne dépassant pas le volume d'une tête d'épingle.

Obs. LXXXVII. — *Monoplégie brachiale, rétablissement complet des fonctions du membre. Petit foyer de ramollissement sur la circonvolution frontale ascendante,* par **M. Decaisne.** (Th. doct. Paris, 1879, page 19.)

Homme, cinquante-quatre ans, atteint de phthisie pulmonaire. Le 29 décembre 1877, vers cinq heures du soir, il voulut se lever pour prendre son vase du nuit; son voisin remarqua alors qu'il avait l'air étrange et ne paraissait plus se rendre compte de ce qu'il faisait. En effet, il s'affaissa sur lui-même, et l'on fut obligé de le remettre dans son lit. Articulation très difficile; hémiplégie gauche. Trois heures après, l'usage de la parole revint, et dès le lendemain la jambe avait recouvré sa motilité. Seule la paralysie du bras gauche persistait. Sensibilité intacte. Les jours suivants, les mouvements revinrent peu à peu dans le membre supérieur gauche, d'abord dans les muscles moteurs de l'épaule (1er janvier), puis dans ceux du coude et de l'avant-bras (2 et 3 janvier), enfin dans les muscles de la main. Le 20 janvier, toute trace de paralysie avait disparu. Mort le 10 février des progrès de la phthisie.

Autopsie. — « Au niveau de la circonvolution frontale ascendante droite existe une plaque de ramollissement jaune, d'une longueur de 15 millimètres environ sur 6 de largeur. Cette plaque siège vers l'union du tiers supérieur et des deux tiers inférieurs de la circonvolution. Elle envahit l'épaisseur de celle-ci et s'étend superficiellement à la partie attenante de la deuxième frontale, laquelle est unie à la précédente par des adhérences fermes et résistantes. Dans toute cette zone, la pie-mère est adhérente et ne se détache qu'avec difficulté. Plus en arrière, on trouve une autre plaque tout à fait analogue, mesurant 20 millimètres de hauteur sur 8 de largeur et siégeant en partie sur le lobule pariétal, en partie sur le lobule du pli courbe. Aucune lésion du côté des bulbes de la protubérance, de la couche optique et du corps strié. Les artères de la base du cerveau et l'artère sylvienne droite sont également saines. »

L'auteur de cette observation trouve que ce qu'elle présente de plus intéressant, « c'est le rétablissement rapide de la motilité avec des altérations matérielles persistantes et irréparables. Ce résultat, ajoute-t-il, ne peut être attribué qu'à une suppléance des cellules voisines. » Cette conclusion ne nous paraît pas légitime. Si en effet le foyer de ramollissement ne mesurait que 6 millimètres de largeur, et s'il atteignait, en même temps que la frontale ascendante, la partie attenante de la deuxième frontale, il est certain qu'il n'avait pas détruit en totalité le centre moteur cortical du membre supérieur, car la portion altérée de la frontale ascendante devait être extrêmement restreinte.

Quoi qu'il en soit, si nous négligeons les deux dernières observations, dans lesquelles la monoplégie brachiale n'a été que transitoire, il reste six observations nouvelles dans lesquelles les lésions occupaient une fois le tiers moyen des deux circonvolutions ascendantes (obs. LXXX), trois fois la portion moyenne de la circonvolution frontale ascendante seule (obs. LXXXI, LXXXII, LXXXIII), et deux fois un point de cette même circonvolution situé au-dessus de son tiers moyen (obs. LXXXIV, LXXXV). Il est donc possible que des lésions siégeant au-dessus du tiers moyen de la circonvolution frontale ascendante déterminent des paralysies isolées, permanentes du membre supérieur du côté opposé. Et nous devons dès lors modifier les conclusions auxquelles nous étions précédemment arrivés. Nous pensions que l'organe cortical des monoplégies brachiales était contenu dans le tiers moyen de la circonvolution frontale ascendante ; les faits semblent prouver que cet organe peut être plus étendu et que les lésions susceptibles de donner lieu aux monoplégies brachiales peuvent siéger aussi un peu au-dessus du tiers moyen de la circonvolution frontale ascendante. Nous n'éprouvons aucun embarras à faire cette rectification.

C. — *Observations nouvelles de monoplégies crurales.*

Les observations de monoplégies crurales pures sont extrêmement rares. Nous n'en connaissions pas un seul exemple complet en 1878, et nous n'en connaissons aujourd'hui qu'un très petit nombre. La plupart des faits publiés sous le titre de monoplégies crurales se rapportent à des cas de monoplégies associées des membres, cas dans lesquels la monoplégie crurale a prédominé pendant un temps plus ou moins long [1]. Mais, au moment de la mort, la monoplégie crurale n'était pas le seul symptôme paralytique, comme cela avait lieu dans les observations suivantes :

1. Nous avons résumé dans le paragraphe relatif aux monoplégies associés des membres les deux observations originales rapportées par M. Ballet (obs. LXIX te LXXX), et les observations analogues publiées par MM. Ferrier (obs. LXVIII), Barier et du Castel (obs. LXII), Gouguenheim et Ménard (obs. LXIII).

Obs. LXXXVIII. — *Monoplégie du membre inférieur droit. Lésion de l'extrémité supéro-interne de la zone motrice*, par **M. Dérignac** (rapportée in thèse de Boyer, 1879, page 123).

« Il s'agit d'un homme de cinquante et ans, non aphasique, non paralysé de la face, ayant eu une paralysie de la jambe droite complète, incurable, accompagnée au début d'une paralysie partielle et rapidement guérie du bras droit ; il n'y eut ni contracture, ni convulsion, ni troubles oculaires, ni troubles sensoriels ou sensitifs, pas de rotation de la tête ni des yeux. C'est donc une monoplégie associée du bras et de la jambe ayant persisté à la jambe et ayant disparu au bras.

« *Examen du cerveau* (par de Boyer). Tout l'hémisphère gauche du cerveau nous a été remis à un degré de durcissement par l'alcool assez prononcé. Cet hémisphère est parfaitement sain dans sa région frontale et dans son lobe occipital ; le pied des frontales externes et celui des ascendantes sont sains aussi. Un foyer de ramollissement cortical occupe tout le haut de la circonvolution pariétale ascendante et une partie du lobule pariétal supérieur : il est creux, profond au point de permettre d'y loger le bout du doigt ; il s'étend dans la profondeur sous la frontale ascendante, qui est un peu affaissée au voisinage de ce foyer ; il occupe aussi un peu du lobule paracentral près de la scissure inter-hémisphérique. Mais ce qui frappe dans ce cerveau, c'est que le foyer a détruit le haut de la pariétale ascendante et a comprimé et ramolli sans les détruire complètement le tiers supérieur de la frontale ascendante et du lobule paracentral. »

Obs. LXXXIX. — *Monoplégie crurale droite. Ramollissement du lobule quadrilatère gauche, s'étendant au-dessous du lobule paracentral jusque dans le faisceau pariétal supérieur du centre ovale* (inédite, communiquée par **M. Picot**).

Femme, soixante-huit ans, entrée à l'hôpital Saint-André le 10 janvier 1883 pour une hémiplégie droite totale avec aphasie datant de trois jours.

Le 14 janvier, l'aphasie a disparu. Le 21, le membre supérieur droit reprend peu à peu ses mouvements, le membre inférieur restant complètement paralysé. On constate une eschare sur la fesse droite.

Le 24, les mouvements sont tout à fait revenus dans le membre supérieur droit ; la paralysie persiste au contraire dans le membre inférieur.

Le 10 février, l'eschare fessière a beaucoup augmenté. Le membre inférieur droit est toujours complètement paralysé. Mort le 19 février.

Autopsie. — Méninges et artères de la base saines. Quelques traces d'athérome sur les sylviennes.

Sur la face interne de l'hémisphère gauche existe une plaque de ramollissement cortical occupant exactement le lobule carré. A ce niveau, la pie-mère est fortement adhérente aux parties ramollies sous-jacentes. Elle adhère aussi, quoique moins fortement, à l'écorce du lobule paracentral. Sur les coupes méthodiques de l'hémisphère, on constate que le ramollissement a détruit toute l'épaisseur de la substance grise du lobule carré. Cela est très visible sur la coupe pédiculo-pariétale. Sur la coupe pariétale et sur une coupe passant exactement par le fond du sillon de Rolando on aperçoit un triangle de ramollissement qui pénètre comme un coin dans la substance blanche sous-jacente au lobule paracentral et s'enfonce dans les faisceaux blancs jusqu'à une profondeur de 1 centimètre environ. Les coupes frontales et pédiculo-frontales sont saines. Aucune altération des masses centrales. Rien d'anormal dans l'hémisphère droit, ni dans le bulbe, le pédoncule, la protubérance.

Il semble résulter de ces observations que les lésions corticales susceptibles de donner lieu à des monoplégies crurales ont pour siège le lobule paracentral, ou en d'autres termes que la région corticale, présidant aux mouvements du membre inférieur d'un côté du corps, se trouve, chez l'homme, dans le lobule paracentral du côté opposé.

L'étude des monoplégies pures et des lésions qui peuvent leur donner naissance, conduit à penser qu'il existe dans l'écorce des hémisphères cérébraux des territoires fonctionnellement distincts, présidant chacun à la motilité de certains groupes musculaires du côté opposé du corps. Si, en effet, les mouvements volontaires du bras ou de la jambe sont seuls compromis à la suite de lésions destructives limitées de la portion moyenne de la frontale ascendante ou du lobule paracentral, il faut nécessairement en conclure que les instruments de la motilité volontaire occupent dans le cerveau des points différents, qu'ils se juxtaposent sans se confondre, et que, dans les circonvolutions elles-mêmes, on doit admettre qu'il y a un certain nombre d'organes moteurs isolables. Il est probable qu'il n'y a pas entre ces différents organes fonctionnellement distincts, que nous désignons pour la commodité de l'exposition sous le nom de centres moteurs corticaux, de limites brusquement tranchées; il est possible que les centres voisins se confondent au niveau de leurs bords, qu'ils se pénètrent réciproquement. Mais nous croyons que M. Exner a donné de leurs rapports une interprétation théorique qui ne répond pas absolument à la réalité. La discussion des opinions de M. Exner sur ce sujet mérite quelques développements.

M. Exner pense que les centres moteurs corticaux occupent une étendue beaucoup plus considérable que nous ne l'avons indiqué. Il suppose que chaque territoire cortical comprend une partie centrale dans laquelle sont groupés la plupart des éléments nerveux présidant à la motilité d'un groupe musculaire déterminé, et une partie périphérique relativement très étendue, dans laquelle sont disséminées en proportions variables et progressivement décroissantes des éléments nerveux présidant à la motilité du même groupe musculaire. Chaque territoire fonctionnellement distinct comprendrait donc une portion *absolue* ou *intensive*, dont la destruction provoquerait presque sûrement une paralysie du groupe musculaire correspondant, et une portion *relative*, beaucoup plus étendue, dont la destruction produirait quelquefois, mais non pas sûrement, la paralysie du groupe musculaire en question.

Ces opinions sont fondées, à notre avis, sur une interprétation vicieuse des faits ou plutôt sur une erreur d'application de la méthode anatomo-clinique. M. Exner a choisi dans la littérature moderne 167 observations de lésions corticales et a cherché à déterminer à l'aide de ces observations l'aire des différents territoires moteurs corticaux. Pour cela, il emploie deux procédés ou deux méthodes, qu'il appelle la *méthode des faits négatifs* et la *méthode des faits positifs*.

S'agit-il de déterminer par exemple les limites du centre cortical qui préside aux mouvements du membre supérieur, l'auteur choisit, dans sa collection d'observations, toutes celles dans lesquelles la motilité du membre supérieur est restée intacte. Puis, reportant sur un schéma toutes les lésions révélées dans les autopsies, le centre moteur du membre supérieur reste épargné en blanc au milieu des circonvolutions voisines plus ou moins fréquemment altérées. C'est là la méthode des cas négatifs. La méthode des cas positifs consiste à choisir dans les observations toutes celles dans lesquelles le membre supérieur a été paralysé, soit isolément, soit conjointement avec d'autres parties, et à reporter sur un schéma les lésions révélées par les autopsies en superposant les teintes de telle sorte que les parties qui sont le plus souvent altérées dans les autopsies deviennent les plus foncées sur le schéma et *vice versa*.

Si l'on veut bien réfléchir aux principes sur lesquels reposent ces procédés chromographiques basés sur l'étude des faits positifs et des faits négatifs, on se convaincra rapidement qu'ils ne peuvent donner de résultats concordants. Du reste, si les résultats qu'ils fournissent étaient également exacts, ils devraient être comparables et se contrôler les uns par les autres. Or il n'en est rien, et un simple examen des planches de l'ouvrage de M. Exner montre que les centres déterminés par la méthode des faits positifs sont toujours beaucoup plus étendus, beaucoup plus diffus que les mêmes centres déterminés par la méthode des faits négatifs; cela prouve évidemment que les méthodes manquent de précision, ou que l'une d'elles est moins précise que l'autre.

La plus défectueuse est évidemment celle des faits positits, et c'est principalement sur elle qu'est fondée la notion des centres *absolus* et *relatifs*. M. Exner superpose sur un schéma toutes les lésions qui ont coïncidé avec des paralysies du membre supérieur. Mais ces lésions ne sont pas comparables. Les unes étaient limitées au centre cortical du membre supérieur et avaient provoqué des monoplégies brachiales pures; les autres s'étendaient au delà de ce centre et correspondaient à des monoplégies associées ou à des hémiplégies totales; les autres enfin dépassaient les limites de la zone motrice et envahissaient plus ou moins la zone latente. Qu'importe après cela que le schéma soit inégalement coloré; cela est tout naturel, et cela ne prouve nullement que le centre cortical du membre supérieur se prolonge en s'affaiblissant graduellement sur toutes les parties teintées par la superposition des lésions.

La majeure partie du travail de M. Exner pèche, croyons-nous, par ce défaut de méthode et tout ce qui concerne, dans son ouvrage, la topographie des centres moteurs corticaux, nous paraît entaché de la même cause d'erreur. Ses procédés numériques et chromométriques n'ont que l'apparence de la précision et l'ont conduit à des conclusions erronées. Il vaut mieux, à notre avis, s'en tenir au procédé que nous avons employé jusqu'à présent et qui consiste, pour déterminer la topographie d'un centre moteur cortical, à rechercher et à comparer, sur le plus grand nombre possible d'observations *régulières*, le siège et l'extension des lésions *minima* qui ont produit la paralysie permanente des parties dont on veut déterminer les centres corticaux.

Si nous voulions étudier dans le présent mémoire tous les points qui se rattachent à l'histoire de la physiologie pathologique des régions motrices de l'écorce, nous devrions parler actuellement des troubles de la sensibilité qui peuvent accompagner les paralysies motrices d'origine corticale. Quelques auteurs attachent à ces troubles sensitifs une importance considérable. MM. Münck, Wernicke, etc., estiment que les lésions destructives de la zone motrice sont toujours accompagnées de troubles correspondants de la sensibilité. A notre avis, c'est là une exagération. Il n'y a pas de rapport constant et nécessaire entre la perte de la sensibilité certaine et les lésions corticales de la zone motrice [1]. Mais c'est là une question qui mérite d'assez longs développements et dont l'étude nous entraînerait au delà du cadre que nous nous sommes tracé. Nous renvoyons donc

---

[1]. Cette opinion est aussi celle de M. David Ferrier. Elle est très nettement exprimée dans les réflexions qui accompagnent une fort intéressante observation que nous résumerons plus loin et qui a été publiée dans le *Brain*, avril 1883, p. 67.

sans entrer dans aucun détail aux travaux spéciaux dont elle a été l'objet et particulièrement à ceux de MM. Tripier, Münck, Ballet, Th. Pétrina, Ch. Féré, etc.

§ 4. — *Lésions de la zone motrice ayant déterminé des contractures tardives des muscles paralysés et des dégénérations secondaires de la moelle épinière.*

Toutes les lésions destructives des circonvolutions cérébrales ne donnent pas indifféremment lieu à des dégénérations descendantes. Il existe un rapport constant entre le siège des lésions corticales et l'existence ou l'absence des dégénérations secondaires de la moelle. Les lésions, même très étendues, de l'écorce ou du centre ovale ne produisent jamais de dégénérations secondaires quand elles siègent exclusivement dans les régions non motrices du cerveau. Au contraire, les lésions destructives, même limitées, des circonvolutions motrices ou des faisceaux blancs sous-jacents, provoquent toujours, à la longue, des contractures tardives des muscles paralysés et des dégénérations secondaires descendantes du faisceau pyramidal.

Ces lois, formulées par nous à diverses reprises, reproduites par M. Flechsig et acceptées par presque tous les auteurs modernes, sont confirmées par un certain nombre d'observations récentes.

Parmi les nombreux faits de lésions destructives de la zone non motrice que nous avons rapportés dans le chapitre précédent, il n'en est pas un seul dans lequel on ait constaté des traces d'altérations descendants du pédoncule, des pyramides ou de la moelle, et, dans les cas où la moelle a été examinée au microscope après durcissement, elle a été trouvée parfaitement normale.

Nous devons cependant signaler à ce propos une observation qui pourrait jeter le doute dans l'esprit des personne qui la liraient sans y apporter une attention suffisante ou qui accepteraient sans les critiquer sévèrement les singuliers commentaires qui la suivent. Cette observation, publiée en 1881, par M. Monakow, dans les *Archiv für Psychiatrie und Nervenkrankheiten*, semblerait démontrer à première vue qu'une monoplégie crurale avec dégénération secondaire de la moelle peut être la conséquence d'une lésion de la *zone non motrice du côté correspondant à la paralysie.* Mais un examen plus attentif du texte et de la figure qui l'accompagne démontre que ce fait, en apparence si en dehors des lois ordinaires, confirme au contraire complètement les règles que nous avons établies. Voici d'abord le résumé de cette observation :

Obs. XC. — *Douleurs vives dans le membre supérieur droit et le membre inférieur gauche, parésie avec contracture du membre inférieur gauche, tumeurs cérébrales; dégénération secondaire de la moelle*, par **M. Monakow** (*Beitrag zur Localisation von Hirnrindentumoren; Archiv für Psychiatrie und Nervenkrankheiten*, 1881, t. XI, page 613.)

Femme, cinquante-trois ans, atteinte depuis dix-huit ans de trouble hystériques et de mélancolie chronique. Opérée en février 1879 d'une tumeur sarcomateuse du sein droit.

Trois mois après l'opération, douleurs névralgiques dans le bras droit et l'épaule droite, assez fortes pour empêcher le sommeil. Les injections de morphine et les courants continus réunissent seuls à calmer momentanément ces douleurs. En juillet, les douleurs gagnent le membre inférieur gauche. Une tumeur apparaît sur le crâne, une autre sous la paupière supérieure gauche.

Examen le 19 juillet : la malade peut exécuter avec le bras droit tous les mouvements volontaires, mais les mouvements actifs ou passifs provoquent de très vives souffrances. Le bras gauche est normal. Parésie avec rigidité du membre inférieur gauche, qui ne peut exécuter que quelques petits mouvements. La malade ne peut se tenir debout; elle tombe si l'on cherche à la faire marcher. Douleurs vives de ce membre. Rien de particulier dans le membre inférieur droit. Mort le 30 août.

Autopsie. — A 7 centimètres en arrière de la suture coronale et à quelques millimètres à gauche de la suture sagittale existe une perforation du crâne de la largeur d'une pièce de cinq centimes.

Elle est occupée par une tumeur de la dure-mère qui fait saillie à l'extérieur sous le cuir chevelu et à l'intérieur du crâne. Cette tumeur mesure 30 millimètres de longueur, 25 de largeur et 12 d'épaisseur. Elle comprime le pied du lobule pariétal supérieur. En avant, elle atteint le bord de l'extrémité supérieure de la pariétale ascendante. Les parties correspondantes de l'écorce sont un peu ramollies. Deux autres petites tumeurs, l'une du volume d'un haricot, l'autre du volume d'un pois, existent, la première dans la faux du cerveau, contre le gyrus fornicatus gauche, la seconde entre la circonvolution centrale postérieure et le gyrus supra-marginal (lobule pariétal inférieur). Noyaux néoplasiques disséminés dans les poumons, le médiastin, le foie, les reins, le péritoine; les huitième et neuvième côtes, l'extrémité supérieure de l'humérus droit.

L'examen microscopique du cerveau au niveau du point comprimé du lobule pariétal supérieur gauche révèle l'existence de quelques corpuscules amylacés et de cellules nerveuses atrophiées. Sur des coupes, après durcissement dans le bichromate d'ammoniaque, on trouve la substance corticale atrophiée et les cellules nerveuses petites, granuleuses, ayant perdu presque tous leurs prolongements. Dans la substance blanche sous-jacente, rien d'anormal, pas de multiplication des noyaux, pas de corps granuleux, capsule interne complètement saine.

Dans la moelle allongée, on trouve la pyramide *gauche* manifestement plus volumineuse que la *droite*. Dans la moelle, le faisceau pyramidal direct (cordon de Türck) du côté droit est de moitié plus grêle que le gauche. Il n'y a pas de différences notables de volume entre les deux cordons latéraux. Les deux cornes antérieures sont égales.

En somme, chez un malade atteint de parésie avec contracture permanente du membre inférieur *gauche*, on trouve à l'autopsie une tumeur volumineuse sur le lobule pariétal supérieur *gauche*, une tumeur du volume d'un haricot sur le gyrus fornicatus gauche et une tumeur du volume d'un pois sur le lobule pariétal inférieur. La pyramide droite est atrophiée, et le cordon de Türck du côté droit est moitié moins volumineux que celui du côté opposé.

Tel est, au point de vue spécial qui nous occupe actuellement, le résumé de l'observation précédente. Au premier abord, cette observation est en opposition formelle avec les règles les mieux établies des localisations corticales. Il semble en ressortir en effet : qu'une lésion corticale limitée peut provoquer une monoplégie directe et qu'une lésion corticale située en dehors de la zone motrice peut donner lieu à une paralysie permanente avec dégénération secondaire de la moelle.

Si l'auteur s'était borné à l'exposé pur et simple de son observation, nous serions très embarrassés pour expliquer ces dérogations très importantes aux lois ordinaires de la symptomatologie des lésions cérébrales. Heureusement il y a ajouté des réflexions et une planche qui vont nous permettre de comprendre les rapports des lésions aux symptômes. 1° Dans les réflexions, nous lisons en effet que la troisième tumeur siégeait non pas dans l'hémisphère gauche, comme semblait l'indiquer le récit de l'autopsie, mais dans l'hémisphère droit. 2° Sur la planche, nous voyons que cette lésion est figurée non pas sur le lobule pariétal inférieur, comme l'indiquait expressément le texte, mais bien sur la circonvolution pariétale ascendante elle-même.

Avec ces rectifications, le cas devient explicable et rentre tout à fait dans les lois connues. Il s'agit d'une lésion limitée de la zone motrice droite ayant déterminé une monoplégie avec contracture secondaire du membre inférieur gauche et une dégénération descendante de la pyramide droite et de la moelle.

Cette observation montre combien il est facile de se laisser entraîner à des erreurs relativement grossières quand on se lance sans méthode à la recherche de la nouveauté. M. Monakow a voulu prouver que des troubles graves de la sensibilité pouvaient être le résultat des lésions purement corticales. Un fait complexe ou possible passe sous ses yeux. Il s'en empare et, dominé par une idée préconçue, il rapporte tous les signes observés chez son malade à la tumeur la plus volumineuse rencontrée sur l'hémisphère gauche. Il considère les douleurs violentes ressenties par le sujet dans le bras droit comme des douleurs d'origine centrale liées directement à la compression de l'écorce du côté gauche. La découverte de noyaux cancéreux dans l'humérus droit ne modifie pas ses idées sur la cause des phénomènes douloureux. De même, pour expliquer l'existence de la paralysie du membre inférieur gauche par la compression du lobule pariétal supérieur gauche, il soulève l'hypothèse d'erreurs possibles dans l'entrecroisement du faisceau pyramidal et ne songe pas un seul instant que la tumeur siégeant dans la zone motrice du côté droit donne l'explication naturelle de la monoplégie du côté gauche. Il ne réfléchit même pas que, dans l'espèce, l'hypothèse d'une erreur d'entrecroisement destinée à expliquer une dégénération directe de la moelle est tout à fait invraisemblable, puisque c'était la pyramide droite qui était atrophiée. Il était difficile, on le voit, d'accumuler en un aussi petit nombre de pages plus d'erreurs matérielles et d'interprétations fantaisistes que ne l'a fait M. Monakow dans le travail que nous venons d'analyser.

En fait, et pour en revenir à notre point de départ, il n'existe pas d'observations régulières de dégénérations descendantes de la moelle, consécutives à des lésions de la zone non motrice. Les contractures tardives et les dégénérations descendantes du faisceau pyramidal ont été au contraire notées dans un bon nombre d'observations de lésions destructives de l'écorce de la zone motrice. Aux faits de ce genre que nous avons rapportés dans nos précédents mémoires, on peut aujourd'hui ajouter les suivants :

OBS. XCI. — *Hémiplégie droite avec contracture secondaire, aphasie. Ramollissement des régions motrices de l'écorce et de la partie postérieure de la troisième frontale gauche*, par **M. Talamon** (*Bull. Soc. anat.*, 1879, p. 548.)

Homme, soixante-huit ans, frappé d'hémiplégie droite et d'aphasie en septembre 1878, observé trois mois plus tard. On constate alors une aphasie absolue, avec contracture des muscles du côté droit de la face. Paralysie complète avec contracture en demi-flexion du membre supérieur droit. Le membre inférieur du même côté présente un peu de raideur ; mais néanmoins le malade peut marcher plusieurs heures de suite sans fatigue. Mort en avril 1879 de pneumonie.

Autopsie. — Ramollissement cortical occupant les deux tiers inférieurs des circonvolutions frontales et pariétales ascendantes, le pied de la troisième circonvolution frontale et toute la deuxième circonvolution frontale. Quelques petits foyers de ramollissement se trouvent dans les circonvolutions occipitales. Les masses centrales sont saines. La protubérance est asymétrique : elle est atrophiée et aplatie dans sa moitié gauche. La moelle n'a pas été examinée.

Obs. XCII. — *Hémiplégie et hémianesthésie du côté droit. Ramollissement de la troisième circonvolution frontale gauche, du lobule de l'insula et du pied des circonvolutions frontale et pariétale ascendantes*, par **M. Tripier** (*Rev. mens. de méd. et de chir.*, 1880, page 137.)

Homme, soixante-sept ans, frappé d'apoplexie le 27 mars 1878. Hémiplégie droite complète sans contracture. Aphasie. Déviation conjuguée des yeux à gauche. Sensibilité diminuée sur tout le côté droit. — Mort le 18 mai, sept semaines après le début de la paralysie.

Autopsie. — Sur l'hémisphère gauche existe un ramollissement qui occupe toute la troisième circonvolution frontale, tout le lobule de l'insula, le pied des deux circonvolutions ascendantes sur l'étendue de 1 à 2 centimètres et la substance blanche sous-jacente. La capsule interne et les noyaux centraux sont intacts. La moitié gauche de la protubérance et du bulbe est diminuée de volume. A la coupe, la pyramide de ce côté est atrophiée et jaunâtre ; l'olive de ce côté est plus saillante que du côté opposé. Les autres parties de l'encéphale ne présentent aucune altération.

Obs. XCIII. — *Hémiplégie droite ancienne avec aphasie, contracture secondaire. Ramollissement cortical de la troisième circonvolution frontale et des circonvolutions ascendantes*, par **M. A. Pitres** (*Progrès médical*, 1880, page 643.)

Femme, soixante-treize ans, hémiplégie droite avec aphasie; ne prononce aucune parole intelligible. Contracture secondaire prédominant dans le membre supérieur droit; les doigts sont si fortement fléchis dans la paume de la main qu'il est impossible de les redresser. La contracture est à peine appréciable dans le membre inférieur ; la marche est assez facile.

Autopsie. — Hémisphère droit sain.

Hémisphère gauche : Large plaque de ramollissement jaune occupant le pied et la face supérieure de la troisième circonvolution frontale, la moitié inférieure de la circonvolution frontale ascendante et le tiers moyen de la circonvolution pariétale ascendante (fig. 15). Sur les coupes méthodiques, on voit que le ramollissement s'étend assez profondément dans le centre ovale, sans atteindre cependant la capsule interne ni les corps opto-striés. Il a détruit le faisceau pédiculo-frontal inférieur et les faisceaux frontaux et pariétaux moyens et inférieurs. Les faisceaux frontal supérieur et pariétal inférieur sont conservés intacts.

Le pédoncule cérébral gauche présente à sa partie moyenne une bande grise et déprimée de dégénération secondaire.

La pyramide antérieure gauche est sensiblement plus grêle que la droite, mais on n'y remarque aucune modification de couleur ni de con-

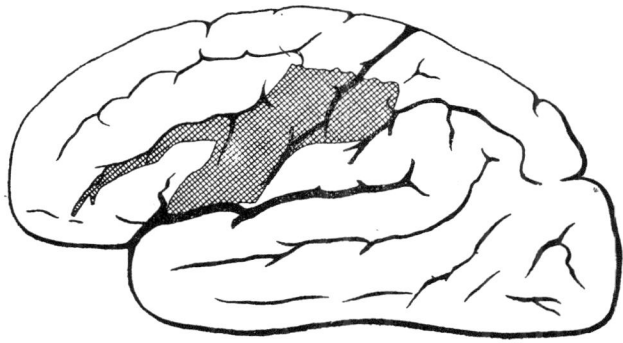

Fig. 15.

sistance. L'examen de la moelle après durcissement révèle l'existence d'une bande de sclérose secondaire du cordon latéral droit, très appréciable dans les coupes faites au niveau de la région cervicale et à la partie supérieure de la région dorsale.

Obs. XCIV. — *Hémiplégie spasmodique de l'enfance, épilepsie. Lésion corticale, dégénération secondaire*, par **M. Neelsen** (*Beitrag zur Kentniss der psychomotorischen Centren im Gehirn des Menschen* (*Deutsches Archiv. für klinische Medicin*, 1879, B. 24, page 483).

Homme, vingt-sept ans, mort brusquement sur la voie publique à la suite d'un accès d'épilepsie. A l'âge de deux ans, cet homme avait été paralysé d'abord de la jambe droite, puis du bras du même côté. Plus tard, la paralysie de la jambe avait diminué au point que le malade pouvait marcher avec un bâton; mais la paralysie du bras avait persisté en s'accompagnant de contracture secondaire permanente. Motilité du visage intacte. Arrêt de développement dans les membres du côté droit, qui restèrent moins volumineux que ceux du côté gauche. Attaques convulsives épileptiformes à partir de l'âge de la puberté.

Autopsie. — L'hémisphère gauche est plus petit que le droit.

Foyer ancien, ocreux, du volume d'une cerise, à parois remplies de granulations calcaires et de cristaux de cholestérine et d'hématoïdine avec destruction du lobule pariétal supérieur et atrophie de la portion postérieure de la circonvolution pariétale ascendante et du lobule paracentral. Le foyer s'étend assez profondément dans la substance blanche sans atteindre cependant les ganglions centraux ni la capsule interne. Le noyau caudé et la capsule interne du côté gauche étaient cependant plus petits que les parties similaires du côté droit.

Dégénération secondaire du pédoncule gauche, de la moitié gauche de la protubérance. Dans la moelle, il existe une dégénération du faisceau pyramidal avec destruction des fibres nerveuses et épaississement conjonctif au niveau du cordon latéral du côté droit et du cordon antérieur gauche sans altération appréciable des cornes de la substance grise.

Obs. XCV. — *Hémiplégie gauche ancienne, contracture tardive. Ramollissements multiples de l'hémisphère droit, dégénération secondaire,* par **M. Blaise** (*Contr. à l'étude des local. cérébr. Gaz. hebd. sc. méd. de Montpellier*, 1882, n° 40, obs. VIII, page 472).

Homme, soixante-quinze ans, hémiplégie gauche depuis cinq ans. Contracture secondaire des membres paralysés, surtout du membre supérieur droit.

Autopsie. — Foyer de ramollissement occupant les deux tiers inférieurs de la frontale ascendante droite et s'étendant dans le centre ovale au-dessous de la pariétale ascendante jusqu'à la partie antérieure du lobule pariétal.

Un second foyer de ramollissement se trouve sur la moitié postérieure de la première sphénoïdale et la partie antérieure du lobule du pli courbe.

Dégénérescence descendante très apparente. Atrophie de la moitié droite de la protubérance et du bulbe. Les coupes pratiquées sur toute la hauteur de la moelle permettent de suivre très nettement la dégénérescence descendante jusque dans la région lombaire, où l'on trouve une myélite diffuse avec ramollissement du renflement lombaire.

Obs. XCVI. — *Ramollissement cortical ancien atteignant la zone motrice, hémiplégie avec contracture, dégénération secondaire,* par **M. Phocas** (Soc. anat. Paris, 19 mai 1882, et *Progrès médical*, 1883, p. 130).

Femme, soixante et onze ans, hémiplégie gauche depuis 8 ans, contracture des membres paralysés, démence sénile, sensibilité intacte.

Autopsie. — Ramollissement ancien et peu profond des circonvolutions qui entourent le sommet de la scissure de Sylvius, du côté droit atteignant surtout la pariétale ascendante.

Noyaux centraux intacts. Du côté gauche, ramollisements de la tête du corps strié.

Asymétrie de la protubérance, dont la moitié droite est atrophiée. Pyramide antérieure droite plus petite que la gauche et d'une coloration grisâtre. Sur la coupe du bulbe, on voit que la pyramide gauche est blanchâtre tandis que la droite est grisâtre.

Obs. XCVII. — *Hémiplégie spasmodique de l'enfance du côté droit, atrophie partielle du cerveau, dégénération secondaire,* par **MM. Alex. Robertson** et **David Foulis** (*Brain*, 1881, p. 406).

Homme, vingt-trois ans, hémiplégique à droite depuis la première enfance et épileptique depuis l'âge de douze ans.

Les membres du côté droit sont contracturés : la marche est possible, mais difficile. Les doigts sont fléchis dans la main et ne peuvent être étendus; la main est fléchie sur l'avant-bras et l'avant-bras est fléchi sur le bras. Asymétrie faciale.

Autopsie. — Plusieurs circonvolutions sont ratatinées et plissées. Ce sont : du côté gauche, le tiers inférieur de la frontale ascendante, la moitié inférieure de la pariétale ascendante, l'extrémité postérieure des deuxième et troisième frontales, le lobule pariétal inférieur et la première circonvolution temporo-sphénoïdale ; du côté droit, l'atrophie occupe les lobules pariétaux, jusqu'à la pariétale ascendante, qui est même très légèrement atteinte à son extrémité inférieure, et la moitié postérieure de la première temporo-sphénoïdale.

Ganglions centraux, sains et égaux des deux côtés. La moitié gauche de la protubérance et de la moelle allongée est de 1/4 à 1/5 plus grêle que la moitié droite des mêmes organes.

Les observations qui précèdent confirment toutes les rapports de coexistence que nous avons signalés entre les lésions, destructrices anciennes de la zone motrice et les dégénérations secondaires. La dernière est particulièrement instructive. Car avec des lésions étendues des deux hémisphères, il n'existait de dégénération descendante que d'un seul côté, parce que la zone motrice n'était altérée que d'un seul côté.

En somme, toutes les fois que la zone motrice est détruite dans une étendue notable et que la survie du sujet a été assez prolongée, on doit trouver à l'autopsie des altérations secondaires du pédoncule de la protubérance des pyramides et de la moelle.

Il existe quelques observations en opposition apparente avec cette règle, et nous devons les faire connaître tout de suite M. Théodor Pétrina, de Prague, a publié une observation de ce genre. Dans un cas de lésion destructrice très limitée du tiers inférieur de la frontale ascendante, M. Pétrina n'a pas rencontré de dégénération de la moelle. Mais son observation n'a pas la valeur contradictoire qu'on serait peut-être tenté de lui attribuer à première vue, ainsi que nous le montrerons après en avoir indiqué les principaux détails.

OBS. XCVIII. — *Hémiplégie et hemianesthésie droites, amélioration des phénomènes paralytiques et apparition de troubles ataxiques post-hémiplégiques, foyers multiples de ramollissements corticaux,* par **M. L. T. Pétrina** (*Ueber Sensibilitätsstörungen bei Hirnrindenlœsionen,* Prague 1881, obs. IV, p. 8).

Homme, cinquante ans. A la suite d'une perte subite de connaissance survenue en décembre 1878, il reste hémiplégique droit et aphasique.

Les symptômes paralytiques s'améliorent, et 15 mois après, le malade peut exécuter avec les membres du côté droit tous les mouvements possibles, mais les mouvements du membre supérieur droit sont incertains et ataxiques : atrophie notable de ce membre.

La paralysie faciale persiste. Hémianesthésie du côté droit du corps. Aphasie. Mort de pneumonie.

Autopsie. — Plusieurs petits foyers de ramollissement, du volume d'une lentille, existent sur les trois premières circonvolutions de l'insula, sur la portion antérieure de la première circonvolution temporale, sur le tiers inférieur de la circonvolution frontale ascendante. Ce dernier foyer est superficiel; il a le volume d'un petit haricot. A son niveau, l'écorce est molle, d'une consistance gélatineuse et d'une coloration jaune brun

Le reste de l'encéphale est sain.

La protubérance et la moelle ne présentent à l'œil nu rien d'anormal. L'examen ultérieur de la moelle, après durcissement, dans le but de rechercher l'existence de dégénération secondaire, ne donna que des résultats négatifs.

Il n'est pas surprenant que la moelle n'ait pas présenté de dégénération descendante appréciable dans le cas que rapporte M. Pétrina. En effet, il n'y avait qu'une lésion très limitée de la zone motrice, et la paralysie s'était dissipée dans les membres quand le malade a succombé à une maladie intercurrente. Il restait à la vérité une paralysie faciale persistante. Mais les fibres provenant de l'écorce et destinées au facial ne passent pas dans les pyramides et dans la moelle. L'intégrité de la moelle ne prouve rien dans l'espèce. D'après ce que nous savons aujourd'hui des dégénérations descendantes, il est légitime de supposer, que, dans ce cas ainsi que dans les cas analogues qui ont été recueillis dans le service de l'un de nous et publiés par M. Brissaud, la dégénération occupait la partie le plus interne du pédoncule et s'arrêtait dans les noyaux gris de la protubérance. Or, dans le texte de l'observation de M. Pétrina, il n'est rien dit de l'examen à l'œil nu du pédoncule ni de l'examen microscopique de la protubérance. Ce cas ne prouve donc rien contre les lois que nous avons formulées.

M. Pétrina du reste le rapporte sans y ajouter aucun commentaire de nature à montrer qu'il lui attache, à ce point de vue spécial, une importance quelconque. Il en est tout autrement des trois faits publiés par M. Otto Binswanger [1] avec l'intention bien arrêtée de démontrer que les lésions corticales de la zone motrice ne sont susceptibles de provoquer des dégénérations secondaires de la moelle. Voici le résumé de ces trois observations.

1. Otto Binswanger, *Ueber die Beziehungen der sogenannten motorischen Rindenzone des Grosshirns zu den Pyramidenbahnen (Archiv für Psychiatrie und Nervenkrankheiten,* 1881, t. XI, p. 727).

Obs. XCIX — *Hémiplégie gauche. Tumeur de la zone motrice de l'hémisphère droit. Absence de dégénération secondaire de la moelle*, par **M. Binswanger** (*loco cit.*, obs. I, p. 739).

Femme, cinquante-six ans, sujette depuis six mois à des céphalalgies fréquentes et à des vertiges. Dans la nuit du 10 au 11 novembre 1879, attaque d'apoplexie suivie d'hémiplégie gauche plus complète dans le membre supérieur que dans l'inférieur. L'hémiplégie s'améliora au point que la malade put reprendre son travail. Mais, quelques jours après la Noël, elle eut une seconde attaque, suivie d'une hémiplégie gauche, qui persista jusqu'à la mort, c'est-à-dire jusqu'au 9 février 1880, sans qu'il y ait eu de contracture permanente. Réflexe rotulien égal des deux côtés et de moyenne intensité ; pas de trépidation épileptoïde.

Autopsie. — Sur le tiers moyen de l'hémisphère droit existe une tumeur du volume d'un œuf de poule, qui occupe la partie postérieure des première et deuxième frontales et le tiers supérieur de la frontale ascendante. Une deuxième tumeur existe sur la coupe frontale, en dehors du corps strié et s'étend dans le centre ovale, en respectant les noyaux centraux.

Dans la moelle allongée et la moelle épinière, rien d'anormal à l'œil nu. A l'examen microscopique à l'état frais, on ne trouve pas de corpuscules granuleux dans la capsule interne ni dans la moelle. La moelle, examinée au microscope après durcissement dans le liquide de Muller, ne présente aucune trace de dégénération secondaire. Mais la corne grise antérieure du côté gauche ne renferme que la moitié ou le tiers du nombre des cellules qui se trouvent dans la corne du côté opposé.

Obs. C. — *Hémiplégie droite. Tumeur limitée au tiers supérieur des circonvolutions ascendantes gauches. Absence de dégénération secondaire*, par **M. Binswanger** (*loco cit.*, obs. II, p. 743).

Femme, cinquante ans, opérée le 6 avril 1880 d'un cancer du sein droit. Le 6 mai, convulsions dans le bras droit et le visage. Plus tard, affaiblissement du côté droit du corps avec aphasie. Le 14 juin, on note : Paralysie faciale droite, pupilles égales, les paupières s'ouvrent et se ferment des deux côtés. Paralysie du membre supérieur droit : le malade ne peut faire aucun mouvement volontaire de l'épaule ni du coude, et, si l'on cherche à imprimer à ces articulations des mouvements passifs, on provoque de vives douleurs dans la cicatrice du sein. Les doigts et le poignet peuvent être remués sans difficulté ni [douleur. La motilité du membre inférieur droit n'est pas abolie ; les mouvements sont lents mais possibles. La malade est gâteuse, somnolente. Mort le 25 juin.

Autopsie. — Tumeur du volume d'un œuf de poule, siégeant dans l'hémisphère gauche au niveau du tiers supérieur des circonvolutions ascendantes et s'enfonçant à une profondeur de 4 centimètres dans la substance cérébrale.

Rien d'anormal à l'examen macroscopique de la moelle allongée et de la moelle épinière. Par l'examen microscopique à l'état frais, on ne découvre pas de corps granuleux dans la capsule interne, dans le pédoncule, dans les pyramides. La moelle, examinée sur des coupes colorées après durcissement dans le liquide de Muller, ne laisse apercevoir rien d'anormal.

Obs. CI. — *Attaques épileptiformes débutant dans le bras droit. Hémiplégie droite. Plaque jaune de la frontale ascendante : foyer de ramollissement dans le centre ovale. Absence de dégénération secondaire de la moelle*, par **M. Binswanger** (*loc. cit.*, obs. III, p. 746).

Homme, quarante-huit ans, sujet depuis le mois de mars 1880 à des attaques convulsives débutant par la main droite et s'étendant progressivement aux membres supérieurs et inférieurs.

La perte de connaissance survenait quand les convulsions arrivaient au coude. Très souvent le malade put arrêter l'attaque à son début, en fléchissant fortement le pouce vers le bord radial de l'avant-bras.

A partir du 15 septembre, les attaques disparurent, mais il se développa une faiblesse progressive des membres et de la face du côté droit.

État actuel le 30 octobre : Parésie faciale droite : pupilles inégales, la droite plus large et moins mobile que la gauche. Légers troubles de la parole. Paralysie complète du membre supérieur droit. Les mouvements passifs des doigts sont faciles. Si on relève la main, on provoque un état de clonus des muscles de l'avant-bras, qui se traduit par environ six secousses successives et de plus en plus faibles de la main. On éprouve une certaine résistance pour fléchir ou étendre le coude. L'excitabilité directe des muscles est vive. Le membre inférieur droit est parétique, moins fort que le gauche. Les mouvements communiqués s'exécutent librement, sauf les mouvements étendus du genou. Le réflexe rotulien est très brusque des deux côtés. Sensibilité normale.

Plus tard, l'hémiplégie droite devint complète; la rigidité du membre supérieur s'accentua; le malade devint tout à fait aphasique. Mort le 25 novembre.

Autopsie. — Sur l'hémisphère gauche existe une plaque de ramollissement occupant le tiers supérieur de la circonvolution frontale ascendante et le pied de la première frontale. Sur une coupe frontale, on constate une cavité du volume d'une noix, remplie de liquide brunâtre, dont les parois lisses sont tapissées de nombreux vaisseaux.

« La moelle allongée et la moelle épinière sont saines à l'œil nu. L'examen microscopique du foyer montre de nombreuses cellules remplies de granulations pigmentaires, de cristaux d'hématoïdine, du pigment amorphe et des détritus granuleux. Pas d'éléments nerveux. A l'état frais, on ne trouve dans les cordons antérieurs ou latéraux de la moelle, aucune altération. Pas de corps granuleux non plus dans la capsule interne. » L'examen de la moelle, après durcissement dans le liquide de Muller, ne révèle aucune altération de cet organe.

Les trois faits qu'on vient de lire ne peuvent ébranler nos convictions relativement aux rapports que nous avons signalés entre les lésions destructrices de la zone motrice corticale et les dégénérations secondaires de la moelle. Les deux premiers, se rapportant à des cas de néoplasmes du cerveau, ne doivent pas nous arrêter : il ne s'agit pas là de lésions destructives simples. Il se pourrait après tout que certaines altérations néoplasiques des circonvolutions ne fussent pas suivies de dégénérations descendantes sans que cela pût être légitimement invoqué contre les idées que nous soutenons. On sait pertinemment que les îlots de sclérose en plaque ne produisent pas de dégénération systématique des fibres nerveuses dont ils semblent interrompre la continuité. Peut-être certaines autres néoformations jouissent-elles de la même immunité. Quelques observations éparses dans la science rendent même cette opinion très vraisemblable. Il n'y avait pas de dégénération dans un cas de gliome ancien de la zone motrice publié par M. Franz Muller et résumé dans un des paragraphes précédents. Il n'y en avait pas non plus dans une très intéressante observation de gliosarcome de la base de l'encéphale et de l'étage inférieur du pédoncule cérébral, étudiée récemment par M. Prévost, de Genève [1]. Il n'y en avait probablement pas pour les mêmes raisons dans les deux observations de M. Binswanger que nous avons actuellement en vue. Mais nous n'avons pas à entrer plus avant dans la discussion de faits que nous repoussons *à priori*, par cela seul qu'ils se rapportent à des cas de néoplasmes.

La troisième observation de M. Binswanger est beaucoup plus importante que les deux premières. Il s'agit ici d'une véritable lésion destructive, d'une plaque jaune, c'est-à-dire d'une de ces altérations limitées qui sont particulièrement favorables à l'étude des localisations corticales. Le sujet avait en outre une lésion profonde, probablement un foyer de ramollissement rouge déjà ancien, occupant les faisceaux frontaux du centre ovale. Il était donc en apparence dans les meilleures conditions pour faire de la dégénération secondaire. Comment se fait-il qu'il ait échappé à la loi commune?

Notons d'abord que dans l'observation clinique l'existence des signes ordinaires de la dégénération du faisceau pyramidal est explicitement indiquée au moins pour le membre supérieur. Il y avait en effet, dans ce membre, de la rigidité, de l'hyperexcitabilité mécanique des muscles et de la trépidation épileptoïde, tous phénomènes

---

1. *Gliosarcome cérébral*, par le Dr Chauvet. — *Examen anatomique*, par MM. J.-L. Prévost et A. Sternod. — *Notes*, par M. J.-L. Prévost, in *Revue médicale et la Suisse romande*, 15 février 1883.

qui accompagnent habituellement les dégénérations descendantes et qui seraient difficiles à expliquer en l'absence de toute altération secondaire de la moelle. Malgré cela, les détails de l'autopsie sont formels : à l'œil sûr d'abord, à l'examen microscopique ensuite, la moelle a été trouvée saine.

En présence de ce résultat négatif, il semble qu'il n'y ait qu'à s'incliner. Nous ne le ferons cependant que si de nouvelles observations viennent confirmer les négations de M. Binswanger. Nous ne pouvons en effet accepter sans contrôle les résultats avancés par cet auteur. Nous ne pouvons oublier que quelques mois seulement avant de publier le mémoire dont nous venons de résumer les observations, le même auteur avait communiqué au congrès des médecins et naturalistes de Baden-Baden un travail sur les dégénérations secondaires chez le chien, dans lequel il affirmait que les lésions corticales de la zone motrice n'étaient pas suivies chez cet animal de dégénérations secondaires. Or c'est là une affirmation erronée. Les lésions de la zone motrice chez le chien provoquent des dégénérations descendantes très appréciables dans toute la hauteur du faisceau pyramidal. Nous possédons un grand nombre de préparations qui ne peuvent laisser aucun doute à cet égard. Tous les observateurs [1] qui ont étudié la question sont arrivés aux mêmes résultats. Récemment, un expérimentateur allemand, M. Singer [2], a communiqué à l'académie de Vienne un travail d'ensemble sur les dégénérations secondaires chez le chien, et dans ce travail il arrive aux mêmes conclusions que les auteurs français ou italiens qui avaient étudié antérieurement le même sujet. M. Schiff [3] a constaté aussi la dégénération secondaire du faisceau pyramidal chez tous les chiens sans exception dont la zone motrice avait été détruite expérimentalement. M. Binswanger seul n'a pu produire ou reconnaître les dégénérations que tous les autres expérimentateurs ont constatées.

Nous sommes très portés à croire qu'il s'est glissé dans les pro-

---

1. Voyez à ce sujet : Vulpian, *Destruction de la substance grise du gyrus sigmoïde du côté droit sur un chien* (Archives de physiologie, 1876, p. 814). — Franck et Pitres, *Des dégénérations secondaires de la moelle épinière consécutives à l'ablation du gyrus sigmoïde chez le chien* (Soc. biol. de Paris, 1880). — Luciani, *Sulla patogenesi dell' Epilessia* (Rivista sperimentali di Freniatria, 1878, cap. I, page 629). — Tripier, *De l'anesthésie produite par les lésions des circonvolutions cérébrales* (Revue mensuelle de médecine et de chirurgie, 1880, t. IV, fasc. I, II et III). — Issartier et Pitres, *Note sur les dégénérations secondaires de la moelle épinière chez le chien et chez le lapin* (Bulletin de la Société d'anatomie et de physiologie de Bordeaux, t. II, 1881, page 171).
2. Singer, *Ueber secundäre Degeneration in Ruckenmarcke des Hundes*, 1881.
3. M. Schiff, *Ueber die Erregbarkeit des Rückenmarks mit Anhang ueber die angebliche motorische Erregbarkeit der Grosshirnrinde* (Pflüger's Archiv fur Physiologie. Bd. XXVIII, XXIX, XXX).

cédés employés par M. Binswanger pour l'examen, le durcissement ou la préparation histologique des moelles, quelque cause d'erreur qui l'a empêché de reconnaître des dégénérations évidentes pour tous les autres observateurs, et cela aussi bien sur les moelles d'hommes que sur celles de chiens. Du reste, dans une note toute récente insérée dans le numéro de janvier 1883 du *Neurologisches Centralblatt* [1], M. Binswanger revient sur ses premières affirmations relativement à la possibilité de provoquer des dégénérations secondaires chez le chien à la suite des lésions expérimentales de la zone motrice. Nous espérons que l'étude de nouveaux faits cliniques le conduira à modifier aussi ses opinions sur la production des dégénérations secondaires consécutives aux lésions corticales chez l'homme.

Quant à nous, nous croyons devoir continuer à considérer comme exactes les lois que nous avons établies antérieurement, relativement à la topographie des lésions corticales, susceptibles de provoquer des dégénérations secondaires de la moelle, à savoir que *les lésions destructives, même très étendues, siégeant dans la zone non motrice, ne provoquent jamais de dégénérations secondaires, tandis que les lésions destructives de la zone motrice s'accompagnent toujours, au bout d'un certain temps, d'altérations descendantes du faisceau pyramidal.*

CHAPITRE III

Des rapports de l'épilepsie partielle avec les lésions corticales.

Nous n'avons pas l'intention de refaire ici l'histoire de l'épilepsie partielle ou jacksonienne. Les caractères cliniques si tranchés de ce syndrome, les différences profondes qui le distinguent du véritable mal comitial sont aujourd'hui de connaissance vulgaire. Nous voulons seulement étudier, dans les pages qui vont suivre, les rapports de l'épilepsie symptomatique avec les lésions qui lui donnent naissance et déterminer, si c'est possible, sa véritable valeur séméiologique au point de vue du diagnostic topographique des affections cérébrales.

Dans la grande majorité des cas, l'épilepsie partielle est produite par des lésions corticales ; il est rare qu'on l'observe à la suite des lésions isolées du centre ovale ; il est extrêmement rare qu'elle coïncide avec des lésions profondes de la région capsulaire ou des noyaux centraux.

---

1. O. Binswanger et C. Moeli, *Zur Frage der secundären Degeneration* (*Neurologisches Centralblatt*, n° 1, januar 1883, page 9).

Les lésions qui sont le plus favorables à sa production sont les lésions limitées, à évolution active et progressive, comme le sont par exemple les néoplasmes, les encéphalites superficielles, les méningites aiguës ou chroniques.

Elle ne se montre jamais à la suite des lésions destructives très étendues qui atteignent d'un seul coup toute l'aire de la zone motrice corticale, à la suite, par exemple, des grands ramollissements nécrobiotiques consécutifs à l'oblitération du tronc des artères sylviennes. Il n'y a donc aucun rapport direct entre l'étendue des lésions corticales et l'apparition de l'épilepsie partielle. Les lésions les plus étendues en surface et en profondeur ne sont pas celles qui déterminent le plus sûrement des convulsions épileptiformes. L'épilepsie jacksonienne est au contraire le plus souvent le résultat d'altérations limitées des circonvolutions cérébrales.

Les lésions provocatrices siègent ordinairement dans la zone motrice corticale, mais elles peuvent aussi être situées en dehors de cette zone, à une distance plus ou moins grande de ses limites extrêmes. C'est là un fait très important, sur lequel l'attention n'a pas été, à notre avis, suffisamment attirée jusqu'à ce jour, et qui mérite quelques explications. Tout ce que nous savons aujourd'hui sur la pathogénie des convulsions épileptiformes symptomatiques tend à démontrer que l'épilepsie partielle est le résultat direct de l'irritation des éléments nerveux contenus dans la substance grise des circonvolutions motrices. Mais il est facile de comprendre que l'irritation nécessaire à la mise en activité anormale de ces éléments peut également bien avoir son point de départ dans une lésion des circonvolutions motrices elles-mêmes ou dans une lésion des circonvolutions non motrices voisines.

Pour citer un exemple qui fixera mieux les idées, il se peut très bien que les cellules contenues dans le tiers moyen des circonvolutions ascendantes soient irritées par une lésion siégeant dans le tiers supérieur ou dans le tiers inférieur de ces circonvolutions (zone motrice) ou encore par une lésion siégeant sur le pied de la deuxième circonvolution frontale ou même sur un point plus éloigné du lobe préfrontal ou des lobules pariétaux (zone non motrice).

Il résulte de ces considérations que les lésions corticales susceptibles de provoquer l'épilepsie jacksonienne doivent avoir une topographie moins fixe que les lésions susceptibles de provoquer des paralysies permanentes; c'est en effet ce qu'apprend la lecture des observations d'épilepsie partielle publiées jusqu'à ce jour.

Il en résulte encore que les paralysies et les convulsions d'origine corticale ne doivent pas être entre elles dans des rapports constants, c'est-à-dire que la paralysie corticale peut exister avec ou sans convulsions épileptiformes et *vice versa*. Ici encore, les faits confirment pleinement la théorie. Beaucoup de malades atteints de lésions corticales ont de l'épilepsie partielle sans paralysie, d'autres ont de la paralysie sans épilepsie, d'autres enfin ont à la fois des paralysies et des convulsions. L'étude de ces associations pathologiques est pleine d'intérêt, et il est facile d'en tirer des applications utiles au diagnostic. A notre avis, la règle suivante doit diriger le clinicien dans le diagnostic topographique des lésions qui déterminent l'épilepsie corticale. Quand dans l'intervalle de ses accès le malade atteint de convulsions épileptiformes ne présente aucune espèce de phénomènes paralytiques permanents, c'est que la lésion est tout à fait superficielle ou bien qu'elle siège au voisinage de la zone motrice. Quand au contraire le malade présente dans l'intervalle des accès convulsifs une paralysie permanente à type monoplégique ou hémiplégique, on doit en conclure qu'il existe une lésion destructive plus ou moins limitée, mais siégeant dans l'aire de la zone motrice corticale. Il n'y a pas à tenir compte, au point de vue du diagnostic, des paralysies transitoires post-épileptoïdes. Ces paralysies transitoires qui surviennent aussitôt après l'accès, persistent de quelques minutes à quelques jours et se dissipent spontanément jusqu'à ce qu'un nouvel accès survienne, sont loin d'être rares. Elles ont été signalées par Bravais, décrites par Todd, étudiées par M. Hughlings Jackson, par M. Landouzy et tout récemment elles ont fait l'objet d'un intéressant mémoire de M. Dutil [1]. Elles paraissent être le résultat de l'épuisement momentané, *de la fatigue*, des éléments nerveux après l'activité exagérée qui a provoqué l'attaque et sont sans valeur pour le diagnostic topographique des lésions corticales qui déterminent les convulsions.

L'épilepsie partielle peut débuter par le membre supérieur, le membre inférieur ou la face [2]. Le siège des lésions cérébrales varie dans une certaine mesure avec le mode de début des convulsions.

---

1. Dutil. *Des paralysies post-épileptoïdes transitoires* (Revue de médecine, mars et avril 1883).

2. Les accès épileptiformes peuvent aussi débuter par une déviation conjuguée des yeux avec ou sans rotation de la tête vers le côté convulsé. M. Landouzy a tout particulièrement appelé l'attention sur ce mode de début. Il en a réuni plusieurs exemples sur lesquels il s'appuie pour démontrer dans certains cas l'origine corticale de la déviation conjuguée des yeux et de la rotation de la tête, et par conséquent, les connexions, dans l'écorce des origines cérébrales des nerfs spinal et moteur oculaire externe. Nous nous bornons à indiquer ces opinions renvoyant pour plus de détails au mémoire de M. Landouzy (*De la déviation conjuguée des yeux et de la rotation de la tête par excitation ou paralysie des 6ᵉ et 11ᵒ paires*, Bullet. de la Société anatomiq. et Progrès médical, Paris 1879).

Mais on ne peut établir à ce sujet aucune règle précise et invariable. Tout ce qu'on peut dire c'est que les convulsions épileptiformes débutant par les muscles des membres sont produites en général par des lésions situées au niveau des deux tiers supérieurs de la zone motrice ou dans leur voisinage, tandis que celles qui débutent par les muscles de la face sont ordinairement le résultat de lésions occupant l'extrémité inférieure de la zone motrice ou les parties voisines de cette extrémité inférieure.

C'est au moins ce qui nous paraît devoir ressortir clairement de l'étude des quatorze observations suivantes, dans lesquelles les convulsions ont eu un début franchement monoplégique.

Obs. CII. — *Monospasme facial. Lésion de l'extrémité inférieure de la frontale ascendante*, par **M. J. Berkley** (*Medical News*, july 15, 1882; analysé in *Brain*, octobre 1882, page 429).

Malade ne présentant d'autre trouble moteur pendant deux ans et demi qu'un monospasme de l'angle gauche de la bouche. Affection du cœur ancienne. Mort subite. A l'*autopsie*, on trouva un tout petit nodule calcaire arrondi, situé sur la circonvolution frontale ascendante à un pouce et demi (0 m. 037) au-dessus de la scissure de Sylvius.

Obs. CIII. — *Monoplégie brachiale, puis hémiplégie droite avec épilepsie partielle limitée à la face. Ramollissement du tiers moyen des circonvolutions ascendantes*, par **M. Raymond** (*Gazette médicale de Paris*, 23 décembre 1882, page 643).

Homme, soixante-huit ans, frappé en 1880 d'hémiplégie droite totale (face et membres). Peu de jours après cette attaque, la paralysie de la face et celle du membre inférieur disparurent, de telle sorte que le malade ne conserva qu'une paralysie isolée et permanente du membre supérieur droit. Le 24 mai 1882, nouvelle attaque, suivie d'hémiplégie droite totale avec aphasie. Conservation de la sensibilité générale et des sensibilités spéciales dans tous leurs modes. Le 1er juin survinrent des accès de convulsions cloniques, localisés aux muscles animés par le facial inférieur droit et respectant les muscles de la partie supérieure de la face (orbiculaire des paupières en particulier) et les muscles des membres. Ces accès se reproduisirent plusieurs fois chaque jour, jusqu'au moment de la mort, qui arriva le 16 juin, par le fait d'une troisième attaque d'apoplexie.

Autopsie. — Sur l'hémisphère gauche, on trouve un foyer de ramollissement, de forme ovalaire, occupant la partie moyenne des circonvolutions frontale et pariétale ascendantes et ne dépassant pas en profondeur l'écorce grise cérébrale. Ce foyer est entouré par une zone de ramollissement inflammatoire. Un foyer de même nature siège sur l'hémisphère droit : il occupe le lobule pariétal inférieur et s'étend en bas jusque sur la première temporale; en haut, il atteint le lobule pariétal supérieur; en avant, il se prolonge jusqu'au pied des circonvolutions ascendantes. Un foyer identique se trouve sur la troisième circonvolution occipitale.

Obs. CIV. — *Epilepsie partielle débutant par la face. Hémiplégie droite, aphasie. Ramollissement de la moitié inférieure de la frontale ascendante et de la partie postérieure des deuxième et troisième frontales*, par **MM. Maragliano et Seppilli** (*Riv. sper. di freniatria e di medicina legale*, 1878, p. 376).

Femme, 52 ans, alcoolique, accès épileptoïdes partiels limités à la moitié droite du visage, commençant par l'orbiculaire et s'étendant à tous les muscles du côté droit de la face. Plus tard, les accès s'étendirent aux muscles du membre supérieur droit. Hémiplégie droite avec aphasie un mois environ avant la mort.

Autopsie. — *Hémisphère droit sain. Hémisphère gauche* : ramollissement de couleur hortensia superficiel, occupant la moitié inférieure de la frontale ascendante, le pied de la deuxième frontale et la partie postérieure de la troisième frontale. Masses centrales normales.

Obs. CV. — *Convulsions épileptiformes à type partiel et débutant par le côté droit de la face. Tumeur comprimant le lobe frontal gauche*, par MM. **Assagioli et Bonvecchiato** (*Due casi de epilessia da lesione corticale* [*Rivista sperim. di freniatria e di medicina legale*, [1879, Obs. I, page 117]).

Femme, soixante-quatre ans, atteinte de pellagre. Tout d'un coup, sans aucun prodrome, elle commença à avoir des accès convulsifs épileptiformes. Ces accès débutaient toujours par l'orbiculaire des paupières du côté droit. Quelquefois ils restaient limités à ce muscle; d'autres fois, ils s'étendaient progressivement aux autres muscles du côté droit de la face, à ceux du membre supérieur et du membre inférieur droit, puis aux muscles du côté gauche de la face et des membres du côté gauche. Ces accès se reproduisirent très fréquemment du 8 au 11 novembre, puis ils disparurent à la suite de l'application de sangsues aux apophyses mastoïdes.

Autopsie. — Tumeur elliptique, de 42 millimètres de long sur 39 millimètres de large, adhérente à la dure-mère et comprimant la deuxième circonvolution frontale gauche à l'union de son tiers moyen avec son tiers postérieur. La première et la troisième circonvolution frontale au voisinage de la tumeur étaient refoulées et aplaties. Rien de particulier dans les autres parties de l'encéphale.

Obs. CVI. — *Convulsions épileptiformes de la moitié droite du visage et du membre supérieur droit, paralysie faciale droite, aphasie, surdité verbale, anesthésie du membre supérieur droit et* du côté droit de la face. Épanchement sanguin sur la partie inférieure de la zone motrice gauche, par M. T. **Pétrina** (Ueber Sensibilitäts störungen bei Hirnrindenlœsionem, Prague, 1880, obs. I, page 3 du tir. à part).

Homme, trente ans, entre à l'hôpital de Prague pour une insuffisance aortique. Le 10 février, céphalalgie intense, suivie de convulsions cloniques de la moitié droite du visage et du membre supérieur droit, et de perte de connaissance. Consécutivement à cette attaque, paralysie faciale droite, aphasie, surdité verbale et légère parésie du membre supérieur droit. Anesthésie de la moitié droite de la face et du membre supérieur droit. Cet état persiste sans modifications notables jusqu'à la mort, qui eut lieu le 14 mars.

Autopsie. — Caillot sanguin d'un rouge foncé et déjà en partie organisé, occupant le tiers antérieur de la scissure de Sylvius et recouvrant les circonvolutions de l'insula, la partie inférieure de la frontale ascendante et la partie supérieure de la première temporale du côté gauche. Le sang extravasé provient d'un petit anévrysme du volume d'un grain d'orge, qu'on aperçoit rompu sur la branche corticale de la sylvienne qui se rend dans la circonvolution de Broca. Les régions de l'écorce qui sont recouvertes par le caillot ont une coloration brunâtre et sont comprimées ; la substance blanche sous-jacente est saine. Pas d'autre lésion dans l'encéphale.

Obs. CVII. — *Epilepsie partielle débutant par le membre supérieur gauche. Tumeur de la partie moyenne de la frontale ascendante droite*, par M. **Romiti** (Rivista clinica di Bologna, 1879, page 9).

Homme, trente ans, entré à l'hôpital pour une arthrite fongueuse du pied droit datant de six ans. Depuis deux ans, il avait en outre des convulsions épileptiformes survenant à peu près tous les mois. Ces convulsions débutaient par une distorsion spéciale des muscles de la main gauche, puis le malade sentait quelque chose qui montait dans le bras, la mastication devenait difficile, et enfin les convulsions éclataient. A la suite des convulsions, le membre supérieur gauche était affaibli et les doigts étaient le siège de fourmillements. On pratiqua l'amputation de la jambe droite, et le malade mourut vingt jours après, d'infection purulente, avec abcès métastatiques viséraux multiples.

Autopsie. — Pas d'abcès encéphaliques. Dans l'hémisphère droit existe une tumeur sphéroïdale, de 35 millimètres de longueur, dure, siégeant dans la circonvolution frontale ascendante, au point précis où cette circonvolution est unie à la deuxième frontale. Elle est éloignée de deux centimètres de l'extrémité supérieure du sillon de Rolando. Elle occupe toute l'épaisseur de la circonvolution frontale ascendante et une partie du pied de la deuxième frontale. La pariétale ascendante, les noyaux centraux et tout le reste de l'encéphale sont sains.

— 75 —

Obs. CVIII. — *Convulsions hémi-latérales droites, débutant par le membre supérieur droit. Hémorrhagies capillaires dans la circonvolution centrale antérieure du côté droit*, par M. N. **Weiss** (*loc. cit.*, obs V, p. 39).

Femme, vingt-trois ans, enceinte. Perte subite de connaissance; après un quart d'heure, la malade revient à elle et peut se lever et s'habiller, ne ressentant rien d'anormal, à l'exception d'une sensation de fourmillement dans le membre supérieur droit. Deux jours après, nouvelle perte de connaissance, suivie de mouvements involontaires dans le membre supérieur droit et d'un affaiblissement progressif du membre inférieur du même côté. A son entrée à l'hôpital (26 juillet, on constate : parésie faciale droite, pupille droite plus dilatée que la gauche, mouvements des yeux normaux, langue déviée vers la droite, articulation des mots difficile sans aphasie. Le membre supérieur droit est agité de mouvements continuels de flexion et d'extension siégant particulièrement dans les doigts et le coude. Les mouvements volontaires sont possibles mais plus faibles qu'à gauche. Parésie du membre inférieur droit. Réflexes tendineux exagérés à droite. Le 27 juillet, on note sept accès de convulsions portant sur tout le côté droit du corps. Dans l'intervalle de ces accès les mouvements rhythmiques du membre supérieur droit persistent comme par le passé. De plus, on remarque quelques secousses analogues dans le côté droit de la face.

Les jours suivants, les attaques se reproduisent, le membre supérieur gauche devient le siège d'une légère contracture tonique et de secousses isochrones avec celles qui agitent constamment le membre supérieur du côté opposé. Etat soporeux. Le 6 août, la malade accouche d'un enfant mort et meurt elle-même dans la soirée.

Autopsie. — Sur le tiers moyen de la circonvolution centrale antérieure, on aperçoit dans une largeur de un centimètre environ une coloration foncée. Sur la coupe, on voit que l'écorce est remplie à ce niveau de petits foyers hémorrhagiques du volume d'une tête d'épingle. Ganglions centraux sains. (Il n'est pas parlé dans l'observation de la protubérance du bulbe ni de la moelle.)

Obs. CIX. — *Lésion corticale limitée de la zone motrice droite. Convulsions épileptiformes débutant par le membre supérieur gauche*, par M. **Gatti** (*Gaz. degli ospidali*, Milano, 1880, n° 1, Anal. in *Rev. sc. méd.*, t. XVIII, page 100).

Jeune fille de seize ans, prise de fièvre vive et de convulsions limitées au membre supérieur gauche, quatorze jours environ avant l'admission à l'hôpital. Les convulsions se répètent dix à douze fois par heure, débutent par les doigts, s'étendent à l'avant-bras et au bras; plus tard, elles gagnent la face, puis le membre inférieur gauche, et enfin elles se généralisent. Pendant le premier jour; la connaissance persistait durant l'attaque, vive douleur fronto-pariétale droite; pas de troubles de la sensibilité.

A l'*autopsie*, on trouve un ramollissement du tiers moyen et de la partie inférieure du tiers supérieur des deux circonvolutions centrales du côté droit. Hyperémie cérébrale diffuse.

Obs. CX. — *Epilepsie partielle débutant par le membre supérieur gauche. Gliome du lobe frontal droit*, par M. **J.-S. Schaw** (*Brain*, july 1882, page 251).

Femme, dix-neuf ans, ressentit des secousses dans l'index et le médius de la main gauche : ces secousses ne s'accompagnaient pas de douleurs et se reproduisaient plusieurs fois par jour. Elles s'étendirent plus tard au pouce, à l'annulaire et au petit doigt; elles gagnèrent ensuite le poignet et le coude, épargnant toujours les muscles moteurs de l'épaule. Trois semaines après le début des accidents, les secousses cessèrent de se produire, mais la main et le poignet restèrent faibles. Sensibilité égale des deux côtés. La parésie, limitée d'abord au membre supérieur gauche, gagna quelque temps après le membre inférieur du même côté et la moitié gauche de la face. Céphalalgie, vomissement, diplopie, dissociation des mouvements des paupières; névrites optiques.

Autopsie. — Gliome, de cinq centimètres de diamètre environ, ayant pris naissance dans le sillon précentral droit et ayant refoulé les circonvolutions voisines et particulièrement les première et deuxième frontales, et les ascendantes. La tumeur s'enfonce comme un coin dans le centre ovale, mais n'atteint pas les ganglions centraux qui sont intacts.

Obs. CXI. — *Kystes hydatiques de l'hémisphère gauche du cerveau (zone motrice). Epilepsie partielle du membre supérieur droit*, par MM. **Ballet et Lalesque** (*Progrès médical*, 1880, page 842).

Homme, quarante et un ans; céphalalgie, crampes dans la main droite avec demi-flexion de l'avant-bras et spasmes cloniques dans les muscles du membre supérieur accompagnés de douleurs déchirantes. Ces accidents apparaissent depuis plusieurs mois sous forme de crises une ou plusieurs fois par jour; chaque crise dure environ dix minutes. Dans l'intervalle des crises, il y a de la parésie du membre supérieur droit avec atrophie légère des masses musculaires. Il y a aussi un peu d'affaiblissement relatif du membre inférieur droit; pas de paralysie faciale. Sensibilité normale partout.

Dans les derniers jours de la vie, les phénomènes paralytiques des membres du côté droit s'accentuent : paralysie faciale droite de moyenne intensité; la parole devient embarrassée, presque incompréhensible. Contracture secondaire du membre supérieur droit.

Autopsie. — *Hémisphère droit* sain. L'*hémisphère gauche* renferme huit kystes hydatiques, dont le plus petit a le volume d'une noisette et le plus gros le volume d'une noix, logés dans une poche commune qui s'étend depuis le pied des circonvolutions frontales en avant jusqu'au lobule pariétal en arrière, en détruisant les faisceaux moyens du centre ovale et une partie des faisceaux supérieurs et inférieurs.

Ces kystes dépriment les circonvolutions ascendantes; la substance corticale est même complètement perforée au niveau de la partie moyenne de la frontale ascendante et un peu au-dessus du tiers inférieur de la pariétale ascendante.

Obs. CXII. — *Epilepsie hémiplégique droite débutant par le membre inférieur droit. Tubercules caséeux dans le lobule paracentral gauche*, par MM. **Assagioli et Bonvecchiato** (*Due casi di epilessia da lesione corticale* [*Riv. sperim. di freniatria e di medicina legale*, 1879, obs. II page 118]).

Jeune fille, dix ans, atteinte de phthisie pulmonaire. Le 2 décembre 1878, survint un accès épileptiforme limité au côté droit du corps. Les convulsions débutèrent par le membre inférieur et gagnèrent ensuite le membre supérieur droit et les muscles de la moitié droite du cou et de la face. L'accès dura environ cinq minutes; il n'y eut pas de perte de connaissance. Quatre accès semblables eurent lieu le même jour. Le 4 décembre, il y eut un autre accès, limité au membre inférieur droit. Les convulsions ne se reproduisirent pas les jours suivants. Il n'est pas dit dans l'observation s'il y avait des troubles paralytiques. Mort le 16 décembre.

Autopsie. — Le lobule paracentral, le lobe carré et la partie moyenne de la circonvolution crétée du côté gauche présentent plusieurs amas caséeux de forme irrégulière logés dans la substance grise corticale et s'enfonçant même jusque dans la substance blanche. La substance cérébrale entourant ces amas est ramollie. Le reste du cerveau est normal. Il en est de même du cervelet et du mésocéphale.

Obs. CXIII. — *Epilepsie partielle débutant par le pied droit. Tumeur corticale de l'hémisphère gauche*, par M. **Hughlings-Jackson** (*Localised convulsions from tumour of the brain*, [*Brain*, octobre 1882, page 364).

Homme, trente ans, sujet depuis douze ans à des accès épileptoïdes survenant deux ou trois fois par semaine. Ces accès s'annoncent par un état vertigineux et débutent par des crampes dans le gros orteil droit suivies de secousses dans la jambe correspondante. Quelquefois, les convulsions ne s'étendent pas davantage; d'autres fois, elles gagnent les muscles du membre supérieur et de la face, et peuvent alors s'accompagner de perte de connaissance. Quelques accès ont débuté par le bras droit ou la face. Pas de paralysie permanente; le malade est simplement très affaibli du côté droit immédiatement après chacun de ses accès.

Le 28 janvier 1882, il rentre à l'hôpital pour une pneumonie droite. Il est paralysé des membres du côté droit à l'exclusion de la face depuis la veille seulement et meurt le 30.

Autopsie. — Gliome hémorrhagique occupant, sur l'hémisphère gauche, la moitié postérieure de la première circonvolution frontale et la portion de la frontale ascendante sur laquelle s'insère la première frontale. Sur une coupe verticale, la tumeur s'étend dans le centre ovale à une profondeur de un pouce. Ganglions centraux, moelle allongée, cervelet parfaitement normaux.

Obs. CXIV. — *Monospasme crural. Tumeur du lobule paracentral*, par MM. **Raymond et Dérignac** (*Gazette médicale de Paris*, 30 décembre 1882, page 655).

Femme, soixante-deux ans ; ressentit en janvier 1882 un peu de raideur dans le pied gauche. Elle pouvait néanmoins vaquer à ses occupations, « lorsque deux mois après (mars 1882) elle fut prise subitement sur la voie publique de convulsions limitées à la jambe et d'emblée assez intenses pour mettre entrave à la station debout, à la marche et entraîner la chute. Survenues spontanément, sans que rien d'insolite, dit la malade, se soit manifesté dans son membre, sans que les sens, l'intelligence aient été le moins du monde troublés, ces convulsions durèrent environ dix minutes, et, dès leur cessation, la marche redevint possible comme auparavant. » Plus tard, le membre inférieur gauche devint raide, impotent, et la malade eut deux nouveaux accès semblables au premier. Mort de tuberculose pulmonaire le 26 novembre 1882.

A l'*autopsie*, tumeur de consistance assez dure, grisâtre (glio-sarcome), occupant exactement le lobule paracentral droit, enchâtonnée pour ainsi dire dans le lobule lui-même, avec lequel elle fait corps et qu'elle pénètre profondément sans envahir les circonvolutions voisines.

Obs. CXV. — *Tumeur de la partie supérieure de la pariétale ascendante et du lobule paracentral du côté droit. Mouvements convulsifs tantôt limités au membre antérieur gauche, tantôt étendus à toute la moitié gauche du corps, monoplégie du membre inférieur gauche*, par MM. **Hallopeau et Giraudeau** (*l'Encéphale*, 1883, page 331).

Homme, quarante-six ans, jouissant d'une bonne santé, est pris tout à coup, le 10 octobre 1882, de fourmillements, de crampes, puis de secousses dans la jambe gauche ; quelques instants après, ces secousses gagnent le membre supérieur du même côté, et alors seulement le malade perd connaissance. Deux autres accès, semblables au premier ont lieu dans la journée. A partir de ce moment, le malade a de temps en temps, à des intervalles variables, des crises convulsives, tantôt limitées au membre inférieur gauche et ne s'accompagnant pas de perte de connaissance, tantôt étendues à tous les muscles du côté gauche et suivies de perte de connaissance ; parésie d'abord passagère, puis permanente du membre inférieur gauche. Mort le 6 février 1883.

Autopsie. — Tumeur rosée (gliome), du volume d'une noisette, occupant le tiers supérieur de la pariétale ascendante et la moitié supérieure du lobule paracentral, ayant détruit la substance grise corticale et quelques millimètres de la substance blanche sous-jacente. Pas de dégénération apparente de la protubérance ni de la moelle.

Il résulte, croyons-nous, de l'étude attentive des quatorze observations précédentes, dans lesquelles le début des convulsions est très nettement indiqué, que les lésions capables de déterminer l'épilepsie partielle ne siègent pas nécessairement au niveau même du centre cortical correspondant aux muscles exclusivement ou primitivement convulsés. Il y a à ce point de vue une différence très importante entre les lésions *convulsivantes* et les lésions *paralysantes*. Celles-ci sont en rapport constant et direct avec la distribution des symptômes paralytiques qu'elles provoquent. Elles agissent par destruction et suppriment de ce fait les fonctions des parties du cerveau qu'elles atteignent. Celles-là au contraire agissent par irritation, et nous ne connaissons pas du tout les conditions et les lois des irradiations irritatives. Tant que nous ne serons pas renseignés sur ce point obscur de physiologie pathologique, les observations d'épilepsie partielle soulèveront toujours des problèmes insolubles et devront être laissées au second plan dans l'étude des localisations cérébrales. Pour le moment, les lésions destructives paralysantes doivent surtout être consultées pour la recherche des fonctions motrices du cerveau de l'homme, car leurs effets sont certains, constants et permanents, tandis que les effets des lésions irritatives convulsivantes sont toujours plus ou moins variables, mobiles et intermittents.

Nous venons de rapporter des exemples d'épilepsie symptomatique à début monoplégique. Quelquefois les convulsions moins nettement localisées à leurs débuts revêtent cependant le type jacksonien. Bien que les cas de ce genre soient moins instructifs que les précédents ils méritent cependant d'être signalés. Nous en citerons quelques-uns.

Obs. CXVI. — *Gliome et zone de ramollissement occupant la moitié supérieure de la frontale ascendante ainsi que le pied des deux premières circonvolutions frontales du côté droit. Hémiplégie et convulsions hémi-latérales du côté gauche*, par MM. **Poulin et Malicot** (Soc. anat., 13 juin 1879, et *Progrès médical*, 1880, page 236).

Homme, cinquante-deux ans, s'est couché bien portant le 15 avril. Le lendemain, en se levant, il s'aperçoit que sa main gauche est faible et engourdie. Pendant quelques jours la paralysie s'accentue dans le membre supérieur sans atteindre la face ni le membre inférieur. Le 27 avril, on constate un peu de contracture du biceps gauche. Le 6 mai, le malade a une attaque convulsive limitée au côté gauche. Le 7, la paralysie est complète dans le membre supérieur gauche. Il y a en outre un peu de paralysie faciale inférieure gauche et de la parésie du membre inférieur du même côté. — Le 20 mai, nouvelle attaque convulsive hémi-latérale gauche. Affaiblissement intellectuel marqué. Articulation des mots difficile. Mort le 8 juin.

Autopsie. — Ramollissement de la partie supérieure de la frontale ascendante et des pieds des première et deuxième frontales. Au-dessous de ce point existe une tumeur bosselée, dure, énucléable, entourée de tissu cérébral ramolli et infiltré de sang. Les noyaux centraux sont intacts.

Obs. CXVII. — *Ulcération, par un cancroïde, de la région pariétale droite du crâne. Hémiplégie gauche et convulsions épileptiformes dans les derniers jours de la vie : lésions des lobules pariétaux et de la circonvolution pariétale ascendante du côté droit*, par MM. **D. Barduzzi et L. Magi** (*Sulle localizzazioni nella corteccia degli emisferi del cervello*, Milano, 1879; extrait degli *Ann. Univers de medicina* vol. 247, année 1879).

Femme, soixante-un ans, entrée à l'hôpital le 21 octobre 1878, pour une ulcération épithéliomateuse de la région pariétale droite, à peu près circulaire, de 5 centimètres de diamètre, comprenant les parties molles et les os du crâne. A son niveau, on perçoit les battements du cerveau. Pas de troubles des fonctions génitales. Sensibilité normale. Motilité égale des deux côtés, aussi bien à la face qu'aux membres supérieurs et inférieurs. Vers le 9 décembre apparurent des douleurs vives dans la tête, particulièrement dans la région où siégeait l'ulcération. La suppuration de l'ulcération crânienne devint plus abondante, et la température s'éleva à 38°. A partir du 20 décembre, tous les symptômes s'aggravèrent : fièvre frissons, suppuration fétide et abondante, assoupissement, fourmillements dans toute la moitié gauche du corps. Gêne dans les mouvements des membres supérieurs et inférieurs du côté gauche. Le 22 décembre, hémiplégie gauche complète et totale (face et membres), avec hémi-anesthésie. Plus tard, il y a eu deux accès convulsifs épileptiformes, avec prédominance des convulsions du côté gauche. Mort le 31 décembre.

Autopsie. — Au niveau de l'ulcération du pariétal, la dure-mère est remplacée par un tissu de nouvelle formation, formé de grosses végétations. Une lame de pus concrété sépare l'arachnoïde de la dure-mère dans les deux tiers antérieures de l'hémisphère central droit.

Après avoir enlevé la pie-mère, on trouve une forte dépression au niveau du lobule pariétal supérieur et de la partie supérieure du lobule pariétal inférieur. En ce point, la pulpe cérébrale adhère à la pie-mère et se détache avec elle. En outre, vers le milieu de la circonvolution pariétale ascendante, on aperçoit deux ouvertures à bords frangés, qui conduisent par des trajets fistuleux jusqu'au ventricule latéral gauche. Ce ventricule est rempli de liquide trouble et ichoreux; la motié supérieure, de cette circonvolution pariétale ascendante est affaissée, et sa substance grise ramollie est en grande partie restée adhérente aux méninges. Mêmes altérations dans la circonvolution pariétale supérieure et dans la moitié supérieure de la pariétale inférieure [1].

1. Les auteurs considèrent cette observation comme contradictoire à la doc-

— 81 —

OBS. CXVIII. — *Parésie permanente du membre inférieur droit. Epilepsie partielle débutant par les membres du côté droit. Gliome de l'extrémité supérieure de la frontale ascendante gauche et du pied de la première frontale*, par M. **David Ferrier** (*Observation on a case of cerebral cortico-medullary glioma* [*Brain*, avril 1883, page 67].

Homme, quarante-quatre ans. Parésie permanente du membre inférieur droit sans trouble dans la sensibilité. Le membre supérieur droit ne présente pas de faiblesse permanente, mais de temps en temps le malade y éprouve des parésies subites et temporaires. Rien d'anormal à la face. Accès fréquents (vingt à trente par jour) de convulsions épileptiformes débutant tantôt par le membre supérieur, tantôt par le membre inférieur du côté droit et ne s'accompagnant pas de perte de connaissance. Plus tard, la parésie s'accentua et s'étendit à tout le côté droit du corps (face et membres), sans qu'il se manifestât le moindre trouble de la sensibilité tactile ni du sens musculaire. Aphasie. Exagération du réflexe rotulien du côté droit.

Autopsie. — Tumeur (gliome) ayant envahi le pied de la première circonvolution frontale gauche et le tiers supérieur de la frontale ascendante. Le néoplasme s'enfonce en forme de coin dans la substance blanche du centre ovale jusqu'au voisinage de l'irradiation capsulaire. La capsule interne elle-même est épargnée. Pas de dégénération secondaire de la moelle épinière.

OBS. CXIX. — *Epilepsie partielle débutant par la face ou le membre supérieur gauche, hémiplégie gauche incomplète et anesthésie du petit doigt du même côté : tubercules cérébraux au niveau du sillon de Rolando et des circonvolutions frontale et pariétale ascendantes du côté droit*, par M. **Tripier**. (*Rev. mens. de méd. et de chir.*, 1880, page 141).

Homme, trente-six ans, atteint de tuberculose pulmonaire depuis deux ans. Il y a un an, accès épileptiformes, et, depuis cette époque, retour d'accès semblables débutant par une aura faciale et suivis de perte de connaissance. Quelquefois il existe de petites crises, consistant en contractures toniques, puis cloniques des doigts. Il y a six mois, à la suite d'une crise, hémiplégie gauche avec prédominance de la paralysie dans le membre supérieur; diminution très marquée de la sensibilité au niveau du petit doigt de la main gauche. Mort le 1er mai 1873.

Autopsie. — Au niveau des circonvolution ascendantes de l'hémisphère droit, on trouve cinq ou six masses caséeuses adhérant aux méninges et

trine des localisations, et cela parce qu'ils supposent que les lésions de la zone motrice étaient plus anciennes que l'hémiplégie. C'est là une hypothèse tout à fait gratuite. Le malade a été hémiplégique pendant les onze derniers jours de sa vie. Rien ne prouve que le début de cette hémiplégie n'ait pas coïncidé précisément avec le moment où les altérations, limitées jusque-là aux lobules pariétaux, se sont étendues à la zone motrice.

s'enfonçant dans la substance des circonvolutions, où elles sont entourées d'une zone plus vascularisée. Aucune lésion dans les autres parties de l'encéphale.

Obs. CXX. — *Hémiparésie du côté droit, épilepsie corticale droite débutant par la face et le membre supérieur. Tubercule dans les circonvolutions centrales antérieure et postérieure du côté gauche* par M. **N. Weiss** (*Ueber corticale* [*Epilepsie Wiener midizinische Jahrbücher*, 1882, 1 Heft, obs. I, page 20].

Homme, quarante ans, entré à l'hôpital le 3 août 1880. Est sujet depuis sept mois à des accès convulsifs survenant à peu près toutes les quatre semaines et siégeant exclusivement sur le côté droit du corps. Depuis quelques jours seulement, parésie du membre supérieur droit. Lors de l'entrée a l'hopital on constate les phénomènes suivants :

La pupille droite est plus large que la gauche ; elle réagit faiblement sous l'influence de la lumière et vivement sous l'influence des efforts d'accommodation. Les branches respiratoires du facial droit sont parésiées. Parésie du membre supérieur droit, qui peut exécuter tous les mouvements, mais avec moins de force que le membre supérieur gauche. Le membre inférieur droit a conservé sa force normale, mais il n'accomplit pas aussi bien que le gauche les mouvements associés, tels que ceux de la marche. Sensibilité normale. Exagération des réflexes tendineux et diminution des réflexes cutanés du côté parésié. Pas de troubles psychiques.

Pendant les six mois suivants, il se développa dans le sommet du poumon gauche des altérations tuberculeuses évidentes, la parésie du côté droit s'accentua, la sensibilité et l'intelligence restèrent intactes. Mais, pendant ce laps de temps, le malade eut vingt crises épileptiformes. L'auteur a assisté treize fois à ces crises, qui ont présenté les caractères suivants : Sept fois (sur 13) les convulsions restèrent limitées au côté droit, six fois elles s'étendirent aussi aux muscles du côté gauche. Dans les sept crises hémilatérales, deux fois les convulsions restèrent exclusivement limitées aux muscles du côté droit de la face (une fois à l'orbiculaire des paupières seul, une fois à tous les muscles innervés par le facial droit), et cinq fois elles s'étendirent à toute la moitié droite du corps. Dans les six crises dans lesquelles les convulsions se généralisèrent, elles furent cependant beaucoup plus fortes dans le côté droit que dans le gauche. Les crises débutaient par une sensation de tiraillement dans la moitié droite du visage et dans le membre supérieur droit ; puis survenaient les secousses convulsives, d'abord dans les muscles du côté droit de la face, puis dans ceux du membre supérieur droit, plus tard dans ceux du membre inférieur du même côté et enfin dans les muscles du côté gauche du corps. La durée des crises variait de 30 secondes à 5 minutes. Ordinairement, il n'y avait pas d'élévation notable de la température : une seule fois la température s'éleva jusqu'à 41°. Dans onze des crises observées par l'auteur le malade perdit connaissance, deux fois il resta conscient et l'une de ces deux fois il eut une aphasie qui survint pendant l'accès et se dissipa quelques minutes après sans laisser de traces. Mort le 26 février 1881.

Autopsie. — Dans l'hémisphère cérébral gauche, on trouve un tubercule arrondi, de 2 centimètres de diamètre, à peine saillant au-dessus de la surface des circonvolutions et adhérant à la face interne des méninges. Il occupe la partie moyenne de la circonvolution centrale antérieure, s'étend en avant jusqu'au pied de la deuxième frontale et en arrière jusqu'à la pariétale ascendante, qui est atteinte dans une épaisseur de 2 à 3 millimètres. Ce tubercule s'étend jusque dans le centre ovale. Lésions tuberculeuses des poumons.

OBS. CXXI. — *Hémiparésie du côté gauche, épilepsie corticale gauche. Tumeur dans les deux circonvolutions centrales du côté droit*, par M. **N. Weiss** (*Wiener medizinische Jahrbucher*, 1882, 1 Heft, obs. VII, p. 47).

Homme, quarante-deux ans, ayant présenté d'abord comme seul symptôme morbide des accès de contracture dans les muscles du côté gauche de la face et du bras gauche. Ces accès se reproduisaient primitivement toutes les deux ou trois semaines. Plus tard, ils devinrent plus fréquents. En même temps, le côté gauche du corps devint parétique et plus tard tout à fait paralysé. Affaiblissement progressif de l'intelligence. Eschares sacrée et trochantérienne. Coma. Mort trois ans après le début des accidents.

Autopsie. — Tumeur du volume du poing d'un adulte, située dans les circonvolutions ascendantes depuis la partie postérieure du lobe frontal jusqu'à la partie antérieure du lobe pariétal. (L'extension de la tumeur dans le centre ovale n'est pas indiquée, non plus que l'état des ganglions centraux.)

OBS. CXXII. — *Convulsions épileptiformes des muscles du membre supérieur et de la bouche, paralysie faciale droite, aphasie, parésie du membre supérieur droit. Tubercule caséeux dans l'écorce de la circonvolution de Broca*, par M. **T. Pétrina** (*Ueber Sensibilitätsstörungen bei Hirnindenlæsionen*, Prague, 1881, obs. VI, page 13).

Homme, cinquante-trois ans, à la suite de maux de tête violents est frappé subitement d'aphasie et de convulsions siégeant dans le membre supérieur droit et la moitié droite de la face, sans perte de connaissance. Examiné dix heures après, on constate : aphasie complète, paralysie faciale inférieure droite, contracture des doigts de la main droite, mouvements du membre supérieur droit très douloureux.

Pas de paralysie des membres du côté gauche ni du membre inférieur droit. Anesthésie cutanée du côté droit de la face et du membre supérieur droit. Mort quelques jours après.

Autopsie. — Tuberculose ancienne du testicule droit. Tubercules miliaires dans le foie, les reins et les poumons. Sur le pied de la troisième circonvolution frontale gauche existe un tubercule caséeux du volume d'un grain de chanvre enfoncé dans l'écorce et entouré d'une zone dans laquelle la substance cérébrale est infiltrée d'hémorrhagies punctiformes. Ces lésions ne dépassent pas l'épaisseur de l'écorce. La substance blanche sous-jacente est normale.

Obs. CXXIII. — *Gliosarcome des première et deuxième circonvolutions frontales. Absence de paralysies, convulsions épileptiformes*, par M. **Léonida Canali** (*Rivista sperimentale di Freniatria*, 1881, p. 251).

Homme, quarante-quatre ans, alcoolique, reçoit un coup violent sur le coté droit du front en 1878. Perte immédiate de connaissance, qui se dissipe après une heure. Un mois après, céphalalgie continue, accès de petit mal, caractérisés par des pertes subites de connaissance sans convulsions ni vomissements. Pas de troubles de la sensibilité ni de la motilité. Plus tard, amblyopie, de l'œil droit d'abord, puis des deux yeux. Les accès de petit mal deviennent plus fréquents. Enfin, la veille de la mort surviennent deux accès convulsifs épileptiformes, caractérisés par des convulsions cloniques généralisées, avec écume à la bouche, sueurs visqueuses, perte de connaissance et coma consécutif. Le malade meurt pendant la durée du troisième accès.

Autopsie. — Tumeur du volume d'un œuf de poule, faisant corps avec la substance cérébrale et occupant les deux tiers antérieurs des première et deuxième circonvolutions frontales du côté droit. Névrite interstitielle du nerf optique droit. L'examen microscopique montra que la tumeur était un glio-sarcome.

Obs. CXXIV. — *Abcès du lobe antérieur du cerveau, survenu à la suite d'une fêlure de la voûte orbitaire droite. Epilepsie hémiplégique gauche sans paralysie*, par M. **Dubar**. (Société anatomique, séance du 19 mars 1880, et *Progrès médical*, 1880, page 849).

Enfant, douze ans, fait une chute le 2 février du haut des parapets qui bordent les quais de la Seine. Perte de connaissance pendant quatre heures. Le lendemain matin, la connaissance est revenue : céphalalgie frontale ; ecchymose sous-cutanée et sous-conjonctivale de la paupière inférieure droite. Pas de troubles de la sensibilité ni de la motilité. Les jours suivants, la céphalalgie diminue et se dissipe ; le malade va et vient ; il descend au jardin et s'y promène une partie de la journée.

Le 19 février, érysipèle débutant au pourtour de l'orbite droit.

Le 21 février, 19 jours après la chute, le malade est pris subitement de convulsions, limitées à la moitié gauche du corps et accompagnées de perte complète de connaissance.

Les convulsions se montrent sous forme d'accès durant deux à trois minutes et séparés par des intervalles de repos variant de une à quatre minutes.

Les accès débutent tantôt par les muscles de la moitié gauche de la face, tantôt par le membre supérieur gauche, tantôt par le membre inférieur gauche. Quel que soit leur point de départ, les convulsions se généralisent rapidement à tout le côté gauche du corps, le coté droit restant immobile ou ne subissant que des mouvements d'entraînement, dus à l'agitation du côté gauche.

Les convulsions se succèdent avec les mêmes caractères depuis sept heures jusqu'à onze heures du soir.

Le lendemain, 22 février, l'enfant est pâle, abattu ; l'intelligence est intacte; il n'y a pas de troubles de la motilité ni des organes des sens. Céphalalgie frontale intense. Mort le 14 mars, sans que les convulsions se soient reproduites.

Autopsie. — Fracture de la voûte orbitaire droite. Abcès du volume d'un œuf de poule, placé au centre du lobe antérieur de l'hémisphère droit, ne communiquant ni avec les méninges ni avec le ventricule latéral. (Les rapports de la poche purulente avec la zone motrice corticale et les masses centrales ne sont pas clairement indiquées dans le texte de l'observation. L'auteur dit simplement qu'en arrière l'abcès s'étendait jusqu'à 1 centimètre et demi de la scissure de Sylvius, ce qui semble bien démontrer que les faisceaux moteurs du centre ovale n'étaient pas détruits.) Liquide séro-purulent dans les ventricules et autour des pédoncules de la protubérance et du bulbe.

Obs. CXXV. — *Epilepsie hémiplégique gauche. Ramollissement du lobe occipital et du centre ovale du lobe pariétal*, par M. **Westphal** (*Zur Frage von der Localisation der unilaterale Convulsionen und Hemianopsie endingenden Hirnerkrankungen* [Charité Annalen, 1881.])

Homme, quarante-deux ans, sujet à des accès d'épilepsie hémiplégique gauche, pendant lesquels la connaissance était ordinairement conservée. En juin 1878, on constata en outre une hémianopsie latérale gauche. Mort en 1879.

Autopsie. — Ramollissement du lobe occipital droit. L'altération s'étend dans la substance blanche jusqu'au bord postérieur du lobule paracentral. Noyaux centraux sains.

Obs. CXXVI. — *Lésion traumatique du lobe frontal. Convulsions épileptiformes sans paralysie*, par M. **Folet**, Bull. méd. du Nord (avril 1880, anal. in Revue sc. méd., t. XVIII, page 39).

Homme, vingt-cinq ans, reçoit sur la tête un coup de poing. Au dire des témoins, l'agresseur était armé d'une pipe en terre dure. Le blessé ne perdit pas connaissance et reprit le lendemain son travail. Pendant deux jours, il parut bien portant; ses idées étaient lucides, et il parlait facilement; au bout de ce temps, il fut pris de convulsions, surtout localisées au côté droit, de trismus, de fièvre et de délire.

Autopsie. — Perforation du crâne à peu près circulaire, de 8 millimètres de diamètre, dans la région frontale gauche. A ce niveau, la dure-mère est déchirée. Dans la troisième circonvolution frontale, au fond d'une dépression remplie de caillots, on trouve un fragment osseux. Trace d'encéphalite très limitée autour de la plaie cérébrale.

Les onze observations qu'on vient de lire confirment les règles que nous avons formulées au commencement de ce chapitre. Elles montrent que l'épilepsie partielle peut coïncider également avec des lésions de la zone motrice ou avec des lésions des circonvolutions plus ou moins éloignées des limites de la zone motrice, et que, pour assurer le diagnostic topographique des altérations cérébrales qui donnent lieu aux convulsions, il faut surtout tenir compte de l'existence ou de l'absence des paralysies permanentes concomitantes.

En effet, parmi les onze observations qui viennent d'être résumées, il en est sept dans lesquelles il est formellement signalé que dans l'intervalle des accès convulsifs les malades présentaient des paralysies permanentes à type monoplégique ou hémiplégique ; aussi dans ces sept cas existait-il des lésions limitées de la zone motrice (Obs. CXVI à CXXII). Dans les quatre autres observations au contraire, il n'y avait pas pendant la vie de paralysie permanente, et les lésions constatées après la mort siégeaient au voisinage plus ou moins immédiat des circonvolutions ascendantes, mais n'atteignaient pas directement la zone motrice (obs. CXXIII à CXXVI). C'est donc la paralysie qui doit fixer le diagnostic. L'existence des convulsions épileptiformes à type jacksonien doit faire penser à une lésion corticale et la coexistence ou l'absence, de troubles paralytiques permanents doit indiquer si la lésion siège ou non dans l'aire des circonvolutions motrices.

Nous pourrions ajouter aux observations que nous venons de rapporter plusieurs autres exemples d'épilepsie hémiplégique dépendant de lésions corticales diffuses, multiples ou complexes. Ces cas étant peu favorables à l'étude régulière des localisations, nous nous bornerons à indiquer les titres des observations et les receuils où elles ont été publiées.

Obs. CXXVII. — *Attaques apoplectiformes répétées, hémi-parésie, gauche, crises épileptiformes. Lésions corticales multiples dans l'hémisphère droit*, par **M. Tripier** (*Revue mens. de méd. et de chir.* 1880, page 142).

Obs. CXXVIII. — *Traumatisme du crâne, plaie des lobes frontaux, méningo-encéphalite consécutive. Attaques épileptiformes et paralysie du bras gauche*, par **M. Frédéric Trèves** (*The Lancet*, 1878, t. I, pages 334 et 378).

Obs. CXXIX. — *Convulsions hémiplégiques droites, paralysie des membres du côté droit. Foyer de ramollissement des circonvolutions ascendantes gauches, méningite suppurée diffuse*, par **M. Knecht** (*Archiv für Psychiatrie und Nervenkrankheiten*, 1882, Band XII, obs. I, page 481).

Obs. CXXX. — *Fracture du crâne, céphalée, accès convulsifs hémilatéraux droits, hémiplégie droite avec aphasie, trépanation, mort, pachy-méningite chronique, méningo-encéphalite suppurée, deux abcès sous l'extrémité inférieure de la zone motrice gauche*, par **M. Silvistrini** (*Rivista sperimentale di freniatria e di medicina legale*, 1880, pages 1 et 245). — (M. Polaillon a lu un rapport à l'Académie de médecine de Paris sur cette observation dans la séance du 10 août 1883 [*Bull. Acad. de méd.*, 1883, page 459].)

Obs. CXXXI. — *Hémiplégie gauche avec épilepsie hémi-latérale du même côté chez un tuberculeux; à l'autopsie : méningite tuberculeuse chronique de la base de l'encéphale sur la convexité de l'hémisphère cérébral droit, plusieurs tubercules dans la substance grise des circonvolutions ascendantes du côté droit*, par **M. Drasche** (*Ein Fall Kortikaler Epilepsie* [*Wiener medizinische Wochenschrift*, n° 33, 1879, anal, in *Rev. sc. méd.*, 1881, t. XVIII, page 103]).

Obs. CXXXII. — *Convulsions cloniques et parésie du membre supérieur gauche. Tumeurs multiples du cerveau, l'une d'elles développée dans la circonvolution centrale antérieure*, par **M. Erb** (*Ein Fall von Tumor in den vorderen centralwindung des Grosshirns* [*Deutsches Archiv für klinische Medicin.*, 1880, Band XXVII, page 175]).

Obs. CXXXIII. — *Epilepsie corticale débutant par la moitié droite de la face ou le membre supérieur droit. Plaques de méningite tuberculeuse avec incrustations caséeuses sur différents points des circonvolutions ascendantes*, par **M. Edinger** (*Archiv. für Psychiatrie und Nervenkrankheiten*, Band X, Heft. I, p. 83).

Obs. CXXXIV. — *Epilepsie hémiplégique droite. Méningite chronique avec adhérences au niveau des circonvolutions ascendantes gauches*, par **M. N. Weiss** (*Ueber corticale Epilepsie* [*Wiener mediz. Jahrb.*, 1882, obs. IV, page 32]).

Obs. CXXXV. — *Epilepsie partielle du côté droit. Pachyméningite hémorrhagique chronique avec épanchement sanguin récent du côté gauche*, par **M. N. Weiss**, (*loc. cit.*, obs. VI, page 43).

Obs. CXXXVI. — *Un cas de tumeur de l'écorce cérébrale avec ramollissement partiel de la circonvolution centrale postérieure. Faiblesse et convulsions de la main droite*, par **M. Béla Székacs** (*Pester med. chir. Presse*, 1881, n° 46).

Obs. CXXXVII. — *Un cas de localisation cérébrale avec symptômes épileptiformes et paralysie du bras droit*, par **M. Mickle** (*The journal of mental disease*, 1881, fasc. 1 et 2).

Obs. CXXXVIII. — *Hémiplégie gauche, épilepsie partielle post-hémiplégique, mort : ramollissement du quart inférieur de la zone motrice corticale droite, des circonvolutions de l'insula et de la première sphénoïdale*, par **M. A. Pitres** (*Bull. de la Soc. d'anat. et physiol. de Bordeaux*, 1882, et *Journal de médecine de Bordeaux*, 15 avril 1883, page 407).

Obs. CXXXIX. — *Epilepsie partielle débutant par le membre supérieur gauche, arrêt possible des attaques par la compression des poignets. Mort en état de mal. Ancien foyer d'encéphalite sur le lobule pariétal supérieur droit*, par **M. A. Pitres** (*Bull. de la Soc. d'anat. et de physiol. de Bordeaux*, 1882, et *Journal de médecine de Bordeaux*, 15 avril 1883, p. 408).

Obs. CXL. — *Atrophie partielle de l'hémisphère cérébral gauche. Hémiplégie droite avec contracture secondaire, idiotie, épilepsie jacksonienne à forme hémiplégique, mort en état de mal*, par **M. d'Olier** (*Progrès médical*, 1881, page 39).

Obs. CXLI. — *Epilepsie corticale du côté droit, œdème des méninges. Hémorrhagies capillaires dans le lobule pariétal supérieur gauche*, par **M. Weiss** (*loc. cit.*, obs. II, p. 26).

Obs. CXLII. — *Parésie du membre supérieur gauche. Epilepsie, corticale du côté gauche. Abcès au milieu de la circonvolution frontale ascendante droite; deux autres abcès dans les lobes occipitaux : plusieurs foyers hémorrhagiques dans la protubérance*, par **M. N. Weiss** (*loc. cit.*, obs. III, page 30).

Obs. CXLIII. — *Fracture du crâne, abcès consécutif du lobe frontal droit. Epilepsie partielle sans paralysie*, par **M. Carthy** (*Brain*, n° 20, 1883, page 559).

Obs. CXLIV. — *Aphasie subite, épilepsie, partielle d'abord, puis généralisée. Ramollissement par embolie de la circonvolution de Broca*, par **M. E. Tassi** (*Brevi cenni degli studi recenti sul sistema nervoso centrale*, Piacenza, 1880, page 23, obs. VI).

Obs. CXLV. — *Tumeur cérébrale. Epilepsie avec prédominance des convulsions du côté gauche*, par **M. Flechter Beach** (analysé in *Annales médico-psychologiques*, novembre 1882, page 438).

Obs. CXLVI. — *Hémiplégie et hémianesthésie incomplètes du côté droit, accompagnées de phénomènes convulsifs, d'abord localisés à ce même côté, puis généralisés, aphasie. Petit foyer hémorrhagique du lobule du pli courbe gauche, psammomes de la dure-mère*, par **M. Tripier** (*Revue mensuelle de médecine et de chirurgie*, 1880, p. 138).

Obs. CXLVII. — *Traumatisme du crâne : symptômes bulbaires, nystagmus, secousses convulsives. Epanchement sanguin sous le lobe frontal, contusion du sommet du lobe temporal*, par **M. R.-W. Amidon** *A contribution to the study of cerebral localization* [*The journal of nervous and mental disease*, january 1880, obs. III]). (Observation très complexe, accompagnée de détails insuffisants.)

Obs. CXLVIII. — *Démence paralytique, attaques intercurrentes de convulsions hémilatérales gauches. Lésion de l'extrémité postérieure de la première circonvolution frontale*, par **Ringrose Atkins** (*Brain*, 1881, page 121).

Nous nous contenterons de signaler ces observations, dont plusieurs sont fort intéressantes à divers points de vue, et nous terminerons ce chapitre en résumant dans les propositions suivantes les conclusions qui nous semblent devoir ressortir de l'étude des faits que nous avons analysés. L'épilepsie jacksonienne coïncide dans la grande majorité des cas avec des lésions corticales. Mais pour que les convulsions épileptoïdes se produisent il n'est pas nécessaire que la zone motrice elle-même soit le siège des lésions. Dès lors, dans le diagnostic topographique des affections cérébrales, l'épilepsie partielle doit avoir beaucoup moins d'importance que les diverses formes de paralysies permanentes d'origine corticale.

CHAPITRE IV.

Analyse et critique des observations contradictoires.

Les observations que nous avons analysées jusqu'à présent confirment dans ses principes fondamentaux et même dans ses détails la doctrine des localisations corticales motrices. Le moment est venu de parler des observations contradictoires. Nous avons réuni dans ce chapitre tous les faits de lésions corticales publiés à notre connaissance dans le courant des quatre dernières années et qui ont été ou pourraient être donnés comme des faits en opposition avec les lois des localisations motrices telles que nous les avons formulées. Mais il est évident qu'ici une simple énumération ne suffit pas. Des causes d'erreur très nombreuses peuvent se glisser dans les observations relatives à l'étude de la physiologie pathologique du cerveau. Il ne faut accepter comme démonstratives que celles qui sont entourées de certaines garanties et ne pas accorder, par exemple, à des cas complexes ou insuffisamment observés la même valeur qu'aux cas simples, régulièrement recueillis et accompagnés d'une description précise et complète de la topographie des altérations révélées par l'autopsie.

« Le rôle de la critique sérieuse et vraiment utile, dit Claude Bernard, n'est pas d'opposer des faits à des faits, mais de chercher la raison des divergences apparentes dans les résultats et d'établir par là les conditions exactes des phénomènes [1]. »

En nous inspirant de cette pensée, en recherchant avec soin les *raisons des divergences apparentes dans les résultats*, nous espérons démontrer qu'il n'existe pas une seule observation contradictoire véritablement démonstrative et que tous les prétendus faits de ce genre doivent être rejetés de l'étude régulière des localisations, les uns parce qu'ils se rapportent à des cas de tumeurs cérébrales, les autres parce qu'ils ont pour objet des cas complexes avec lésions multiples ou diffuses, les autres enfin parce qu'ils sont accompagnés de détails cliniques ou nécroscopiques manifestement erronés ou insuffisants.

§ 1. — *Observations contradictoires devant être rejetées, parce qu'elles se rapportent à des cas de tumeurs intra-crâniennes.*

La symptomatologie des tumeurs cérébrales est loin de présenter la constance, l'uniformité, la précision que présente la symptomatologie des lésions destructives limitées du cerveau. La raison en est facile à comprendre. La plupart des tumeurs cérébrales agissent à la fois en détruisant certains points des centres nerveux, en irritant les parties voisines et en comprimant le reste de l'encéphale. Malgré leur apparente simplicité, les faits de ce genre échappent à l'analyse par la multiplicité et l'étendue des troubles qu'ils sont de nature à provoquer. Les lésions irritatives soulèvent déjà de grandes difficultés d'interprétation. S'il s'y ajoute des phénomènes de compression, les difficultés se multiplient et deviennent insolubles.

« Je ne connais pas, disait Flourens, de moyen plus propre à induire en erreur que celui des compressions, car il est presque impossible de comprimer une partie du cerveau sans toucher aux autres [2]. »

---

1. Claude Bernard, *Leçons sur les propriétés physiologiques et les altérations pathologiques de l'organisme*, Paris, 1859, t. I, p. 25.
2. Flourens, *Recherches expérimentales sur les propriétés et les fonctions du système nerveux*, 2ᵉ édition, 1842, préface, page x.

Magendie a beaucoup insisté sur ces effets éloignés des compressions intra-crâniennes, et c'est à lui surtout qu'on doit la démonstration de ce fait, à savoir que les parties molles contenues dans le crâne sont toutes solidaires de la pression supportée par l'une d'elles. Etant donnée une tumeur comprimant un point quelconque du cerveau, la compression se transmet bien au delà du point déprimé par la masse néoplasique. Tout l'encéphale en subit plus ou moins les effets, et chacune de ses parties réagit par des troubles variables selon son degré de susceptibilité et selon ses fonctions propres.

En somme, tout cas de tumeur cérébrale est forcément complexe. Assurément, les observations de tumeurs intra-crâniennes méritent d'être recueillies et étudiées avec curiosité; mais il serait illogique de leur accorder, au point de vue de l'étude des localisations, la même valeur qu'aux faits simples et précis de destructions partielles de l'écorce par des ramollissements nettement limités. Quelque variable que soit la symptomatologie des tumeurs du cerveau, on ne saurait rien en induire contre la doctrine des localisations corticales. Encore une fois, la plupart des cas de tumeurs cérébrales sont des cas éminemment complexes et par conséquent impropres à la recherche des fonctions spéciales des différentes parties des centres nerveux. L'exactitude de cette proposition ressortira, croyons-nous, de l'étude des observations suivantes :

Obs. CXLIX. — *Enchondrome de la dure-mère comprimant la zone motrice sans symptômes cérébraux*, par **M. Firket**. Etude histologique d'un enchondrome de la dure-mère. Extrait de l'*Encéphale*, 1881, page 7 du tirage à part.

Fille, vingt et un ans, n'ayant jamais présenté aucun symptôme qui pût attirer spécialement l'attention vers les centres nerveux, n'ayant jamais eu aucun trouble de la motilité, morte de fièvre typhoïde adynamique. — *Autopsie* : Tumeur du volume d'un marron, adhérente à la face interne de la dure-mère, s'étant creusé une dépression cupuliforme à la surface de l'hémisphère gauche, aux dépens du pied des deux premières circonvolutions frontales et du tiers supérieur de la circonvolution frontale ascendante. Il n'existe pas à ce niveau d'adhérence anormale entre la pie-mère et la substance cérébrale. Celle-ci est simplement aplatie, refoulée, mais non altérée dans sa structure.

Obs. CL. — *Compression du lobule paracentral par une tumeur de la faux du cerveau, absence d'hémiplégie*, par **M. A. Pitres** (Sur deux cas de compression de la zone motrice du cerveau sans troubles correspondants de la motilité [*Progrès médical*, 1880, obs. I, page 606]).

Femme, 70 ans, démente et gâteuse, sans aucune paralysie des membres ni de la face. A l'autopsie, on trouve sur le côté gauche de la faux du cerveau une tumeur du volume d'une amande, adhérente à la lame fibreuse par un pédicule mince et déprimant le lobule paracentral, à la face interne duquel existe une dépression dans laquelle est logée la tumeur. La subtance grise est simplement refoulée; elle n'est ni ramollie ni enflammée.

Obs. CLI. — *Compression et dépression du lobe frontal gauche par un kyste hydatique volumineux, absence d'hémiplégie*, par **M. A. Pitres** (*Sur deux cas de compression de la zone motrice du cerveau sans troubles correspondants de la motilité* [Progrès médical, 1880, obs. I page 606]).

Homme, vingt-deux ans. Apathie cérébrale, indifférence. Appétit variable. Quelques vomissements rares. Cris ayant les caractères des cris hydrencéphaliques. Amblyopie, puis cécité complète, syncopes. Mort subite.

— *Autopsie* : Kyste hydatique du volume du poing d'un adulte, arrondi, logé entre la dure-mère et la voûte crânienne et ayant déprimé profondément les circonvolutions frontales du côté droit. Les trois circonvolutions frontales antéro-postérieures, reconnaissables malgré leur déformation, sont aplaties, pâles, exsangues. La circonvolution frontale ascendante est très notablement diminuée de largeur, refoulée en arrière et recouverte presque en totalité par la circonvolution pariétale ascendante, qui paraît intacte. La face interne de l'hémisphère gauche, au niveau de la première circonvolution frontale, est un peu déprimée.

Obs. CLII. — *Tumeur comprimant la zone motrice, sans paralysie*, par **M. R.-W. Amidon.** *New contribution to the study of cérébral. Localisation* (the Journal of nervous and mental diseases, January 1880, p. 43, obs. II).

Enfant de quinze ans, mort de septicémie consécutive à une plaie contuse du membre inférieur.

A l'*autopsie*, la pie-mère, recouvrant l'hémisphère gauche, est trouvée opaque. A l'extrémité supérieure de la circonvolution pariétale ascendante du côté droit, on trouve un kyste du volume d'un œuf de poule déprimant la substance corticale à une profondeur de 15 mm. L'écorce avait d'ailleurs son apparence normale. (Aucun détail de plus.)

Obs. CLIII. — *Tumeur du sillon de Rolando, sans symptômes moteurs limités*, par **M. Magnan** (*Bull. Soc. biol.*, séance du 30 nov. 1878; Gaz. hôp., 1878, p. 1116).

Une femme de quarante-huit ans, atteinte de paralysie générale, meurt dans le service de M. Magnan sans avoir présenté aucun trouble moteur limité. A l'*autopsie*, outre les lésions propres à la paralysie générale, on trouva une tumeur située dans le sillon de Rolando et qui comprimait au point de l'avoir complètement atrophiée la pariétale ascendante.

Obs. CLIV. — *Tubercule sur l'extrémité supérieure de la frontale ascendante, sans troubles moteurs*, par **M. Nothnagel** (*Topische Diagnostik der Gehirn Krankheiten*, Berlin, 1879, p. 417).

Homme, trente-cinq ans, phthisique, mort de méningite tuberculeuse sans avoir présenté ni paralysie, ni contracture, ni convulsions dans les membres. Cinq jours avant la mort apparaît un peu de contracture du facial gauche ou de paralysie du facial droit; ce symptôme était si léger qu'il fut impossible de déterminer s'il était le résultat de la paralysie d'un côté ou de la contracture de l'autre.

A l'*autopsie*, on trouva une méningite tuberculeuse diffuse, surtout à la base, et, de plus, un tubercule, caséeux au centre, de 3 centimètres de long et de 17 millimètres de large, situé à l'extrémité supérieure du Gyrus central antérieur droit et s'étendant sur le pied de la première circonvolution frontale. (L'état de la substance cérébrale au-dessous de ce tubercule n'est pas indiqué par l'auteur. Il n'est pas dit si les circonvolutions étaient détruites, altérées dans leur structure ou simplement refoulées.)

Obs. CLV. — *Affaiblissement graduel, tumeur cérébrale*, par **M. P. Berdinel** (*Gaz. méd.* Paris, 1878, p. 397, obs. II).

Homme, quarante-trois ans; se plaint d'avoir mal partout et d'un affaiblissement général. Céphalalgie sourde; perte de la mémoire. Trois jours après son entrée à l'hôpital, il est pris de subdélirium avec vomissements, et il expire rapidement dans le coma.

« A l'*autopsie*, on trouva une tumeur du volume d'une noix dans la partie moyenne de la circonvolution pariétale ascendante, n'intéressant pas les centres et séparée de la périphérie par une mince couche de tissu sain. Il y avait en outre une hydropisie ventriculaire considérable. »
(L'auteur ne dit pas dans les détails de l'observation s'il y avait ou non des troubles paralytiques limités.)

Obs. CLVI. — *Gliome de la pie-mère chez une jeune femme syphilitique, attaque épileptiforme avec élévation de la température, mort*, par **M. Hanot** (*Progrès médical*, 1881, p. 462).

Femme, vingt-quatre ans, profondément amaigrie, d'une pâleur extrême, présentant un ensemble complexe de troubles morbides. Syphilis, toux, sueurs nocturnes, fièvre vespérale, hématurie, albuminurie légère, anorexie, etc. Cette femme est prise un jour d'une violente douleur de tête s'irradiant le long des membres supérieurs et de mouvements convulsifs généralisés. (Il n'est pas dit dans l'observation s'il y avait des troubles paralytiques ou parétiques permanents. La forme des convulsions, le siège de leur début ne sont pas indiqués.) Les altérations cérébrales révélées par l'autopsie sont décrites très brièvement : « Pas d'exostoses intra-crâniennes. Pas d'épanchement intra-ventriculaire. Pas de foyer de ramollissement ou d'hémorrhagie. Pas de méningite. Sur la faux du cerveau, près

Obs. CLVII. — *Tumeur du cerveau; convulsions épileptiformes débutant par le membre supérieur gauche, par* **M. Hunter Mackensie** (anal. in *Annales médico-psychologiques*, 1878, t. II, page 303).

Femme sourde-muette, atteinte d'imbécilité congénitale; offre pour symptômes principaux des maux de tête avec des accès d'irritabilité. A la suite d'un de ces accès, elle est prise de convulsions se répétant toutes les 10 à 15 minutes. Elles commencent dans les muscles fléchisseurs de la main et de l'avant-bras gauche et s'étendent à tout le côté gauche; puis elles deviennent générales, en demeurant prédominantes à gauche et dans le membre supérieur. L'excitation de la nuque les fait cesser pendant douze heures, puis elles reprennent pour se limiter au bras gauche. On peut les provoquer en touchant la main ou le bras. Les phénomènes convulsifs ont cessé quelques heures avant la mort, qui a eu lieu le troisième jour.

A l'*autopsie*, on trouve sous les deux lobes frontaux une tumeur du volume d'une orange, naissant de la lame criblée de l'ethmoïde et placée entre les deux voûtes orbitaires. Cette tumeur s'étend de l'apophyse crista-galli au bord antérieur des commissures optiques, sans intéresser le nerf optique. C'est un fibro-sarcome. Pas d'autres détails.

Obs. CLVIII. — *Sarcome de la dure-mère siégeant au niveau de la partie supérieure de la circonvolution pariétale ascendante gauche. Parésie du bras droit et de la moitié droite de la face, nystagmus, par* **M. Raymond** (*Progrès médical*, 1881, page 711).

Femme, quarante-six ans, tumeurs abdominales multiples, hémorrhagies utérines répétées, amaigrissement profond. — Dans cet état apparaissent divers symptômes nerveux : nystagmus rotatoire de l'œil gauche et latéral de l'œil droit; légère paralysie faciale droite; parésie du membre supérieur droit, les membres inférieurs conservant leur motilité normale. — *Autopsie* ; tumeur sarcomateuse de l'utérus et des ligament larges. Tumeur de même nature, arrondie, du volume d'une noix, adhérente aux méninges et comprimant l'extrémité supérieure de la circonvolution pariétale ascendante avec laquelle elle a contracté quelques adhérences en déprimant et en éraillant la substance corticale. Intégrité complète du reste de l'encéphale.

Obs. CLIX. — *Tumeur cancéreuse de la partie supérieure des circonvolutions ascendantes gauches. Monoplégie brachiale, puis hémiplégie droite avec aphasie, par* **M. A. Mathieu**. (Soc. anat., 14 janvier 1881, et *Progrès médical*, 1881, page 547).

Homme, soixante-et-un ans, atteint de carcinome du pylore et du foie. Paralysie isolée du membre supérieur droit. Vingt jours après, hémiplégie droite totale avec aphasie. Pendant le séjour à l'hôpital on constate certain degré de paralysie faciale droite, une paralysie absolue du membre supérieur droit et un affaiblissement parétique du membre inférieur du même côté. Sensibilité conservée. Il semble toutefois y avoir dans le membre supérieur droit un retard notable dans la perception des sensations. Aphasie légère. — *Autopsie :* Cancer encéphaloïde du pylore tumeurs secondaires du foie. Sur l'hémisphère gauche existe une tumeur du volume d'une noix, située à l'extrémité supérieure des circonvolutions ascendantes, ayant détruit à ce niveau toute la substance grise de ces circonvolutions. Elle est entourée par une zone de un centimètre à peu près, dans laquelle la substance cérébrale est ramollie et de coloration rouillée. La troisième circonvolution est saine. Intégrité absolue du reste de l'encéphale.

Obs. CLX. — *Tumeur volumineuse du lobe occipital gauche. Affaiblissement général prédominant à droite,* par **M. Burney Yeo.** (*Brain-*july 1878, page 275).

Femme, cinquante-neuf ans, affaiblissement général, prédominant dans les membres inférieurs et particulièrement dans le membre inférieur droit. Il n'y a pas de paralysie véritable dans les membres supérieurs; cependant la pression est plus faible de la main droite que de la gauche. Sensibilité diminuée dans le côté droit du corps. — Difficulté à trouver les mots; intelligence amoindrie. Céphalalgie ; vomissements.

Autopsie. — Gliome du volume d'un œuf d'oie, du poids d'environ six onces, situé dans la substance blanche centrale du lobe postérieur gauche et recouvert par les circonvolutions distendues. La base de l'encéphale est déformée; sa moitié gauche est repoussée en avant, de telle sorte que les organes, qui normalement doivent être sur un plan horizontal (comme le chiasma des nerfs optiques), ont une direction oblique. Pas d'autres détails sur la topographie et l'extension de la tumeur ni sur l'état de la protubérance.

Les faits que nous venons de résumer, bien qu'ils ne soient pas directement utilisables pour l'étude des localisations, présentent cependant de l'intérêt. Les sept premiers se rapportent à des cas de compression lente de la zone motrice non accompagnés pendant la vie de troubles paralytiques permanents. Ils prouvent que les circonvolutions peuvent dans certaines circonstances supporter des pressions énergiques sans que leurs fonctions soient abolies.

Les deux faits qui viennent ensuite (obs. CLVI et CLVII) nous montrent que les tumeurs cérébrales peuvent agir comme lésions irritatives et provoquer des convulsions épileptiformes.

L'observation CLVIII fournit un exemple des influences éloignées que peut exercer à distance une tumeur cérébrale en apparence limitée, car il est bien évident que le nystagmus observé du vivant de la malade n'était pas en rapport direct et immédiat avec la lésion siégeant sur la pariétale ascendante. Il en est de même pour l'aphasie signalée dans l'observation CLIX et pour la parésie prédominante du côté droit dans l'observation CLX. Mais il est inutile de nous arrêter plus longtemps sur les cas des tumeurs. Nous en avons assez dit pour légitimer leur exclusion du dossier des localisations et pour montrer qu'il serait contraire aux règles d'une bonne méthode scientifique de les opposer aux cas, beaucoup plus favorables pour l'étude, de lésions destructives simples de l'écorce.

§ 2. — *Observations contradictoires devant être rejetées, parce qu'elles se rapportent à des cas complexes avec lésions diffuses ou multiples.*

Les faits que nous allons passer en revue dans ce paragraphe sont extrêmement disparates au point de vue des manifestations symptomatiques. Plusieurs d'entre eux sont remarquables par l'étrangeté des phénomènes observés, par l'adjonction aux troubles d'origine cérébrale de symptômes d'origine bulbaire ou protubérantielle. Ils se rapprochent par ce seul fait que les lésions révélées par l'autopsie étaient multiples ou diffuses, ce qui suffit à les faire repousser du dossier des localisations corticales. Chacun d'eux mérite du reste une critique particulière, que nous nous efforcerons de rendre aussi brève que possible.

OBS. CLXI. — *Convulsions unilatérales du côté d'une lésion de la région motrice corticale,* par **M. Jaccoud.** (*Deux faits contraires aux localisations cérébrales* [*Gaz. Hebdom.,* 1879, obs. I, page 135]).

Homme, quarante-deux ans; depuis quatre semaines, douleurs de tête bizarreries de caractère, actes déraisonnables. Le 6 novembre, attaque apoplectiforme suivie de coma sans paralysie. Convulsion des membres du côté gauche et de la moitié gauche de la face, survenant par accès, durant chacun une minute environ et séparés par des intervalles de repos de deux minutes. — Déviation conjuguée des yeux, tantôt d'un côté, tantôt de l'autre. Mort le 8 novembre. Lésions : « Méningite aiguë de la convexité. *Hémisphère gauche :* infiltration purulente de la pie-mère; elle est à son maximum au niveau des circonvolutions centrales ascendantes et du sillon de Rolando; dans toute cette région, sur une étendue égale aux deux tiers supérieurs des circonvolutions centrales, les méninges sont fortement adhérentes à la substance cérébrale et ne peuvent être détachées sans entraîner les parties superficielles de l'écorce. *Hémisphère droit* : il y a simplement une hyperémie forte, généralisée à toute la surface convexe et à la face inférieure du lobe frontal ; aucune adhérence des méninges congestionnées. Epanchement notable de sérosité dans les ventricules latéraux. L'examen méthodique par coupes transversales minces du cerveau, du cervelet, de la protubérance et du bulbe ne révèle aucune autre lésion ».

Réflexions. — La première condition que doit remplir une observation destinée à l'étude des *localisations*, c'est que les lésions qui s'y rapportent soient *localisées*. Or, dans le cas invoqué par M. Jaccoud contre les localisations cérébrales, il s'agit d'une méningite générale diffuse avec épanchement intra-ventriculaire. C'est par le fait d'un raisonnement purement spéculatif que l'auteur rapporte les symptômes convulsifs observés du vivant du malade à la lésion superficielle de l'hémisphère du même côté. En tout cas, rien ne prouve l'exactitude de cette interprétation puisqu'il y avait sur les deux hémisphères des altérations méningitiques de la convexité. Ce fait perd évidemment toute valeur, au point de vue des localisations, par cela seul que les lésions étaient diffuses et que les méninges des deux hémisphères étaient enflammées.

Obs. CLXII. — *Hémiplégie flasque du côté d'une compression de la région motrice corticale, par* **M. Jaccoud**. (*Deux faits contraires aux localisations cérébrales.* [Gaz. hebdom. de méd. et de chir., 1879, Obs. II page 136]).

Femme, 83 ans, frappée d'apoplexie le 23 janvier. — Hémiplégie droite flasque, complète au bras et à la jambe, incomplète à la face ; parole normale. — Du côté paralysé, la sensibilité est émoussée, les mouvements réflexes sont exagérés, et la température est plus élevée que du côté opposé. Mort le 25 janvier.
Autopsie. — Hémorrhagie sus-arachnoïdienne droite; caillot rouge foncé, long de 8 à 9 centimètres, large de 3 environ, sur une épaisseur d'un demi-centimètre au moins. Ce caillot est couché sur le bord supérieur de l'hémisphère, et son centre répond sensiblement au sillon de Rolando. Aucune lésion appréciable dans les circonvolutions ni dans les autres parties de l'encéphale.

Réflexions. — Ici encore, il ne s'agit pas d'une lésion limitée des circonvolutions, mais bien d'une hémorrhagie méningée. Nous n'avons pas à rechercher pour le moment les lois qui président aux manifestations possibles des irritations des méninges. A ce point de vue spécial l'observation de M. Jaccoud peut avoir de l'intérêt. Mais elle ne peut pas servir à l'étude des localisations corticales.

Obs. CLXIII. — *Paralysie générale progressive, hémiplégie gauche, contractures et convulsions du côté droit. Lésions corticales de l'hémisphère droit*, par **MM. Maragliano et Seppilli.** (*Due casi di localizzazione cerebrale*, in *Riv. sperim. di freniatria e di medic. legale*, 1878, page 376).

Homme, 37 ans, symptômes de paralysie générale progressive ; modifications du caractère, troubles de la parole, affaiblissement des facultés intellectuelles et de la mémoire ; accès convulsifs, les uns généralisés, les autres limités au bras droit ou aux muscles de la moitié droite du visage ; hémiplégie gauche survenue dans les derniers jours, contracture des deux membres inférieurs.

Autopsie. — Lésions prédominant dans l'hémisphère droit ; adhérences de la pie-mère au niveau de la partie moyenne de la frontale ascendante, du lobule paracentral, de la partie postérieure de la troisième frontale et du pied de la deuxième frontale. Diminution de volume des circonvolutions ascendantes. Il n'est pas parlé de l'état de l'hémisphère gauche.

Réflexions. — Encore un fait inutilisable pour l'étude des localisations, d'abord parce qu'il s'agit d'un cas de méningo-encéphalite *diffuse*, ensuite parce que les auteurs ont négligé de parler des altérations rencontrées sur l'hémisphère gauche.

Obs. CLXIV. — *Méningite tuberculeuse, avec symptômes moteurs*, par **M. Boinet** (Société anatomique 31 mars 1882, et *Progrès médical*, 1883, page 46).

Homme, 18 ans. Tuberculose aiguë généralisée. Le 1er mars, paralysie du mouvement et de la sensibilité dans le membre supérieur droit, s'étendant le lendemain au membre inférieur du même côté. Deux jours après (4 mars), parésie du membre supérieur gauche. Le 5 mars, hémiplégie faciale gauche. Douleurs, sans paralysie, du membre inférieur gauche. Le 11 mars, convulsions cloniques des membres du côté droit. Mort le 15.

Autopsie. — Méninges fortement congestionnées. Il s'écoule deux cuillerées de sérosité louche. Hémisphère gauche : granulations tuberculeuses nombreuses dans la scissure de Silvius ; amas de granulations sur le lobule paracentral et sur la partie supérieure des circonvolutions ascendantes. Hémisphère droit : amas de granulations sur le tiers supérieur de la frontale ascendante, la partie antérieure du lobule paracentral, l'union du pied de la deuxième frontale avec la frontale ascendante.

Masses centrales et moelle saines. Poumons farcis de tubercules, etc.

Réflexions. — Des observations aussi complexes que celles dont on vient de lire le résumé ne peuvent, à notre avis, servir à l'étude des localisations cérébrales. L'auteur cherche cependant à déterminer avec elle la topographie du centre de la motilité de la face. « Un amas de granulations tuberculeuses, dit-il, occupait la partie postérieure de la deuxième circonvolution frontale droite, c'est-à-dire le centre moteur de la région faciale inférieure, d'après Ferrier. Les parties inférieures des circonvolutions frontale et pariétale ascendantes étaient saines. Ce fait n'est donc pas favorable à l'opinion du professeur Charcot, qui localise dans ces dernières régions le centre moteur du facial inférieur. » Nous ne nous arrêterons pas à discuter ces conclusions, le fait sur lequel elles sont fondées nous paraissant, par sa nature même, par sa complexité et par la diffusion des lésions, tout à fait impropre à la recherche de la topographie des centres moteurs corticaux.

Obs. CLXV. — *Hémiplégie motrice des membres gauches au cours d'une démence sénile; respiration de Cheyne-Stockes avec arythmie cyclique du pouls. Ramollissement de la deuxième circonvolution occipitale droite et de la face inférieure du lobe occipital gauche : atrophie du pli de passage de la première à la seconde frontale; œdème cérébral : apoplexie pulmonaire du côté paralysé,* par **M. Rondot** (*Gaz. hebd. des sciences médic. de Bordeaux*, 1882, p. 359).

Femme, soixante-seize ans, depuis longtemps en démence, fut saisie subitement au mois de janvier 1882 d'un malaise, sans perte de connaissance ni coma. Transportée à son lit, on constata qu'elle était atteinte d'une hémiplégie des membres du côté gauche avec intégrité des mouvements de la face et sans aucun embarras de la parole. Cette indisposition disparut bientôt, et vers le 23 du même mois la malade se levait, ses membres ayant recouvré leurs fonctions habituelles.

Le 14 avril, nouveau malaise, suivi d'hémiplégie des membres du côté gauche avec contracture plus marquée au membre supérieur qu'au membre inférieur.

Le 26 avril, la contracture a diminué, la jambe s'étend bien, les doigts ont recouvré leurs mouvements d'extension.

Le 1er mai, convulsions épileptiformes, portant surtout sur le bras *droit*. Plus tard, état comateux, déviation de la tête vers le côté gauche. Mort le 9 mai.

Autopsie. — Hémisphère droit : Atrophie sur un pli de passage de la première à la deuxième circonvolution frontale en avant de la frontale ascendante. — Ramollissement de la seconde circonvolution occipitale.

Hémisphère gauche : Petit foyer de ramollissement à la face inférieure du lobe occipital. Les artères de la base sont pour la plupart athéromateuses; plusieurs d'entre elles sont oblitérées ou presque oblitérées. Les deux sylviennes sont très altérées, particulièrement celle du côté droit.

Réflexions. — L'observation dont on vient de lire le résumé nous paraît devoir figurer au même titre que les précédentes parmi les faits complexes et d'une interprétation difficile, qui ne doivent être invoqués ni pour ni contre la doctrine des localisations. Les paralysies transitoires et les convulsions observées chez la malade pourraient fort bien être indépendantes des lésions limitées que l'autopsie a fait découvrir dans les lobes frontaux et occipitaux en dehors de la zone motrice.

Les artères de l'encéphale étaient profondément athéromateuses : plusieurs d'entre elles et particulièrement les sylviennes étaient oblitérées ou presque oblitérées. Ces altérations artérielles ne seraient-elles pas de nature à expliquer les symptômes à répétition et transitoires qui ont été observés chez la malade? Nous serions très disposés à le penser.

Mais, dans tous les cas, la multiplicité des branches artérielles altérées rend toute localisation impossible. A vrai dire, il s'agissait là d'une lésion diffuse ou tout au moins à foyers multiples et mal imités, et il est convenu que ces cas sont impropres à l'étude irrégulière des localisations.

Obs. CLXVI. — *Paralysie des quatre membres et de certains muscles du cou et de la nuque. Ramollissement du centre ovale*, par **M. Roberto Cobianchi** (*Del ramollimento cerebrale nei vecchi*, etc. [*Rivista clinica de Bologna*, 1882, obs. I, page 12 du tirage à part, traduction intégrale.])

Une femme de soixante et onze ans présentait une paralysie flaccide complète des quatre membres. De plus, elle tenait constamment la tête fortement fléchie sur le côté droit et en même temps tournée vers le côté opposé, le menton dirigé en haut. Cette position de la tête ne pouvait être modifiée ni par la volonté de la malade, ni passivement par les mains de l'observateur. En palpant le cou, on trouvait une contracture évidente des scalènes et du sterno-cléido-mastoïdien du côté droit. Intelligence lente et obtuse, mais *compos sui*. Parole nette, motilité de la face non altérée ; mouvements des yeux libres, sensibilité tactile et dolorifique normale sur toute la surface du corps. Vaste eschare gangréneuse dans la région moyenne du sacrum.

Nécroscopie. — Un peu de liquide limpide sous-arachnoïdien entre les circonvolutions: arachnoïde opaque çà et là, sans épaississement considérable. Vaste foyer de ramollissement dans le centre ovale droit de Vieussens, qui en occupe les trois quarts postérieurs dans le sens antéro postérieur, qui va de la voûte ventriculaire intacte jusqu'à quelques millimètres de la substance grise des circonvolutions dans la direction verti cale et s'étend dans le sens transversal jusqu'au voisinage immédiat de l'écorce. La surface du cerveau dans les points correspondants se montre simplement affaissée. Dans les deux ventricules latéraux, quantité modérée de liquide blanchâtre. Dans l'hémisphère gauche, rien de particulier, rien dans les gros ganglions ni dans les autres parties de l'encéphale. Moelle épinière non examinée.

Réflexions. — Nous avons traduit intégralement cette observation, pour montrer combien il est difficile, d'après une description aussi écourtée que celle que donne l'auteur, de se faire une idée précise sur un cas très complexe et tout à fait en dehors des règles ordinaires de la pathologie cérébrale.

Faut-il admettre, avec M. Cobianchi, que la paralysie des quatre membres et la contracture des muscles du cou dépendaient de la lésion unilatérale du centre ovale, qui est seule signalée dans l'autopsie? Si oui, il faut bien reconnaître qu'il s'agit alors d'un fait tellement anormal qu'il est peut-être le seul de son espèce dans toute la littérature médicale. Or les faits isolés, anormaux, extraordinaires, en opposition avec des lois mille fois vérifiées, doivent toujours inspirer une certaine défiance. Pour nous, dans l'incertitude où nous laisse la brièveté des descriptions, nous préférons supposer qu'il s'est glissé dans l'observation quelque erreur ou quelque omission importante que de douter de la fixité des lois de la nature. Nous ne pouvons rien dire de plus sur un fait qui n'est pas décrit avec des détails suffisants pour légitimer une tentative de diagnostic rétrospectif.

Obs. CLXVII. — *Contracture des deux membres supérieurs disparaissant après quelques jours. Ramollissement des lobes occipitaux,* par **M. Roberto Cobianchi** (*loc. cit.*, obs. X, page 28 du tirage à part).

Homme, soixante-neuf ans, maçon, entré à l'hôpital pour un traumatisme du genou gauche. Son état s'améliorait beaucoup, quand le 14 janvier sa température s'éleva brusquement, et il eut des vomissements. Le lendemain, la fièvre avait diminué, l'intelligence était très alourdie. En outre, il y avait une rigidité des deux membres supérieurs, surtout du gauche, assez forte pour rendre les mouvements provoqués très difficiles. Cet état persista jusqu'au 17. A partir de cette date, la contracture des membres se dissipa progressivement, la fièvre disparut, la température redevint normale, l'intelligence s'éclaircit. Rien à noter dans les membres inférieurs ni dans la face. Les choses restèrent ainsi jusqu'au jour de la mort (26 janvier).

Autopsie. — Arachnoïde très opaque, surtout dans les régions médiane et postérieure de la convexité. Le bord supérieur des deux lobes occipitaux est le siège d'un ramollissement atteignant à la fois l'écorce et le centre ovale sous-jacent. Ganglions centraux et cervelet sains.

Il n'est pas parlé de la protubérance ni de la moelle.

Réflexions. — Encore un cas complexe, qu'il est impossible d'interpréter avec les renseignements fournis par l'auteur. Rien n'autorise, dans tous les cas, à rapporter à la lésion des lobes occipitaux la rigidité temporaire des membres supérieurs observée quelques jours avant la mort du malade, puisqu'en même temps que ces lésions destructives localisées il y avait des altérations diffuses des méninges.

Obs. CLXVIII. — *Hémiplégie droite temporaire. Lésions multiples de l'écorce des hémisphères n'atteignant pas la zone motrice*, par **M. Estorc** (*Nouvelle contrib. à l'étude des localisations cérébrales; Montpellier médical*, février 1881, obs. II, p. 126).

Homme, quatre-vingt-dix ans, frappé d'hémiplégie droite avec aphasie ans perte de connaissance, le 18 février 1879. Quelques heures après, la paralysie de la face a presque disparu. Les jours suivants, l'hémiplégie des membres diminue. Le bras droit présente des phénomènes cataleptiformes curieux. Si on le soulève, il reste en l'air un moment, puis il s'abaisse lentement. Un mois après, toute trace d'hémiplégie a disparu ; la sensibilité, y compris le sens musculaire, est intacte partout. L'aphasie persiste seule ; cependant le malade parle assez bien pour se faire comprendre. En septembre, agitation, délire violent, véritables accès de fureur sans paralysie nouvelle. Mort le 17 septembre.

Autopsie. — Hémorrhagie méningée récente, congestion intense de la pie-mère.

Hémisphère droit : ramollissement cortical de l'extrémité postérieure des première et deuxième frontales. *Hémisphère gauche :* ramollissement du lobule pariétal inférieur, n'atteignant pas la pariétale ascendante. Cervelet, protubérance et bulbe paraissent sains.

Réflexions. — Cette observation est complexe, difficile à interpréter dans tous ses détails. Mais au point des phénomènes moteurs, qui seuls nous intéressent pour le moment, il rentre dans les lois connues. De grosses lésions destructives siégeant *en dehors de la zone motrice*, mais au voisinage immédiat de cette zone, ont provoqué une hémiplégie transitoire. L'hémiplégie ne dépendait pas directement des lésions destructives permanentes révélées par l'autopsie, puisqu'elle s'est dissipée rapidement. Elle tenait aux troubles circulatoires qui n'ont pu manquer de se produire autour des foyers ramollis, et elle a disparu progressivement à mesure que la circulation collatérale s'est régularisée dans les territoires voisins des branches artérielles oblitérées.

§ 3. — *Observations contradictoires devant être rejetées à cause de l'insuffisance des descriptions.*

Le principe de la méthode anatomo-clinique, c'est de comparer les symptômes observés du vivant des malades aux lésions révélées par les autopsies et d'établir d'après cette comparaison les lois de coïncidence des phénomènes.

Pour que cette méthode fournisse des résultats exacts, il est nécessaire qu'elle utilise des documents rigoureusement exacts. Il faut, en d'autres termes, que les symptômes aient été bien observés et que les lésions aient été bien décrites.

En général, l'observation clinique est suffisante, car il est relativement facile de reconnaître des paralysies, des contractures, des convulsions. Mais il est plus difficile de pratiquer méthodiquement et complètement l'examen de l'encéphale. Romberg disait déjà que « nulle part il n'est plus nécessaire que l'autopsie soit faite par une main exercée ». Souvent, même dans les observations les plus récentes, on se contente de décrire les lésions appréciables à la surface des circonvolutions. On néglige de pratiquer des coupes régulières du cerveau, on omet de signaler l'extension de la lésion corticale dans le centre ovale, on ne parle pas de l'état des méninges et des noyaux centraux, et on arrive ainsi à donner comme contradictoires des observations manifestement insuffisantes, qui ne peuvent être d'aucune utilité dans l'étude des localisations.

Les cas de ce genre doivent être laissés de côté. A plus forte raison doit-on rejeter ceux dans lesquels la topographie des altérations est indiquée d'une façon vague et sans aucune précision. Les observations suivantes pèchent toutes par l'absence de détails suffisants. Ce sont des documents incomplets, dont on ne peut tirer parti ni pour ni contre la doctrine des localisations.

Obs. CLXIX. — *Abcès du cerveau dans le lobe frontal sans symptômes,* par **M. Bouchut** (*Gazette des hôpitaux,* 30 décembre 1879, page 194).

Fille, quatorze ans, atteinte de phthisie pulmonaire avec vomiques continuelles; succombe après une courte agonie de deux heures, sans avoir offert aucun trouble préalable de l'intelligence, du mouvement et de la sensibilité. Deux heures avant sa mort, elle répondait aux questions, pouvait parler, mouvoir ses membres, et elle est morte sans convulsions ni paralysies.

Autopsie. — Abcès superficiel gris verdâtre du lobe frontal gauche. « Cet abcès étant incisé, on voit qu'il pénètre dans la substance grise au-dessous de la couche corticale de la seconde et troisième circonvolution frontale ascendante (*sic*), qui sont ramollies, et il a le volume d'une olive. Cela ne dépasse pas le sillon de Rolando. Tout le tissu qui l'entoure est gris, pulpeux, et l'altération s'étend en arrière de l'abcès, en dehors du corps strié et de la couche optique jusqu'au pédoncule cérébral gauche; seulement, dans ce pédoncule, le tissu n'est pas ramolli, et il est grisâtre teinté de jaune. Tout autour de ce foyer, il n'y a nulle injection sanguine. Pas de liquide dans les ventricules. »

Réflexions. — Cette observation paraît être un de ces cas, relativement communs, de lésions latentes du lobe préfrontal, comme nous en avons rapporté plusieurs dans le chapitre Ier. Mais la description anatomique en est si insuffisante qu'il est impossible de savoir au juste le siège exact qu'occupait l'abcès. Qu'est-ce que c'est que la *troisième circonvolution frontale ascendante?* Comment l'altération peut-elle atteindre le pédoncule cérébral en contournant en dehors le corps strié et la couche optique sans atteindre l'insula, l'avant-mur ou la capsule externe? Ou, si ces organes étaient atteints, pourquoi leur altération n'est-elle pas signalée?

L'auteur dit, en parlant de l'abcès du lobe frontal : « Cela ne dépasse pas le sillon de Rolando ; » mais il ne dit pas : Cela atteint le sillon de Rolando, ce qui aurait à notre point de vue une toute autre importance. En somme, il s'agit là d'un fait qui aurait pu être intéressant s'il avait été plus exactement décrit, mais qui, tel qu'il est, ne peut avoir aucune signification précise. M. Bouchut n'hésite pas à la considérer cependant comme suffisant pour combattre la doctrine des localisations cérébrales. « Si les lésions de la substance corticale antérieure, dit-il, doivent détruire le mouvement, comment se fait-il qu'ici la motilité n'ait subi aucune atteinte? Evidemment ce fait prouve que la théorie nouvelle manque d'exactitude et que la vérité est encore à trouver. » Il prouve plutôt, à notre avis, que M. Bouchut n'avait pas, à l'époque où il a publié l'observation que nous venons d'analyser, des notions suffisamment précises sur la doctrine des localisations corticales, sur la nomenclature des diverses parties du cerveau et sur les qualités que doit réunir une observation pour mériter d'être prise en considération dans les recherches modernes sur la pathologie cérébrale.

OBS. CLXX. — *Thrombose cardiaque ancienne, embolies viscérales multiples. Hémiplégie droite avec aphasie, etc.,* par **M. Lejard** (Soc. anatomique de Paris, séance du 17 juin 1881 et *Progrès médical*, 1882, page 107).

Femme, quatre-vingt-trois ans, prise subitement d'étouffement et de douleur sous le sein gauche. En même temps, elle a un étourdissement et tombe par terre sans connaissance. Après avoir repris ses sens, elle parle librement et ne se plaint de rien autre chose que d'une douleur sourde dans tout le côté gauche du thorax. Arthrite du genou gauche. Le 3 juin, onze jours après l'apparition des accidents précédents, le malade, qui jusque-là mangeait seule et de la main droite, se trouve paralysée de tout le côté droit. Le lendemain 4 juin, la paralysie du côté droit est complète. Aphasie, incontinence d'urines, somnolence, rougeur au sacrum. Mort le 11 juin.

Autopsie. — « Nous avons trouvé dans l'hémisphère gauche du cerveau un ramollissement cortical siégeant entre la deuxième et la troisième circonvolution temporale et s'étendant jusqu'au lobe occipital intact. Le sillon de Rolando, les circonvolutions voisines et le lobule de l'insula étaient intacts. » Altérations diverses des autres organes : points de pneumonie lobulaire, infarctus rénaux, péricardite hémorrhagique, thromboses cardiaques, etc.

Réflexions. — Nous avons reproduit *in extenso* toute la partie de l'autopsie qui se rapporte à l'encéphale. Or, avant d'admettre qu'une lésion de la région temporo-occipitale ait donné lieu à une hémiplégie du côté opposé et à de l'aphasie, il faudrait être certain que le reste de l'encéphale était absolument normal, et dans le cas actuel il n'est pas possible d'en avoir la certitude, puisque les méninges et les masses centrales n'ont pas été examinées ou qu'au moins il n'est rien dit sur l'état dans lequel se trouvaient ces parties.

Obs. CLXXI. — *Hémiplégie dissociée des membres du côté gauche. Cavités kystiques sous l'extrémité inférieure de la zone motrice*, par **MM. François Warner et Flechter Beach** (*Brain*, t. II, 1880, page 576).

Enfant de vingt et un mois. A la suite de convulsions survenues à l'âge de neuf mois, hémiplégie gauche (membres supérieur et inférieur), sans atrophie, sans anesthésie et sans rigidité consécutive; suppuration de l'oreille droite et paralysie complète du facial droit, liée aux lésions de l'oreille interne.

Autopsie. — Atrophie partielle de l'hémisphère droit. Plusieurs cavités kystiques situées au-dessous de l'extrémité inférieure des circonvolutions ascendantes, du lobule pariétal inférieur et de la première circonvolution temporo-sphénoïdale. Ganglions de la base normaux.

Réflexions. — Cette observation paraît être en opposition avec les règles qui régissent les rapports des lésions aux symptômes dans les monoplégies associées. Il semblerait en résulter en effet qu'une monoplégie des membres a pu être produite par une lésion destructive de l'extrémité inférieure de la zone motrice, tandis que d'ordinaire cette forme de monoplégie est le résultat de lésions de l'extrémité supérieure de la zone motrice. Mais il faut noter que les détails cliniques et anatomiques sont extrêmement incomplets. L'état de la motilité de la face n'est pas suffisamment décrit. Il y avait une paralysie périphérique du facial droit qui devait rendre difficile l'appréciation de la motilité des muscles de la face du côté gauche. Les paralysies faciales d'origine cérébrale sont toujours incomplètes. On apprécie leur existence par comparaison avec le côté sain. Dans le cas actuel, le côté droit étant le siège d'une paralysie complète, il est très possible qu'une paralysie plus légère du côté gauche ait passé inaperçue. Dans tous les cas, il serait utile d'avoir à ce sujet quelques renseignements qui font absolument défaut dans le texte de l'observation. Ajoutons que les détails anatomiques sont très incomplets, qu'il n'a pas été fait de coupes régulières du cerveau et qu'il est impossible de savoir quelle était au juste l'extension des altérations dans le centre ovale.

Obs. CLXXII. — *Monoplégies associées des membres du côté droit. Ramollissement du lobule pariétal inférieur et de la partie moyenne et postérieure de la pariétale ascendante*, par **de Boyer** (Th. doct., 1879, page 148).

Homme, cinquante-six ans, hémiplégie droite sans paralysie faciale ni chute de la paupière. A l'autopsie, ramollissement du lobule pariétal inférieur atteignant la portion moyenne et postérieure de la circonvolution pariétale ascendante. La lésion des faisceaux blancs était plus profonde et gagnait le sillon de Rolando. Pas d'autres détails cliniques ni anatomiques dans l'observation.

Réflexions. — L'insuffisance des détails cliniques et l'absence de renseignements sur l'extension du ramollissement dans les faisceaux du centre ovale font perdre à cette observation toute sa valeur au point de vue de la détermination topographique des altérations susceptibles de provoquer les monoplégies associées des membres.

Obs. CLXXIII. — *Ramollissement cérébral avec aphasie, sans lésion de la circonvolution de Broca*, par **M. Comby**. (*Soc. anat. de Paris*, 9 avril 1880, et *Progrès médical*, 1880, page 994).

Homme, cinquante-neuf ans, hémiplégie droite totale (face et membres) survenue subitement ; sensibilité des téguments notablement diminuée à droite ; aphasie incomplète : vingt jours après, à la suite d'un étourdissement, l'hémiplégie et l'aphasie deviennent plus complètes et persistent jusqu'à la mort.

Autopsie. — Hémisphère droit sain. Hémisphère gauche : pas de lésions corticales, fluctuation au-dessous des premières frontales du lobule paracentral et de l'extrémité supérieure de la frontale ascendante.

Cette fluctuation est produite par un foyer de ramollissement sous-cortical situé sous la partie supérieure de la frontale ascendante et le pied de la première frontale, et rempli d'un liquide séreux jaune citrin. La circonvolution de Broca ne présente aucune lésion appréciable à l'œil nu. Il en est de même du lobule de l'insula et de toutes les autres parties du cerveau. — L'examen microscopique de la substance nerveuse de la troisième circonvolution frontale n'a pas été pratiqué.

Réflexions. — D'après les règles précédemment établies, une lésion destructive limitée à l'extrémité supérieure de la zone motrice doit produire une monoplégie associée des membres et non pas une hémiplégie totale. L'observation précédente paraît être en opposition avec cette loi. Mais on remarquera que les limites extrêmes du foyer signalé dans l'autopsie ne sont nullement indiquées. Il y avait de la fluctuation au-dessous du lobule paracentral et de l'extrémité supérieure de la frontale ascendante. Cela est fort bien ; mais il y avait certainement aussi autour du foyer central une zone de tissu cérébral enflammé. Jusqu'où s'étendait cette zone périphérique ? L'auteur ne le dit pas, et, en l'absence de ce renseignement nous ne pouvons considérer son observation comme démonstrative.

Obs. CLXXIV. — *Lésions superficielles de la zone motrice, parésie faciale temporaire, pas de paralysie des membres*, par **M. Estorc** (*Montpellier médical*, février 1881, obs. III, page 147).

« V..., soixante-quinze ans, entré à l'hôpital général au mois de décembre 1878. Poussées apoplectiformes très courtes et répétées ; dans la dernière, parésie faciale droite rapidement disparue. Meurt de pneumonie après un séjour d'environ un an à l'hôpital (21 novembre 1879). Jamais d'hémiplégie ni de troubles sensitifs.

Autopsie. — *Hémisphère droit :* foyer cortical de ramollissement au tiers moyen des deux premières circonvolutions frontales ; deuxième foyer en arrière, plus étendu que le précédent et situé dans la partie postérieure du lobule pariétal supérieur.

Hémisphère gauche : trois foyers de ramollissement ; le premier est en arrière de la scissure de Sylvius, à l'extrémité inférieure du sillon vertical qui sépare le lobule du pli courbe du pli courbe lui-même, le second dans le tiers inférieur de la pariétale ascendante, le troisième enfin à la partie moyenne de la circonvolution frontale ascendante. Tous ces foyers sont superficiels et peu étendus. On ne trouve rien sur les coupes de Pitres. »

Réflexions. — L'auteur a fait suivre son observation de quelques commentaires qui nous paraissent parfaitement justes. Il attribue la parésie faciale observée à droite au foyer du tiers inférieur de la pariétale ascendante gauche, et, comme ce foyer siégeait sur la limite du centre cortical pour les muscles de la face du côté opposé, les symptômes de paralysie ont été peu marqués et de courte durée. Quant au foyer situé à la partie moyenne de la frontale ascendante gauche, il aurait dû, d'après les règles que nous avons formulées, s'accompagner de troubles moteurs plus ou moins marqués dans le bras droit. Mais M. Estorc ajoute : « Il n'est pas étonnant qu'une lésion très petite, comme celle qui nous occupe dans le cas actuel, soit toujours restée cliniquement silencieuse. »

Obs. CLXXV. — *Démence avec agitation maniaque. Ramollissements corticaux multiples, dont un sur la zone motrice, absence de paralysie,* par **M. Gallopain** (*Ann. méd.-psych.*, 1879, t. II, page 182).

Homme, soixante-un ans, alcoolisé chronique. Démence avec accès d'agitation maniaque. Le malade marche bien et ne présente pas de trace de paralysie dans les membres; la vue est bonne des deux cotés, les pupilles sont égales, et il n'y a aucun trouble dans les mouvements des yeux. Mort rapide après trois jours d'agitation violente, pendant lesquels l'état de la motilité ne paraît pas avoir été étudié.

Autopsie. — Pachyméningite avec hématomes et hémorrhagie méningée récente.

Hémisphère droit : Ramollissement diffluent du pli courbe, d tiers postérieur de la première circonvolution temporale, de la moitié postérieure des deuxième et troisième circonvolutions temporales, de l'extrémité postérieure du lobule pariétal supérieur et de l'extrémité antérieure de la première circonvolution occipitale. Piqueté vasculaire avec coloration rosée de la circonvolution de l'hippocampe, de la circonvolution crêtée et de la face interne de la première circonvolution frontale.

Hémisphère gauche : « Piqueté vasculaire très prononcé avec ramollissement de la substance grise corticale au niveau des points suivants : tiers inférieur des deux circonvolutions centrales, tiers antérieur du lobule du pli courbe, moitié postérieure de la première et de la deuxième circonvolution temporale, moitié antérieure de la première et de la deuxième circonvolution frontale. La première circonvolution frontale présente seulement une coloration rosée. » Congestion très prononcée de la substance blanche. Cervelet et bulbe sains. Congestion pulmonaire interne avec nombreuses ecchymoses sous-pleurales.

Réflexions. — La plupart des lésions révélées par l'autopsie siégeaient en dehors des zones motrices et ne devaient par conséquent donner lieu à aucun trouble paralytique. Mais il y avait au niveau du tiers inférieur des deux circonvolutions centrales du côté gauche une plaque de piqueté vasculaire très prononcé, avec ramollissement de la substance grise corticale, et, d'après les idées que nous avons développées sur la topographie des centres moteurs corticaux, cette lésion aurait dû provoquer une paralysie du côté opposé de la face; mais l'observation que nous venons de résumer ne nous paraît pas assez détaillée pour qu'on puisse lui accorder la valeur d'un fait contradictoire. Le piqueté hémorrhagique de l'écorce était très vraisemblablement une lésion des derniers jours, contemporaine du grand accès d'agitation qui s'est manifesté trois jours avant la mort. Or cet accès est simplement signalé dans le texte de l'observation, et rien n'indique que l'état de la motilité de la face ait été l'objet d'un examen à ce moment.

Obs. CLXXVI. — *Désorganisation du lobe sphénoïdal, compression de la troisième circonvolution frontale gauche, destruction de l'extrémité la plus inférieure des circonvolutions ascendantes sans paralysie*, par M. **Stanislas Ales** (Considér. clin. sur les local. cérébr., th. doct., Montpellier, 1879, obs. V, page 29).

Homme, vingt-deux ans; reçoit dans une rixe plusieurs coups de bâton et de faucille sur la tête : fracture du pariétal gauche. Transporté à l'hôpital, le malade est très agité, il pousse des cris et se défend contre quiconque ose le toucher. Pas de paralysie, pas d'anesthésie. Le lendemain, les cris de la veille ont cessé, il y a une aphasie complète. On n'observe encore aucune paralysie. Le soir survient du coma. Mort le quatrième jour après l'accident.

Autopsie. — Fractures multiples du pariétal et du frontal gauches. La troisième circonvolution frontale gauche est très fortement comprimée par une esquille. Le lobe sphénoïdal gauche est totalement désorganisé et se présente sous l'aspect d'une bouille grisâtre. La partie inférieure des frontale et pariétale ascendantes est détruite au niveau du pli de passage inférieur, sur une hauteur de 7 millimètres, c'est-à-dire jusqu'à l'endroit où le sillon de Rolando prend naissance tout à fait en bas. Pas d'autres lésions, ni à l'extérieur ni à l'intérieur. Rien au bulbe ni à la protubésance.

Réflexions. — Ce qui paraît ressortir de cette observation, c'est que l'extrémité la plus inférieure des circonvolutions ascendantes peut être lésée sans qu'il en résulte aucune paralysie motrice. Il faut remarquer cependant, que, si l'observation est assez concluante en ce qui concerne l'intégrité de la motilité des membres, elle ne donne aucun détail sur la motilité de la langue. L'auteur ne dit pas si la langue était ou non déviée, et l'examen de ce point spécial de symptomatologie n'a vraisemblablement pas été fait. Or, dans l'espèce, c'est presque exclusivement vers cet organe qu'aurait dû être dirigée l'attention. D'après des observations antérieures, c'est en effet dans l'extrémité la plus inférieure de la zone motrice que paraît se trouver le centre des mouvements isolés de la langue. C'est au moins dans cette région que se sont rencontrées les lésions dans les cas de glossoplégie connus jusqu'à ce jour et réunis dans notre travail de 1878-79. L'observation perd, par le fait de l'omission que nous venons de signaler, toute valeur contradictoire.

Obs. CLXXVII. — *Embolie de l'artère sylvienne droite. Hémiplégie gauche, aphasie, accès convulsifs prédominant à droite*, par **M. Eugenio Tassi** (*Riv. sperim. di freniatriæ e di medicina legale*, 1880, page 193).

Homme, trente-sept ans, aphasie complète survenue graduellement : le malade ne peut dire que *oui* et *non*. Paralysie complète des membres du côté gauche. Douleur térébrante dans la région fronto-pariétale droite. A quelques jours d'intervalle surviennent deux accès épileptiformes très violents avec *prédominance des convulsions dans les membres du côté droit*.

Autopsie. — « Dure-mère et pie-mère légèrement injectées. Dans le lobe frontal droit et juste au centre de la partie postérieure supérieure des circonvolutions frontales existe une sorte de cavité du volume d'une grosse noisette, pleine de détritus d'aspect laiteux. Le zone voisine est de couleur jaune rougeâtre (ramollissement jaune). L'artère sylvienne correspondante se trouve oblitérée par un embolus au point où elle se ramifie. »

Réflexions. — Il est de toute évidence qu'il n'y a aucun renseignement utile à tirer de cette observation. La description anatomique des lésions encéphaliques, que nous avons traduite textuellement, est incomplète. Il n'est pas dit un mot sur l'état de l'hémisphère gauche. La topographie des altérations de l'hémisphère droit est tout à fait incompréhensible. On ne sait pas, en lisant le texte, si la lésion siégeait sur l'écorce ou dans le centre ovale. On ne sait pas non plus si les masses centrales étaient saines. Dans ces conditions, il convient de n'accorder aucune importance à ce fait et de le rejeter purement et simplement, pour cause d'insuffisance de détails.

Obs. CLXXVIII. — *Hémiplégie et hémi-anesthésie gauches. Tubercule hémorrhagique du volume d'une lentille dans le lobule pariétal upérieur droit*, par **M. T. Pétrina** (*Ueber Sensibilitäts störungen bei Hirnrindenläsionen*, Prague, 1881, obs. V, page 11).

Homme, cinquante-sept ans, atteint de phthisie pulmonaire ; se plaint depuis six mois de douleurs vives dans le côté droit de la tête et de douleurs rhumatoïdes dans les membres du côté gauche. Entré à l'hopital pour ces symptomes, il y reste quelques jours dans le même état, puis les douleurs de tête deviennent plus violentes, et dans la nuit du 27 au 28 avril 1877 le malade devient hémiplégique gauche. L'hémiplégie porte à la fois sur la face et sur les membres et s'accompagne d'hémianesthésie. Mort le 30.

Autopsie. — Dans le lobule pariétal supérieur droit, on voit une masse caséeuse du volume d'un pois, enfoncée dans la substance corticale. Autour de cette masse, et surtout en avant d'elle, la substance cérébrale environnante est ramollie, infiltrée de sang et parsemée de petites hémorrhagies capillaires du volume de têtes d'épingles. La substance blanche sous-jacente est intacte.

Réflexions. — Cette observation paraît être en contradiction avec les principes mêmes des localisations, puisque une lésion du lobule pariétal inférieur (zone non motrice) semble avoir provoqué une hémiplégie du côté opposé. Mais il faut noter qu'autour de la petite tumeur caséeuse qui siégeait dans le lobe pariétal il existait, *surtout en avant*, une zone de substance cérébrale ramollie et infiltrée de sang. L'auteur ne dit pas quelle était l'étendue de cette zone périphérique ; il ne dit pas si elle atteignait la pariétale ascendante ou si elle respectait absolument la zone motrice. En l'absence de détails précis, on peut aussi bien supposer que la zone motrice était atteinte ou qu'elle était indemne, et dans le doute l'observation doit être rejetée car ce n'est pas sur des documents incertains qu'il faut s'appuyer pour soutenir ou pour combattre une doctrine scientifique.

Obs. CLXXIX. — *Hémiplégie droite totale. Lésions corticales multiples*, par **M. R.-W. Amidon** (*A contribution to the study of cerebral Localization. The Journal of nervous and mental disease*, January 1880, page 43, obs. I).

Homme, quarante-deux ans, fait une chute sur la tête étant ivre. Symptômes : Perte de connaissance, paupières fermées, photophobie, pupilles dilatées (la gauche plus que la droite), œil droit dévié en bas. Paralysie faciale droite. Contraction des muscles de la région postérieure du cou, mouvement de rotation de la tête. Paralysie des membres supérieur et inférieur du côté droit. Incontinence d'urines. Le lendemain, pupilles contractées, respiration stertoreuse, secousses dans le côté gauche de la face; mort.

Autopsie. — Adhérences récentes entre la dure-mère et la pie-mère au niveau de la convexité des deux lobes temporo-occipitaux. Petites hémorrhagies de l'écorce variant du volume d'un pois à celui d'un haricot et situées : trois à la base du lobe sphénoïdal gauche, une à la base du lobe sphénoïdal droit, une à la partie postérieure de la deuxième circonvolution temporo-sphénoïdale gauche, deux au sommet de l'hémisphère gauche à l'union de la circonvolution centrale antérieure et de la circonvolution frontale supérieure. Les grosses artères cérébrales étaient athéromateuses, les petites graisseuses.

Réflexions. — Dans les commentaires qui accompagnent cette observation, l'auteur, cherchant à expliquer les symptômes par les lésions, pense que les deux foyers siégeant à la partie supérieure de la circonvolution frontale ascendante gauche donnent la raison de la paralysie des membres du côté droit, mais que la paralysie faciale est inexpliquée. Nous ajouterons, si l'on veut, qu'elle est inexplicable avec les renseignements rapportés dans l'observation. Mais il est impossible de ne pas faire remarquer que la description de l'examen de l'encéphale est très incomplète, que l'auteur ne dit pas si le cerveau a été méthodiquement sectionné, qu'il ne donne aucun détail sur l'extension des lésions en profondeur, qu'on ignore absolument quel était l'état du centre ovale, des masses centrales et de la protubérance, et que ces omissions, très importantes dans l'espèce, font perdre à l'observation la plus grande partie de son intérêt.

Obs. CLXXX. — *Plaque ancienne de ramollissement jaune sans symptômes,* par **R.-W. Amidon** (*A contribution to the study of cerebral localization* (*The Journal of nervous and mental disease,* January 1880, page 43, obs. IV).

Homme, trente-huit ans, souffrant depuis deux ans et demi de céphalalgies fréquentes. Sourd depuis des années, surtout de l'oreille gauche. Albuminurique. A l'*autopsie,* vieux foyer de 2 cent. 1/2 de longueur sur 2 de largeur et 6 de profondeur, situé à la base de la frontale ascendante droite. Il y avait en outre quatre petites plaques jaunes sur le milieu et le bas du lobe temporo-sphénoïdal droit.

Réflexions. — Il est à peine besoin de faire remarquer combien les détails de cette observation sont insuffisants. A première vue elle semble prouver que la base de la frontale ascendant peut-être détruite sans qu'il y ait de paralysie faciale du côté opposé. Mais l'auteur ne donne aucun renseignement sur le passé du malade et dans le texte de l'observation clinique il n'est même pas fait mention de l'état de la motilité de la face.

Obs. CLXXXI. — *Contracture du membre supérieur gauche, ramollissement de la partie supérieure de la pariétale ascendante et du lobule pariétal supérieur,* par **M. Roberto Cobianchi** (*Del ramollimento cerebrale nei Vecchi Riv. clin. di Bologna,* 1882, obs. II, page 13 du tirage à part).

Homme, soixante-douze ans, contracture du membre supérieur gauche, avant-bras, fléchi sur le bras doigts fléchis sur la paume de la main. Sensibilité intacte.

Autopsie. — Ramollissement blanc du lobe pariétal droit. La lésion est surtout étendue dans la substance médullaire, où elle occupe la largeur d'une pièce de dix centimes. Elle s'étend à l'écorce au niveau du tiers supérieur de la circonvolution pariétale ascendante. Les autres circonvolutions sont saines.

Réflexions. — Il n'y a rien à dire de cette observation, sinon qu'elle n'est pas accompagnée de détails suffisants pour entraîner la conviction. Il n'est rien dit dans le texte original de l'état de la motilité de la face et des membres inférieurs. La date du début de la contracture, son mode d'apparition ne sont pas indiqués. On ne peut même pas savoir s'il s'agissait d'un cas de contracture primitive ou secondaire, et la lecture de l'autopsie ne peut lever les doutes, car il n'y est pas parlé de l'état de la protubérance des pédoncules ni de la moelle. L'auteur voit dans cette observation un fait contradictoire à la loi des monoplégies brachiales. Il nous est impossible d'y voir autre chose qu'une observation incomplète, insuffisante et ne méritant pas de servir de point de départ à une discussion sérieuse.

Obs. CLXXXII. — *Ramollissement du centre ovale des lobes pariétal et occipital du côté droit, paralysie de la face et du membre supérieur droit par* **M. Roberto Cobianchi** (*loc. cit.*, obs. 4, page 17 du tirage à part).

« Santi Rosa, âgée de soixante-dix-huit ans, tomba tout à coup et perdit connaissance le 5 mai 1879, dans la matinée. Après quelques minutes la connaissance revient, et on constate une paralysie faciale à gauche sans aucune paralysie des membres, sans aucun trouble de la sensibilité, sans aucune modification notable des sens spéciaux. Douze heures après survient un état comateux et une forte contracture en flexion tonique du membre supérieur gauche; rien dans l'inférieur. Le lendemain 6 mai, l'état comateux persiste de telle sorte que les recherches sur la sensibilité ne peuvent donner de résultat.

Abolition de la déglutition. Paralysie faciale gauche, paralysie flaccide complète du membre supérieur gauche, rien dans le membre inférieur, pas de différences de température entre les deux côtés du corps. Mort le 7 au matin.

Nécroscopie. — Ramollissement rouge par thrombose artérielle dans le centre ovale de l'hémisphère droit. Le foyer, ayant les dimensions d'une pièce d'argent de cinq francs, se trouve à un centimètre de distance de l'écorce. Il correspond à l'union du lobe pariétal avec le lobe occipital, environ au niveau de l'extrémité postérieure du pli courbe. Les circonvolutions correspondantes sont parfaitement saines. Toutes les artères de la base sont fortement athéromateuses : le tronc de la basilaire est réduit à un véritable tuyau pétrifié. Toutes les autres parties de l'encéphale sont saines. »

Réflexions. — Nons avons tenu à traduire textuellement cette observation, qui pèche, à notre avis, par l'insuffisance des détails. Nous aurions voulu savoir quelles étaient les branches artérielles thrombosées. Cela a dans l'espèce une grand importance. Il est probable que ce n'étaient pas les branches corticales, puisque l'auteur déclare formellement que les circonvolutions qui recouvraient le ramollissement étaient parfaitement saines. C'étaient donc les branches centrales ou quelques-unes des branches centrales, et il est alors difficile de s'expliquer comment les noyaux centraux et la capsule interne ont échappé à toute altération. Il est fâcheux que l'auteur n'ait pas pratiqué de coupes régulières de l'hémisphère altéré et qu'il n'ait pas indiqué d'une façon spéciale l'état de la région capsulaire. En l'absence de renseignements précis sur ce sujet, l'observation ne peut plus être considérée comme concluante, et elle ne doit pas figurer parmi les observations contradictoires.

Obs. CLXXXIII. — *Contracture des membres. Ramollissement des lobes occipitaux*, par **M. Roberto Cobianchi** (*loc. cit.*, page 27 du tirage à part, obs. IX).

Homme, soixante-dix ans, débilité sénile. Le matin du 2 décembre 1879, il a de la fièvre, et en même temps débute une contracture du membre supérieur droit, d'abord modérée, puis augmentant les jours suivants au point que le bras et l'avant-bras ne pouvaient être étendus artificiellement. Dès le 3 décembre, la contracture s'étendait au membre inférieur droit. Pas de lésions apparentes des articulations. Sensibilité normale. Quand on cherche à vaincre les contractures, on provoque des douleurs très vives dans les muscles rigides. Le malade est conscient, apathique, sans délire, sans céphalée, sans convulsion. — Le 7 décembre, des contractures semblables à celles qui viennent d'être décrites, mais moins intenses, se montrèrent dans les membres du côté gauche. Cet état persista avec des alternatives d'amélioration et d'aggravation jusqu'à la mort. Rien d'anormal dans la face ou dans les organes des sens.

Autopsie. — Athérome des artères de la base ; deux foyers de ramollissement symétriques à la pointe des lobes occipitaux. Le foyer du côté gauche est plus vaste et plus mou que celui du côté droit. Il occupe la circonvolution occipitale supérieure et s'étend un peu sur la face interne. Tout le reste de l'encéphale est sain, à l'exception de quelques taches opaques de méningite. Moelle épinière saine. Rien de particulier dans les muscles et les articulations des membres.

Réflexions. — Cette observation, de même que les précédentes, échappe à l'analyse critique par l'étrangeté des phénomènes signalés et par le laconisme des descriptions cliniques et anatomiques. Quel était au juste l'état des méninges cérébrales ? Où siégeaient exactement ces taches opaques de méningite ? N'en existait-il point quelqu'une dans la région de la base, sur la protubérance ou les pédoncules ? L'état fébrile signalé dès le début des troubles moteurs n'était-il point l'indice d'une inflammation générale ou partielle des méninges ? La méningite basilaire peut provoquer tous les symptômes décrits dans l'observation, et ses lésions, quelquefois très limitées, peuvent acilement passer inaperçues à l'autopsie si on ne les recherche pas avec une attention suffisante.

Dans tous les cas, il paraît difficile d'admettre qu'il y ait eu chez le malade de M. Cobianchi un rapport direct de cause à effet entre le ramollissement des lobes occipitaux et la contracture des membres. D'une part la, contracture ne s'est pas développée brusquement après une attaque apoplectique ou apoplectiforme, comme cela arrive d'ordinaire pour les contractures d'origine cérébrale; d'autre part, la contracture primitive est rare, très rare même, dans les ramollissements corticaux, et, quand elle existe, elle constitue un symptôme fugace et temporaire. Enfin il ne faut pas oublier qu'il y a déjà dans la science un bon nombre d'observations très précises de destruction des lobes occipitaux sans qu'aucun trouble moteur ait révélé pendant la vie l'existence d'une pareille altération cérébrale. Le fait rapporté par M. Cobianchi ne peut donc être accepté sans contrôle, et, puisqu'il est impossible de compléter ce qui manque à la description des symptômes et des lésions, il convient de le tenir en dehors de l'étude régulière des localisations cérébrales.

Obs. CLXXXIV. — *Ramollissement cortical de la circonvolution pariétale ascendante (?) et du lobule pariétal inférieur sans paralysie par* **M. Giovanni Angelucci** (*Sulle lesioni della circonvoluzione parietale inferiore*, Milano, 1880, page 13).

Homme, sujet depuis son enfance à des convulsions; envoyé à l'asile des aliénés de Macerata le 15 mars 1878, après avoir commis un meurtre sur la personne de son frère. Le diagnostic porté fut celui de lypémanie avec accès d'agitation. Les mouvements sont exécutés avec lenteur et faiblesse. Le malade marche lentement, les jambes demi-fléchies; il éprouve de la fatigue à se tenir droit; la motilité réflexe est presque complètement abolie. Bien que le malade soit très affaibli, il peut encore se lever seul de son lit pour satisfaire ses besoins. (Pas d'autres détails sur la motilité, aucun renseignement sur la force comparée des deux côtés du corps.)

Autopsie. — « Dans l'hémisphère gauche, foyer de ramollissement qui s'étend du bord de la frontale ascendante à la moitié inférieure de la pariétale ascendante, comprend toute la portion antérieure et une partie de la portion postérieure ou gyrus angulaire de la pariétale inférieure, et mesure dans tous les sens de 6 à 7 centimètres. La substance grise a disparu, et la lésion s'étend en profondeur jusque dans la substance blanche. La première circonvolution temporale du même côté est atrophiée. La substance grise du reste de l'hémisphère est injectée; la blanche est très molle. »

Réflexions. — Il semble résulter de la lecture de l'observation clinique que le malade qui en fait le sujet ne présentait pas de troubles paralytiques unilatéraux, et d'autre part les détails de l'autopsie paraissent indiquer que les lésions s'étendaient jusque sur la zone motrice. Mais la description anatomique est confuse, et il est impossible, d'après elle, de se rendre compte des limites exactes des lésions. Il y a même lieu de penser que l'auteur s'est égaré dans la détermination topographique des altérations ou qu'il a commis quelques erreurs de nomenclature. Ce qui nous fait supposer qu'il en est ainsi, c'est que, dans les réflexions dont M. Angelucci a fait suivre son observation, nous lisons la phrase suivante : « Il n'y avait pas de troubles de la motilité des membres, mais cela s explique facilement parce que la lésion n'atteignait pas les parties de l'écorce qui sont le siège des centres moteurs. » (P. 38 du tirage à part.) Ou bien il faut admettre que M. Angelucci a commis dans la description des lésions une erreur de nomenclature, ou bien la phrase que nous venons de citer est tout à fait incompréhensible, car, de l'avis de tous les auteurs sans exception qui se sont occupés des localisations cérébrales, les circonvolutions frontale et pariétale ascendantes font partie de la zone motrice corticale.

Obs. CLXXXV. — *Lésion destructive ancienne de la face interne du lobe préfrontal droit. Paralysie avec contracture du membre inférieur gauche, épilepsie partielle à gauche*, par **M. Silvio Tonnini** (*Archivio italiano per le malattie nervose*, fasc. V et VI, 1881).

Homme, trente-cinq ans, mort de gangrène pulmonaire à l'asile de Ferrare. A l'âge de quatre ans, il avait eu des accidents nerveux (délire, fièvre, convulsions) suivis d'une paralysie complète du membre inférieur gauche. Quelques mois plus tard, le mouvement volontaire reparut un peu dans ce membre; la marche devint possible, et le malade devint sujet à des accès convulsifs épileptiformes. Pendant son séjour dans l'asile, on nota quelques troubles de l'intelligence; parésie avec contracture et arrêt de développement du membre inférieur gauche. Le membre supérieur du même côté est parfaitement normal.

De temps en temps, attaques convulsives, quelquefois limitées au membre inférieur gauche et ne s'accompagnant pas de perte de connaissance, quelquefois généralisées après avoir débuté par le membre inférieur gauche. Aucun trouble de la sensibilité.

Autopsie. — *Hémisphère gauche* tout à fait sain. *Hémisphère droit :* à la face interne de la première circonvolution frontale existe une dépression intéressant seulement l'écorce et dont le fond est recouvert par un tissu blanc et résistant ayant l'aspect macroscopique du tissu cicatriciel. Cette dépression, irrégulièrement arrondie, mesure 35 millimètres dans son diamètre antéro-postérieur et 30 millimètres dans son diamètre vertical. Elle siège exactement sur la première circonvolution frontale interne, un peu en avant du pied de cette circonvolution, et sur la portion contiguë de la circonvolution du corps calleux.

Sur le cerveau, aussi bien à l'état frais qu'après durcissement, un examen attentif ne révèle aucune autre lésion, aucune anomalie de développement de la zone motrice, aucune altération de la capsule interne ni du cervelet. On voyait seulement sur le cerveau durci que la portion du centre orale sous-jacents à la dépression mentionnée plus haut avait une coloration plus claire que dans les parties voisines.

Dégénération secondaire évidente sur le pied du pédoncule droit et sur la pyramide antérieure du même côté. La moelle n'a pas été examinée.

Réflexions. — Cette observation, en apparence très précise, est assurément la meilleure parmi toutes celles qui ont été données comme contradictoires de la doctrine des localisations. Il y manque cependant une chose qui lui ôte la majeure partie de sa valeur : c'est la description méthodique des coupes du cerveau. L'auteur dit que, sur le cerveau durci, la portion du centre ovale sous-jacente à la dépression corticale avait une coloration plus claire que dans les parties voisines. Jusqu'où s'étendait cette coloration plus claire? Atteignait-elle les faisceaux frontaux du centre ovale? Quelle était son extension vers les parties profondes? En l'absence de réponses précises à ces questions, nous devons considérer l'observation comme incomplète et ne pas opposer un fait isolé et incomplètement décrit à une masse d'observations régulières et entourées de toutes les garanties désirables. Une autre considération nous impose cette réserve. Les lésions congénitales du cerveau et celles qui se produisent pendant la première enfance, avant le développement complet de l'encéphale, s'accompagnent souvent de malformations étendues des circonvolutions, de déplacement des plis cérébraux qui rendent très difficile la détermination topographique précise des altérations corticales.

Nous avons cru devoir rapporter avec quelques détails les observations qu'on peut opposer aujourd'hui à la doctrine des localisations corticales motrices. Toutes, on le voit, pèchent par quelques points. *Il n'existe pas encore une seule observation rigoureuse de lésion destructive, siégeant en dehors de la zone motrice et ayant provoqué une paralysie permanente. Il n'existe pas non plus une seule observation rigoureuse de lésion destructive un peu étendue des circonvolutions ascendantes qui n'ait provoqué une paralysie permanente du côté opposé du corps.*

Nous ne pouvons pas considérer comme étant en opposition avec la doctrine des localisations corticales les observations dans lesquelles des troubles moteurs permanents ont existé pendant la vie des malades, bien que l'autopsie n'ait permis de reconnaître aucune altération des centres nerveux. MM. Dejérine [1], Vulpian [2], Kirchhoff [3], Beslin [4], Blaise [5] ont publié récemment des cas de ce genre. Nous avons vu nous-mêmes quelques faits analogues. Ainsi nous n'avons trouvé aucune altération appréciable sur le cerveau d'une malade atteinte d'hémichorée depuis son enfance. Dans un autre cas où des symptômes épileptiformes unilatéraux persistant depuis plusieurs années nous avaient fait supposer l'existence d'une lésion corticale, nous n'avons pu découvrir aucune altération appréciable de l'encéphale. Dans l'état actuel de nos connaissances, ces faits sont inexplicables. Il est certain que des modifications purement fonctionnelles du système nerveux peuvent donner lieu à des troubles de la motilité tout à fait semblables en apparence à ceux que provoquent les lésions organiques du cerveau. Toutes les variétés de paralysies, de contractures, de convulsions, peuvent se montrer dans le cours de l'hystérie, sans qu'elles s'accompagnent d'altérations matérielles, connues des centres nerveux. Mais cela ne prouve rien contre les lois qui régissent la production des symptômes moteurs à la suite des lésions corticales.

CONCLUSIONS.

1° Toutes les lésions corticales des hémisphères cérébraux, chez l'homme, ne donnent pas lieu à des troubles de la motilité volontaire. A ce point de vue spécial, l'écorce du cerveau peut être divisée en deux parties distinctes, la *zone non motrice,* dont les lésions destructives ne provoquent jamais de paralysie permanente, et la *zone motrice,* dont les lésions destructives provoquent toujours des paralysies permanentes du côté opposé du corps.

2° La zone non motrice comprend :

1. Dejérine, *Note sur un cas d'hémianesthésie de la sensibilité générale et des sens spéciaux avec hémichorée post-hémiplégique chez une femme de 49 ans, ancienne hystérique atteinte d'affection cardiaque; mort par pneumonie; autopsie : intégrité absolue du cerveau et de la capsule interne* (Soc. anat., 17 février 1880, et *Progrès médical,* 1880, page 809).
2. Vulpian, *Hémiparésie et hémianesthésie consécutives à une perte brusque de connaissance et attribuée pendant la vie à une lésion en foyer dans le côté opposé de l'encéphale; examen nécroscopique : aucune lésion intra-crânienne.* (Revue de médecine, I, année 1881, page 38.)
3. Kirchhoff, *Acute linkseitige Hemiathetose? ohne Herderkrankung* (*Archiv für Psychiatrie and Nervenkrankheiten,* Bd. XIII, 3 Heft, 1882, page 582).
4. Beslin, *Hémiplégie complète du côté gauche survenue chez un sujet syphilitique ; mort dans le coma; rien comme lésions cérébrales* (l'Encéphale, n° 2).
5. Blaise, *Deux cas peu conformes aux localisations cérébrales* (Soc. anat. de Paris, 12 juillet 1882 et *Progrès médical,* 1883, obs. I, page 365).

a. Toute la région préfrontale du cerveau (lobe orbitaire, première, deuxième et troisième circonvolutions frontales);

b. Toute la région occipito-pariétale (lobe occipital, lobules pariétaux supérieur et inférieur);

c. Tout le lobe temporo-sphénoïdal.

3º La zone motrice comprend seulement les circonvolutions frontale et pariétale ascendantes et le lobule paracentral.

4º Les paralysies provoquées par les lésions destructives de l'écorce affectent des formes cliniques différentes selon le siège et l'étendue des lésions provocatrices. Les hémiplégies *totales* d'origine corticale sont produites par des lésions *étendues* des circonvolutions ascendantes. Les paralysies *partielles* sont produites par des lésions *limitées* des mêmes circonvolutions.

Parmi ces paralysies partielles ou monoplégies, on peut distinguer :

a. Les monoplégies brachio-faciales, qui coïncident avec des lésions de la moitié inférieure des circonvolutions ascendantes;

b. Les monoplégies brachio-crurales, qui coïncident avec des lésions de la moitié supérieure des circonvolutions ascendantes;

c. Les monoplégies faciales et linguales, qui dépendent de lésions très limitées de l'extrémité inférieure de la zone motrice et particulièrement de la frontale ascendante;

d. Les monoplégies brachiales, qui dépendent de lésions très limitées de la partie moyenne de la zone motrice et particulièrement du tiers moyen de la frontale ascendante;

e. Les monoplégies crurales, qui dépendent de lésions très limitées du lobule paracentral.

5º Qu'elles soient totales ou partielles, les paralysies provoquées par des lésions destructives de l'écorce sont des paralysies permanentes qui s'accompagnent, lorsqu'elles ont duré un certain temps, de contracture secondaire des muscles paralysés et de dégénérations descendantes du faisceau pyramidal.

6º Les lésions irritatives de l'écorce peuvent donner lieu à des convulsions épileptiformes (épilepsie partielle, jacksonniene ou corticale). Ces convulsions se distinguent d'ordinaire très nettement des convulsions de l'épilepsie vraie. Elles débutent par une aura motrice et peuvent se généraliser ou rester limitées à une moitié du corps (hémispasme) ou à un seul groupe musculaire (monospasme).

7º En général, les lésions susceptibles de provoquer des convulsions épileptiformes siègent dans le voisinage de la région corticale dont la destruction coïncide avec la paralysie des groupes musculaires primitivement convulsés au début de l'accès. Elles peuvent dès lors siéger indifféremment sur la zone motrice elle-même ou sur la zone non motrice, et il n'y a pas entre la forme de l'épilepsie partielle et la topographie de sa lésion corticale provocatrice de rapport constant, comme il en existe entre les paralysies d'origine corticale et le siége des lésions destructives qui leur donnent naissance.

8° L'histoire des localisations motrices chez l'homme est fondée actuellement sur la comparaison de plusieurs centaines d'observations concordantes, régulièrement recueillies et entourées pour la plupart de toutes les garanties désirables. Aucun des faits opposés à la doctrine des localisations n'est à l'abri de critiques sérieuses. Il n'existe pas encore une seule observation contradictoire démonstrative. Les observations données comme telles pèchent toutes sans exception, ou parce qu'elles se rapportent à des cas complexes (lésions multiples, diffuses, tumeurs) ou parce qu'elles ne sont pas accompagnées de détails suffisants.

TABLE DES MATIÈRES

INTRODUCTION.. 1

CHAPITRE I. — Des lésions destructives de l'écorce siégeant en dehors de la zone motrice et ne s'accompagnant pas de troubles du mouvement. 4
    A. *Lésions des lobes préfrontaux* 4
    B. *Lésions des lobes occipitaux*.................................. 10
    C. *Lésions des lobes temporo-sphénoïdaux*........................ 12
    D. *Lésions des lobes pariétaux*................................... 17
    E. *Lésions du lobule de l'insula*................................. 20
    F. *Lésions multiples de la zone non motrice* 21

CHAPITRE II. — Des lésions destructives de l'écorce siégeant dans la zone motrice et s'accompagnant de phénomènes moteurs permanents........ 26

§ 1. — Lésions de la zone motrice ayant déterminé des hémiplégies totales. 27

§ 2. — Lésions de la zone motrice ayant déterminé des monoplégies associées :
    A. *Des membres* 35
    B. *Du membre supérieur et de la face* 40

§ 3. — Lésions de la zone motrice ayant déterminé des monoplégies pures. 41
    A. *Monoplégies faciales* 43
    B. *Monoplégies brachiales*....................................... 46
    C. *Monoplégies crurales*... 51

§ 4. — Lésions de la zone motrice ayant déterminé des contractures tardives des muscles paralysés et des dégénérations secondaires de la moelle épinière 56

CHAPITRE III. — Des rapports de l'épilepsie partielle avec les lésions corticales 69

CHAPITRE IV. — Analyse et critique des observations contradictoires 89

§ 1. — Observations contradictoires devant être rejetées, parce qu'elles se rapportent à des cas de tumeurs intracrâniennes 90

§ 2. — Observations contradictoires devant être rejetées, parce qu'elles se rapportent à des cas complexes avec lésions diffuses ou multiples....... 96

§ 3. — Observations contradictoires devant être rejetées, à cause de l'insuffisance des descriptions 102

CONCLUSIONS... 118